本书由西北政法大学民商法学院和西北政法大学

法|学|研|究|文|丛
—企业合规与风险管理—

企业合规管理的体系化构建

刘卫锋 著

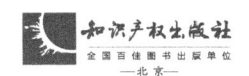

知识产权出版社
全国百佳图书出版单位
—北京—

图书在版编目（CIP）数据

企业合规管理的体系化构建／刘卫锋著 .—北京：知识产权出版社，2024.5
ISBN 978-7-5130-9354-5

Ⅰ.①企… Ⅱ.①刘… Ⅲ.①企业法—研究—中国 Ⅳ.①D922.291.914

中国国家版本馆 CIP 数据核字（2024）第 089260 号

责任编辑：彭小华　　　　　　　　责任校对：王　岩
封面设计：智兴设计室　　　　　　责任印制：孙婷婷

企业合规管理的体系化构建
刘卫锋　著

出版发行：知识产权出版社有限责任公司	网　　址：http://www.ipph.cn
社　　址：北京市海淀区气象路50号院	邮　　编：100081
责编电话：010-82000860 转 8115	责编邮箱：huapxh@ sina.com
发行电话：010-82000860 转 8101/8102	发行传真：010-82000893/82005070/82000270
印　　刷：北京建宏印刷有限公司	经　　销：新华书店、各大网上书店及相关专业书店
开　　本：880mm×1230mm　1/32	印　　张：14.375
版　　次：2024 年 5 月第 1 版	印　　次：2024 年 5 月第 1 次印刷
字　　数：346 千字	定　　价：88.00 元
ISBN 978-7-5130-9354-5	

出版权专有　侵权必究
如有印装质量问题，本社负责调换。

序　言

企业合规是企业依法依规经营的自我治理方式，在推进国家治理与社会治理、维护公共秩序与经济秩序、防范合规风险与维护交易安全、提高企业商业竞争力与文化软实力等方面具有重大意义，是提高企业有效参与国际竞争的重要手段。党的二十大报告中也强调，要更好发挥法治固根本、稳预期、利长远的保障作用，在法治轨道上全面建设社会主义现代化国家，加强企业合规管理已经成为事关企业生存、发展、壮大的重大课题。

在中国，"合规"率先由金融领域引入，如2006年10月27日原中国银行业监督管理委员会（以下简称原中国银监会）发布的《商业银行合规风险管理指引》（银监发〔2006〕76号）、2007年9月7日原中国保险监督管理委员会（以下简称原中国保监会）发布的《保险公司合规管理指引》（保监发〔2007〕91号）、2008年7月中国证券监督管理委员会（以下简称中国证监会）发布的《证券公司合规管理试行规定》（证监会公告〔2008〕30号）。在2018年后，国务院国有资产管理委员会（以下简称国务院国资委）相继印发《中央企业合规管理指引（试行）》、《中央企业合规管理办法》（以下简称《管理办法》），国家发展与改革委员会（以下简称国家发展改革委）、外交部、商务部等联合印发《企业境外经营合规管理指引》等多项规定，在国家层面上明确对央企的合规管理提出了要求。2022年7月28日，《中央企业合规管理办法》（以下简称《办法》）经国务院国资委第97次委务会审议通过，作为部门规章发布，在2022年10月1日施行。这些举措标志性地确立了"合规管理"在我国国内立法层面的定位。

  然而，实践中，我国企业在合规管理过程中还面临以下问题：其一，关于企业合规组织机构问题。随着相关方针政策的颁布，许多企业在内部也开始设置专门的合规机构。但从实际情况上看，许多企业内部的合规机构及相关人员地位都较为被动，相比于企业其他的劳动者，并无法直接为企业创造出较大的经济效益。因此，许多企业在合规组织机构建设中，便忽略了关于管理制度、人员激励机制等方面的完善。如此一来，导致许多合规人员缺乏工作热情。再加上外界环境导致的人才流动，使企业合规管理出现问题后也难以及时处理风险。其二，关于在合规风险识别上的问题。许多企业由于规模、人才等方面的限制，导致在法律风险识别这一板块上的工作未能落实到位，甚至可以说非常零散混乱，未能形成一套规范化、程序化、完整化的风险识别体系。同时部分企业对于法律风险的界定比较模糊，分类不明确，仅仅迈入风险定性环节。当企业在不断发展过程中逐步拓宽业务领域，那么可能涉及的法律风险也就更多。其三，关于企业在法律风险控制上存在的问题。基于风险识别的基础上开始进行风险的评估和分析，然后开始对其进行控制。法律风险的控制主要包含预防、处理两种形式。要想尽可能将风险"扼杀"在萌芽状态，则需要将合规意识渗透并细化在企业的日常生产、经营、管理等各环节中。另外，在新时期背景下，为实现对法律风险全面化的管理及控制，则需要与时俱进地对管控机制加以更新。但从实践分析中可知，大多数企业在法律风险防范上，未能实现和企业内部各管理流程的融合，法律工作依然属于孤立、封闭的状态。若法律风险的控制和企业监管机制未能协同进行，风险管控效果往往无法达到更理想的效果。

一个完整的合规计划通常包括合规义务体系、合规组织体系、风险防范体系、合规监控体系、违规矫正体系、合规评价体系等六大体系，应当满足体系化、类型化、规范化、具体化、正当化、人性化、客观化、经常化等基本要求。鉴于此，为加速推进中国企业合规管理体系建设，需要塑造企业合规管理的文化，激发企业合规管理的内生动力，充分发挥行业社会组织的功能，强化各个监管部门的职责，努力提升企业合规管理的效能，创新企业合规管理的方式与方法。本书从企业合规管理的一般理论出发，针对合规管理组织架构、合规管理保障机制、合规风险识别与评估等企业合规管理体系进行阐述分析，重点分析企业合规管理的风险领域以及风险成因，进而提出完善的对策与方案。

在这里，非常感谢西北政法大学民商法学院院长程淑娟教授、发展规划与学科建设处处长王莹莹教授、西北政法大学企业合规研究院院长付玉明教授的支持与帮助，同时也非常感谢硕士研究生郑嘉欣、刘世幸、程朴、王葆奕、项伟、刘耘巧、蒲朝阳、孙钰豆、王新好、袁梓蕙、杨新芳等对资料的收集与整理。

本书出版得到西北政法大学民商法学院民商法学科建设基金和西北政法大学企业合规研究院建设基金的资助，得到知识产权出版社的大力襄助，在此谨致谢忱！

刘卫锋
2023 年 12 月 8 日

目录

第一章　企业合规管理一般论　‖ 001

第一节　企业合规管理概述 / 002

　　一、企业合规的内涵 / 002

　　二、企业合规管理 / 007

第二节　企业合规管理的域外镜鉴 / 015

　　一、国际组织层面 / 016

　　二、国家层面 / 018

第三节　我国的企业合规管理制度 / 028

　　一、我国企业合规管理的现状 / 028

　　二、我国企业合规管理的问题与成因分析 / 037

　　三、企业加强合规管理的价值分析 / 046

第二章　我国企业合规管理制度的构建路径　‖ 057

第一节　我国企业合规管理制度构建的价值遵循 / 057

　　一、企业合规管理制度构建的因素考量 / 057

二、企业合规管理制度构建的基本原则 / 059

　　三、企业合规管理体系构建的目标 / 065

　　四、企业合规管理体系构建的模式选择 / 071

第二节　我国企业合规管理制度构建的具体路径 / 076

　　一、企业合规管理制度的构成体系 / 076

　　二、企业合规管理制度建构的配套措施 / 079

第三章　企业合规管理组织架构 ‖ 082

第一节　概述 / 082

　　一、建立企业合规管理组织的一般论 / 082

　　二、企业合规组织架构与职责 / 086

第二节　企业合规运行机制 / 089

　　一、合规风险预警 / 090

　　二、合规审查 / 090

　　三、合规联席会议 / 091

　　四、合规报告 / 091

　　五、违规举报 / 092

　　六、违规调查 / 093

　　七、违规问责 / 094

　　八、合规整改 / 095

　　九、合规有效性评估 / 096

第四章　企业合规管理保障机制 ‖ 100

第一节　概述 / 100

　　一、合规管理保障机制的特征 / 101

　　二、合规管理保障机制的目的 / 103

三、合规管理保障机制的必要性 / 105

第二节 合规人员的充足性和专业性保障 / 106
 一、健全的合规人才选拔机制 / 107
 二、专业化的合规队伍建设策略 / 109
 三、专门化的合规考评机制 / 111

第三节 合规负责人及合规部门地位的独立性保障 / 113
 一、合规部门独立性保障 / 113
 二、合规负责人及合规部门人员岗位独立性保障 / 116

第四节 合规资源配置的有效性保障 / 120
 一、合规人员的薪酬保障 / 120
 二、合规人员的重要岗位管理 / 122

第五节 合规人员责任及激励机制的实效性保障 / 123
 一、实施合规责任分离机制 / 123
 二、完善合规激励约束机制 / 125
 三、设立员工举报制度 / 126

第六节 合规管理行为技术化与信息化建设保障 / 127
 一、建立与其他业务部门信息收集与共享系统 / 128
 二、建立企业未公开信息的管理与防范系统 / 128
 三、建立企业日常经营管理行为动态监督与风险分析系统 / 129

第七节 合规协调机制及合规报告制度建设保障 / 130
 一、实施合规协同联动机制 / 130
 二、建立合规风险事件报告制度 / 132

第八节 合规管理意识形态建设 / 135
 一、企业树立良好的合规理念 / 135
 二、高级管理人员合规意识培养 / 137
 三、合规部门人员开展法治宣传教育工作 / 139

四、对企业员工开展制度化和常态化合规知识培训 / 142

第五章　企业合规风险识别与评估 ‖ 145

第一节　概述 / 145

一、合规风险识别概述 / 145

二、企业合规风险识别的基本原则 / 146

三、企业合规识别的现实问题 / 150

四、合规风险识别类型划分 / 151

五、企业合规风险识别的方法 / 160

第二节　企业合规风险评估 / 168

一、合规风险评估方法 / 168

二、合规风险评估机构 / 169

三、合规风险评估流程 / 170

第六章　企业反腐败合规 ‖ 175

第一节　概述 / 175

一、企业反腐败合规的必要性 / 175

二、企业反腐败合规的特点 / 177

三、企业反腐败合规的相关规范 / 181

四、企业违反反腐败法律法规的后果 / 187

第二节　企业反腐败合规的重点风险领域及成因分析 / 190

一、重点风险领域 / 190

二、企业反腐败合规的成因分析 / 192

第三节　企业反腐合规体系搭建 / 193

一、预防机制 / 193

二、事后处理机制 / 195

三、加强党的建设 / 196

第七章　企业反垄断合规 ∥ 198

第一节　概述 / 198
一、企业反垄断合规的必要性 / 198

二、企业违反反垄断法的风险 / 199

三、企业垄断协议中的合规风险 / 200

第二节　企业反垄断合规的法律框架 / 207
一、《反垄断法》/ 207

二、《国务院反垄断委员会垄断案件经营者承诺指南》/ 212

三、《国务院反垄断委员会横向垄断案件宽大制度适用指南》/ 212

四、《禁止垄断协议暂行规定》/ 212

五、《禁止滥用市场地位暂行规定》/ 213

六、《经营者反垄断合规指南》/ 214

第三节　反垄断领域的企业合规风险重点领域 / 214
一、横向竞争垄断协议 / 215

二、纵向竞争垄断协议 / 217

三、滥用市场支配地位 / 218

四、经营者集中行为 / 219

五、行业协会 / 220

六、商业风险 / 221

第四节　违反反垄断合规的法律责任 / 222
一、民事责任 / 222

二、刑事责任 / 222

三、行政责任 / 223

四、《反垄断法》关于法律责任的变化 / 224
　　五、新旧法律责任的衔接，以及加强企业刑事责任领域的发展 / 226
第五节　反垄断企业合规风险分析及措施 / 227
　　一、反垄断合规风险发生成因分析 / 227
　　二、反垄断合规风险识别及评估 / 229
　　三、合规风险应对措施 / 235
　　四、企业反垄断合规的体系化建构 / 241

第八章　企业公司法合规 ‖ 246
第一节　企业合规的公司法规则梳理 / 246
　　一、法律法规整理 / 246
　　二、违反法律法规的责任分析 / 256
第二节　企业公司法合规风险重点类型与成因分析 / 266
　　一、公司设立的合规风险与成因分析 / 266
　　二、公司运营的合规风险与成因分析 / 272
　　三、公司消灭的合规风险与成因分析 / 279
第三节　企业公司法合规重点风险应对措施 / 285
　　一、公司设立合规风险的应对措施 / 286
　　二、公司运营合规风险的应对措施 / 288
　　三、公司消灭合规风险的应对措施 / 291

第九章　企业劳动用工领域合规 ‖ 296
第一节　概述 / 296
　　一、劳动用工领域的法律法规 / 297
　　二、企业用工领域合规的问题 / 299

第二节　企业劳动用工的合规风险与防范 / 305
　　一、企业用工领域的合规风险 / 305
　　二、企业劳动用工风险管控策略 / 307

第十章　企业网络安全与数据合规　|| 313

第一节　概述 / 313
　　一、企业网络与数据安全合规的基本理论 / 313
　　二、企业网络安全与数据合规工作的价值 / 316

第二节　企业网络安全与数据合规领域的相关法律 / 319
　　一、网络安全法 / 319
　　二、《数据安全法》中的合规及相应法律后果 / 322
　　三、《个人信息保护法》中的合规及其相应法律后果 / 326
　　四、其他相关法律法规 / 331

第三节　企业网络与数据安全合规的常见风险 / 337
　　一、被动风险和主动风险 / 337
　　二、单位风险和个人风险 / 342
　　三、法律责任及商业风险 / 343

第四节　企业网络运行安全合规体系 / 345
　　一、《网络安全法》中的网络运行安全义务 / 345
　　二、网络运行安全体系 / 348

第五节　企业网络信息安全合规体系 / 359
　　一、个人信息的内涵与分类 / 360
　　二、企业处理个人信息的原则与规则 / 361
　　三、企业网络信息安全应急处置 / 368

第六节　企业网络安全与数据合规风险的应对 / 369
　　一、网络安全等级保护制度 / 369

二、建立数据分类分级保护制度 / 372

三、建立数据安全保护制度体系 / 374

第十一章　税务合规　384

第一节　概述 / 384

一、企业税务合规内涵 / 385

二、企业税务合规管理的必要性 / 385

第二节　企业税务合规管理的法律框架 / 389

一、企业税务合规管理法律汇总 / 389

二、重点法律规范及解读 / 392

第三节　企业税务合规风险及其成因分析 / 403

一、企业税务风险的表现形式 / 403

二、企业税务风险的成因分析 / 413

第四节　企业税务合规风险的应对举措 / 416

一、提高企业的税务合规意识 / 416

二、完善企业的税务合规管理体系 / 419

参考文献　432

第一章
企业合规管理一般论

在百年未有之大变局背景下，我国企业面临的国内外营商环境和风险挑战日趋复杂严峻，国际竞争越来越体现为规则之争、法律之争，企业合规"强监管"时代的来临已成普遍共识，开展全面合规管理也有必要成为企业自觉。因此，从商事治理的视角出发，为防止受到他国的"长臂执法"，维护企业自身的交易安全，更是站在抢占制度最高点和保障社会经济环境及国家安全的高度，企业只有谙熟规则，诚信合规，建立完备的合规管理制度，使自身的行为于法有据，才能行稳致远，真正实现成为世界一流企业的目标。

企业合规管理是法治中国在企业这个微观主体层面的落实。依法治企，首先意味着要合规管理、合规经营。这个方向，是整个社会经济的发展趋势。蓬勃兴起的企业合规制度实践证明，合规要完成理论调适并在我国落地生根，迫切需要本土合规理论的指引。本章有助于企业管理者熟悉企业合规和合规管理的内涵,通过阐述域外合规管理的发展动态以及合规管理在我国的兴起实践,对目前的发展成因进行了系统分析和总结,最后进一步明确企业加强合规管理的重要意义,以此帮助企业构建合规管理体系,优化企业治理结构。

第一节　企业合规管理概述

一、企业合规的内涵

(一)合规内涵剖析

合规的概念源自英语"compliance",原意是指"遵从、依从、遵守"等。根据字意理解,合规就是"合乎规范",就是我们要照规办事,但不局限于"规范"。企业在进行合规建设时,首要明确合规的概念内涵——"合"哪些"规"。

1. 合规的主体

合规是"一分规,九分合"。"合"的字面意思是遵守,实质上,"合"既要求企业必须达到遵守"规"的状态,又要求企业通过一系列的活动来实现动态的管理。同时,合规的主体范围广泛,几乎涵盖了从事经营活动的一切主体,包括企业的所有经营管理行为及其员工的履职行为。具体可以细化为三类:一是企业作为组织本身;二是直接控制或者参与企业决策、经营、管理的主体,包括董事会、监事会、经理层、合规管理部门、各业务管理部门、普通员工等;三是与企业经营管理发生关联,从而影响企业本身合规成效的外部主体,主要指业务合作者。

2. 合规的客体

从"规"的渊源出发，2002年，瑞士银行家协会在《内部审计指引》中，将"合规"界定为"使公司经营活动能够和法律、政策管制、内部规则保持一致"，认为企业主体要遵循法律和法规的规定，将"内部规则"纳入"合规"；巴塞尔银行监管委员会于2005年4月颁布的《合规与银行内部合规部门》第5条规定："合规所涉及的法律、规则和准则有多种渊源，包括立法机关和监管机构发布的法律、准则和规则、市场惯例、行业协会制定的行业准则以及适用于银行职员的内部行为准则。合规还包括超越上述具有法律约束力的规范外的，具有广泛意义的诚实守信和道德行为标准。"其较完整地涵盖了"规"的内涵，不仅将"行业准则、内部行为准则"纳入"合规"，更是扩展到社会伦理道德等范畴。就国内而言，原中国银监会在《商业银行合规风险管理指引》(2006)提出，商业银行"合规"是指商业银行的经营活动与适用于银行业经营活动的法律、行政法规、部门规章及其他规范性文件、经营规则、自律性组织的行为准则、行为守则和职业操守相一致，其中针对合规的定义就包含"自律性组织的行为准则"等要求。2018年七部委联合发布的《企业境外经营合规管理指引》更是明确将"道德规范"涵盖于"规"的范围内。2022年10月1日刚刚施行的《中央企业合规管理办法》第三条将企业在落实合规管理工作中应合之规做了清晰的罗列："合规，是指企业经营管理行为和员工履职行为符合国家法律法规、监管规定、行业准则和国际条约、规则，以及公司章程、相关规章制度等要求。"

虽然各国对于合规概念的界定措辞有所不同，但总的来说存在一定的共识。作为新兴的学术概念，"合规"之"规"应当具备三个层次的内涵：一是企业经营管理过程中要遵守的法律法规，即要遵守公司属地国（包含总部所在国和经营所在国）的法律法规及监管规定以及国际组织的条约。各项法律法规是企业合规经营的第一准则，是对企业提出的强制性的底线标准。二是企业经营管理过程中要遵循的行业标准、商业行为准则和职业道德规范等，同时符合一般商业活动的基本逻辑和习惯。这两个层面构成"外法"的合规义务来源。三是对于合规落地最重要的一步，企业需要制定内部管理的规章、规定和制度，即"内规"。在制度与规则的设计下，通过企业自主的合规管理约束自己的行为，不仅仅局限于法律框架之下，这一层面的软法规范正是社会所期待的、提倡性的规范，对企业合规主体而言也具有刚性要求。

因此，合规的定义并不狭窄和片面，企业合规具有独立的概念内涵和结构体系，即合规意味着企业的经营管理行为及员工的履职行为遵守具备法律效力的法律法规、国际条约及监管规定，同时也遵守相关标准、行业准则、商业惯例、规章制度和道德规范等。一般来讲，规则的疏密与企业可能面临的制裁风险成正比。随着新业态、新模式的迭代升级，企业遵守的"规"在不断变化和更新，而且每一家企业因自身经营地域、所属行业、企业所有权性质等不同，其所适用的合规规范的范围也存在差异。因此，企业进行合规管理的首要任务是：综合这几个层次的合规管理，收集、梳理适用于本企业的所有合规规范，建立完整的合规规范库，并持续关注合规规范的最新发展，正确理解合规规范的规定并把握新规范对企业的影响。与此同时，逐一对照外部的"规"，结合企业发展战略及自身特征调整，将其内化为企业内部规章制度和行为准则，不断探寻最佳的创建标准，确保持续合规建设。

（二）企业合规的本质

目前，合规在许多法律领域被提及。在刑法领域，合规被称为刑事合规，通常被理解为"法人为预防、发现违法行为而主动实施的内部机制"，即企业或者其他组织体以减轻或免除刑事责任为目的，在法定框架内，结合自身的组织文化、组织性质以及组织规模等特殊因素，设立的一套预防、发现及报告违法及犯罪行为的合规管理机制；在经济法领域，合规存在狭义和广义两个层面，狭义的合规是指反商业贿赂的合规，最早源于美国推行的公司合规制度中的有关内容，而广义的合规不仅包括法治内容，也包括德治内容；在民商法领域，企业合规在中国本土化过程中主要作为一种应对合规风险防控的公司治理方式，刺破式地介入企业日常运转，针对高管、员工和第三方所展开的一种自我管理、自我防范和自我约束机制。

综上所述，在不同的语境下，合规的内涵范围不仅体现为合规的主体和客体要素这一外在表现形式，还需要回答合规的本质特征这一制度问题。总而言之，合规是一个具有丰富内涵和多维要求的综合性制度。

首先，就其作用内容而言，可以概括为两个层面：从积极层面来看，企业合规是以改善市场主体的行为价值取向为目的而预设的一种管理性规则，这要求企业在经营过程中的所有内外部行为要遵守法律和遵循规则，并督促员工以及第三方依法依规进行经营活动，这是一种以适应外在要求为目的、以有效改善内部治理和自我约束能力为核心的企业自律行为；从消极层面来看，企业合规是指企业为避免或减轻因违法违规经营而可能受到的刑事、行政及民事责任等合规风险，依据国家法律要求将企业合规作为宽大处理的重要依据，使企业可以通过建立合规管理体系而受到一定程度的法律奖励，避免受到更大的经济或其他损失而采取的一种企业治理方式。

其次,就其作用目的而言,企业合规并不是一般意义上的"守法"概念,笼统地要求企业"依法依规经营",而是要求企业针对可能出现的违法违规行为,为实现自身利益最大化,建立一套旨在防范、识别和应对合规风险的自我监管机制,这体现了合规是企业法律风险防控的一个侧面。若不合规,企业可能遭受法律制裁、被采取监管处罚、造成重大经济损失或声誉损失以及对目标产生其他的负面影响,由此造成的法律风险就是合规风险。因此,无论是作为刑事制裁的替代手段,还是经济和社会规制中的行为监管,抑或公司法中的注意义务和民事责任,合规的目标在于:作为合规风险的专项防控机制而存在。

再次,就其作用后果而言,企业合规并非一种单纯的规则设计,而是包含了深刻的文化要求。以2004年《美国联邦量刑指南》修正案为例,该修正案的主要内容是增强量刑阶段合规计划的重要性,再次重申将合规计划纳入《美国联邦量刑指南》初始目的在于鼓励企业内部遵守合规文化,清晰规定只有合规计划满足了"发展企业文化,促进道德行为,且承诺遵守法律"的要求之后,才会被认为是有效的。各国之所以将合规制度上升到文化建设的高度,不仅是法律文化本身就是社会文化的重要组成部分,更重要的还在于合规要求和合规制度建设有利于增强市场主体对法律的信任感,以增强企业遵守规则的自觉性。

最后,就其制度供给而言,合规目的并非依靠某一个单独的法律部门就能实现,而是需要借助多个法律部门,由刑法、公司法、证券法、金融法、企业破产法、会计法、反垄断法、反不正当竞争法、商业秘密保护法等综合调整方能完成,通过构建多主体共同参与互动、多方协同进化的方式,在完善企业治理体系的同时,实现社会的有效治理。

二、企业合规管理

（一）企业合规管理的概念

企业合规管理的概念内涵丰富。《美国联邦量刑指南》（1991）首次赋予合规管理制度法律意义，即"组织应该合理设计、实施和执行有效的合规计划来预防、发现和制止自身的违法犯罪行为"。澳大利亚标准协会 ISO 19600《合规管理体系国际标准》（2014）中的"合规管理"系通过要求组织满足适用的法律法规、行业标准、组织标准、团体标准、合同、有效治理原则和道德准则，将企业合规风险降至最低的有效方法。我国《证券公司和证券投资基金管理公司合规管理办法》（2017）第2条第3款将"合规管理"界定为"证券基金经营机构制定和执行合规管理制度，建立合规管理机制，防范合规风险的行为"；根据国务院国资委发布的《中央企业合规管理指引（试行）》（2018），合规管理是包括制度制定、风险识别、合规审查、风险应对、责任追究、考核评价、合规培训等有组织、有计划的管理活动；《中央企业合规管理办法》（2022）第3条第3款中对合规管理的概念进行了明确规定，即合规管理是企业以有效防控合规风险为目的，以提升依法合规经营管理水平为导向，以企业经营管理行为和员工履职行为为对象，开展的包括建立合规制度、完善运行机制、培育合规文化、强化监督问责等有组织、有计划的管理活动。

由此可见，企业合规管理自成一个完整的体系，本质上是一种事前的预防式合规，是企业通过制定合规制度，按照合规规范的要求采取一系列结构化的合规风险管理措施，进而防范、化解、控制合规风险事件的发生，不断强化企业内部的治理结构，实现持续性合规经营的自我管理活动。合规管理无疑是全面风险管理的过程，具有合规风险防控作用。而做出风险假设，即实务中的风险评估，是企业合规管理措施的前提。若不建立在对合规风险判断的基础上，那么所采取的合规管理制度，将是"无的放矢"，导致合规管理沦为表面形式。

企业合规管理的特征有以下几项。

（1）有效性。合规是典型的实用主义法学产物，具有浓厚的实践理性色彩，已被大量主流国家的立法和司法体系所吸收，其有效性获得世界认可。通过合规管理体系建设，企业能够有效地规避风险，减少损失费用的承担，在一步步合规管理中，推动合规体系走向完善和成熟，使漏洞和隐患出现的概率逐渐减少。即便出现一定的违法行为，企业也可以进行自我调查、自我披露、自我报告，由此可以获得监管机关的宽大处理，成为获得合规奖励的重要考量因素。因此，合规管理的有效性毋庸置疑，这是企业成长过程中值得付出的代价，会给企业带来直接或者间接的收益回报，合规最终被证明是一种无形的商业价值。

在从事具体的合规管理时，要以有效合规管理为目标，很好地贴合企业实际情况、融入企业业务管理、嵌入企业各项流程，打破"纸面合规"的困境，强化合规管理制度的可操作性。一是政策务实。企业应制定切合公司生产经营实际的业务流程，并识别和梳理违规风险点，能够切实预防合规风险、监控违规行为和应对违规事件。二是简明实操。合规必须在法言法语和厚厚的合规指引的基础上进行通俗化和"瘦身"，企业要建立简明易懂、可操作性强的指引，体系建设尽量层次少、幅度大、扁平化。三是管控平衡。企业应考虑业务运行效率与合规风险管控的平衡，限制合规成为业务发展的"拦路虎"。在合规成本投入方面，大型企业与中小微企业可以建立规模和复杂程度不同的合规管理体系，而不必寻求大一统的合规管理模式。四是留痕管理。每一项合规管理工作的开展都有规可循，有证可考，真正实现合规管理的有效性。

（2）持续性。合规是经济全球化的基本通行语言，是市场经济健康可持续发展的基本规则。合规管理将不断接受挑战，在常规框架内容的基础上发展出新的内涵。在企业合规管理发展的不同时期结构可能是不同的，其伴随企业生产经营管理的全过程、全周期，外部法律法规、监管政策、社会环境、企业发展战略、发展方向等的变化均会影响企业开展的合规管理工作，这使合规管理体系的持续优化成为一种必然。

合规管理并不能一蹴而就，也并非一劳永逸，而是一个循环的、可持续的过程，是一种长期且动态的工作机制，在对合规管理的有效性进行评估的基础上，需要结合企业发展战略目标、业务情况对合规管理体系进行调整和完善，依据合规计划在实践中逐渐暴露的缺陷和不足进行定期审查和改进，发现并消除不合规的根本原因，实现合规管理的 PDCA（Plan \ Do \ Check \ Act）循环和与时俱进。具体的优化内容包括：合规管理制度体系的持续优化、合规管理运行机制的持续优化、常态化合规培训、加强合规管理信息化建设、持续充分的保障资源等。若不及时更新优化，合规将很快被业务抛之脑后，或成为业务发展的"绊脚石"。因此，合规管理作为企业战略管理的内容之一，应当与企业运营共同长久发展。

（3）独立性。按照巴塞尔银行监管委员会《合规与银行内部合规部门》第 20 条所列举的银行的合规部门独立性的要素，合规部门应在银行内部享有正式地位。所谓"正式地位"，可以解释为不依赖其他部门而存在，应当保证合规部门在企业内部的独立地位，为合规部门正常高效履职提供必要的配套机制。

一方面，合规管理牵头部门独立履行职责，不受其他部门和人员的干涉。包括合规制度的设计、机构的设置、岗位的安排、汇报的路径、制度机制等都要保持独立性。如合规部门应当独立于高级管理层和公司的其他部门，确保公司其他部门不能向合规部门发送指令或通过任何方式影响合规部门。当高级管理层的行为偏离合规部门给出的重要建议和评估时，合规负责人应当相应地进行记录并体现在书面的合规报告中。另一方面，合规人员要保证其独立性，合规管理机构及人员承担的其他职责不应与合规职责产生利益冲突，企业内部各负责人独立承担责任。企业董事会、监事会和高级管理人员依照法律、法规和企业章程的规定，履行与合规管理有关的职责，对企业合规管理的整体有效性承担责任；企业各部门和分支机构负责人对本部门和分支机构工作人员执业行为的合规性进行监督管理，对本部门和分支机构合规管理的有效性承担责任；企业的全体人员均应熟知与本岗职责相关的法律、法规和准则，主动识别、报告和控制自身执业行为的合规风险，并对自身执业行为的合规性承担责任。

（4）整体性。合规管理是一项周密严谨的系统性工程。既要确保合规部门的相对独立性，也要兼具整体性，做好同其他部门的协调工作，为合规管理体系稳定运行打下良好基础。企业合规应从基础框架的视角向事前、事中、事后的"全链条"建设转变，合规管理坚持全面覆盖，纵向到底，覆盖所有境内外各业务领域、各部门、各级子企业和分支机构、全体员工，贯穿企业决策、经营、执行、监督、反馈全过程，体现于决策机制、内部控制、业务流程等各个环节，涉及企业制度建设、文化发展等方方面面。

合规管理既包括合规计划的打造和完善、合规风险的识别与防范、合规危机的处理和化解、监管调查和刑事调查的应对等，还包括在各个重点领域遵守特殊的合规规则，进行专项的合规管理建设。企业落实合规管理时，时刻把握全面合规，不可忽视一些自认为不必要的领域的合规管理，往往风险就隐藏在容易被忽视之处。同时，企业应随着内外部环境的变化持续调整和改进合规管理体系。总之，企业应当以全面合规为目标、专项合规为重点，并根据规模、业务范围、行业特点等因素变化，逐步增设必要的专项合规计划，推动实现全面整体合规。

(二) 企业合规管理的原则

1. 坚持个体效益与社会公共利益相统一

企业合规管理动力源于企业对合规管理效益的追求。企业合规管理的有效实施，可以促进企业加强内部管理，提高自我预防能力，引导企业自主发现并消除经营活动中存在的违规隐患，使其自身的竞争价值得到明显提高，员工在此过程中也形成风险意识和合规意识，增强企业的治理成效，使企业获得更大的经济效益。

与此同时，企业并非一个单纯的经济体，而是一个担负复杂功能的社会组织，因此企业并不能以效益作为唯一行为动机，而应承担包括促进社会进步和提升社会道德水平在内的多重价值目标。企业一旦违规将对自身和社会造成双重危害，导致内部风险并引发系统性的社会风险。因此，企业不仅要承担自身健康经营发展的责任，还要承担维护公共利益的社会责任。合规管理无疑是实现社会整体利益和个体利益协调共赢这一目的最有效载体。不仅是因为合规制度满足了法律在处理个人利益和社会公共利益关系时普遍遵循的基本要求，更是因为合规制度丰富的内涵足以担当对企业不当逐利行为进行强制限定的重任。

总之，企业应当树立合规底线思维，始终牢记自身肩负的时代使命和社会责任感。但也必须坚持效益优先的基本原则，这是企业发展优先考虑的价值目标。合规管理需要在企业个体及社会公共利益之间实现和谐有序发展，这样才会尽可能创造更多价值，使企业的治理更加完善。

2. 坚持协调配合与精准调整相结合

"协调配合"原则意味着需要改变"合规就是法律合规部门事项"的刻板印象。首先，系统的合规运行机制要求合规管理需要与法律风险防范、监察、审计、内控、风险管理等工作相统筹、相衔接，使企业当中的各个要素之间实现有效监管与约束，进而使合规管理在实施中发挥最大效能。其次，企业各层级均要明确自身合规职责，切实履行尽职尽责而不是一味推给合规部门。在企业内部营造全员合规氛围，构筑企业诚信合规文化，将合规理念贯彻到所有主体，全面共享合规信息，加强协同协作力度，确保时时合规、事事合规、人人合规。最后，"管业务必须管合规"，合规是开展业务的首要前提。常见合规风险往往发生在业务一线，业务部门和人员也要具备合规意识并提高风险防范能力，建立合规部门与业务部门之间的信任关系，全力提高合规履职保障，增强合规管理内生力和科学化水平。

"精准调整"要求各项合规管理制度须根据企业管理要求与流程"量身定做"，各项合规管理机制应当具有必要性且能够实际落地、可执行。尤其在最关键经营业务或风险较为重大的领域，要注意避免合规管理体系"大而全"的模式，应当根据风险评估结果来建立有针对性的合规管理制度，紧密结合自身业务，制订针对特定风险领域的专项合规计划。此外，风险监控的资源也应在全面调配的基础上有所侧重，毕竟合规资源有限，若将所有合规风险都一视同仁，或是将过多的资源投入低风险领域，就会导致高风险领域缺少关注，那么这样的风险评估机制乃至合规计划就是不充分甚至无效的。

因此，以推进全面提升企业的现代化治理结构为基本导向，企业要想实施较为全面的合规管理，就必须积极探索主动型合规管理的建设，在重视风险管理全过程的基础上，根据企业的违规行为不断调整合规的方式和频率，将更多的精力和资源投入合规风险较高的领域。并且确立专项合规计划，使彼此独立又相互联系的专项合规体系，存在于企业统一的合规框架之下，实现企业内部与外部治理的有机统一。

3. 在尊重国情基础上严格对标国际规则

合规已经成为一种世界趋势，是企业走向世界的通行证。合规制度并不内生于中国的本土，而是经济全球化的制度需求。对此，我们要有全球视野和国际意识，要站在全球或更广阔的视角观察、评估合规制度的设计要求，积极对标与企业合规要求相关的国际条约和国际规则并加以消化和吸收，还要对标欧美等发达国家的法律规定，并从其法律制度中汲取营养。同时，作为舶来品，我们在对国外企业合规制度借鉴的过程中要注意扬长避短，不能无选择地全盘接受，而应在必要的鉴别和选择的基础上进行创新和引领，着眼于架构企业合规管理的"中国版本与方案"。不仅如此，由于合规要求本身就是国际一体化的产物，目前尚处于未完备阶段，因此我国必须以大国责任担当为己任，在合规的制度建设上，我们不能仅做国际规则的执行者和遵守者，更应该做国际规则的制定者和引领者。

首先，应当对标国际标准化组织出台的《合规管理体系要求及使用指南》（IOS 37301：2021），世界经济合作与发展组织（OECD）

理事会发布的《内部控制、企业道德及合规最佳实践指南》《跨国公司行为准则》和世界银行集团（WBG）发布的《诚信合规指南》等规范，将先进规则融入我国合规制度内容的设计，要求企业将合规作为风险控制的工具，通过建立以合规管理为主导的控制标准，实现合规管理体系的规范性，并实现对合规框架有效性的最佳监控；其次，要对标欧美等发达国家的法律规定，其很多国内法都具有域外管辖效力，是世界范围内企业活动的基本准则，以及通过对《美国组织量刑指南》等规范文本的学习和借鉴，督促企业不断改进合规计划和完善合规标准，并从其合规管理制度中汲取营养；再次，对标合规发展成熟企业的合规管理内容，如西门子、中兴通讯等企业所建立的合规体系，通用电气的《诚信精神与政策手册》、埃克森美孚公司的《从业行为规范》等合规手册，从这些成功的合规案例中进行规律总结和经验概括，可以为实践中有效合规管理计划的搭建提供镜鉴；最后，没有绝对普适化的合规有效性标准，企业的业务性质不一、发展阶段不同及行业领域各异等约束性因素决定了在进行合规管理建设时，需要在回应外部强制性规制要求的过程中得到不断的调整和优化，根据自身发展情况创新更有针对性和可操作性的管理规范，从而实现引领式合规管理。

4. 坚持适当性与超前性相兼顾

企业合规管理并不是对企业的硬性控制，而是要在管理中凸显适当性原则，并且使其符合一定发展规律，实现"软"和"硬"之间的结合。在进行合规管理制度建设过程时，要使建设的合规管理制度与企业经营规模、业务范围、竞争状况和风险水平等相适应，还应当考虑我国的具体国情、具体经济发展水平和外部经济环境，根据实际情况和公平、公正、透明的要求，有的放矢，适度合理。完全脱离中国实际或特定发展水平的合规法律制度设计，不仅会增加公司的成本开支，降低公司的社会竞争力，还会因其不具备有效实施的条件而难以得到有效遵守。企业合规管理也随着时间推移和情势变化，在面对更广泛、未知的合规风险时，除了在传统内容上不断加以充实，相较于法律规范等强制性规制要求的抽象性及滞后性，更要及时构架新的内容和技术体系，主动拓展合规管理范围、创新合规管理规范以突破自身发展"瓶颈"。

同时，企业合规管理是对企业经营风险事先预防的过程，在尚未遇到迫在眉睫的危险时，以预防潜在的合规风险为目标，经过合规风险评估将企业风险的处置流程前置，利用法律规范制度保护生产经营活动，借助企业合规制度消除企业经营的后顾之忧，使得各项工作能够依据管理程序有效开展。这就要求企业设计的合规制度必须具有一定的超前性，从而实现既能对企业自觉提高内部治理水平和履行外部社会责任产生必要压力的目标，又能起到强化交易安全和塑造公序良俗的良好效果，更会将更多企业纳入合规治理的通道，使社会化预防成为主流。此外，合规管理的政府监管主要是促使企业建立健全合规管理体系，坚持预防为主、标本兼治，因而政府监管也是一项超前性的基础工作。从这个意义上讲，企业合规既是一种管理结果，也是一个管理过程。在合规建设过程中，需要坚持适当性与超前性相兼顾，以便更有效地进行合规管理实践。

第二节 企业合规管理的域外镜鉴

如今，全球化合规管理趋势日益明显，发端于美国的企业合规管理制度，随着欧美各国法律制度的发展，以及一些国际组织的强力推动，逐渐成为西方国家进行公司治理的重要方式，并且不断拓展至全球广泛的地域及行业领域，现已发展成国际通行的现代企业规范化管理制度。

一、国际组织层面

从历史来看，合规是行业演变的产物，而不是源自法律规定或监管要求。通过考察发现，国际社会中许多涉及合规的法律制度和条约、准则中最先规定了反腐败方面的合规要求。世界经济合作和发展组织（OECD）早在1997年便发布《关于打击国际商业交易中行贿外国公职人员行为的公约》，建立起一个协调打击跨国行贿的国际平台；2000年《联合国全球契约》签署活动正式开启，明确提出负责任商业行为的概念，将反对各种形式的腐败作为对企业的一项基本原则要求；2003年，联合国通过了《联合国反腐败条约》，这是联合国唯一一份具有法律约束力的反腐败文件，要求各缔约国采取立法或其他措施，将企业或个人贿赂外国官员的行为认定为犯罪行为并采取有效措施加以预防和处理，并于2006年对中国生效。

进入21世纪，为了应对全球化的合规风险，一些国际组织逐步接受"通过合规进行公司治理"的理念，也纷纷开始在相关领域发布有关企业合规的基本标准，以便指导企业自主进行内部的合规管理。2005年4月，巴塞尔银行监管委员会（BCBS）发布的《合规与银行内部合规部门》，对金融机构采取合规政策和流程规定提供了一个基本的框架。该项高级文件确立了有效管理合规风险的十大原则，是银行合规管理的一个里程碑式规则，对其他金融机构的合规管理影响深远；在对银行业合规管理提出具体要求的同时，证券业也关注并制定了证券公司等证券业中介机构的合规管理制度。2006年3月，国际证监会组织（IOSCO）技术委员会发布了《关于市场中介组织合规职责问题的最终报告》，该份报告旨在增强市场中介机构合规职能的有效性，在合规领域建立起广泛的补充原则，并对每条原则的落实提出了"实施办法"。2010年3月，世界经济合作和发展组织（OECD）发布的《内部控制、企业道德及合规最佳实践指南》，对成员国和跨国企业提出了预防腐败行为的要求，确立了反贿赂合规的十二项准则。

一些国际组织在接受合规理念并发布有效合规计划的同时，还充当了"国际执法者"的角色，对参与该组织招投标项目的企业进行了合规治理，并将合规作为一种"国际执法激励机制"。在这方面，最为典型的是以世界银行集团（WBG）为代表的国际金融机构。2010年，在其发布的《诚信合规指南》中，明确将欺诈、腐败、串通、胁迫、妨碍等五种行为列为明令禁止的不当行为，并从对业务伙伴的政策、风险评估和审查制度、内部政策、培训和宣传等方面对企业的合规经营提出了指导性建议。作为一家国际金融组织，世界银行对参加投标竞标的企业存在上述不当行为的情形，可以实施连带制裁和联合制裁。此外，对于国际检测认证理事会（TIC）发布的《合规准则实施指南》等，特定行业领域的企业都需要遵循其合规标准和要求，以免遭受相关组织制裁，被剥夺参与某些国际项目的机会。

近年来，国际社会致力于通过多种手段对合规计划的执行提供便利和保障条件。2013年，国际商会出版了《国际商会道德与合规培训手册》，对企业合规要求提出了全面的规范和指引。2014年，亚太经合组织（APEC）发布《北京反腐败宣言》《亚太经合组织有效和自愿的公司合规项目基本要素》，都针对企业合规管理提出了严格的标准框架要求。国际标准化组织（ISO）于 2014 年首次发布 IOS 19600《合规管理体系指南》，以国际法律文件的形式确立了有效合规的基本标准。该项合规文件汇集了国际上被广泛认可的合规管理理论和最新实践，标志着国际组织建立有效合规计划步入成熟阶段。2018 年，欧盟发布《通用数据保护条例》（General Data Protection Regulation，简称 GDPR），在今天数据变成企业最重要资产的情况下，所有企业的运行、数字化转型与数据企业的发展跟数据联系越来越紧密，这一部法律法规的出台，对数据处理者的合规义务进行了规范要求。2021 年 4 月，为了满足全球化合规的快速发展和迫切需求，基于最新的合规管理实践，IOS 37301《合规管理体系要求及使用指南》这一国际标准再一次得以修订并发布实施。该类规范性文件对有关组织建设合规管理体系、提高合规管理能力提供了基础框架和基本原则，并可作为认证机构及监管机关的参考依据，推动了企业合规管理在全球的普及和推广。

二、国家层面

（一）美国

美国是世界上最先确立合规制度的国家。为了遏制企业犯罪，美国主要是通过刑罚手段和刑事激励措施推动企业合规管理的发展，其制定了完备的有助于提高企业合规经营要求的法律，主要包括税法、证券法、反垄断法、金融法（主要是反洗钱法）、反腐败法、商业秘密保护法、经济间谍法、千禧年版权法、外资投资风险评估现代化法、出口管理法等法律和法案，适用对象涵盖在业务上以任何方式与美国有连接点的本国公司和外国公司。

在 20 世纪 60 年代以前，企业合规出现在美国的商业监管实践中，那个阶段基本上属于企业"自我监管阶段"。20世纪60年代以后，随着一系列企业垄断和贿赂丑闻的出现，引发了企业家及监管机构对企业合规管理的思考，合规管理制度的建设在美国特定领域逐渐受到重视。1977年《美国反海外腐败法》（FCPA）出台，其中的反贿赂条款和会计条款被广泛使用，以广泛的覆盖面和严苛的制裁威慑力在反海外商业贿赂执法方面处于领先地位。值得注意的是，受美国法律制裁的不限于行为人或直接责任人，对于公司的违法运营决策负有直接责任的高级管理人员和公司也可能被追究法律责任。经过三次修订，该法成为美国打击海外贿赂行为的重要武器，越来越多的企业为了避免严厉的惩罚和严重的后果，开始重视合规经营问题，主动着手开展合规管理工作。这一阶段持续了近30年，可以被称为"企业合规的政府监管时代"。

20世纪90年代，大规模的内幕交易事件席卷华尔街，主要依靠外部监管与惩罚的传统规制方式难以及时发现和制止企业违法犯罪行为，使基于事前的积极预防理念的合规管理制度意义凸显。美国司法部将合规管理视为企业犯罪预防的重要举措引入法律制度中，很多企业开始重视内部的法律风险防范问题并积极采取事前的预防措施。自此，美国企业合规制度迎来了新的发展阶段。这一阶段的主要特征是，企业合规从特定行业的管理机制，发展成为美国企业界普遍的公司治理方式。与此同时，从刑事执法部门加强合规监管开始，企业合规监管逐渐为所有政府部门所接受，形成刑事合规和行政监管合规并存的局面。1991年，美国联邦量刑委员会制定了《美国组织量刑指南》，并将其编入《联邦量刑指南》第八章，首次将减免罚金刑与企业合规管理挂钩，以作为法院对构成犯罪的企业进行量刑的依据，确立了有效的合规计划在起诉及刑事审判阶段的重要作用。自此以后，美国企业普遍开始按照该项指南的七项标准来建立有效的合规计划,成为美国企业合规制度发展的"分水岭"。

美国企业合规的第四个发展阶段是"普遍监管阶段"。2000年以后,美国爆发了大规模的企业欺诈丑闻,促使监管当局认识到,外部监管不应该、实际上也不可能代替企业内部的合规管理。美国国会于2002年通过了以消除企业欺诈和舞弊为主旨的《上市公司会计改革与投资者保护法案》(《萨班斯—奥克斯利法案》),这是自1930年以来对《美国联邦证券法》所做的最大修改。在推动企业合规方面,该法案规定了严格的内控和合规标准,同时通过强化会计师事务所等中介机构的法律责任和道德责任的方式,促使他们对企业的合规行为承担守门人的职责。对于那些履行了合规义务的企业则通过相关制度给予一定的保护,以充分体现惩罚与激励相结合的原则。该法案的实施代表了美国治理上市公司基本理念的转变,即从简单的信息披露走向实质性的监管,合规管理从企业自愿遵守的合规要求变成了法律上的强制性义务。虽然以促进上市公司会计改革和加强投资者保护为目的,但所确立的公司治理理念和合规要求对美国企业合规制度的发展产生了重要影响,也影响到美国的后续立法和其他国家对企业行为的规制。在《萨班斯—奥克斯利法案》颁布不久,美国就对1987年颁布的《美国联邦量刑指南》进行了修改,为了体现公正惩罚、足够威慑和有效激励的目的,该指南在第八章中增加了合规责任豁免制度,对于已建立有效合规体系的企业可以减轻其刑事处罚,减轻幅度最高可达95%。

2010年通过的《多德—弗兰克法案》,针对金融危机的发生,推动了企业合规制度的进一步发展。该项法案"更加重视公司内部的举报和合规程序",督促企业不断改进合规计划,要求合规更加紧密地参与日常业务经营和决策，以便有效预防企业内部的违法违规问题。另外，根据美国司法部反垄断局于 2019 年 7 月 23 日发布的《新合规指南：对公司合规项目的评估》的规定：对于违反《谢尔曼法》中的价格串通、投标串通、市场集中等类型的犯罪，若公司能证明确已建立了系统性的合规制度，可以作为不予起诉的理由。这套企业合规管理体系有效性评估文件，对保证企业合规有效控制风险具有参考意义。

（二）英国

英国通过对满足合规要求的企业进行责任减免的方式，督促企业建立合规控制体系。2010 年，英国议会颁布了史上最严的《英国反贿赂法》，该法被称为全球最具有前瞻性的海外反腐败法，代表反贿赂领域的国际立法动向，其中规定的建立合规程序可以作为抗辩事由，这开创了反腐败合规管理要求的立法先例。该法案设立"商业组织预防贿赂失职罪"和"公司企业预防逃税失职罪"两个罪名，它要求企业建立事前预防机制，若事发后机制未建立，则推定企业本身要承担相应的责任。此举将合规机制写入刑法，使其成为对企业犯罪案件进行无罪抗辩的法定事由，也成为法院对涉案企业作出宽大刑事处理的法定量刑情节。尤其增设"商业组织预防贿赂失职罪"这个新罪名，从不作为层面规定了商业组织积极预防贿赂行为的义务，通过规定该罪的严格刑事责任和无罪抗辩事由，要求商业组织建立充分的合规管理程序证明自身已经尽到了反贿赂管理义务，从而极大地强化了企业的反贿赂责任，对于从源头遏制贿赂行为的发生具有积极意义。

为指导商业组织制订与实施合规计划，并为判断合规计划的有效性提供法律依据，英国司法部随后颁布了《2010 年贿赂罪法适用指南》，明确提出在判断特定商业组织的合规计划是否有效之际，应当根据指南提出企业建立合规管理"充分程序"的六大基本原则，结合个案具体情况和环境逐案进行判定。根据英国司法实践，商业组织只要能证明自身措施达到51%以上预防贿赂行为发生的可能性，也应当被认为建立了充分程序，通过总结针对涉案企业开展合规整改的工作经验，英国反严重欺诈办公室于2020年公布了修订后的《合规计划评价操作手册》。其中将涉案企业合规计划有效性的评估扩展到三个阶段，强调调查人员在调查程序启动之初即要关注和记录合规计划的调查问题，并将充分程序六项原则作为评估所有合规计划有效性的具体标准。值得注意的是，该操作手册所确立的有效合规评价标准，既适用于企业犯罪前所建立的合规计划，也适用于企业犯罪后对合规管理所采取的制度补救措施，更适用于企业为履行DPA所进行的合规整改措施。由此，英国建立了针对涉案企业过去、现在和未来全方位的合规计划评价标准。这种在统一合规评估标准方面所作的立法努力，对于提升合规有效性评价的准确性，维护合规适用的公正性，都具有较为重要的意义。

同时，在削减司法成本的压力下，为了解决因经济犯罪给社会带来的巨大损失和由此衍生的众多社会问题，英国于2013年正式确立美国的暂缓起诉协议制度（DPA）。根据2013年通过的《英国犯罪与法院法》，无论是英国反严重欺诈办公室（SFO）还是皇家检察署（CPS），都可以与涉嫌犯罪的企业达成暂缓起诉协议。英国的暂缓起诉协议不同于美国制度，只针对涉嫌犯罪的企业适用，而不适用于自然人，长期奉行的单罚制模式是英国在引入暂缓起诉协议制度时遇到的最大障碍。为此，通过采用自然人行为的"代位责任"和"同一理论"的法律技术，使企业的刑事责任问题得到基本解决。在《2013年英国刑事法院法》第45节中，专门制定了适用于暂缓起诉协议条款规定的 17 项清单。根据这一清单，暂缓起诉协议可广泛适用于包括欺诈、受贿和洗钱等在内的多种犯罪和不正当行为。一份完整的暂缓起诉协议要求包括企业应当建立强有力的合规计划条款，且其履行情况和法官的持续监督。法院根据盖然性权衡判断犯罪嫌疑人有无违规。如果确认企业违规，法院可以对违规行为采取纠正措施，或终止暂缓起诉协议的执行。由此可见，合规要求不但是预防企业重新犯罪的一种特殊措施，更是民刑制度交互影响融合的一种制度设计。

（三）德国

在合规制度建设上另一个有代表性的国家是德国，其通过公司法、证券法等单行法律规定了类型多样的企业合规义务。德国的公司合规制度虽然不过十几年的发展时间，但其以公司法中的董事注意义务为基础的发展路径和司法实践中的充分阐释以及公司合规制度责任与激励机制的探索对我国企业合规制度建设都具有重要启示。

在德国公司法中，对于一般的企业，以《德国股份公司法》第 76 条第 1 款的领导义务、第 93 条第 1 款的谨慎义务和第 91 条第 2 款董事会设立监督制度的义务为合规制度的法律基础。而对于有限责任公司，则以《德国有限责任公司法》第 43 条第 1 款的谨慎义务作为合规法律基础。从抽象的谨慎义务可以引申出具体的义务，其中就包括业务执行人应履行一般法律规定的公司义务，特别是为公司缴纳税金和社会保险费，遵守刑事、劳动、工商和环保等方面的法律规定和卡特尔禁令等。只要是公司承担的义务，业务执行人就必须承担履行责任；如果公司没有履行而遭受损失，业务执行人必须承担损害赔偿责任。同时，根据《德国违反秩序法》第 130 条的规定，以刑法制裁的和秩序法威慑的违反义务为前提，通过建立监督机制的义务补充了合规规范。这种义务不仅适用于企业所有者，也适用于法人的机关即董事会或业务执行机构。因此，企业所有者或法人的机关负有使企业合规的组织性义务，为了履行该义务，必须建立必要的监督机制。如果因监督机制的缺失而导致企业违法，企业所有者或法人的机关要承担违反这种监督义务的责任。

此外，在一些专门法律领域也存在公司合规的组织性规范。尤其是在银行和资本市场法领域，《德国信贷法》《德国有价证券交易法》《德国保险企业监管法》都有相关的功能性合规规定。这些规定大多是以欧盟的相关准则为基础。如《德国有价证券交易法》第22条的标题就是"遵守规定（合规）"，该条对设立持续、有效和独立的合规岗位以及该岗位需要履行的职责进行了详细的规定，为了保证合规部门能够正常、独立地履行职责，证券公司必须保证符合一系列条件；著名的"卡特尔法—合规"制度，就是在《联邦德国反对限制竞争法》的基础上，在金融保险监管领域制定的合规制度，引领了金融领域的数次改革。此外，德国还通过具有政府规章性质的《德国公司治理准则》等规范性文件对企业的合规义务作出要求。其虽然没有直接的法律效力，但通过《德国股份公司法》上的连接性规定获得了一定的间接性效力。该准则阐述了德国上市公司管理和监督的主要法律规范，包含了国内外公认的、良好的、负责的企业经营准则。目的在于使德国的公司治理结构透明、易懂，增进国内外投资者、顾客、雇员和社会公众对德国上市公司管理和监督的信任。根据《德国公司治理准则》第4.1.3条的规定，董事除自己必须遵守法律之外，还必须采取适当措施以保障企业和员工的行为合法，并应采取一切措施及时识别和防范经营过程中可能存在的法律风险。

（四）日本

与其他国家不同，日本一直将合规制度置于公司治理框架下，对企业合规的要求主要是通过完善公司治理的刑罚规则加以推动。在《日本商法典》第 486 条、第 489 条至第 494 条、第 497 条中分别规定了发起人、董事的特别背信罪、危害公司财产罪、利用不实文件罪、预先通谋罪、超额发行罪，还包括发起人、董事的渎职罪、有损公司利益的行贿罪、就股东权利行使提供利益罪等罪名，并在第 499 条中，对公司违法行为采取了同时对法人和具体责任人进行责任追究的责任双罚制。其主要特点是通过对公司违法行为的严厉制裁，强化公司进行合规经营。不仅如此，由于《日本商法典》中对股东会的召开规定了最低持股比例要求并作了严格的程序性限制，因此，在日本衍生出一些专门以破坏股东会召开为生的黑社会组织，其中以"总会屋"最为典型，由此给公司的正常经营活动带来较大影响。为此，日本政府于 1997 年 5 月逮捕了"总会屋"负责人小池隆一，并于同年修订了《日本商法典》，在该法第 497 条中通过增加第 3 款的方式增设了"非法要求罪"，其目的是为公司的正常经营活动即合规行为提供充足的法律保障。

此后，在 2005 年《日本公司法》修订中，除明确规定董事负有为公司利益而执行其职务的义务外，还将构筑系统的内部控制体系规定为董事会的法定义务。现行《日本公司法》第 348 条第 3 款和第 4 款规定，资本金为 5 亿日元或者负债 200 亿日元以上的大型股份公司必须构筑内部控制体系。由于在日本现有的法律体系架构中已将合规制度高度融入公司的内部控制体系中，因此这里的完善要求当然包括构建系统的合规制度。2011 年在日本爆发的"奥林巴斯事件"和"大王制纸事件"曾轰动一时，以强调企业自律和员工忠诚为世人所称道的日本企业家精神轰然倒塌,并成为合规要求进入企业治理结构的导火索。正是在这一背景下,为了防止企业犯罪、恢复日本企业在国际市场上诚信守约的良好信誉,日本正式启动关于修改公司法的法案,主要内容是以独立的"审计委员会制度"取代外部董事制度。同时于2014年新设"设置监察等委员会(在董事会下设置专司监督职责的委员会)的公司",将原属于监事的业务监督权限赋予监察委员会。基于赋予其更多信息的初衷,《日本公司法》还规定,若公司设置监察委员会,则必须构筑内部控制体系(《日本公司法》第416条第1款第1项)。与此同时,《日本公司法实施规则》第100条规定了构建内控体系的类别,具体包括合规体系、信息保管体系、风险危机管理体系等七项体系。因此,足见日本是以《日本公司法》来承担确保合规目标实现的功能安排。此外,在《日本金融商品交易法》《日本独占禁止法》中也涉及一些与企业合规要求相关的内容。实践中,还通过发布《日本反垄断法合规计划指南》《日本反垄断法合规计划手册》等指导性文件的方式,对企业的合规经营进行规范和指引。

为了配合国际社会反商业贿赂行动,日本于2016年通过的《日本刑事诉讼法》修订案中引进了辩诉交易制度并将其改造成独具特色的"司法交易"制度,该项制度于2018年6月正式施行。这一制度在一定限度上推进了公司合规制度的建设。企业经营者和事业主由于担心自己的罪行被供述,因此不得不强化合规计划,并完善相关的风险管理体系。因此,许多公司内部都建立了"认罪从宽制度",对于那些主动向公司申告不正当行为的员工,给予减免惩戒处分及减轻对公司承担的民事责任。这不仅有助于防止公司犯罪,还可以维持良好的公司信誉。

（五）韩国

在国家层面，韩国是第一个在公司法中对合规制度作出明确规定的国家。韩国分别在 1999 年和 2014 年相继爆发了明显违背合规要求的"大宇集团虚假报表事件"和"东洋国际虚假报表事件"。为了通过合规制度从根本上铲除企业经济犯罪的土壤，韩国政府自 2000 年起相继通过《韩国证券交易法》（现已更名为《韩国资本市场法》）、《韩国金融公司治理结构法》以及 2001 年金融法等法律法规逐步引进了"内部控制标准""合规监察人"制度，要求公司必须建立包括法律遵守体制和风险管理体制在内的完整内部控制体系，并强制在银行、保险、证券公司等金融公司中引进合规监察人制度，要求除小规模金融公司外，所有的金融公司都应设立合规监察人，以保证员工的活动符合法律法规的要求。根据法律规定，合规监察人为独任制的专门性机构，其主要业务是对包括公司董事在内的所有高级管理人员和员工进行监督，其监督内容涵盖法律规章遵守和资产运营风险管理等整个内部控制系统。合规监察人通常从公司内部的董事或业务执行负责人中选任，其虽由董事会任命，但却独立履行职务，从事业务活动不受董事会或董事长的干预。为了保障合规监察人的独立性地位，《韩国金融公司治理结构法》第 30 条要求金融公司应当通过章程保障合规监察人独立履行职务，并为其履行职务提供必要的资料和信息；对合规监察人的任免虽由公司自主决定，但须在作出决定之日起 7 日内向金融委员会报告。公司未按规定设置合规监察人或未按照合规要求进行报批和运营时，根据该法第 43 条第 16 款至第 22 款的规定，可对其处以罚款。

此后，2011 年韩国对商法进行大幅修改时，在《韩国商法典》"公司法编"第 542 条第 13 款中正式引入"合规控制标准"和

"合规支援人"制度，规定了合规支援人的设立、任免、职责以及履职和身份保障制度，并在第367条明确规定了合规监察人的选任标准和选任要求，从而构筑了较为完整的公司合规制度。与主要适用于金融公司的合规监察人不同，合规支援人主要适用于上市公司，其工作内容也主要是监督员工是否遵守了内部控制标准；另一项区别在于合规支援人系隶属于董事会的公司内设机构，需要受董事会领导并向董事会报告工作，但其履职过程中应具有独立性，不受执行董事的监督。总之，通过商法和其他单行法规，韩国建立了多层次、全覆盖的公司合规法律制度。

第三节 我国的企业合规管理制度

一、我国企业合规管理的现状

加强企业合规管理，既是国际法治经验带给我们的"他山之石"，也是我国社会实践造就的现实之需，合规管理现已上升为我国国家战略部署。

（一）国家政策和规范层面

1. 中央层面

第一，迄今为止，我国尚无系统的有关合规要求的法律制度构建。从总体上说，我国涉及企业合规相关的法律规定仅停留在部门规章与规范性文件层面，行政监管体制的要求是企业推进合规管理的主要动力，相关的合规指引为特定企业结合自身实际建立合规管理体系提供了参考、标准和依据，在一定程度上能应对逐步凸显的企业合规风险；但法律参与较少，立法层面的法律法规尚未对企业建立合规体系有明确要求。由于法律位阶和效力层次低，并没有上升到具有普遍适用效力的法律法规的高度，与此相对应，规则效力发挥所必需的强制性和约束力明显不足。而且这些规定较为散乱，彼此之间协调配合差，远不能适应企业正常经营对合规管理的要求，亟须进行系统化、体系化的法律制度设计。

第二，从部门法角度考虑，现有的合规要求大多是出于行政监管的需要或是出于免受国外惩罚的目的，并没有将其上升到公司治理和企业文化建设的高度。在国务院国资委的建议下，2023年修订的《中华人民共和国公司法》（以下简称《公司法》）第177条新设了有关合规的内容，规定"国家出资公司应当依法建立健全内部监督管理和风险控制制度，加强内部合规管理"。但该条未将合规作为一项基本原则适用于所有的公司，以应对企业发展全球合规的需求。而且，其将合规理解为"内部合规管理"，范围过窄，未能涵摄企业外部合规治理的问题。缺乏以公司法为代表的基础性、骨干性法律制度作支撑，既不能有效彰显合规制度的应有价值，也不能显著提升我国企业的治理水平。此外，还需要充分发挥公司法、证券法、刑法等法律对合规制度建设的作用，协同配合，共同形成制度合力。如在证券法中，可以考虑增加类似《美国反海外腐败法》（FCPA）中会计条款的相关规定和处罚，以约束有关企业建立完整、准确的账簿与记录，并且实施有效内控，以此为企业主动开展合规建设提供充足的动力。

第三，我国部分部门规范性文件针对一些特定的行业或领域的企业合规管理职责有原则性规定，并授权相关部门实施监管。2006年原中国银监会发布的《商业银行合规风险管理指引》，2007年原中国保监会发布的《保险公司合规管理指引》，这两份规范性文件的出台，开启了"中国式合规"的制度化进程。随后，在证券监管、贸易监管和税收监管等行政监管领域也出台了相关规定。2014年商务部发布的《贸易政策合规工作实施办法（试行）》，2015年国家税务总局发布的《税收政策合规工作实施办法（试行）》，2016年原中国保监会发布的《保险公司合规管理办法》，2017年中国证监会发布的《证券公司和证券投资基金管理公司合规管理办法》等，主要侧重于这些强监管行业从业机构的内部合规管理职责划分、业务环节中的合规管理要求以及法律责任等方面的内容。

第四，中央企业作为我国企业合规建设的重点领域，也是试行合规的先锋部队，面临海外市场越来越严格的监管政策。2018年国务院国资委下发《中央企业合规管理指引（试行）》，要求中央企业结合自身实际制订合规管理实施细则，以提高可操作性的方式促进管理措施的真正落实。初步形成我国国有企业合规管理的基本框架，为促进国有企业持续健康发展提供制度保障。2022年10月1日施行的《中央企业合规管理办法》，从宏观制度层面为央企建立境内外一体化合规管理体系奠定了更坚实的基础，标志着中央企业合规管理工作进入了新阶段，对于地方企业的合规管理工作同样具有参照指导的意义。这些合规管理文件的出台为合规管理从模糊的轮廓发展到具体的步骤方法提供了法律依据。

第五，在跨行业维度上，财政部等五部委于2008年共同发布了在上市公司范围内实施《企业内部控制基本规范》，该规范中称"内部控制的目标是保证企业经营管理合法合规"。2018年12月，国家发展改革委等七部委发布了《企业境外经营合规管理指引》，对面临更多合规风险的境外经营的企业，将严格遵守有关环境保护、数据和隐私保护、知识产权保护、反腐败、反贿赂、反垄断、反洗钱、反恐怖融资、贸易管制、财务税收等重点领域的具体要求作为合规制度建设应关注的基本内容。2022年4月，最高人民检察院等九部委发布的《涉案企业合规建设、评估和审查办法（试行）》，针对涉案企业合规建设、评估和审查进行了翔实规定，进一步规范了第三方监督评估机制相关工作的有序开展。

第六，在国家标准层面，随着合规管理工作的深入，我国逐步引入了合规管理的国际标准。2017年12月，原国家质量监督检验检疫总局和国家标准化管理委员会联合发布了《合规管理体系指南》（GB/T 35770—2017），以良好治理、比例原则、透明和可持续性原则为基础，以指导未进行合规管理的组织建立、实施、评价和改进合规管理体系。2021年，ISO 37301《合规管理体系要求及使用指南》修订实施，为了与国际规则保持同步，便利国际贸易，我国也积极将其采用转化为我国国家标准，并于同年同步推动修订工作。2022年10月12日，《合规管理体系要求及使用指南》（GB/T 35770—2022）正式发布实施，全部代替标准GB/T 35770—2017，进一步保证企业合规管理体系的有效性并正常运行，这对我国合规管理工作的推进与落实具有重要意义。

2. 地方层面

第一，在地方监管层面，我国各地方也积极响应合规时代的号召，为进一步推动省市级国资委监管企业全面加强合规管理，结合实践相继颁布了地方国企合规管理指引，与中央要求形成有效互动。其中具有代表性的是，北京市国资委于2018年发布《市管企业合规管理工作实施方案》，上海市国资委发布《上海市国资委监管企业合规管理指引（试行）》。紧接着自2020年起，广东省、青岛市、天津市、四川省、大连市、云南省、河南省、广州市以及浙江省等地方国资委也先后颁布了适用于本省市的企业合规管理指引。各地方国资委在沿用中央关于合规管理指引的基础上，根据各省市的企业特点，进行了相应的调整和创新。如江苏、内蒙古等地将党委会纳入合规管理组织机构；重庆等地对重点合规领域进行了拓展和延伸，细化了海外合规风险的高发领域；江苏、上海、广东等地增加了合规咨询、论证、成果转化以及容错免责等运行机制。这些细化措施为地方企业合规管理体系的有效实施提供了保障和依据。

第二，针对行业发展，我国各行业协会合规建设也正处于摸索探路的起步阶段。2017年9月8日，中国证券业协会发布《证券公司合规管理实施指引》，同年9月13日，中国证券投资基金业协会发布《证券投资基金管理公司合规管理规范》，对合规管理办法进一步完善和明确，体现了以合规为主线的监管规则体系逐步健全，为证券行业提升合规管理有效性指明了方向。2021年3月25日，中国化学制药工业协会（CPIA）正式公布最新制定的《医药行业合规管理规范》，从反商业贿赂、反垄断、财务与税务、产品推广、集中采购、环境、健康和安全、数据合规及网络安全等领域对医药企业开展合规管理提出要求。中国中小企业协会于2022年5月23日发布的《中小企业合规管理体系有效性评价》，系国内首部关于中小企业合规管理体系有效性评价的团体标准，体现了中小企业对合规经营的现实需要，预示着各行业监管机构和企业之间关于企业合规经营的良性互动。

第三，在各领域建设上，2017年6月12日，深圳市市场监督管理局发布《SZDB/Z 245—2017 反贿赂管理体系》，为指导深圳市各有关单位规范反贿赂管理体系的构建，以预防和处置潜在的贿赂风险提供了可行性的标准支撑；2021年8月24日，浙江省市场监督管理局发布了全国首个平台企业竞争合规指引——《浙江省平台企业竞争合规指引》，为浙江平台企业开展竞争合规工作提供了明确指引和具体要求。

（二）企业等层面

1. 国有企业

我国企业的合规实践相对外国企业起步较晚，国内率先在金融行业形成、发展和成熟。2006—2008年，原中国银监会、原中国保监会、中国证监会相继发布合规管理指引，金融保险业等国有企业大多已相应建立自上而下的合规管理体系，强化将行业监管规则的执行融入业务流程，并且积累了丰富的经验。2002年，中国银行率先将原本设立在总行的法律事务部更改为法律与合规部，同时设置了首席合规官一职。2004年，中国工商银行专门成立内控合规部，牵头开展合规管理；同年年底，平安保险公司成立了"法律与合规部"，率先在保险业种开始新型合规管理实践。2005年，中国农业银行在四个省市的分行开展了合规试点。2006年，中国人保控股公司将"法律部"变更为"法律与合规部"。金融机构在不断建设自身的合规管理机制，寻找各自的发展方向。但是，这个时期大多中国企业的合规管理尚处于起步阶段。随着法律法规、监管制度不断健全及国家反腐力度不断加强，中央企业合规管理进入加速发展的新阶段：2010年，中海油初步建立起企业的合规文化，该企业每逢开会都要先让独立监事检查会议的合规性，并做两个月的合规大检查。2014年，中国石油、中国移动分别成立企业合规管理机构。2015年，国务院国资委发布《关于全面推进法治央企建设的意见》，对中央企业提升合规管理能力提出了具体要求。同年，中国石油发布了集团的合规管理手册，基本确立了依法管理、合规经营的战略定位和价值导向，基本形成齐抓共管、协同联动的合规管理组织构架，以及预防为主的治理机制。国家电投集团已把合规牵头职能放到法律企管部门，将合规确认点及标准要求嵌入各业务信息化管理系统操作节点。同时，中国海油、国航、中国建筑等大型企业也开展了大量的合规工作。

中央企业合规管理的架构、模式的理论和实践水平跟国际大公司相比还有差距。2016年，国务院国资委发布了《关于在部分中央企业开展合规管理体系建设试点工作的通知》，将招商局集团、中国石油、中国移动、东方电气和中国中铁五家中央企业列为首批合规管理试点企业开展合规建设。各试点企业均制定了适合本企业的合规管理办法，从合规部门设置、合规体系搭建等多角度多方位开展合规管理工作，形成符合各自行业特色的合规管理模式。其中，招商局集团以"合规从高层做起、全员主动合规、合规创造价值"为理念，建立了贯穿决策层、管理层和执行层的合规管理体系；中国石油制定了《中国石油天然气集团公司诚信合规手册》，将合规管理纳入公司战略；中国移动启动了"合规护航计划"，形成以合规管理办法为核心、相关配套制度为补充的"1+N"合规管理制度体系；东方电气以"总部搭建、专项试点、逐步推进"为原则，形成《中国东方电气集团有限公司诚信合规准则》；中国中铁以优化整合公司既有管理体系和资源为前提开展合规体系融合，制定了《中国中铁股份有限公司合规管理制度（试行）》。

此外，面对日益复杂的外部环境和自身转型发展需要，地方国有企业也逐步开展了合规管理的探索。2013年世界银行对湖南建工集团有限公司做出"附解除条件的取消资格"的裁决决定，湖南建工集团自此开启了诚信合规体系的建设，制订了《诚信合规政策和程序》《诚信合规管理办法》等一系列合规管理文件，将全面合规管理与诚信合规管理有机结合起来，进一步与国际合规管理实践无缝接轨。江苏是与上海、北京、四川并肩推动合规管理工作的先行省份，着力纾解国有企业"违规"风险。江苏交通控股有限公司作为合规管理试点企业，为适应高速公路运营管理和改革发展的新环境，以制度的"废、改、立"为切入点，以反舞弊专项合规管理为试点模型，形成合规管理体系建设实施方案。同时，其他省份也逐步启动了合规管理建设，在国有企业中逐步推行。

随着《中央企业合规管理指引（试行）》（2018）、《企业境外经营合规管理指引》（2018）以及《中央企业合规管理办法》（2022）的颁布施行，企业合规管理建设首先在中央企业和国有企业全面展开，并为其他所有制企业广泛借鉴和采用。近几年，合规管理试点不断扩大，更多的国有企业按照国务院国资委有关要求开展合规管理体系构建，受当前国际环境影响，合规管理覆盖面非常广，重点涉及公司法、反垄断、反腐败、财务税收、劳动用工、知识产权、网络与数据安全等方面。国有企业集团层面设置合规部或合规管理委员会，在一些大型中央企业，董事会、监事会和经理层也都被赋予一定的合规管理职能，如批准合规战略规划、决定合规管理重大事项等。总体来说，我国包括中央企业在内的国有企业的合规建设以重点领域为突破，从试点到普遍推广，取得了良好的成效。

2. 民营企业

在市场竞争中，市场主体在选择交易相对方时并不会因为企业所有制性质不同而降低标准或要求，民营企业与国有企业处于相同的社会环境，面临着同样的竞争和考验。若是民营企业违反法律规定也应承担相应的民事、行政和刑事责任，并无例外或赦免。因此，不应忽视合规管理对民营企业的适用性。强化合规管理理应成为中国所有企业发展的新趋势。

2018年11月1日，习近平总书记在民营企业座谈会上，强调要在"合法合规中提高企业竞争能力……提高经营能力、管理水平，完善法人治理结构，鼓励有条件的民营企业建立现代企业制度"。《中共中央 国务院关于营造更好发展环境支持民营企业改革发展的意见》（2019）特别提出，"推动民营企业筑牢守法合规经营底线，民营企业"走出去"要尊法守法、合规经营，塑造良好形象"，这对民营企业的发展指明了方向，提出了更高的要求。2020年，全国工商联向全国政协十三届第十三次会议提交了《加快推动境外民营企业建立合规管理体系》的提案，该提案得到了国务院业务主管部门的书面答复，提出要督促与指导包括民营境外企业在内的民营企业建立合规管理体系，这均体现了我国对加快企业合规建设的重视。在具体企业制度改革中，要将民营企业作为落实合规制度的重要突破点，以合规制度推动现代企业制度的整体改革。

至今，从国有企业到民营企业，从个别试点到全面部署，中国企业对于建立合规管理体系防范企业法律风险的重视程度也大大加强。浙江吉利控股集团是较早意识到建立合规管理体系对于促进其全球整合有重要意义的民营企业。早在2014年，该企业就启动了公司合规体系建设项目。当时，该公司董事长李书福认为："合规是企业可持续发展的前提，是全球经济相互依存、依法竞争的关键，也是人类经济社会不断进步的游戏规则。合规既是企业的基本生存之道，也是企业承担社会责任的基本前提，还是吉利建立全球型整合企业文化的重要手段。"这对于该企业打造影响力的民族品牌、不断实现企业经济长青有着至关重要的作用。

除此之外，我国一些非国有试点企业也积极将海外合规管理视为企业工作重点，如华为正在建设全球合规管理运营体系，联想集团建立了全球道德及合规计划等。但是，对于大部分民营企业而言，目前，我国民营企业的合规管理只是初步建立了相关的廉政制度，如禁止员工收受供应商回扣、职务侵占、欺诈、关联交易或利益冲突等。若员工被发现违反公司上述规定，轻者可能被解雇，重者则被移送司法机关，甚至惩治主管或经理以达到惩戒目的。相比国有企业的合规管理，大部分民营企业合规管理部门职能和合规管理制度还是很不规范甚至缺失很多，需要大力借鉴国有企业的合规管理，建立符合自身特征的合规管理体系。

二、我国企业合规管理的问题与成因分析

从合规管理的立法实践和企业实践来看，我国进入全面合规管理的依法治企新阶段。然而，总体来说，我国企业目前合规管理仍处于起步阶段，与合规管理体系已较为完善的跨国企业相比，仍存在诸多问题，有待规范化和系统化。由于一些企业对"规"的认识不够，缺乏合规意识和合规文化，并没有结合企业实际制定和落实具体的合规管理制度。在有效推进合规管理工作方面还存在不少问题和薄弱环节，合规管理的实效并未得到充分彰显，无法为企业合规管理体系建设保驾护航。

（一）合规意识与文化的缺失

一方面，企业和员工合规管理意识淡薄，对合规管理认识不清。首先，一些企业虽自愿开展合规管理，但企业的高层管理者并未真正予以重视，企业及其员工缺乏"我要合规"的自觉意识。企业高层管理者作为企业合规管理制度的制定者和带头实施者，如果他们都缺乏应有的重视，那么企业合规管理理念必将"守而不牢"。其次，很多企业对于合规管理在一定限度上存在片面理

解。某些企业管理者过于关注业绩，将管理重点放在市场发展及业务考核上，忽视了合规管理对于企业长远发展产生的重要影响。最后，还有一些企业没有将合规理念融入企业文化，没有将合规管理落实到日常管理中，使企业合规的内在动力不足，导致很多员工对于合规管理缺少内在认可度和行为主动性。

另一方面，企业欠缺合规意识的必要熏陶，对合规文化建设仅停留于形式。部分国有企业对合规管理还存在着非常浓厚的"过关"意识，将合法等同于合规的现象在国有企业合规建设中不同程度地存在。多数将依法依规中"规"的内涵理解为法律法规和监管要求，认为合规是一种来自外部监管的需要，并没有将其融入行业，存在被动应付倾向。在日常实践中，合规工作易沦为公司生产经营、投资交易和日常管理的附庸，从事合规工作的人员正常履行合规性审核等职责行为不被理解，严重掣肘了国有企业合规工作的开展。缺少了合规文化的合规，形同于只有合规制度而没有合规灵魂的空架子。不仅导致相对较差的合规管理环境，企业往往只是被动合规、形式合规，催发行业"潜规则"不良现象的出现。而且导致中国企业在"走出去"时，通常不自觉地触碰国外有关合规要求的红线，从而使其成为欧美国家和国际组织进行经济制裁乃至刑事制裁的主要对象。

合规意识和合规文化是合规管理体系构建的基础，若无此作为支撑，构建完善的合规管理体系就会困难重重，也无法得到积极落实。培育合规意识和合规文化是激发企业活力、提升企业软竞争力的关键所在，有助于企业向主动合规、实质合规转变。因此，未来的合规建设要致力于把合规意识和文化镶嵌在企业的基因中。通过外部激励和员工自我约束在企业内部创设浓厚的合规环境，使合规成为企业文化的一部分，员工在此种环境中可以将合规准则加以内化，并逐渐树立自身的合规意识和合规行为，以此凝聚全体企业员工的规范共识，不断加强合规文化建设反哺企业的经营管理运行，使合规真正在企业发展中发挥价值。

（二）合规之"规"供给不足

进行合规管理的"规"尤为重要。从我国的法治建设层面来看，已经初步具备一定的合规管理规范。但是，这些规范主要零散地存在于政府规章文件和政策之中，相关的法律法规还尚待完善，并未形成系统完整的合规法律制度体系。第一，目前对企业合规要求鲜少涉及立法层面的法律规范，欠缺基础性的法律规定。而且现有的涉及重点领域的规定大多是行政和刑事意义上的合规，更不用提民事法律的有关规定，在以《公司法》为代表的市场经济立法中基本没有体现。如《公司法》只明确规定了企业的守法义务，并未将合规管理作为一项基本原则以形成对所有公司的基本要求，使得合规管理在组织法层面缺少基本依据。第二，现有对合规要求缺乏明确、系统、集中、专门性的规定，为数不多的合规要求基本上是作为其他义务的附属性义务出现，既缺乏对企业合规要求的整体制度设计，也缺乏制度之间的协同机制，从而极大影响了合规制度效能的发挥。第三，我国目前的合规规则大多照搬照抄西方国家，带有很强的"反制性"，并不能完全适应我国国情，亟须解决本土化问题。第四，由于企业合规兼具法律、道德、政策、公约的多重要求，依靠单一的法律部门无法达到预期调整目标，因此需要借助包括公司法、证券法、金融法、刑法等在内的多种法律部门进行综合协同调整。

合规规范不足导致外部法律环境的欠缺，对企业进行合规管理产生很大的消极影响。一方面，开展合规管理的企业对市场经济的负面效应缺乏足够的应对措施，对有关内部合规政策的制定缺少法律的指导而不能一步到位，这可能导致企业合规管理目标无法实现，也使得相关企业在国际纠纷中丧失相应的抗辩理由。另一方面，因欠缺基础性的法律规定，部分企业违规行为无法得到根本的治理。由于不合规的企业仍然可以在灰色地带经营且不会受到制裁，这就在事实上造成对合规企业的不公平，从而让企业开展合规管理陷入尴尬境地。长远来看，员工久而久之会养成不遵守规则的习惯，给企业发展带来重大不利影响。因此，我们应当关注"合规之规"机制的建立和完善，夯实合规管理的基础。同时，通过对外规信息的及时传递与解读，结合我国本土因素的考量，动态化实现外规推动内规、内规匹配外规的合规管理制度机制，共同营造成熟的合规法治环境。

（三）合规管理制度尚不成熟

合规管理体系的核心是制度体系。很多中国企业在经营管理上或多或少有一些合规管理制度的内容，如行为守则、相关的规章制度、内部的管理人员等。但是，合规管理制度的有效性和可执行性无法得到保证，一定限度上仅停留在尚不成熟的制度层面，真正能够得到有效落实、产生明显效果的制度建设，并不在多数。不同制度体系以及执行衔接不畅，也导致企业合规的管理，面临着多方应对但又抓不住核心和要点的困局，导致很多制度建设最终形同虚设。要想受益于合规管理的实效，需要明确合规管理的目标，致力于制定完整且高规格的合规制度以供遵守，并且思考企业现有制度与合规管理漏洞之间出现巨大差距的原因何在，使合规管理能够体现并实现制度的设计初衷，为进一步促进企业持续健康发展提供制度保障。

1. 合规管理目标不明确

实行合规管理不是让企业故步自封，为经营活动戴上枷锁直接影响企业经营目标的实现，但不切实的经营目标也可能冲击到合规体系，从而在具体经营活动中把合规制度束之高阁。实践中存在企业战略目标与合规管理体系脱节的情况，使合规管理体系的有效运行无助于企业战略目标的实现。因此，在确定企业战略目标时，应考虑其现阶段业务情况、行业及市场定位、中长期战略发展规划。在企业战略目标基础上确定合规目标，既要避免脱离实际、好高骛远，也要避免目光短浅，以免错配合规管理制度，不仅不能发挥其正向促进作用，反而可能制约企业的发展。

从企业整体的经营管理来看，合规一直都是最基本的目标，是企业管理的边界和红线。实务中一些合规管理部门缺乏权威性，合规管理与业务的融合不足，也使合规管理目标得不到充分发挥。这是现实中最容易被忽视的合规重点工作，大多数企业力求取得立竿见影的合规效果，做到一半时，才猛然发现已经偏离了原本的初衷与导向，陷入具体工作细节的泥淖中。各部门目标和利益不一致，造成合规制度各部分相互割裂，难以保障制度内外部的有效衔接。因此，企业和员工应当高度重视合规管理工作，把合规管理真正作为企业整治违法违规行为、推动企业切实提升依法合规经营管理水平的手段，确保合规融入企业的发展目标、发展战略和管理体系，真正认识到合规管理对于企业长久稳定发展的重要性。

2. 合规制度建设形式化

一些企业内部并没有完善的合规管理制度，存在制度系统性不够、前后制度矛盾的现象，难以触及合规风险防控的本质。有些企业虽制定了合规管理政策，但缺乏可信的、可供执行的配套管理细则供企业遵守，以致难以实际操作。究其原因，其一，我国现有的合规指南大多只对中央企业、国有企业的合规管理提出要求，一些指南内容对合规管理过程要求过高，与中小型企业治理结构不符，使之缺乏落实的条件与能力。许多中小型企业难以真正运用只适合大型企业的组织严格、分工细密的合规管理模式，其结果是企业不得不制定应付监管的书面制度，但却不能有效运行，最终使合规指南失灵。其二，一些企业由于没有自己的管理经验、合规文化作为支撑，往往采取"拿来主义"和"摸着石头过河"的方法，一些制度的出台仅是为了应付经营的需要并非管理的需要，或者直接来自外部法律顾问的标准模板或某个国际大公司的网站。这样的合规制度与我国的现实国情极不相符，也与企业的实际情况大相径庭。其三，基于对合规管理的不重视，导致很多制度都是在公司运营出现问题时才匆匆发布，无论是在制度的内容上还是在制度的形式上都缺乏完整性，公司所颁布的规章制度系统性不足，极不方便公司进行统一管理。抑或部分公司完全沿用之前的制度，没有根据时代的发展以及公司经营的实际情况及时修改和完善制度，导致该套制度体系名存实亡，没有实施的价值。不仅导致企业员工无法实际执行，企业的合规管理形同虚设，还大大增加了合规管理的风险，最终引起企业合规管理体系的系统性失灵。

（四）合规管理体系建设不规范

事实上，没有从零开始的企业合规建设，合规管理都是在现有管理体系上进行。合规管理体系的构建，需要重点关注合规的实现，并不是盲目对传统合规体系进行追求。综上所述，大部分中国企业对于合规管理的认识仅仅停留在表面，具体到企业的合规管理体系上，束之高阁没有落地的行为守则涵盖了合规管理的全部内容。企业在开展合规管理体系建设工作中要务实高效，将合规管理贯穿法治化的经营管理之中。一个完整的合规管理体系应当有清晰的合规管理导向、有效的合规管理组织、有计划的合规管理建设方案和切实的合规保障机制。从这个层面来说，我国企业的合规管理体系建设还有很长的路要走。

1. 合规管理组织架构不完善

一方面，合规机构设置混乱，职能交叉混同。针对管理组织而言，很多企业的合规部门与法律部门、内部控制部门合署办公，或者将合规管理交由多部门负责，合规部门管理较为分散，部门间、岗位间职责交叉、界限不明，缺乏统一协调管理的综合部门；一些管理组织独立为营，合规管理工作缺乏健全的实施机构，只注重单项制度建设，缺乏系统性和有效沟通，各项制度在彼此衔接、相互配套上有所欠缺，不能形成综合效应。企业各部门对合规工作配合不够，甚至存在消极、抵触的现象，导致管理效能低下。针对管理职能而言，有的企业合规管理职能分散，为"多头"管理模式，虽然名义上由合规管理部门统一管理合规事务，但各部门分别展开具体的管理活动，存在管理"多张皮"现象。此时企业管理层和业务部门往往有很大的决策权，容易脱离合规部门的管控。合规风险难以传达到决策层，就难以保证合规计划的有效实施。合规管理工作让位于业务发展，忽视了将高风险、强监管、重处罚的合规要求嵌入业务流程，这也导致协调难度较大，企业主营业务领域的源头存在较大的合规风险敞口。

另一方面，合规管理职责不清，管理合力难以形成。落实到企业具体的合规管理建设过程中，合规管理组织建设层层衰减现象严重，合规管理的执行力得不到有效保障。在企业的实际经营模式中，往往将合规管理的建设重点置于第二道、第三道防线上，而业务管理防线作为应承担起风险防控首要责任的第一道防线，却往往更加重视业务开拓及实际收益等事项，并未真正地加入合规管理"三道防线"的协同配合机制中来，从而导致企业在合规风险的防范中，存在普遍的滞后性，对于潜在、新发风险难以预判，以至于无法形成稳定、持续和全面的合规管理体系。另外，合规管理、内控管理、风险管理的流程均包含风险识别、风险评估、风险控制、监督与改进等环节，多个部门各自开展工作，存在重复管理、资源浪费等问题，也给所属下级单位造成工作负担。

企业自身管理体系的构建需要有与之相关的组织体系进行协作，只有在科学有效的组织体系中，才可以体现出自身的价值。为了有效防范职能散乱无章、责任不明的现象出现，切实提升企业合规管理实效，企业应当结合企业规模、法人治理情况和业务流程，建立权责清晰的合规管理组织结构，并配套共同优化业务流程、共享合规管理信息的沟通工作机制。明确合规管理相关主体的范围及职责，在坚持权责清晰的基础上，各司其职，协同配合，才能形成合力，共同促进企业合规管理相关工作的顺利推进和务实高效，为合规管理体系的可执行性提供组织保障。

2. 合规管理流程运行不科学

首先，企业合规管理体系的构建流程尚不完善，与业务的融合不足。大多数企业的制度仅仅只有文字描述，而缺乏流程图及配套表单，对于合规风险的识别、分析、评价和控制欠缺对应的操作清单。完善风险管理流程可以帮助员工直观且清晰地了解整个制度方案，也能帮助企业发现存在的风险，进一步采取措施加强管控。其次，缺乏相应的运行管理机制，过程管控不力。欠缺全流程控制的制度全生命周期管理，导致制度的制定、审批、修改等环节缺少科学性、必要性和合法性，在民主和公开程序方面存在一定的瑕疵，直接影响制度的效力和执行。运行管理机制不健全具体表现为，合规风险识别预警机制不到位、合规审查机制尚未建立、问责处罚机制不完善，等等。最后，合规管理评估机制不健全，有效性分析不足。目前，企业缺乏运行过程中的监督、检查、举报、考核和奖惩等一系列长效机制，在评价体系上坚持以业绩为导向，使合规管理制度无法得到有效执行，不能发挥合规管理的引导和驱动作用。如可以采用企业内部部门与审计、律师等外部专业机构相配合，通过业务流程穿透测试等方式对合规制度、流程的执行情况进行定期或不定期检查、评估，同时畅通覆盖全员的违规举报渠道，及时发现合规风险事件及相关的风险来源。在此基础上，将合规管理责任进行分解，将合规指标与各级管理层和员工绩效挂钩，实施风险考核问责和动态监测。并根据考核结果对员工进行奖惩，保证合规管理体系的活力和有效性。因此，企业要想在合规管理中取得质的突破，还应当建立有效可行的措施和执行流程，在计划、执行、问责各环节不断清障，确保合规管理运行机制流畅。

3. 合规管理保障机制不健全

其一，内部支持较为薄弱，资源能力不匹配。一是合规资源保障不健全，正向激励缺失。部分国有企业对于合规管理建设资金投入和人力资源配给不足，工作环境与基础设施建设不到位。合规管理情况尚未纳入年度业绩考核指标范围，合规履职情况未纳入员工考核、干部任用、评先评优等工作的重要依据，导致合规建设后劲不足，加速了人才的流失。二是缺乏专业化、高素质的合规管理队伍。合规管理人员是合规风险的第一道防线，合规管理岗位对相关人员的要求较高。目前，有相当比例的合规岗位人员不具备与履职相匹配的职业素养，企业的合规专业人才较为稀缺，水平参差不齐，不能满足工作需求。大多数员工对于合规人员的职责尚不明确，更谈不上运用合理的合规方法自我规避日常的运营风险，即使具备最符合需要的合规管理制度，这些规定也几乎等同于无效。多数国有企业合规部门存在人员兼职现象，缺少复合型人才，导致履职精力分散。三是制度化、常态化的合规培训机制缺位。企业没有建立完备的资源共享平台，就难以保证合规管理的连续性和系统化。合规管理的技能培训与继续教育途径也较少，普及度不高，没有形成常态化制度。

其二，合规管理信息化建设滞后，合规平台信息集成与共享尚未实现。实践中，企业多偏重于事发后的问题处理，对事前预防和实施的监控管理力度不够。没能充分发挥信息化建设在合规管理工作中扮演的重要角色，相关数据的收集、分析技术支撑能力不足，管理效能偏低。

企业合规管理人力资源的投入对市场而言是可见的、可识别的企业竭力践行合规管理的信号。因此，应当加强合规队伍管理，增强合规管理人员配备的合理性。各企业要组建与企业类型、规模、业务范围、行业特点等相适应的合规管理队伍，对于合规管理人员加强培训和监督，合规管理的职责必须明确、具体、可考核，以确保合规管理人员的业务能力能够完全胜任目标岗位。此外，还要求企业加强合规管理信息化建设，充分发挥技术优势，提高合规水平。

三、企业加强合规管理的价值分析

为了促进企业主动开展合规建设，避免合规管理流于形式，需要深入企业内部挖掘其主动开展合规建设的内驱力。合规管理的意义体现，是决定企业主动合规的根本因素，能有的放矢地促进企业将合规管理体系的建设和执行落到实处。对于企业的生存和发展而言，合规有助于企业减少损失，切割责任，避免合规风险，实现长久的可持续发展；从政府监管的角度来看，企业合规可以克服外部监管的局限性，通过引入协商、对话、妥协和契约的理念，激活企业自我监管的能力，企业合规所采用的激励政策和法律风险预防措施，成为推进企业现代化发展的重要路径；而从社会公共利益衡量的角度来看，企业生存发展以法为矩、合规而治，能够产生较大的社会"辐射"效应，有利于维护国家利益和社会公共利益。

（一）企业层面：有利于实现企业可持续发展

在推进企业合规治理的过程中，我国监管部门引入了"可持续性发展"的治理理念。作为中国合规体系国家标准的《合规管理体系指南》开宗明义地提出："合规是组织可持续发展的基石，是实现良好治理原则的保障。"企业合规已经越来越成为企业经营的软实力，对企业的可持续发展具有积极促进作用。

1. 有效防控合规风险

一个强劲的合规管理体系能够缩小企业所面临的合规风险敞口，同时可以减轻企业因为违规而可能面临的民事责任、行政责任，甚至刑事责任，进而打造企业的金色盾牌，这是企业合规的原动力。强化合规管理，是企业有效控制风险的重要手段。近年来发生的一些企业案件说明，外部欺诈和内部违规相互交织，给不少企业带来风险和损失。违规风险一旦发生，企业往往就很被动，若通过合规决策、合规管理、合规操作来事前识别、预警和控制风险，企业经营管理的安全和效益就能得到保障。具体来看，首先，相对于外部监督机构，企业更了解自身业务特征，因而更有利于及时发现并预防风险。其次，在对企业经营的合法性实施监控措施时，可以对发现和暴露出的管理漏洞和制度隐患作出及时有效的处置。最后，以危机应对为导向的合规管理体系能够强化员工合规经营意识，提高风险管理水平和风险防御能力，可以使其因有效防范合规风险而获得企业自身的良性发展，也随之带来更为可观的收益。

2. 追求企业利益最大化

企业开展合规管理必然有其经济利益考量，通过合规管理能获得经济利益或避免不必要的经济损失是其愿意开展合规管理的一个重要动力。合规管理的实施，会带来降低企业违规风险的成本，这是合规管理产生的根本性利益，无疑有利于实现企业的利益目标。从微观层面来看，对合规要求的遵守，会使企业在短时间内牺牲部分商业利益和商业机会，但并不会实质减损公司的营利能力，通过不同程度地改变企业的经营理念，提高企业运行管理的透明度，使其形成越来越浓厚的依法依规经营的企业合规文化，为自身的长足发展树立良好的企业形象和品牌，也带来更为直接的经济效益。这些利益又进一步推动企业持续完善合规体系，形成良性循环，逐步提升企业市值，奠定企业发展壮大的根基。从宏观层面来看，企业在追求商业利益的同时，通过合规管理的自我风险预防，避免企业因自身违规行为遭受惩罚甚至导致更广泛的整体利益的损失，将企业建立实施合规管理体系的成本转化为潜在的合规管理价值，提高企业对其自身的问责力度。不仅可以协助国家实现预防违法的目的，降低监督成本，还有助于企业将合规管理落到实处，强化外部持续竞争力，改善企业的发展环境。在跨国案件中，内部合规调查还能起到规避司法主权的作用，确保企业的利益最大化。

3. 推进治理方式变革

以全面推进国家治理现代化为时代背景，加强企业合规管理具有重要意义。合规不仅是促进现代公司治理完善的重要制度，也是企业治理体系和治理能力现代化的有机组成部分。其本身也是国家治理体系、治理能力的系统工程，是国家"走出去"战略、经济健康发展战略的支柱，是企业在世界竞争中行稳致远的核心竞争力。加强合规管理既是顺应经济全球化新形势的必由之路，也是企业可持续、高质量发展的必然要求，当前需要在推进国家治理现代化的过程中实现企业治理方式的变革。

传统的企业治理主要是通过严密的外部监管行为进行推动，而现代企业治理越来越注重发挥企业自身的积极性，强调惩罚与激励并重，引导与限制并存。合规制度就很好地满足了这种要求。因为合规制度的作用目标与企业治理的要求具有高度的契合性，即都是通过对企业行为的内在约束使其经营活动符合规范、睦邻、安全、高效的要求。因此，相对于那些严苛和机械的技术性规范而言，合规制度以其较具弹性化、道德化和抽象化的规定，不但为企业合理行为的塑造提供了价值指引，而且为企业治理制度的完善提供了必要的道德保障。加强合规管理制度，有助于企业提升管理能力和效率，节省管理成本，落实企业主体责任，切实改善企业治理。同时对于企业的投资与经营都有着正向的激励作用，为生产、科研、管理等各个领域的健康运转起到了良好的保障作用，使企业始终保持可持续发展，进而提升合规竞争力。

4. 有效切割企业责任

一个建立有效合规管理体系的企业，可以发挥"隔离带"和"防火墙"的作用，成功地在企业与员工、客户、第三方商业伙伴和被并购的企业之间，建立起风险转移和责任切割的机制，避免企业因为上述关联人员存在违法行为而承担连带责任。这种对企业责任的有效切割，是合规管理机制给企业提供的又一重要价值。因此，企业在实际经营过程中，一旦出现合规风险，能否把合规风险控制在个人责任上,是企业合规管理的关键和重中之重。

其一,基于企业与员工间的雇佣关系,若企业为预防员工违法尽到了合理的管理义务,雇员仍然发生违法行为且企业须为此担责时,则可免除企业责任构成中的管理责任部分。此时,因企业以其已经制定了专项合规政策和员工行为准则、实施了合规报告机制和合规举报制度、对合规管理行为全过程留痕来进行有效抗辩,即可实现风险阻断。其二,在企业责任与客户责任的关系上,尤其是在金融领域,企业不建立反洗钱合规体系,就有可能因为客户实施了违法犯罪行为,将通过腐败、恐怖主义、诈骗等方式所获得的财富纳入金融业务的处理范围,并因此承担洗钱、掩饰或隐瞒犯罪所得的法律责任。企业若建立针对客户的合规风险评估机制,尤其是实施客户尽职调查制度,同时采取对客户的大额交易和可疑交易展开实时监控等措施,就可以对客户所带来的合规风险进行必要的防范,通过合规管理将企业的法律风险降到最低限度,避免合规风险的转移。其三,对于外部交易对手的违规行为,企业也同样可以避免出现波及效应,实现企业责任的有效分离。此时,作为公司主要领导和合规部门负责人,通过建立完善的合规管理体系并认真执行,同样可以减轻个人的管理责任,避免为企业的违法事件"背锅",这就实现了合规管理体系对企业责任的切割意义。

5. 提升企业商业价值

合规亦可以创造价值,这是企业合规文化的重要组成部分。即通过科学的合规管理结合长远的发展眼光,正向提升品牌价值、反向降低合规风险,从而保证企业赢得良好信誉,获得长期价值。第一,合规创造管理价值。合规管理帮助梳理和审查企业内部规章制度,对其存在的问题进行修改和补充,使之合法合规，并根据需要制定新的规章制度，明确各部门管理的边界与协调合作机制，消除职责重叠、交叉和推诿，填补管理真空，形成管理合力。通过健全和完善合规管理，助力企业提升管理能力和管理效率，最终促进企业实现发展战略。第二，合规创造经济价值。企业合规管理可以减少企业违法行为发生的次数，进而吸引更多客户和投资者，获取商业机会，树立正向的品牌形象，使企业获得更大的竞争优势，实现更多的营利目标。第三，合规创造社会价值。合规管理机制的普遍推行，可以创造一种公平竞争的秩序和环境，企业在这样的秩序和环境中，在遵守法律法规的前提下从事经营活动，可以获得公平竞争的机会，获得长久的健康发展。

（二）政府层面：合规监管方式有其积极效应

事实上，企业合规管理的政府监管已经成为全球企业合规制度发展的重要趋势和立法方向。当前，国内外政治经济环境错综复杂，优化营商环境的政策需求与日益严峻的合规监管国际趋势复杂，迫切需要政府在企业合规管理中有效发挥监管作用。用好"看得见的手"，应成为合规治理的重要突破口和发展方向。相对于传统监管方式而言，合规监管方式是行政机关、司法机关通过施加压力，创造激励条件的情况下，迫使企业接受的一种自行整改的企业治理方式。这使行政、司法机关采取更加积极灵活的监管方式，更多地发挥着监督者、审核者乃至裁判者的角色，使涉案企业发挥主动整改的功效，促使企业通过改进治理结构变革来矫正原有违规经营方式，引导其逐步形成一种依法合规开展业务活动的管理机制和企业文化，进一步发挥合规监管的积极效应。

1. 克服外部监管方式的局限性

在传统的监管方式下，行政或司法机关一般是强令企业采取一些补救挽损措施，涉案企业未必会积极配合行动。但在合规监管方式下，为寻求最理想的案件结局，说服执法或司法机关作出尽可能宽大的处理，并给予足够强烈的激励机制，涉案企业往往会作出合规承诺，主动承担一定的内部监管责任，从事先防范、事中监控和事后应对等多个角度完善合规管理体系，对企业的管理制度和治理结构作出改变，彻查案件相关关联人员，有效地防范、识别和应对合规风险；还会主动采取缴纳罚款或违法所得、补缴税款、赔偿被害人等补救挽损措施，积极修复那些被损害的法益和被侵害的社会关系，大大减轻违法行为所带来的社会危害后果。在一定限度上企业代替监管部门，主动行使一定程度的监管职能。相对于执法或司法机关动辄从外部展开监管的方式而言，这种企业主动展开的内部监管，克服外部监管的局限性，在预防违法犯罪行为，识别和监控企业合规风险，以及有效应对违规事件等方面会产生更为积极的效果，也为合规整改创造较好的前提条件。

2. 保持与监管机构的良性互动关系

具体在合规监管过程中，协商性的理念会贯彻始终。涉案企业通过保持与监管机构的良性互动关系，使双方达成和解协议，积极采取全方位的合作和妥协的措施，最终使行政监管部门及刑事执法部门收获理想的预防、调查和监管效果。其一，如果企业自生自发地建立合规管理体系，也会不可避免地遭受一些合规风险。当发生不合规时，企业的管理者以企业已经建立并实施了有效的合规管理体系作为减轻甚至豁免行政、刑事和民事责任的抗辩，这种抗辩有可能为有权机关所接受，来作为衡量是否对涉案企业进行责任追究的依据。其二，尚未进行合规管理的企业建立合规管理计划，往往就是其配合政府监管调查的标志之一。在执法或司法机关承诺作出宽大处理的情况下，涉案企业会自觉放弃对抗立场，通过对企业的组织机构进行全面整顿，撤换那些违法违规的管理人员，逐步减少合规风险，为企业进行治理方式的变革奠定基础。其三，在自愿承认违法事实的前提下，涉案企业通过被动地或者主动地承担自我披露的义务，为监管部门的调查大开绿灯。不仅向其提供新的违法事实，还将有关员工的违法行为告知调查人员。这种对刑事调查和监管调查的全面配合，一方面意味着企业对过去的违法违规行为进行了"认罪悔过"；另一方面也导致所有对违法犯罪行为负有责任的自然人被及时有效地追究法律责任，实现了企业与违法员工的切割。这显然为企业进行"脱胎换骨"的治理方式变革奠定了基础，使得保持与监管机构的良性关系发挥了积极的作用。

（三）社会层面：有助于社会公共利益的保护

在那些确立了暂缓起诉协议制度的国家，检察机关在对企业审查起诉时，除了要对案件进行旨在认定案件事实的证据审查以外，还要进行社会公共利益的审查，以便确认起诉涉案企业在维护社会公共利益方面是不是公平、公正和合理。无论是企业自发建立合规管理体系，还是企业在外部监管下被迫进行合规整改，完善合规管理体系，在追求企业利益的最大化以及政府有效监管效果的同时，客观上还有助于社会公共利益的有效保护。

1. 有效平衡利益相关方

加强合规管理能最大限度地保护企业一系列关联人员的利益。根据"利益相关者理论"，企业必须对股东、员工、客户、合作商、消费者等利益相关方承担一定的社会责任。一方面，企业实际上是每个利益主体为实现其利益最大化的载体，企业和其他企业、消费者及社区间形成错综复杂的交易关系和利益网络，正是这种利益驱动机制的存在，才使企业有了直接的发展动力，从而在博弈中达到一种力量的均衡，形成有效的企业治理。因此，企业的任何行为不仅直接关涉自身利益，而且会影响利益相关者权益，甚至会延及社会公共利益和社会秩序。只有对企业进行合规管理，才能使其行为更加理性，也才能实现社会整体利益和个体利益的协调共赢。另一方面，一个健全的合规管理体系不仅要自己合规，还必须带动第三方关联性企业做到合规。为了防止第三方违规给自身带来合规风险，一个合规主体往往会把第三方供应商、经销商、代理商等纳入自己的合规管理体系加以管理，不愿意被纳入合规管理体系的第三方则会丧失业务合作机会。很多中国本土企业在承接国际大公司的业务后，即使身在国内，也一样会在合规管理上被国际化，或者因为国际化进程而遭遇合规风险。因此，各主体之间是利益共同体，企业不能一味沉迷于利益的追逐，而要在自身利益和社会责任中找到自己的平衡点，不断增进社会整体责任，最终实现"双赢"的局面。

2. 营造宽松的营商环境

企业加强合规管理，既是建立市场秩序的需要，也是营商环境建设的要求。首先，作为全球化结果的合规管理计划，其中必然包含合理关照业务所及的外国法或国际组织规则的内容，因而有利于达成国际化的营商环境建设目标。其次，合规制度的遵守不但会使所有的交易行为更加规范有序，同时也会增强每一个交易结果的可预期性和受保护性。因此，能够为企业持续创造效益提供坚实的制度保障和稳定的营商环境。再次，在合规管理实施和改进的过程中，对产业链上下端企业的合规调查可以促进企业进行合规整改与合规经营，通过降低合规风险，对破坏营商环境的"隐患"做到提前发现和及时处理，从而在更大范围内形成合规文化，繁荣商业环境。最后，合规建设对企业而言是一种责任和义务。对企业而言，市场声誉是比技术因素更为重要的加分项，良好的信誉度可以吸引更多客户参与到企业交易中，以助推企业在竞争中突出重围。企业出于声誉的考虑也会主动进行有效的自律规制，从而给市场参与人提供一个公平、透明、高效的市场环境。鉴于此，以合规管理理念武装企业，在行业内发挥出合规文化的传递效应，对于营商环境建设具有重要意义。

3. 维护国家和社会公共利益

在保护企业关联人员利益的同时，企业合规对国家利益和社会公共利益也具有特殊的保障作用。企业合规既是企业经营发展的内在保障机制，也是经济秩序和社会秩序的基础性保障机制。当前，企业合规服务需求已经从社会经济层面上升到国家层面，随着企业合规改革试点工作的深入，越来越多的企业正在从"要我合规"向"我要合规"转变。其一，环境生态、公共安全等利益具有利益主体整体性、利益内容普遍共享性的特点，如企业超标排放"三废"造成环境生态损害、建造公共设施存在质量隐患造成公共安全损害等，会直接损害国家和社会公共利益。而合规管理则能避免违规行为给国家和社会造成各种公共资源损失，对整个社会具有正外部效应。其二，市场秩序作为市场运作的基本规则，直接或间接表现为社会经济利益和其他利益。企业进行合规管理，对于维护公平竞争的市场秩序，进而保护市场秩序所承载和保护的经济安全和社会福利具有重要意义。一方面能够避免经济动荡，防止员工失业，保障政府的税收、投资、就业等社会公共利益；另一方面，企业的合规体系一旦得到有效运行，就可以在预防违法犯罪活动方面产生积极的效用，使企业摆脱原有的"野蛮生长"状态，追求"只做合规业务"的目标，这显然更符合国家和社会的利益。因此，企业在追求商业利益的同时，更加注重承担企业的社会责任，树立企业的良好社会形象。这种促使企业遵守道德规范并承担起社会责任的意义，是企业合规所要实现的内在价值。

第二章 我国企业合规管理制度的构建路径

第一节 我国企业合规管理制度构建的价值遵循

一、企业合规管理制度构建的因素考量

有效的合规管理制度的制定是个不断摸索的过程,同时也是经验总结、发现问题并及时补救从而不断完善的研究过程。因此,管理制度设计首先要考虑各种影响和制约因素,包括企业目标、竞争环境、法律政策约束、内部经营条件、内部传统经验、业务流程、生产类型、产品和市场、人力资源情况、技术系统条件等。

企业的合规管理制度的内容与范围应与企业的经营活动密切相关,即与企业所处的行业与经营的范围都有很大关系。因此,在设计和制定合规管理制度时,应全面考虑企业所处国家或地区、行业、

企业自身三个层面上的风险特征、要求和现实情况，制定出一套既能保障企业履行合规义务、符合相关要求，又能帮助企业用正确的方式运营、发展、实现企业目标的合规管理制度。

首先，宏观上要充分了解企业所处国家、地区的社会、政治、经济、文化、法律监管环境及发展趋势，这一点对于在不同国家开展业务的企业（如跨国公司）尤为重要。各个国家不仅文化、习俗、经济发展水平不相同，法律法规的要求也有颇多差异，甚至大相径庭。一些在本国司空见惯的做法，在其他国家可能不符合社会规范甚至是违法行为。企业如果没有充分准备，轻则"水土不服"、重则"国法难容"，丧失发展机会。许多尝试"走出去"的中国企业在这一方面都有过惨痛教训。

其次，在不同行业，与企业联系紧密的包括法律法规在内的外规的具体内容也有所不同。以依法合规要求较高的银行业和铁路基建业为例，其依法合规的重点各有不同。《商业银行合规风险管理指引》第3条对于银行依法合规作出了相应的表述，即指"使商业银行的经营活动与法律、规则和准则相一致"，该条所称法律、规则和准则"是指适用于银行业经营活动的法律、行政法规、部门规章及其他规范性文件、经营规则、自律性组织的行业准则、行为守则和职业操守"。而银行合规的重点受《巴塞尔协议》实质性内容的影响，核心是保证银行资本充足率，降低商业银行经营风险，避免出现金融体系危机。相比而言，铁路基建业的依法合规要求重点在于安全与环保，既重视安全生产、道路交通及质量等安全领域，也强调大气、水体及周边环境污染的防范。两者的依法合规内容具有相当明显的差异，但从本质上来讲，都强调运营本身的安全以及避免对整体社会造成过多的负面外部性。

此外，同一行业内不同企业的法律合规部门也有不同的业务内容。这一点更多区别存在于内规方面,是由不同企业各自的企业结构和经营特点所决定。但从外规的角度,同一行业的企业之间是较为一致的。

最后,也是最核心的,就是微观层面的企业本身。归根结底,建立合规管理制度是为了更好地保障企业的长远发展和利益。合规管理制度必然要立足于企业的目标、规模、发展战略、治理结构、业务模式和面临的风险,同时也要结合企业相关方的需求以及企业内部的管理政策和流程。

二、企业合规管理制度构建的基本原则

(一) 公开公正原则

任何好的管理制度都应该做到对成员一视同仁,作为行为规范和标准的合规管理制度更应如此,公正、公开是最基本的原则。在合规标准面前,不应该有特权或例外,任何人的违规行为都应该受到公平的评判和处罚。此外,本着权利和义务相对应原则,层级越高或者对人、财、物、技术、机密信息有控制权的岗位,合规要求应该越严格。合规制度中应该对这些关键岗位制定明确的要求和监督措施,如入职前的背景调查、工作计划和业绩考核中的合规目标、转岗或升职前合规记录的检查等。合规管理制度制定完成后,应该通过企业的制度审批流程并由企业最高管理层或治理机构向全员公布,所有合规制度的内容应该向全员公开,并保证员工能够快速、便捷地随时获取相关内容。

合规文化建设有利于公开公正原则的实现,企业文化具有导向和示范作用,在员工中倡导诚信、守法、正直的行为操守准则和道德价值观,采取各种形式(宣传、教育),在企业上下积极宣传贯彻"合规创造价值""合规是竞争力""合规才能发展"的理

念,引导全体员工认识到合规管理的重要性,意识到合规是企业经营管理的"底线"和"红线",让合规的思想观念和意识渗透到每个员工的脑海中,渗透到每个岗位,体现在每个业务操作环节中。积极培育合规文化,通过编写合规手册、签订合规承诺书等方式,强化全员安全、质量、诚信和廉洁等意识,树立依法合规、守法诚信的价值观,筑牢合规经营的思想基础,逐步在企业营造合规管理、合规经营的文化氛围。

(二)客观独立原则

客观独立原则要求企业在部门设置、岗位设计、报告机制等方面保持独立,合规部门以及员工的合规职责与其他职责之间不存在冲突。目前,仍然有不少企业没有设立专门的合规部门,这部分企业的合规职责只是笼统地由法律事务部门承担。或者,有的企业虽然设置了合规部门,但是并没有赋予其相应的职权,这导致合规部门存在感低、权威性不强,合规工作难以推进。企业在设计合规管理体系时要注意从制度设计、机构设置、岗位安排、职权配置、报告机制等方面保持合规管理的独立性,这对于企业尽快形成合规管理的意识具有重要作用。

客观独立原则主要体现在企业合规负责人和合规管理人员履职的独立性中,在制度层面应作出以下规定,保障其独立行使职权。第一,保障合规负责人考核和任免的独立性。明确合规负责人直接向董事会负责,由董事会考核。第二,保障合规负责人的知情权。要求公司在召开董事会、经营决策会等重要会议以及其他合规负责人要求参加的会议前通知合规负责人,合规负责人有权根据履职需要列席有关会议,调阅相关文件、资料等。第三,强化合规负责人对合规管理人员的考核权。要求合规部门及其合规管理人员由合规负责人考核,不得采取其他部门打分,将考核结果与业务部门的营业挂钩等方式，影响合规部门的独立性。第四，明确合规负责人考核公司有关主体的合规管理工作。由合规负责人对合规管理的有效性、经营管理和职业行为的合规性进行专项考核，并作为绩效考核的重要内容。总之，客观独立原则的有效落实是合规管理制度有效实施的前提，独立性的缺失将导致合规管理制度沦为一纸空文。

（三）全面覆盖原则

企业经营管理的全部领域、业务活动、分支机构、职能部门、员工行为都要进行合规管理，将合规管理贯穿决策、执行、监督、反馈的整个流程之中。同时，全面梳理合规要求，将合规义务、合规承诺与具体岗位、流程进行匹配。合规义务是指企业必须遵守强制性的规范，如法律法规、行业惯例、监管规定等。合规承诺是指企业为了增强竞争力对自身提出的要求，主动向对方作出的承诺，如签订协议、提高质量标准等。企业合规管理官方指引文件都坚持"大合规"思想，引导企业建立全面覆盖的合规管理体系。企业在构建自身的合规管理制度时首先要树立"大合规"理念，坚持全面原则，将各个岗位、各个流程都纳入合规管理体系的设计之中。

但全面覆盖原则并不意味着对所有领域都要投入同等的关注，坚持全面覆盖原则，首先要放弃"整体化"合规的空洞设想。合规制度一定是针对企业的主要合规风险，就某一特定领域制定专项合规制度，如西门子打造的反海外贿赂合规计划，中兴通讯打造的出口管制合规计划，湖南建工打造的诚信合规计划，中国农业银行打造的反洗钱合规计划等，都属于针对特定合规领域的专项合规计划。中兴通讯在打造专项合规计划时甚至针对不同的合规领域，确立了各自专门的合规政策、专门的合规组织、专门的合规管理程序。打造专项合规计划，并不意味着每个企业都要建立整齐划一的专项合规计划。每个企业基于其性质、业务、公司治理结构和经营方式，都会面临各不相同的合规风险。在制订合规计划时，应首先进行合规风险的评估，根据企业近期受到监管调查或执法处罚的情况，发现该企业特有的合规风险，列出合规风险清单，按照从重到轻的顺序，以此开展合规计划的设计。

简而言之，全面覆盖原则要求将全部领域纳入合规管理的范畴，这是为了防止合规管理空白与漏洞的出现，这与追求合规管理制度的有的放矢、详略得当之间是相辅相成的。

（四）风险导向原则

风险导向原则是对全面覆盖原则的补充与限制。合规制度应根据已识别的合规风险，有的放矢，重点针对中、高风险领域制定具体、清晰的政策要求。特别要注意避免合规制度出现"大而全"模式，合规管控的范围如果过大过细，往往会失去重点，起不到真正的风险防控作用。如防止腐败和欺诈是合规工作的重点内容之一，其中广受关注的一个话题是礼品和邀请的管控。很多企业设计了复杂的、高层级的事前审批流程，甚至每次招待客户都需要合规部门和企业最高管理层的批准。但实际上，绝大多数商务邀请都是日常业务需要，合规风险并不高。企业可以根据商务邀请的性质、预算等进行分类或分级管控，制定明确的指导原则和参考标准，日常的商务招待可以由员工或成本中心负责人进行控制，大型或特定类别的商务邀请则需要合规部门或管理层批准。正如美国司法部和证监会发布的《美国反海外腐败法》中所强调的"花费过多时间管控普通的业务招待和馈赠，而没有关注大型政府投标，对商业顾问可以付款或给代理商和批发商的过高折扣，可能意味着企业的合规管理体系是无效的"。

企业应根据自身特点、业务模式识别出具体的合规风险领域和环节，把合规制度的重点放在中、高风险点上。例如，对于银行、保险公司、基金公司、证券企业而言，最为显著的合规风险应为反洗钱合规风险，此时反洗钱合规就是其制度建设的重点领域。又如，对于医疗企业、医院、建筑企业、房地产企业而言，最大的合规风险可能是商业贿赂风险，反商业贿赂合规就是这些行业合规的重点领域。再如，对于互联网企业、电子商务企业、大数据服务企业而言，面临日趋严重的泄露客户数据隐私、网络安全管理不善等方面的合规风险，此时数据合规制度建设就成为这类企业合规工作的重中之重。以此类推，对于从事不同经营业务的企业应当针对特定的合规风险，建立健全涉及反不正当竞争、反垄断、知识产权保护、环境保护、税收、金融、产品质量等不同重点领域的专项合规制度。

（五）实用有效原则

仅有一套书面的合规管理制度是毫无意义的，合规管理的灵魂在于在预防合规风险、监控违规行为、应对违规事件等方面发挥"确实有效"的作用。这里所说的"有效性"有两个要求：一是在预防、识别和应对违法违规行为方面发挥有效的作用；二是在切割企业责任方面产生积极的效果。按照前者的要求，企业合规管理制度对预防合规风险起到积极作用，做到对违规行为的实时监控，在违规事件发生后及时有效地加以应对，尤其是调查违规事件，处理责任人，发现合规管理漏洞，积极展开整改，主动进行披露，这就相当于建立了有效合规体系。而按照后者的要求，企业还应开展合规培训、合规承诺、合规沟通、合规报告、举报机制、内部调查、处理责任人、积极整改等方面的合规管理行为，作为证据加以保存，必要时提交执法部门，作为证明企业合规体系正常运转的证据，使其发挥消除或减轻企业法律责任的有效根据。

此外，要想行之有效，合规管理制度必须融入企业的日常运营、管理活动之中，并与其他管理机制有机结合起来。实践证明，在对业务活动、流程、合规风险环节有清晰认识的前提下，广泛听取员工和管理层的意见，甚至邀请不同部门的员工参加到合规管理制度的制定过程，可以有力地保证合规管理制度的有效性和实用性，并且更容易得到员工的认可和遵守。同时，合规管理的要求与其他部门的衔接和配合也很重要。例如，企业可以针对高合规风险领域规定强制合规咨询范围，在制定合规管理制度过程中，主动与相关业务部门讨论管控的具体目标和标准，这种事前协商的方式不仅有利于业务部门更好地理解合规管理制度的目的和意义，也有助于制定合规制度的人员更好地了解业务活动的实际需求、流程设计和控制点，从而能够合理、准确地定义强制合规咨询的范围。同时，合规部门在制度颁布前与其他部门充分沟通合规管控要求并达成一致，使其在预算审批、采购订单审核等环节检查是否已得到合规咨询意见。通过这种制度与实践相结合，相关部门密切配合、协同管控的方式才能保证合规管理制度的要求可以真正落地实施。

（六）适度合理原则

任何风险管理制度都很难彻底消除潜在风险，合规管理制度的意义在于如何将企业的合规风险控制在一个适度、合理的范围，而不是盲目地、不计成本地制定过于严苛的管控标准。更要避免形成"草木皆兵"的合规管控文化，这样容易使员工对合规管理产生抵触和排斥情绪，甚至会使合规变成员工不作为的借口。

另外，在企业实际运营中，不同地区、行业存在很多法律法规盲区。尤其是对跨国经营的生产、能源和技术类企业，不同国家对生产、作业、安全等立法标准和要求高低不同，如果企业在所有开展业务的国家或地区采用一套相同的标准，在有些地区会出现企业标准高于当地法规标准的情况，可能会造成合规过度投入。这种情况下，用风险管理的"最低合理可行性原则"指导合规管理可以是一种选择。当前国外普遍采用的风险可接受水平判断原则，是指为通过投入相当的资源，将风险降到可容忍的合理治理水平以内。可容忍的合理水平，是指满足相关法规要求和公司确定的风险容忍标准，投入合理、达到合规，则可以接受，并以最小的经济成本获得最大的合规安全保障。如果要继续降低风险，则要考量实施的难易程度，权衡为此需投入的时间和成本等资源与期望达到的效果。过度投入与效果不成比例，额外投入对风险的进一步降低效果不显著，意义不大。依据上述原则，企业在具体的业务执行中，对法律和标准明确规定的不能做的事情坚决不做，规定要做的事情必须做到。对于法律规定不明确的地方，业务部门首先找出偏差点，与合规管理部门一起，积极主动地与相关政府部门澄清、沟通、讨论，借鉴行业惯例，提出公司合理的意见，避免合规管理中的不作为和盲目跟从，最大限度地避免"镀金工程"，实现理性合规。

三、企业合规管理体系构建的目标

（一）直接目标

1. 构建良规体系，避免违规行为

随着公司经营规模的扩大和经营手段的不断升级，公司不当行为产生的后果和社会危害性不断扩大，公司违法违规的次数不断增加，手段也更加复杂和隐蔽，公司违法违规行为的复杂性对现有法律制度及执法机关带来了严重的挑战，监督和执法成本不断上升，无疑增加了国家和社会的负担，合规制度就是在这种情况下应运而生的。因此，这就决定了合规制度有其自律的性质，它要求公司自觉主动地遵守合规要求，建立合规体系，规范公司和职员的行为，并及时对不符合合规要求的行为进行监督、发现、调查和整改，从而降低国家的执法成本。合规制度的自律性质强调要在公司内部建立合规的公司文化，树立合规意识，属于公司内部组织建设和治理的问题。

随着监管型政府的崛起和扩张，大量的监管规范颁布实施，而这些众多的监管规范仅凭监管部门一己之力，难以保证得到严格执行。由此，在监管部门通过相应规范达成其治理社会目标的过程中，就需要市场经济的主要参与者——企业的积极配合，法律合规制度应运而生。企业的法律合规制度是监管崛起在企业层面的衔接，法律合规制度的核心功能是众多监管规范通过法律合规工作在企业的经济生活中得以实现。所谓依法合规衔接监管崛起并不是说法律合规制度仅是企业被动地接受相应监管，从而给企业造成成本增加及绩效降低。在整个社会监管崛起的大背景下，企业也在主动进行选择，而法律合规制度恰是企业的最优选择。无论是从提升企业效率，降低企业安全风险的角度，还是从节约企业成本的角度，法律合规制度都起到了极其重要的作用。在监管密集的行业里，法律合规制度不仅是企业为实现监管要求不可或缺的制度，更是企业提升效率的最优选择。从公司角度来说，有利于减少公司违法违规现象的发生，降低公司的风险，有利于公司长期健康稳定发展。从国家和社会角度来说，有助于依法治国方略的落实，营造公平守法的营商环境，促进我国经济高质量发展，提升国家治理水平和治理能力。

2. 外规内化，改善企业内部治理环境

受新冠疫情冲击，我国经济发展的外部环境空前复杂严峻。由于全球产业链循环受阻，我国经济持续回升的基础尚不稳固，要求中央企业以落实国有企业改革三年行动实施方案为抓手，以更大决心、更大力度、更开放姿态，全面推进经营机制、管理体制、增长模式等深刻调整工作，激发经济发展"内驱力"。在这个过程中，各类风险易发、高发甚至集中释放。为进一步提升中央企业防范化解重大风险的能力，根据国务院国资委"建立健全以风险管理为导向，合规管理监督为重点，严格、规范、全面、有效的内控体系"的工作要求，迫切需要优化和改进内控体系监督评价的范围、标准、程序和方法，建立一套内控、风险、合规"三合一"的评价体系标准，促进内控体系充分发挥强基固本作用，以适应中央企业内控监督体系变革的需要。

内部控制、风险管理和合规管理三者既有联系，又有区别。其中，内部控制通过将政策、规则、程序嵌入业务流程，融入企业的日常运营，将风险控制在可接受的范围，使企业按照既定的目标前进。合规管理是所有风险控制里面最基本、最严格的部分，更加倾向于外规内化的落地检查，主要管控操作风险中最基本的合规风险，构成不可逾越的基本红线或基本底线。内部控制则更加集中于流程控制、步骤控制、节点控制等程序性、过程性环节，构成程式化脉络，是抑制操作层面风险的最佳手段，然而内部控制对具有一定高度的风险（如战略风险、汇率风险等）力所不及。风险管理范围最广，是一种宏观层面的风险把控（化解重大风险），涵盖了战略风险、财务风险、市场风险、运营风险和法律合规风险等企业所面临的风险的各个方面，必须以内部控制和合规管理为基本管控的落脚点。三者既有区别，又有联系，是相互补

充、相互促进的关系，理应共同为企业经营发展保驾护航。

（二）间接目标

1. 保护并提升企业声誉和信誉

对于一个企业来说，企业塑造的市场形象和企业声誉是一个企业赖以生存和发展的重要因素，这直接关系到消费者对企业产品及服务的信赖度、企业合作方在选择合作伙伴时的意愿、政府相关机构对企业的监管力度和认可度等。在商业社会中，因为信息的不对称性，企业外部的社会主体无法真实全面了解一个企业的内部机制及信息，在这种情况下，难免会因此对企业产生不信任，合规制度就是在这种市场环境下诞生的。最初，某些企业为了克服信息的不对称，获取社会主体的信任，通过在企业内部建立一套严格的管理制度，提升企业内部的治理水平，加强自身的监管，规范企业的生产经营行为，加强对员工的管理，从而建立良好的企业形象，提高企业声誉，消除社会的疑虑，从而实现自身利益的最大化。后来，这些成功的企业实践促使市场中更多的商业主体开始纷纷效仿，合规制度推广开来。追溯企业合规的发展史，最初企业建立合规制度都是依照个体的经验和水平，并无统一的规范和指引，各个企业建立的合规制度也各不相同，参差不齐。在这种背景下，一些行业协会开始寻求在所处的行业内建立具有普遍指导作用的行业合规指南来指导企业实践，从而促进企业合规制度的规范化，提高整个行业的企业治理水平，帮助整个行业的企业建立良好的社会形象，营造良好的社会声誉。从合规历史发展的角度来看，企业最初建立合规制度便是为了加强企业内部的自我监管、自我约束，提升公司治理水平。

法律合规制度避免企业因违规导致商誉减损和商业机会丧失。企业的市场商誉会因违法违规而贬损，从而丧失交易机会。企业依法合规会获得更多的订单、更多的交易机会，从而获取竞争的优势地位。随着社会对企业依法合规行为的广泛认同以及企业社会责任的重视，潜在的交易对象出于交易安全和企业形象考量，会希望与优秀的依法合规企业合作开展业务。现有的交易对象也会重视交易对方的依法合规行为，避免自身企业形象受损。违规企业不仅会因违规而丧失潜在的交易机会，还会因违规丧失已有的合同，从而面临直接的经济损失，陷入经营困境，最终在市场竞争中处于劣势地位，直到被淘汰出局。如果交易对象忽视企业的违规行为，那么违规企业也就不会丧失交易机会，依法合规企业也可能不会取得竞争优势。通常而言，来自监管严格地区的企业会更加重视企业的依法合规性，来自监管宽松地区的企业容易忽视企业的依法合规性。整体而言，随着整个社会监管程度的上升，对于企业的依法合规性，就社会责任的角度而言，更为人们所关注。因此，社会舆论还是倾向于给予依法合规企业正面评价，给予违法违规企业负面评价。更多的企业在选择交易对象时，依法合规与否成为重要的参考因素。

2. 降低不合规导致的风险及相应的成本和损失

法律合规制度使企业避免违规处罚，从而推进企业社会责任的达成。当企业在一定时段内实施特定监管规范的企业总收益小于总成本时，会缺乏遵守该规范的激励。这就需要通过设置违规处罚措施增加违规企业成本，从而创设企业遵守规范的激励。违规企业可能面临的监管处罚，包括罚款、停业，甚至吊销营业执照，企业会因违规承担高昂的成本。法律合规制度可以通过确保企业遵守规则而避免高额的违规处罚，减少企业制造的负面效应，控制潜在的风险，保证企业履行必要的社会责任。因此，企业面临的违规处罚使依法合规企业相比违规企业更具竞争优势。

任何企业都具有这样的社会责任,即运营的业务对于社会而言是净收益而不是净损失。但是,因为外部性的存在,判断一个企业是否对于社会具有净收益,具有一定的困难。我们需要确定一个企业对于社会而言不是净损失,即企业总收益减去企业成本和外部性之后,仍然有所剩余。让企业的负面外部性内部化通常的措施有两类:一是侵权诉讼;二是违规处罚。

从侵权诉讼的角度而言,我们的社会通过要求企业承担侵权责任,对于负面外部性承担赔偿义务,来确定企业对于社会是不是净收益。但侵权赔偿体系本身并不完美,存在一些缺陷,使相关企业难以将负面外部性充分地内部化:第一,损害可能是逐渐发生的,不易察觉,侵权责任体系无法及时介入;第二,难以确定造成损害的加害者或难以追溯造成损害的源头,无法使加害者承担侵权责任;第三,损害可能涉及众多个体,而每个个体遭受的损害并不足以使其花费时间去进行诉讼,或因公地悲剧的缘故而无法进行集团诉讼;第四,即使进行诉讼,也可能因难以确认侵害方是否具有过错或无法确认其他承担责任的要件使受害者无法胜诉;第五,侵权者可能采取合法或者非法的"破坏"措施来避免承担责任。正因如此,想要将企业创造的负面效应充分地内部化,不仅需要司法体系顺利运转,还需要监管体系以违规处罚的方式及时介入。

通过设置事前防范措施进行及时监控督查,在重大损害发生前对于违规行为进行处罚,以保证企业遵守监管规则,避免侵害事故的发生。这样的介入方式比在损害事故发生后再进行诉讼更具有效率。企业的法律合规制度就是需要保证此类监管规范的顺利实施,避免企业因违规而承担不应承担的成本。

3. 增加商业机会、促进企业可持续发展

企业主动建立一套有效的合规体系,对其自身发展而言有很多看得见的好处。如有效的合规体系可以帮助企业在"出海"时预防、减轻甚至免予海外监管机构处罚,同时也是避免企业受到国际金融机构制裁的一种有效措施。以国际金融机构制裁为例,在"一带一路"倡议下,"走出去"的企业越来越多,这些企业在遵守项目所在国当地法律法规的同时,还需遵守世界银行集团等国际金融机构的相关合规和制裁制度。世界银行集团等国际金融机构所施加的制裁措施效果显著且影响范围较大。如对被制裁方所施加的制裁措施可同时施加于被制裁方的关联公司以及被制裁方的承继者和受让者,除名制裁可以自动扩展至世界银行集团其他机构成员,并且针对腐败、欺诈、共谋、胁迫等行为,国际金融机构还会实施交叉制裁。企业的融资贷款和声誉会因这些制裁措施受到很大影响。而在世界银行制裁体系下,一项有效的合规计划是预防、减轻世界银行制裁的有效措施。从另一个层面看,缺乏有效的合规机制不仅影响企业"出海",还可能影响其境内上市计划。不少企业首次公开募股(IPO)被否的重要原因之一是缺乏对不当行为的合规管控机制,放任不合规行为的发生。如在某公司的IPO被否的理由中,上市发审委员会提出的一个重要问题就是要求发行人说明其"确保业务合规运行的相关内控制度是否与同行业一致,内控执行是否健全有效、是否构成发行障碍。请保荐代表人说明核查依据、过程并发表明确核查意见"。

四、企业合规管理体系构建的模式选择

自2005年以来,我国企业通常沿着两条道路推进合规管理制度的建设:其一,在行政监管部门的指导和监督下,企业以预防相关合规风险为主要出发点,建立常态化的合规管理制度;其二,在行政机关、司法机关的执法压力下,或者在国际组织采取制裁

措施的情况下，涉案企业以追求减轻处罚或者取消制裁为目标，针对业已暴露的违法、违规或者犯罪行为，采取有针对性的合规整改措施。由此，我国初步形成两种合规管理模式：一是日常性合规管理模式，二是合规整改模式。

所谓"日常性合规管理模式"，又被称为"面向市场的合规计划"，是指企业在没有违法、违规或者犯罪的情况下，根据常态化的合规风险评估结果，为防范企业潜在的合规风险，开展合规管理制度建设。迄今为止，我国金融监管部门已发布金融领域的合规指引，国有资产管理部门已发布中央国有企业合规管理指引，国家发展改革委也会同其他监管部门发布中国企业海外经营合规指引。这些合规指引为相关企业建立日常性合规管理体系提供了参考、标准和依据。但是，在建设日常性合规管理制度的过程中，很多企业并不具有真正的"合规风险意识"，并不是根据风险评估结果来建立有针对性的合规管理制度，而是将合规理解为"依法依规经营"，将几乎所有可能的合规风险均作为防范对象，倾向于建立一种同时覆盖多种甚至数十种专项合规管理领域的"一揽子合规计划"。这种"大而全"的合规管理体系，可能只是一种纸面上的合规计划，难以切实有效地发挥预防合规风险的作用。

所谓"合规整改模式"，即企业在面临行政执法调查、刑事追诉或者国际组织制裁的情况下，针对自身在经营模式、管理方式、决策机制等方面存在的漏洞和隐患，进行有针对性的制度修复和错误纠正。目前，我国市场监管部门已对多家网络平台企业展开"反垄断执法行动"，责令这些企业提交反垄断合规整改方案，或要求其作出反垄断合规整改承诺。我国各级检察机关正在进行企业合规不起诉改革探索，对那些符合条件的涉案企业，或责令其提交合规整改方案，或要求其作出合规整改承诺，并设置合规考察期，指派合规监管人，督促企业限期进行合规整改，而且在考察期结束前要进行合规验收，根据验收结果作出是否提起公诉的决定。不仅如此，在世界银行以及其他国际金融机构的监督指导下，那些因违反相关规则而接受国际金融机构制裁的企业，一旦承诺根据世界银行的"诚信合规指南"作出合规整改，就可以重建合规管理体系，若通过了国际金融机构的合规整改验收，企业就有机会被解除制裁，重新获得参与招投标的资格。总之，企业在行政机关、司法机关或国际组织的监督指导下所开展的合规整改活动，最终也促成了合规管理制度的建立与完善。

日常性合规管理模式和合规整改模式各有其适用范围与制度构造，可以各自发挥独立的功能，但这两种模式也具有一定的局限性。

（一）日常性合规管理模式

首先，日常性合规管理体系将"可能的违法"或"潜在的违规"作为假想敌，通常并没有经历"血与火的考验"，其在能否成功预防违规事件、违法行为或者犯罪活动方面，缺乏实际的检验和证明。无论是跨国企业，还是中国企业，在建立日常性合规管理制度方面，通常只是针对若干项合规风险来建立专项合规管理制度。由于企业尚未爆发违规、违法乃至犯罪事件，监管部门、刑事执法部门或者国际组织尚未启动调查或制裁程序，因此，企业对于自身决策、经营、财务、人事等管理环节究竟存在哪些潜在的风险，很难作出准确无误的评估和诊断。

其次，企业合规所体现的是一种"大而不能倒"的治理哲学。对于那些长时间"缺乏有效监管"和"野蛮生长"的大型企业而言，一些包含违法因素的经营方式已经大体形成，一种通过违规行为来获取竞争优势的商业模式已经积重难返，甚至一种为获取高额利润而不惜以身试法的公司文化已经深入骨髓。在没有强大的外部监管压力和激励机制的情况下，期待这类企业通过自身努力来改变这些问题重重的经营方式、商业模式乃至企业文化，是极其困难。

再次，与企业的决策管理、经营管理、财务管理不同，合规管理是一种只耗费资源而不创造利润的治理活动。有些企业所标榜的"合规创造价值"，只是一种可遇而不可求的理想，"合规消耗利润"可能才是企业治理的常态。无论是预防违规、违法行为，还是通过增强竞争优势来获得效益，企业合规所带来的收益往往要经过较长时间的实践才能显现出来。

最后，合规作为企业实行"自我监管"的治理体系，若要得到正常运行，就需要投入十分昂贵的成本，也需要企业最高层产生合规治理的决心和动力。在没有发生危机事件和在没有确立足够强大的合规激励机制的情况下，企业要建立内部合规风险防控体系，对员工、管理人员、子公司、客户、第三方商业伙伴、被并购的企业等启动"叠床架屋"的合规管理活动，是非常困难的。

（二）合规整改模式

实践中出现了两种略显极端的合规整改方式：一种是采取"发现犯罪原因—提出纠错措施"的"点对点"式整改方式，注重对现实合规风险的即时防控；另一种是采取"评估合规风险—确立合规体系"式的体系化整改方式，强调对潜在的和深层的合规风险进行全面防控。

前一种合规整改模式又被称为"简易整改模式"，适用于那些涉嫌轻微犯罪的中小微企业，检察机关在作出合规不起诉决定的同时，通过发送检察建议，对企业提出相对简单的整改要求。只要企业针对犯罪原因作出有针对性的合规整改，检察机关就可以作出合规整改成功的结论。但是，在预防犯罪方面，这种纠错性合规整改具有两方面明显的局限性：其一，只关注犯罪事件所暴露出来的制度漏洞和管理缺陷，因此无法从整体治理的视角解决企业治理结构和管理体系中的根本性问题；其二，只着眼于解决最表层的合规问题，对于企业深层和系统性的合规风险，无法加以解决。

后一种合规整改模式又被称为"普通整改模式"，适用于那些涉嫌重大单位犯罪的大型企业，检察机关对其启动合规考察程序，指派合规监管人，设定合规考察期，在考察期结束之前，进行合规整改验收。这种模式尽管注重体系化的合规管理，但一旦操作不当，就会存在一些明显的问题。如在合规整改过程中，有些企业过分注重建立"大而全"的合规管理体系，忽略了合规整改的"针对性"，既难以发现企业犯罪的制度成因，也难以提出有效防止企业再次犯罪的解决方案。

一般来讲，日常性合规管理模式与合规整改模式各有适用的对象和空间，可以独立发挥合规治理的作用。当然，这两种模式也各有局限性，单靠任何一种模式，企业似乎都无法建立起行之有效的合规管理制度。从企业合规的长远发展角度来看，日常性合规管理侧重于企业常态化的合规管理体系建设，旨在增强企业的商业竞争优势，应对监管部门日益严格的合规监管要求。而合规整改则注重于危机发生后对企业的制度纠错体系和违法犯罪预防体系进行完善，旨在作出兼顾"针对性"和"体系性"的合规改进措施。

从有效防控合规风险的角度来看，这两种合规模式可以在以下几个方面进行必要衔接，以便发挥制度合力：其一，通过加强日常性合规管理，减少企业违规、违法行为的发生，避免任意启动合规整改程序；其二，通过危机后的合规整改，推动日常性合规管理体系的完善；其三，两种模式齐头并进，互为补充，从不同角度推动企业有效合规治理。

第二节　我国企业合规管理制度构建的具体路径

一、企业合规管理制度的构成体系

企业合规管理制度最初是为了配合国际反商业贿赂的开展和合作而产生的。在《反美国海外腐败法》实施20余年后，英国于2011年通过了《英国反贿赂法》，法国于2016年通过了《法国萨宾第二法案》。这些法律都属于海外反腐败的法律，所确立的合规制度也都属于"反腐败合规"。这种着眼于防范企业商业贿赂犯罪的合规制度，一般被称为"小合规"，或者"狭义的合规"。

而近20年来，无论是西方国家的法律，还是一些国际组织通过的公约，都开始将公司治理扩大到更为广泛的领域。除了反商业贿赂以外，其他包括反洗钱、反垄断、数据保护、反金融欺诈等领域，这些也逐渐被纳入合规管理制度规范范围之中。对于这种适用范围更为广泛的企业合规管理制度，我们通常称为"大合规"，或者"广义的合规"。但无论是"小合规"，还是"大合规"，所包含的合规制度要素都是大同小异的。近年来，无论是西方国家通过的法律，还是一些国际组织通过的公约，甚至一些跨国公司所建立的合规管理制度，都大体确立了一些极为相似的合规计划。

简要来说，一个完整的合规计划通常包含五大部分：一是商业行为准则；二是合规组织体系；三是防范体系；四是监控体系；五是应对体系。

第一，企业应当制定完整的商业行为准则。作为企业合规制度的核心部分，商业行为准则为公司所有员工确立了履行职责的基本要求，尤其是在企业每个领域、每个运营环节都要遵循的法律、法规、商业伦理规范以及内部要求。如果说公司章程属于公司内部的"宪法"，那么，在公司章程之下确立的合规体系，还可以有"实体法"、"组织法"和"程序法"之分。相对于其他合规体系而言，商业行为准则可以被归入合规计划的"实体法"部分。

第二，企业还必须制度化地构建较为成熟的合规组织体系，在制度层面对合规组织或合规机构的设置作出合理安排。这大体上相当于合规体系的"组织法"部分。一般而言，公司设立董事会时，应当在董事会下设合规委员会，由一名董事担任负责人；公司应设立合规部门，合规部门应设首席合规官，直接向首席执行官负责；公司在所有分支机构和职能部门都应设立合规部门，合规部门应接受公司合规委员会和首席合规官的直接领导；合规部门应保持最大限度的独立性，为避免利益冲突，合规官应由专职人员担任，而不应承担公司内部的其他与合规管理有冲突的工作；公司应维持一种上下一体的合规组织结构，为合规部门提供充足的资源，确保合规部门独立地识别合规风险，并及时向管理层和董事会报告合规风险。

第三，企业应当建立合规的防范体系。所谓防范，是指针对可能的合规风险所采取的预防性措施。防范体系通常由以下四个要素构成：一是及时有效的风险评估，定期和不定期地对公司运营过程中存在的合规风险进行识别和评估；二是基于合规风险的尽职调查，由合规部门针对合规风险，进行调查和研究，提交合规风险报告，并研究制定和实施降低风险的措施；三是合规培训和教育，针对敏感位置的员工进行有针对性的合规培训和教育，针对全体员工进行全员性的合规培训，以帮助员工了解法律法规和内部规章制度的最新变化，传达高层关于合规的最新政策和措施；四是持续的沟通和指导，合规部门应与管理层和员工进行持续不断的沟通，帮助其了解处理合规风险的方法和经验，解答有关合规管理的疑问和难题，将诚信和合规理念融入员工的思维之中，形成一种合规文化。

第四，一个完整的合规计划应包括合规监控体系。所谓监控，是指企业对可能出现的合规风险所采取的实时监督、识别和控制体系。合规监控体系一般需要具备以下四个基本要素：一是合规控制管理，企业的每个高管和每个员工在其职责范围内，应对每一项业务活动是否存在违规行为，进行可持续的控制管理；二是审计与内控，公司审计部门应与合规部门分离，从而对公司运营过程是否存在违规行为进行双重审查；三是投诉机制，全体员工应有机会并能便利地向合规部门进行投诉，以便反映公司运营中存在的违规行为，这种投诉应得到及时高效的处理，并使投诉者受到保护；四是报告机制，公司合规部门应定期和不定期地就公司合规体系的实施状况以及相关的合规风险，向管理层乃至董事会进行报告，以便使后者能迅速及时地了解合规体系的实施状况。

第五，一项完整的合规计划应包括应对体系。所谓应对，是指违规行为发生后，对存在违规行为的员工进行必要的惩戒，并对企业合规体系的运转情况进行全面有效的实时审查和监测，对于发现的制度漏洞和结构性缺陷，快速及时地加以修补和完善。应对体系其实是企业合规的事后补救机制。

二、企业合规管理制度建构的配套措施

（一）合规不起诉制度：合规管理制度建立的激励来源之一

合规不起诉制度是我国检察机关近两年推行的一项刑事司法制度改革。它以解决怎么达到企业治理理想状态、实现企业效益以及社会效益为目的，同时也激发企业建立和完善合规管理体系的内生动力。

对承诺设立和完善符合法律法规的企业，检察机关设立审查期，并根据执行制度的成效确定是否起诉，已经成为各国普遍认可的一项重要制度。美国建立了"暂缓起诉协议"和"不起诉协议制度"，英国、法国、澳大利亚等国家纷纷效仿美国，建立了"暂缓起诉协议"。结合我国目前司法实践，所谓合规不起诉，是指检察机关对于那些涉嫌实施犯罪并作出认罪认罚的涉案企业，在其承诺或者实施有效合规管理体系前提下，对其作出不起诉决定的制度。

2021年6月，最高人民检察院会同其他八个部门发布了《关于建立涉案企业合规第三方监督评估机制的指导意见（试行）》（以下简称《指导意见》），并在北京、辽宁、上海、江苏、浙江、福建、山东、湖北、湖南、广东等10个省市进行了试点，在实践探索中初步形成"检察建议模式"和"附条件不起诉模式"。前者是指检察机关在审查起诉过程中，对于犯罪情节轻微同时认罪认罚的企业，在作出相对不起诉决定后，通过提出监察建议的方式，责令其建立合规管理体系的制度；后者则是检察机关在审查起诉过程中，设立一定的考验期，对涉嫌犯罪的企业暂时不予起诉，并对企业建立刑事合规的情况进行监督考察，在期满后根据企业

建立合规体系的进展情况，对其作出起诉或不起诉决定的制度。

基于该制度，对于企业而言，建立一个常态有效的合规机制，既可以预防发生合规风险，又可以在合规风险发生时免除或减轻企业责任。从保护民营企业和刑事司法改革的社会背景来看，实行合规不起诉既能"挽救企业"，又能保障地方经济的发展，还能防止损害企业员工、投资人、股东、合伙人等利益相关方利益。在对相关企业从轻处罚的同时，检察机关还要求企业积极配合调查、采取相应的补救措施，全面地规范企业的管理体制和运作方式，以消除体制上的隐患和管理垄断，降低其再次犯罪的可能性。在这一背景下，合规不起诉制度就成为企业建立完善合规管理制度的一种内在的激励因素，而通过建立一套行之有效的合规管理制度，既可以避免刑事处罚，也可以提高公司的治理能力，从而提高公司的竞争力。

（二）企业发展的需要：基于长远利益与健康发展的自主选择

企业一旦建立有效的合规管理制度，即会带来治理结构的显著变化。在传统的由董事会、监事会、高级管理层、审计部门组成的公司管理体系中，引入合规部门和合规团队，在董事会下设合规委员会，一旦发现公司存在合规风险，合规部门将会承担报告责任，不仅要向高级管理层进行报告，还要有向董事会直接报告；公司在各项业务运行、财务管理乃至审计监督等环节，都要接受合规部门的独立审查。一言以蔽之，在传统的由公司决策者、执行者和监督者所构成的三角结构之外，组建起一个独立的法律风险防控部门，并发挥其不可替代的独立作用。

原则上，企业建立合规管理制度的直接目的在于避免合规风险的发生。相对于传统的业务风险和审计风险而言，合规风险属于因企业自身违法违规原因所遭受的各种损失，会造成更为严重的后果，企业因此付出的代价也更为巨大。首先，企业通过建立有效的合规管理制度，可以避免整体利益遭受损失。准确地说，合规管理制度无法直接帮助企业创造商业价值，却可以帮助企业避免重大的经济损失。从短期效果来看，企业违法违规开展经营活动，如贿赂政府官员、采用恶性竞争方法、实施欺诈手段等，可能增加企业营业收入，获取暂时的经济利益。但是，这种违法违规经营活动却破坏了企业竞争的公平性，导致企业运营成本大幅度增加，甚至会因为其他企业普遍采取不正当的手段而失去更大的利益。唯有建立有效的合规管理制度，企业才能在遵守法律法规的前提下开展经营活动，创造一个相对公平的经营环境和秩序，从而获得整体的利益保障。其次，合规管理制度的引入，可以使企业避免因为被定罪判刑或者受到监管处罚而付出极为惨痛的代价。一个没有合规计划的企业，难以预防企业及其高管犯罪行为的发生，而企业一旦被定罪判刑，将会导致其无辜的员工、股东、投资者、代理商、经销商的利益受到严重损失，企业的信誉和声望受到损害，轻则失去大量交易机会和交易资格，特别严重的企业犯罪案件，还会造成企业被宣告破产。唯有建立有效的合规制度，企业才能避免上述风险，从而获得长远健康发展的机会。最后，通过建立合规管理制度，企业可以承担更大的道德责任和社会责任，并树立良好的社会形象，获得长久的商业信誉，从而实现可持续的业务增长。简而言之，一个在合规经营中成长的企业，终将因其合规经营而受益。

CHAPTER 03 >> 第三章
企业合规管理组织架构

第一节 概述

一、建立企业合规管理组织的一般论

近年来,在实施依法治国战略、境内外监管力度趋严、国际贸易规则变化等背景下,企业合规经营的重要性不断凸显。自2018年以来,国务院、各省国有资产监督管理委员会相继发布国有企业合规管理指引,标志着国有企业全面推行合规管理工作。2021年3月,《中华人民共和国国民经济和社会发展第十四个五年规划和2035年远景目标纲要》则将"推动民营企业守法合规经营"纳入国家发展战略,意味着合规经营成为中国企业发展的共同课题。随着企业合规不起诉等制度试点启动,合规已经从理论研究踏入企业经营实践,并逐渐成为企业高质量稳健发展的保障。

企业合规管理工作应将合规要求嵌入经营管理

各领域各环节，贯穿决策、执行、监督全过程，落实到各部门和全体员工，实现多方联动、上下贯通。另外，企业合规管理应当按照"管业务必须管合规"的要求，明确业务及职能部门、合规管理部门和监督部门职责，严格落实员工合规责任，对违规行为严肃问责。最后企业应当建立健全符合企业实际的合规管理体系，突出对重点领域、关键环节和重要人员的管理，充分利用大数据等信息化手段，切实提高管理效能。

（一）企业合规管理部门建立的原则

1. 独立性原则

"独立"是合规机构的重中之重。独立的合规机构首先表现在汇报工作的独立。合规机构的工作汇报一般是垂直的，即下级部门向上级部门进行汇报、合规管理机构向合规管理委员会负责、合规管理委员会则直接向董事会负责，相关汇报垂直上报，不受其他部门的管制。独立的管理机构还应当表现在权力上，从政策的制定、流程的执行再到合规审查、执纪问责及整改，本质都是"管人""管事"，如果没有足够的权力根本无法开展合规管理工作。因此，合规机构需要有充足的权力和较高的地位，使其能够影响到公司的内部管理、顺利完成内部的调查任务、有效推进整改工作。

2. 专业性原则

合规的专业性主要体现在法律性。首先，合规的主要义务来源就是法律、法规和行业规范要求，只有合规部门具备专业的法律能力才能准确把握法律法规要求、正确执行法律法规要求。其次，公司的合规体系建设也具有较强的法律性。公司的合规制度搭建相当于公司的"内部立法"，需要将外部制度要求内化公司制度，需要一定的"立法经验"。同时，合规调查、执纪问责工作具有更强的法律性。特别是内部调查，涉及调查行为的合法性、证据收集的合法性，以及与后续民事、刑事、劳动争议解决程序的衔接和配合，都是对法律专业要求极高的事项。因此，企业的合规管理机构的设立应当具有专业性，特别是配备具有相当规模的法律背景人员。

3. 务实高效原则

企业应当建立健全符合企业实际的合规管理体系，突出对重点领域、关键环节和重要人员的管理，充分利用大数据等信息化手段，切实提高管理效能。此外，企业的合规管理应当按照"管业务必须管合规"的要求，明确业务及职能部门、合规管理部门和监督部门职责，严格落实员工合规责任，对违规行为严肃问责。

（二）企业合规部门的角色定位与功能

1. 加强与业务部门沟通，建立彼此信任的关系

在公司管理职能部门中，内部审计部门与合规部门的合作经常被提及，尽管二者存在很多不同，但是在寻求提高组织效率方面有很多相似，都是完善内部控制的职能部门。如何实现两个组织间良好的互动与协同是合规管理组织面临的问题。首先，应在保持自身专业优势的前提下谋求合作，而不能舍弃自身的职能。其次，良好的风险管理流程和人员配置能给二者互动提供支持，以利于形成良好的公司治理和审计、合规文化，涵盖内部各个管理层级。最后，将企业努力专注自身质量控制的内部信息传达给外部利益相关者，能够增强其外部信息优势。这种合作的必要性，对于没有单独设立合规调查部门的公司尤其重要。对于已经有合规调查部门的公司，两部门的合作模式可以更加深入。

具体来说，由于内审工作更多是从审计业务执行操作与业务流程规定的一致性角度开展，而合规调查工作则会更注重业务操

作的合规性和当事人的违规可能，这两项工作存在着很强的互补性和借鉴性。如内部审计报告中涉及合规相关的风险点，可以由合规调查部门介入评估，一旦发现有潜在违规行为，则可以开展合规调查，对当事人进行处理，对相关流程提出整改意见；若在合规调查中发现某种违规操作存在普遍性，合规调查部门可以寻求内部审计部门设立审计特别项目，对组织内的相关操作进行专项审计。

2. 积极邀请业务部门参与合规管理工作

有必要从评估人的利益冲突和职责分离方面考量其评估的合理性和有效性，避免存在评估失效风险。另外，对于业务部门与合规部门的评估，应当考虑公司合规管理体系在其责任与职责上的区别，必须让公司的每一位员工在其工作岗位上控制合规风险，并对风险承担责任。这是有效的合规管理体系对于合规责任与职责的基本要求和大前提。

3. 将合规工作从短期控制转变为长期合作

从目前的合规管理工作发展阶段来看，其需要给予更多的关注和持续支持，一个完善的合规管理体系的全面落地，需要长期的充足资源的保证，只是在不同阶段，资源的配置和结构需要进行调整。从企业的天然属性来说，合规管理工作的开展是为了保障企业的可持续性发展，其最终也是为企业的利益服务，但是必须强调合规管理体系对企业利润的共享并不来自直接的利润创造，而是避免企业为违规行为所付出的代价，而且相较于其他职能，合规管理涉及的问题往往是公司的核心风险，一旦出现问题，其后果可能是灾难性和毁灭性的。

4. 合规部门与其他业务部门的关系

各个业务部门应当主动寻求合规部门的支持和帮助，主动提供合规风险信息和风险点,并配合合规部门的风险监测和评估。合规部门应当主动为各业务部门和公司员工提供合规咨询和帮助,通过提供建设性意见,帮助业务部门管理好合规风险,为公司业务与产品创新提供合规支持。合规部门最重要的一项是统一组织、统筹协调或参与公司业务政策、行为手册和操作程序的修订。另外,合规部门与其他风险部门的职能也有着相似之处,因为它们都是管理公司风险的职能部门,侧重于某一特定的风险管理,但是合规风险是产生公司其他风险的一个重要的诱因,特别是导致公司操作风险产生的最主要、最直接的诱因。合规是公司一项核心的风险管理活动,这是因为公司风险管理的失控的原因无非在于两个方面:要么是公司没有好的制度;要么是公司员工因缺乏诚信与正直的道德标准而不愿意执行制度。因此,倡导诚信与正直的价值观念与制定一套好的制度同等重要。

二、企业合规组织架构与职责

(一)董事会职责

董事会应当充分发挥定战略、作决策、防风险职能,履行以下合规管理职责:(1)审议批准企业合规管理基本制度、体系建设方案和年度报告等;(2)研究决定合规管理重大事项;(3)推动完善合规管理体系并对有效性进行评价;(4)决定合规管理部门的设置和职责;(5)按照权限决定有关违规人员的处理事项;(6)法律法规、企业章程等规定的其他合规管理职责。

(二)经理层职责

经理层应当切实履行谋经营、抓落实、强管理职能,履行以下合规管理职责:(1)拟订合规管理体系建设方案,经董事会批准后组织实施;(2)拟订合规管理基本制度,批准年度计划,组织制定合规管理具体制度；（3）组织应对重大合规风险事件；（4）指导监督部门和所属单位合规管理工作；（5）法律法规、企业章程等规定的其他合规管理职责。

（三）主要负责人作用

主要负责人作为推动合规建设的责任人，应当切实履行依法合规经营管理的重要组织者、推动者和实践者的职责，积极推进合规管理的各项工作，保障合规管理建设的稳步推进。

（四）合规委员会职责

企业可以结合实际情况设立合规委员会，合规委员会主任由董事长或合规管理工作分管领导、总法律顾问等担任，成员可由各部门主要负责人组成。合规委员会承担以下职责：（1）负责企业合规管理的统筹协调工作；（2）经董事会或者管理层授权，合规委员会可以代为审定企业合规管理战略规划、年度计划、年度报告、具体制度等重大事项；（3）定期召开会议，研究解决合规管理中的重点难点问题。

（五）首席合规官职责

首席合规官可由总法律顾问兼任，负责领导合规管理部门并组织开展相关工作，指导所属单位加强合规管理，具体工作职责如下：（1）负责组织编制企业合规管理战略计划、基本制度、年度计划、年度报告，参与有关具体制度制定；（2）负责签发企业重要制度和重要文件制定、重大决策、重要合同订立等重点环节的合法合规审核意见；（3）参与企业重大决策会议，提出合规意见；（4）领导合规管理牵头部门推进合规管理体系建设；（5）负责向合规委员会汇报合规管理重大事项；（6）负责向董事会报告年度工作；（7）指导业务部门合规管理工作，对合规管理职责落实情况提出意见和建议；（8）指导所属单位合规管理工作，对所属单位首席合规官的任免、合规管理体系建设情况提出意见；（9）参与企业重大及以上违规事件的处置并提出意见和建议；（10）经合规委员会授权的其他事项。

（六）业务及职能部门职责

业务及职能部门是合规管理主体，负责日常相关工作，主要履行以下职责：（1）建立健全本部门业务合规管理制度和流程，开展合规风险识别评估，编制风险清单和应对预案；（2）定期梳理重点岗位合规风险，将合规要求纳入岗位职责；（3）负责本部门经营管理行为的合规审查；（4）及时报告合规风险，组织或者配合开展应对处置工作；（5）组织或者配合开展违规问题调查和整改；（6）其他相关合规管理工作。业务及职能部门应当设置合规管理员，由业务骨干担任，负责本部门合规管理工作，接受合规管理部门业务指导和培训。

（七）合规管理部门职责

合规管理部门牵头负责本企业合规管理日常工作，主要履行以下职责：（1）组织起草企业合规管理基本制度、具体制度、年度计划和工作报告等；（2）负责规章制度、经济合同、重大决策合规审查；（3）组织开展合规风险识别、预警和应对处置，根据董事会授权开展合规管理体系有效性评价；（4）受理职责范围内的违规举报，提出分类处理意见，组织对违规行为的调查；（5）组织或者协助业务及职能部门开展合规培训，提供合规咨询，推进合规管理信息化建设；（6）企业合规委员会交办的其他工作。合规管理部门应当配备与企业经营规模、业务范围、风险水平相适应的专职合规管理人员，持续加强业务培训，不断提升合规管理队伍专业化水平。

（八）监督部门职责

监事会和审计、巡视巡察、监督追责等部门是企业合规管理监督部门，主要履行以下职责：（1）依据有关规定，在职权范围内对合规要求落实情况进行监督；（2）对违规行为进行调查，按照规定开展责任追究；（3）会同合规管理部门、相关业务部门对合规管理工作开展全面或者专项检查；（4）对完善企业合规管理体系提出意见和建议；（5）有关规定、企业章程等规定的其他职责。各监督部门应将合规管理监督结果及时通报给合规委员会。合规管理部门也可以根据合规风险情况主动向监督部门提出开展审计等工作的建议。

（九）全员合规责任

全体员工应当熟悉并遵守与本岗位职责相关的法律法规、企业内部制度和合规义务，依法合规履行岗位职责，接受合规培训，对自身行为的合法合规性承担责任。具体包括：（1）签订合规承诺书，接受合规培训；（2）坚持合规从业，杜绝发生违反合规底线清单的违规事件，对自身行为和合规性承担直接责任；（3）主动识别、报告、控制履职过程中的合规风险；（4）监督和举报违规行为。

第二节 企业合规运行机制

合规运行机制是指合规风险预警、合规风险应对、合规审查、合规联席会议、违规问责、合规有效性评估等合规管理工作内容的相互关系和运行方式。

一、合规风险预警

合规风险预警属于合规事前管控手段,通常依托风险管理信息系统形成对各种合规风险的计量和定量分析,实时反映重大风险和重要业务流程的监控状态,对超过风险预警线的合规风险实施信息报警。

合规风险预警是合规风险识别的一部分,企业通过全面梳理、收集经营管理活动中的合规风险点,建立并定期更新合规风险数据库作为支撑风险管理信息系统的基础,通过风险管理信息系统对合规风险进行检测和监控,并根据检测发现的风险进行发生可能性、影响程度、潜在后果等分析,在此基础上对具有典型性、普遍性或者可能产生严重后果的合规风险信息进行内部预警或报警。合规风险预警后,对于触发预警的合规风险,企业还应当进一步识别,并根据具体情况开展合规风险评估和合规风险应对。

二、合规审查

合规审查是指由业务及职能部门或者企业合规部门在企业生产经营管理流程中依据职责要求,分别负责本部门经营管理行为的合规审查和负责规章制度、经济合同、重大决策的合规审查。业务部门负责对其日常经营管理行为的合规审查,审查对象包括其开展具体业务所涉及的文件、合同及具体经营决策等内容是否存在合规风险。企业合规部门依据国家法律法规、规章、监管规定、行业标准、规范性文件、国际条约、规则,以及企业章程和规章制度、企业标准等要求负责对规章制度、经济合同、企业重大决策事项的合规审查。

三、合规联席会议

为指导协调合规管理工作,研究解决合规管理中存在的重大问题、障碍,协调议定重大事项,促使企业合规管理工作有效推进,可由合规管理人员、与联席会议议题相关的各业务部门人员、独立的第三方合规评价服务机构组成企业合规联席会议,通过定期召开会议,研究解决重点难点问题、提出解决方案建议,推动完善合规管理体系,推动企业合规部门合规管理工作落实。

合规联席会议由企业合规负责人召集和主持,合规负责人不能履行召集和主持职责时,由其授权委托一名企业合规部门人员代为召集和主持。联席会议的日常工作由企业合规部门负责,合规部门应常设一名联席会议联系人,负责处理联席会议日常联系沟通工作,并承办联席会议召集人、主持人交办的事项。

合规联席会议以会议纪要形式确定会议议定事项,印发企业各部门贯彻落实,联席会议议定的事项按照法律法规或规章制度应当履行审批程序时,应当提交外部审批或者报外部审批流程,审批通过后印发各部门。

四、合规报告

业务部门的合规人员应当定期向企业合规部门提交阶段性合规管理汇报文件;企业合规部门应当定期向合规负责人提交阶段性合规计划和工作报告。合规年度计划和工作报告至少每年度出具一次。合规年度计划应上报企业管理层批准。年度合规工作报告应上报企业董事会审议批准。合规负责人应对审议通过的年度合规报告签署确认意见,保证报告内容真实、准确、完整;董事会对年度合规报告内容有异议时,应当注明意见和理由。

年度合规工作报告应当包括以下内容：（1）企业及企业各部门、各层级子公司及分支机构合规管理的基本情况；（2）合规负责人履行职责情况；（3）违法违规行为、合规风险隐患的发现及违规问题整改情况；（4）合规管理有效性评估及评价结果运用情况；（5）根据相关法律法规、行业规范或企业内部规章制度，要求在年度合规报告中汇报其他内容。

五、违规举报

（一）概述

违规举报是指企业员工或相关方企业经营管理活动中已经发生的违反合规政策、合规义务的行为或潜在可能发生的风险隐患行为进行报告的行为。企业应建立违规举报机制，违规举报机制是通过一系列的综合措施建立的举报调查体系，包括职能的设立、制度的建立、工作流程的制定以及反馈、监督机制的设立等。违规举报应当以指定的路径向举报管理部门报告。

（二）违规举报机制

建立违规举报机制可以预防合规风险和保障合规政策的执行，优化业务流程，发现、堵塞管理漏洞，检验合规管理体系的有效性。具体举报机制的要求至少包括以下几点：（1）领导人的认同与承诺；（2）有明确的部门或人员负责举报工作并给予他们相应的权限、资源；（3）举报系统公开、可见、可方便使用；（4）建立保护举报人的具体措施，保护举报人免受报复；（5）举报途径向相关人员公示，并确保相关人员了解、清晰并可以使用；（6）举报调查过程公平、公正，调查过程有书面记录、可追溯；（7）举报结果有反馈，调查的违规问题有改进、有问责、有监督。违规举报的渠道包括当面举报、电话举报、信函举报、电子邮件举报，也可以允许举报人通过实名举报、保密举报、匿名举报的方式举报。企业应提供多种渠道接受举报人的举报制度。

（三）举报管理部门职责

企业应当根据自身的实际情况赋予举报管理部门以下职权：（1）举报的受理、调查权：企业应当给予调查部门独立的调查权，包括资料调取、相关部门工作配合等必要权限，并通过制度形式予以保障。（2）向最高管理层的上报权：上报权保证了工作的独立性。（3）对举报人、被举报人的评价权：评价权对于建立合规文化有积极的推动作用。（4）对合规改进措施的建议、监督权：工作的闭环、保证工作结果的执行。（5）其他企业需要给予举报管理部门的职权。

（四）举报的处理流程

举报的处理流程为：（1）调查立项。确定符合举报范围并正式立项。（2）开展调查。询问举报人、收集证据材料、访谈相关人员等。（3）做出调查结论。确定被举报人是否存在违反合规义务的情况、程度、违规行为的性质、发生次数、给企业造成的损失程度，并将调查结论和处理意见上报给企业最高管理层决策。（4）改进及监督。提出企业的管理漏洞和问题、协同合规管理部门作出改进措施的建议并传达给相关人员、相关部门。同时，对后续改进措施的执行情况进行监督。

六、违规调查

（一）违规调查概述

企业对已经发生的违规事件或潜在的可能发生的违规事件可以启动违规调查工作。违规调查既可以由举报管理部门依职权申请调查,也可以通过举报人的合规举报启动调查。违规调查应当遵循合法、公平、公正、独立、保守秘密的原则。

(二) 违规调查的启动评估

原则上,在正式调查前,均需要对是否启动调查进行前期的评估工作,主要评估要素包括:(1) 是否属于调查范围;(2) 调查的必要性判断;(3) 风险级别及类型;(4) 对组织商务活动的影响;(5) 是否需要采取证据保全措施。

(三) 违规调查工作的流程

企业可以根据自身情况制定适合的调查流程,一般的调查流程包括以下几个主要环节:(1) 立项通知;(2) 调查计划;(3) 事实调查;(4) 当事人沟通;(5) 出具报告。

(四) 违规调查的结论与处理

违规调查的结论主要是对违规问题的总结分析,对负面的行为要定性并作出具体的处理意见。结论可以分为以下几类:(1) 不属于违规行为,无须处理;(2) 可内部处理的违规问题,在内部进行追责问责;(3) 违法行为需要提交司法机关处理。需要注意的是,调查结论也可以对正面的合规行为进行鼓励,处理意见一般包括以下内容:(1) 违规行为的处理建议;(2) 合规管理问题的改进建议;(3) 是否需要提交监管、司法部门作进一步处理。

七、违规问责

(一) 概述

违规问责是指对企业高级管理人员及员工的违法、违规、违约行为进行责任追究的活动。如造成资产损失或者严重不良后果的,应移交问责部门。如涉及违反刑法或者其他国家层面的法律、法规的，应当按照规定移交司法部门或者相关政府部门进行处理。

（二）违规追责部门

问责部门是指按照《公司法》、《中华人民共和国劳动合同法》（以下简称《劳动合同法》）、《中华人民共和国劳动法》（以下简称《劳动法》）、《中华人民共和国民法典》（以下简称《民法典》）等法律法规、公司章程、员工手册、财务管理制度、生产管理规定、公司合规清单、合规问责制度等规章制度，依据调查结果，对问责对象进行问责和实施，通常问责部门为企业合规部门，实施部门为人力资源部门。

（三）违规问责的要求

问责原则必须坚持实事求是、问责程序和结果合规、有错必究、问责与整改相结合等原则。企业应当高度重视违规行为问责机制，制定专门的违规问责制度，明确责任范围，细化问责标准，针对问题和线索及时开展调查，将违规行为性质、发生次数、危害程度等作为考核评价、提拔使用等工作的重要依据。企业合规部门应跟进问责追责的执行情况，且将执行记录一并记录在档案中，最终执行完毕才算追责问责完成。

八、合规整改

（一）概述

合规整改是指合规检查部门与合规管理部门共享信息、共同商定违规事件发生的原因、场景及从违规事件调查中找到本质问题和共性问题，给出具体整改建议。整改建议书应有具体的整改问题、原因、整改责任主体及要求执行完成的具体事件、整改验收的方式等主要内容。

（二）改进措施的主要类型

依据违规事件发生原因，有不同改进措施，改进措施可以包括以下几种类型：（1）制度缺失或者制度不完善：应要求制定制度、补充或者修改制度。（2）有制度未执行：应要求相关部门执行制度、执行留痕，且出现此类情况相关制度的执行监督体系也会出现问题，要一并整改制度监督环节。（3）职责不清、职责混乱：此类情况适用于出现无法问责、不知向谁问责的情况，应要求相关部门、人力管理部门厘清部门职责、岗位职责。（4）合规管理体系无效或者不系统、不全面：如果多个部门、多个岗位出现问题，可能不是某一层面合规管理问题，需要统筹查看整个合规管理体系是否合理、是否完善，如必要应启动合规管理体系的重建。合规管理部门应对整改过程进行执行监督。一般情况下，整改部门可能会出现延迟或者整改不到位的情况，合规管理部门应对整改的质量进行把控，对照整改要求和整改内容进行检查监督，如不符合整改要求的应当要求再次整改。

九、合规有效性评估

（一）概述

"合规管理有效性评估"是指企业根据监管要求或参照相关标准、依据，对合规管理活动及其发挥的实际效用进行评估的行为。企业合规管理评估既包括有效性评估，也包括完整性评估。前者是为进一步指导企业完善合规体系建设，并注重对合规体系的有效实施与有效运行进行评估，适合于已建立合规管理体系的企业参考；后者旨在指导企业建立合规体系，扩展合规管理职能及完善合规要素和合规内容。企业应当定期开展合规管理体系有效性评估，针对重点业务合规管理情况适时开展专项评估，强化评估结果运用。大多数中央企业从合规管理职责、合规管理重点、合规管理运行、合规管理保障四个方面进行合规管理体系建设。同样，在开展合规管理有效性评估时，也是参照此结构进行评估。在评估指标体系中，具体指标并不固定，需要根据企业实际情况和项目进行定制，在实践中倾向于使用具有较强弹性的评估指标，在充分考虑评估的阶段性特征时，也要兼顾评估深度和调查实操性、评估重点和全面性平衡。大型企业开展合规管理有效性评估工作时，需要遵循全面性原则。合规管理有效性评估应当覆盖企业经营管理活动的全过程，评估指标应当全面、系统。总集团和下属企业之间的利益来往、合规管理体系的统筹安排都是评估工作的重点。

（二）合规管理有效性评估的流程

合规管理有效性评估的流程如下：（1）作出评估决定。（2）成立评估项目组。企业需要成立合规管理评估工作组。企业可以聘请第三方机构或者由企业各部门抽调相关工作人员组成联合评估工作组，并且明确负责人，开展合规管理有效性评估工作。应当确保评估小组具备独立开展合规管理有效性评估的权力，并且确保评估小组成员具备相应的履职能力。评估小组的权力应来自企业最高管理层的授予，要切实保障评估小组可独立顺畅地开展评估工作，全企业人员应全力予以支持配合。（3）文档收集和审查。评估小组需要获取和审阅合规管理体系设计、执行的相关文档，包括合规管理政策和程序、内部审计报告、与企业的合规运营及经营活动相关的各类文件。（4）现场检查与评价。评估小组可通过调查问卷、调阅资料、实地查看、个人访谈等方式深入挖掘信息、查找存在的问题，把各种渠道了解到的信息进行交叉印证，对企业合规管理制度的完备性、体系的完整性、机制设置的适当性和运行的有效性以及合规文化环境氛围作出全面的评价。(5)评估信息的分析。评估小组可以通过分析所收集的重要信息,对企业合规管理体系的状况进行详细评估,利用表格等如实地反映企业当前的合规管理体系运转及执行状态,同时对应目前行业领先的企业合规管理所采用的指标框架,将合规管理体系内各个重要元素分别进行对标。(6)完成评估报告。最终结果应当以书面报告的形式体现,包括风险评估结果和意见、阐述企业合规管理工作涉及重要性排序的风险及事项,并提供下一步潜在工作的具体意见。(7)提出改进方案。

(三)合规管理有效性评估的具体评价指标

指标一:合规管理体系建设是否横向覆盖集团所有管理职能?经营管理业务和经营区域,是否纵向贯通集团内所有企业?

指标二:治理层、管理层、执行层是否明确合规管理责任机构及其管理职责?职责分工是否明确、各司其职?相关人员配备是否适当?

指标三:是否制定了规范本企业规章制度建设工作的制度性文件和规章制度更新的标准化流程?是否明确规章制度建设的统筹部门?规章制度是否已覆盖全部业务领域和管理职责,且内容合法,符合企业实际?规章制度能否根据外部法律监管环境的变化以及企业管理的实际需要及时调整更新?是否建立了合规管理基本制度及其配套规定和重点领域的专项规定?规章制度是否已有效地宣传贯彻?

指标四:是否已经对合规风险进行有效的评估识别,并及时调整更新?是否已根据合规风险级别合理配置资源,采取有效措施防控重大合规风险?是否通过内部检查、审计等方式检验合规风险防控措施的有效性?是否已建立有效的合规风险预警机制?

指标五：是否已持续开展合规宣传，使企业内部形成合法合规经营的企业文化？是否对员工持续进行合规培训？是否已建立有效的合规风险报告机制？是否有专业措施和数字化手段保障合规管理要求落实？是否已将合规指标纳入企业员工的绩效考核？是否已建立违规追责机制？

CHAPTER 04 >>

第四章
企业合规管理保障机制

第一节 概述

"在理念层面,合规管理是现代金融企业的一项重要核心风险管理活动,是公私法融合在现代金融企业的集中体现,合规管理与公司治理相互依存与互动,合规管理要树立符合法治精神的理念。"[1] 全球化的深入发展、企业"走出去"的现实需求以及企业高质量发展目标使合规管理已然成为新时期企业可持续发展的首选治理战略,而合规管理制度的实效性以及合规管理体系的构建和高效运行必然离不开合规管理机制的保障作用。企业合规管理保障机制立足于企业合规制度本身,着眼和服务于合规风险防控措施,覆盖合规管理制度实施的方方面面。"从金融领域的情况来看,合规管理制度体系建立的

---

[1] 何澎湃. 合规管理研究——以金融企业为中心的考察 [D]. 中国人民大学, 2012: 7.

更多是依据金融监管部门的规章"。[1] 从保障范围维度来看，合规管理机制将从合规风险防范、合规风险监督以及合规风险三大方面进行保障；从物质与精神保障维度来看，合规管理保障机制涉及人事、技术及合规文化等方面，致力于保障企业合规管理体系落实到位和促进企业的可持续发展。

一、合规管理保障机制的特征

（一）范围的广泛性

合规管理保障机制作为辅助性的存在机制必然不能仅仅局限于企业合规管理的某一方面，而是需要具有全局性视野对合规管理制度实施所面对的困境提供有力的保障作用。其涉及范围不仅仅局限于企业合规治理单一方面，而是考虑诸多方面。

首先，需要为合规管理提供充足和专业的人才保障，同时也需要考虑到在合规人才储备完成后如何确保合规部门及其人员地位的独立性，让合规管理真正发挥其应有的作用。

其次，合规人员的薪酬及岗位的管理同样是合规保障机制应当考虑的问题，合规人员的薪酬保障决定了企业合规管理体系实施的实效性，一旦合规人员缺少薪酬方面的激励性，则必然丧失对合规管理工作的积极性。合规岗位的管理，如重点风险岗位的人员选聘及管理的合理性也会影响合规管理体系实施的实效性，只有确保合规资源配置的有效性，才能从根源上推动合规管理体系的实施。

再次，合规管理保障机制涉及范围的广泛性还体现在合规责

---

[1] 何澎湃. 合规管理研究——以金融企业为中心的考察 [D]. 中国人民大学, 2012: 4.

任及激励机制的实效性保障、合规管理行为的信息化和技术化保障以及合规管理协调机制和合规报告制度建设等方面。合规责任的实效性保障是企业合规管理制度实施和合规体系架构设计的核心内容，也是企业进行合规管理建设的重要目的之一；合规激励机制的实施是为了激励和保障在合规建设过程中企业员工的积极性，是合规建设顺利完成的重要力量。

最后，企业合规建设的实现必然需要合规文化作为支撑，合规文化建设是企业合规管理体系良性发展的重要精神保障，企业的可持续发展必然离不开企业合规文化的影响，同样，实现企业合规管理建设离不开企业合规文化的引领作用。

（二）功能的协调性与补充性

合规管理保障机制具有协调性与补充性特征，是由该机制本质性所决定。合规管理制度本身具有宏观性特征，对于合规管理如何得以实施缺乏具体性、细节性规定，导致某些管理制度的实施不具有可操作性。合规管理机制功能的协调性体现在合规管理部门与企业其他业务部门在业务上的协作性和合规管理部门对相应监管部门在日常工作检查上的配合性与协调性两方面。保障机制功能的补充性在于当其他管理制度缺位或者失灵时，合规管理保障机制能够及时弥补制度的缺陷，补充和完善合规管理体系，从而促进合规建设的顺利进行。

合规管理保障机制具有天然的协调性与补充性功能。合规风险作为企业治理的风险之一，必然涉及与企业其他治理风险如经营风险、财务风险、市场风险等风险上的牵连性。具体表现在企业在进行合规建设实现企业合规发展的目标时，必然要通过与企业其他业务部门之间进行合作与沟通，并通过识别其他义务部门潜在的风险来避免合规风险的发生和合理分离合规责任的承担。

在这一过程中，不仅需要部门与部门间的协作，更需要在其他部门设立重大风险岗位，配备专业的合规人员，从而在事前防范合规风险的发生。通过合规管理保障机制，对合规管理运行架构、合规管理的信息化建设以及合规文化的建设等方面进行保障从而进一步促进合规管理体系的有效运行。

二、合规管理保障机制的目的

（一）保障合规管理制度顺利实施

合规管理保障机制建立的目的在于服务企业合规管理制度的顺利实施，致力于实现企业合规管理的常态化发展，使合规管理、合规经营、合规创造价值等意识形态融入企业发展的日常经营理念之中。企业设立合规管理制度，是新时期企业发展的必然要求，其目的在于通过完成企业合规建设来实现企业的可持续和高质量发展目标。但不能否认合规管理制度的实施不仅仅取决于制度本身的设计，因为制度本身具有宏观指导性，合规管理制度内容设计也具有极大的包容性和概括性，因此对于如具体的合规人员的选聘机制、合规资源如何配置更为有效、合规人员薪酬设计如何最大限度调动合规人员的积极性以及企业如何通过合规管理保障机制设立企业日常合规举报制度，合规激励惩戒机制等具体措施都将极大影响企业合规制度的顺利实施和其最终的实效性。而合规管理保障机制从其本质与功能上则具有这种天然的保障优势，通过实施对合规人员、合规部门、合规岗位及合规文化建设等一系列保障措施来确保合规管理制度顺利进行。

具体来讲，企业设立合规管理制度是为了实现合规建设、合规经营，但合规制度本身的宏观性特征在一定限度上决定了其只能具有指导性和宣示性作用，不能实现合规管理制度的具体化和细节化，从而需要通过其他机制的建立将制度性规定进行可操作化设计。而合规管理体系的架构设计也往往是从合规部门的工作决议机制、部门职责划分机制、责任承担机制等方面进行规定，这种制度设计存在的局限性使合规管理保障机制的建立具有现实性和必需性，从而使合规管理保障机制的存在具有其潜在的合理性。保障机制通过对合规管理制度不同侧面的补充，如企业合规文化的建设虽然不具有短期的实效性结果，但从企业发展的长远来看，企业合规文化潜移默化的影响对于企业合规管理制度的实施具有不可替代的作用，故保障机制作用的发挥在一定程度上影响了企业合规管理制度实施的实效性和畅通性。

（二）促进合规管理体系高效运行

合规管理体系既是合规管理制度的重要组成部分，也是企业进行合规建设的核心内容。合规管理保障机制不仅通过专注于合规人员的充足性、专业性及合规负责人的基本权限设置等基础性保障工作来推进合规管理体系的顺利运行，而是具有信息时代的敏锐性和前瞻性视角。随着信息时代、科技时代的发展，企业日常管理行为和合规建设的信息化和技术化保障机制建设与实施已经成为企业发展的共识，更是促进合规管理体系高效运行的关键之处。如通过建立与其他业务部门信息收集与共享系统、建立企业未公开信息的管理与防范系统及建立企业日常经营管理行为动态监督与风险分析系统等具体保障措施，实现动态管理和监督企业日常经营管理行为，实时更新合规管理制度的实施情况，通过风险识别系统及时分析和识别企业合规风险，同时将该风险反馈于合规风险防控部门以采取及时的防控措施和策略，防范合规风险的发生，这将极大地提升合规管理体系运行的效率和降低合规管理制度实施的成本。

三、合规管理保障机制的必要性

(一) 合规管理体系建构的复杂性

综上所述,合规管理体系是合规管理制度的重要内容也是企业进行合规建设、合规经营管理可操作性的重要依据。但合规管理体系内容烦琐且复杂,需要涉及企业整体情况的评估,在进行合规管理体系的建构中,需要以企业基本经营情况、日常业务内容、行业属性为依托,综合考虑企业所在行业属性的整体情况,从而进行最优的合规管理体系设计。对于一个如此复杂和庞大的合规管理体系的建构,单纯依靠合规管理制度的宏观性规定无法确保合规管理体系建构的顺利进行。如管理体系中最为重要的部分为合规业务部门的具体框架设计以及如何开展日常合规管理决议机制等内容,对于一个完善且有效的管理体系的建立,除了在管理体系设计中加以明确,还需要外在机制的补充性和保障性作用。

合规管理保障机制的存在恰好弥补了合规管理体系建构的复杂性特征的缺陷,首先,通过外在机制对管理体系进行补充,在一定程度上补充了管理体系本身可能存在的空白地带,实现了合规管理体系内容的全面性。其次,通过对合规人员选聘机制及岗位管理制度的设计,减轻了管理体系的设计成本,保障了合规管理体系资源配置的有效性和适当性。最后,通过管理保障机制中其他措施的设置,如合规管理重大风险报告制度的建立,为管理体系的建构提供有力的保障和支持。

(二) 合规管理体系可持续运行的现实性

企业建立合规制度和实施合规管理体系等一系列治理措施最终目的在于使企业的经营发展处于法律、行政法规、相应行业规范及企业章程规定的范围之内。一是防范企业可能在日常经营管理活动中发生潜在的合规风险，降低企业经营的风险成本，实现企业发展的可持续发展目标；二是随着企业对高质量发展的追求，企业合规已经成为企业实现高质量发展必须面对的企业治理战略选择。合规管理体系的建构是该企业运行和发展的重要依据和方向，合规管理制度或者是其具体的合规管理体系的架构设计，最终实效性需要通过合规管理体系真正应用于企业的日常运行中，来检验该制度或管理体系是否真正能够适应于企业的发展，是否有助于企业合规风险防范与可持续发展目的的实现。

然而，合规管理体系的运行不能单单依靠体系本身，需要通过保障机制来为管理体系的运行保驾护航。合规管理保障机制从企业发展的全局性出发，能够全面应对和促进合规管理体系实施的现实需求，如企业合规文化的建设在一定程度上即为合规体系能够可持续运行的精神支撑。企业若能够在日常经营管理活动中时刻具有合规意识，将合规经营的价值理念贯穿企业发展的始终，企业员工、高级管理人员合规意识的加强将极大地促进企业合规管理体系的实施和持续高效运行。管理保障机制的存在是合规管理体系能够顺利实施并可持续发展的重要力量，对于管理制度和管理体系的实施具有重要的影响，是企业最终能否实现合规管理建设的关键所在。

第二节　合规人员的充足性和专业性保障

合规人员的保障是企业合规管理建设能够得以实施的关键，即使制度设计得足够完善也仅能起到辅助性作用，合规人员专业性与充足性的保障才是合规建设的核心。首先，本部门将从金融机构合规人员最根本的选拔机制入手，充分考虑如何将选拔机制建设得更加健全，为合规人才的选拔提供最优的选拔方案。其次，是合规队伍的建设，合规队伍是进行合规管理的根本力量支撑，因此在企业的经营过程中，需要重点进行合规队伍的建设，力图使合规队伍得到壮大和专业性获得提升。最后，合规人员的专业性建设需要周期性的合规人员技能培训测试来保障，合规人员的职责在于促进企业合规建设的完成和常态化发展，必然需要考虑合规人员与企业其他业务人员在绩效考核方面的特殊性，即需要建立独立的合规人员绩效考核标准。

一、健全的合规人才选拔机制

合规人才既是合规建设的主力军，也是保障企业合规建设实效性的关键因素。合规人员包括两类：一是处于高级管理人员范围的合规负责人；二是合规部门中负责日常企业合规工作的业务人员。对于合规人才实施不同的选拔标准和确定不同的专业能力标准有利于做到合规部门岗位的精细化分工和管理，最大限度地将合规资源进行最有效的配置。

（一）合规负责人选拔机制

就目前参考相关政策性文件而言，合规负责人属于企业高级管理人员，故在具体的选拔标准与专业能力标准上明显高于一般普通的合规部门业务人员。主要考虑到合规负责人员作为合规管理部门的主要负责人，其专业能力对企业合规建设、企业合规部门的发展都具有重要的影响。在对其进行选拔时，应当考虑以下因素。

（1）经验因素，即相应行业的从业经历要求。如原中国银监会发布的《商业银行合规风险管理指引》第19条明确规定："合规管理人员应具备与履行职责相匹配的资质、经验、专业技能和个人素质。"合规负责人在相关行业从业时间的长短及个人影响都是应当予以考虑的因素，因为合规负责人岗位具有涉及领域广、交叉性强等特点，不仅需要扎实的相关专业理论知识作为基本履职要求，还须具备专业的管理能力、组织协调能力、合规管理过程中合规风险的感知与防范能力、合规风险敏锐的识别能力及合规风险发生后及时有效的应对能力。鉴于此，合规负责人仅具有深厚扎实的专业理论知识还远不能胜任合规管理履职工作。而具有相关行业长期的从业经历在一定程度上保证了合规管理负责人所具有的对该行业风险的整体把控性，对于合规管理工作的日常运行有相对了解，即熟悉和掌握相关领域的行业规则、隐藏风险，该行业对合规风险的日常防范与管理以及如何进行更优方案的合规风险防范方案的设计与优化，同时相较于没有行业从业经历的普通人来说，具有更强的交际能力。

（2）资质要求，即相应行业合规履职的专业能力要求。合规负责是合规管理体系的具体实施者，是合规管理部门的领头人和建设者，合规负责人所具有的相关行业履职的专业能力并非单一的，而是具有综合性与交叉性。从企业合规的含义来看，企业合规不同于传统的一般法律风险防控，而是针对专门领域的风险防控，如涉及企业税收是否会发生合规风险，从该层面来说，企业合规涉及企业运行各个领域的风险防控，也正是因为合规风险具有涉及领域广和交叉性强的特征，合规负责人的选拔才具有更苛刻的要求。换言之，此处所指合规负责人必须具备相应行业合规履职的专业能力要求，可以从以下方面理解：一是合规负责人具备最为基本的专业性，即具备扎实的法律知识及合规管理师资格证；二是具备交叉学科领域背景并掌握与企业运营相关的基本知识，如了解基本的企业运行的基本规则，掌握财税、公司财务管理等相关知识，亦即复合型合规管理负责人是企业选拔最为重要的标准之一；三是其他因素，如合规负责人的年龄、学历、个人素质等方面。合规负责人作为高级管理人员，其学历要求是衡量其专业性能力的外在标准，在进行合规负责人人才选拔时应当考虑具有高学历的合规人员，但需要注意的是，学历仅是参考因素，并不能作为唯一标准进行衡量。

（二）合规人员综合性能力要求

在这里，合规人员是指除合规负责人外的合规部门业务人员。合规人员任职要求相较于合规负责人来说较为宽松，但并不意味着合规人员的选聘要求较低。相反，相较于企业内部其他普通员工来说，合规人员因其履职要求的特殊性，同样需要高标准的人才选拔机制。

首先，合规人员具备扎实深厚的理论知识是基本条件。其次，需要掌握相应行业的专业技能，如在如今信息化时代，合规建设单靠传统的管理手段已然不适应时代发展的需求，而这也恰恰要求合规人员能够掌握相应的技能，如较强的信息检索能力、信息收集和整理能力、电子化流程的办公能力等。最后，合规人员除了需要有专业的理论知识和技能要求，交叉学科背景是应当着重考虑的因素。当然，除了以上能力要求，合规人员同样需要具有较好的个人素质要求。

二、专业化的合规队伍建设策略

合规队伍建设是企业合规管理部门运营过程中的重要内容之一，专业化的合规队伍建设对于合规管理体系的运行具有重大影响。在进行合规队伍建设时，可以从以下方面进行考虑：一是实施专业性合规人才引进制度。合规管理和合规工作均极具专业性,因此合规人才引进制度在很大程度上能够解决合规人才专业性问题,在具体操作方面,可以在相应高校、企事业单位进行人才引进工作,筛选具有高学历、高素质的合规人才。二是企业对合规人员常态化的专业能力培养,是确保合规队伍专业性的重要措施。

（一）实施专业性合规人才引进制度

实施合规人才引进制度是企业选聘合规人员的重要途径之一。从目前人才招聘机制的现状来看,大多数企业进行人员选聘时往往是通过社会招聘途径进行,在最大限度上确保招聘到最为优质的工作人员,但这种招聘方式虽具有一般传统优势,如可供企业的选择性多,应聘人员具有多样性等,但不可否认其对于合规人员的选聘具有局限性。

企业合规建设一直以来是一种倡导性的道德义务,倡导企业能够做到依法依规经营,但近年来随着检察院合规试点改革的推进,推行企业合规的重大举措对于市场主体企业来说,产生了巨大的影响,各行各业均已进入企业合规建设的浪潮之中,而合规岗位也是随着企业合规改革的推进才慢慢出现在企业岗位之中,在这种情形下,合规人才相对于市场需求来说,并不像其他职位人才那样具有普遍性,也即未来可能将出现市场合规岗位人才需求与现有的合规专业人才供应不平衡的现象,而企业若想加强企业合规建设,不断壮大合规队伍,必然需要进行合规人才的选聘。若企业实施合规人才引进制度,如在高校中进行合规人才选聘,或与高校加强合规交流,建立专项高校合规人才输出机制,可以最大限度地确保合规人员的专业性,同时降低企业进行合规人员招聘和建设的成本。

（二）加强合规队伍专业技能培养

合规队伍的专业技能强弱是合规建设的基础性保障。所谓合规队伍的合规专业技能包括在合规防范体系中的合规风险管理能力、合规监管过程中的合规风险识别能力以及合规风险应对过程中的风险处理能力。

对于企业如何进行合规队伍的专业技能培养，可以从以下两个方面入手：一是对合规人员进行常态化的能力测试，如可以由合规负责人针对合规体系中的防范体系、监管体系和应对体系中引导合规专员去寻找存在的漏洞并提出整改意见。此种引导和训练能够培养合规业务人员在预防与识别风险方面更加敏锐与警觉，对合规体系存在的问题能够做到及时识别并进行完善。二是开展合规风险演练，即企业可以定期进行合规风险演练，即由合规组长轮流针对某一合规风险领域，如反垄断合规风险、反贿赂合规风险领域等，设计和模拟专门化的合规风险应用场景，由合规专员进行合规风险的应对处理。进行此项操作，其一，可以强化和加深合规人员对合规风险的防范与识别能力；其二，一旦防范机制和监管体系失灵发生了合规风险，合规人员能够做到最妥善的处理。由此可以最大限度地培养合规专员应对合规风险能力。

三、专门化的合规考评机制

合规人员与企业其他业务人员的不同之处在于合规人员具有业务上的特殊性，其主要从事企业内部各领域的风险识别与应对。而对于针对企业普通员工所适用的企业一般性的考评机制，不能更好地适应合规管理业务的发展。具体来说，企业一般的考评机制中如绩效考核标准往往要求企业员工需要将自己的工作量与员工的最终业绩等同起来,从而用该业绩来进行员工最终升职加薪的参考标准,其最终目的在于激励员工的工作积极性。然而,对于企业合规工作,若适用一般员工考核标准,一味要求合规人员的工作量的多少与其最终的业绩挂钩,则会导致合规工作流于形式,合规人员在一定限度上往往关注自身的考核标准是否达标,从而仅追求数量上的"合规任务单",失去合规工作真正的初衷和目标。故通过建立专门化的合规考评机制,如周期性合规人员技能的培训考试参与度、培训考核成绩和独立性的合规人员绩效考核标准能够更好地适应合规建设,推动合规体系的高效运行。

(一)周期性合规人员技能培训测试

合规培训是合规体系保障机制中最为核心的内容之一。一方面,合规技能培训测试推动了合规最新理论知识的学习,能够在最大范围内保障合规人员学习和了解最新的法律规定、政策,实现理论知识的更新。另一方面,通过专业化的模拟场景,以及针对企业内部部门合规风险领域范围内存在的合规风险进行独立的试题考核,能够使合规人员在合规防范、监督以及应对技能上得到最大化的实践。周期性的合规人员技能培训测试实现了合规理论知识与实践技能的完美融合。

针对周期性合规技能培训测试,在具体活动操作层面,由合规组长负责合规技能培训的内容以及相应的考核标准,由合规委员会进行最终的"合规最优人员"评选机制,以凸显企业合规技能培训测试的专业性与重要性。而合规人员是否积极主动参加定期的合规人员专业技能培训活动以及在该次技能培训中的表现均可作为最终个人合规业绩的考核内容,从而督促和鼓励合规人员进行理论与实践学习,不断在日常的工作中进一步了解深化合规工作的内容。

（二）独立的合规人员绩效考核标准

在具体建立独立的合规人员绩效考核标准时，除了参照一般考核标准中员工的出勤率、工作态度，最为重要的是合规人员日常的合规管理工作专业性的评价是否存在因疏忽大意导致发生违法违规行为。尤其对于合规人员自身违反企业合规准则的行为更要严苛处理，并将其作为合规绩效的负面评价标准之一。具体考核标准可参见以下内容：

（1）合规人员的出勤率限制；

（2）合规日常培训参与度及最终表现；

（3）合规业务的办理情况；

（4）合规专员自身合规情况的遵守情况；

（5）合规风险的及时识别情况。

当然，合规人员的绩效考核标准事关员工最终的薪资和晋升，企业可以根据自身行业特点，制定符合企业自身情况的绩效考核标准。企业因规模大小、服务理念以及业务情况不同，会存在差异，但大致不会脱离以上考核内容。尤其是针对大型企业，要保障合规人员的绩效考核既具有针对性、严格性同时又必须具备合理性，力求在最大限度上保障员工从事合规工作的积极性。

第三节　合规负责人及合规部门地位的独立性保障

一、合规部门独立性保障

（一）专门性的合规业务机构

一般来说，在实践中，企业对于合规部门的设置采取的做法大致存在以下几种：一是统筹于企业总法律事务部之下，设立合规处作为处理合规业务的主要业务部门，在该种情况下，一般的法律风险防控部门与合规部门处于同一个部门之下，并未将企业合规业务单独划分出来。此种模式的设置一般适合于中小微企业，因为中小微企业一般业务比较单一，触及合规风险领域的概率和范围相较于大型企业来说较少，而其设立成本低，设立方式简单迅捷，仅需要对企业已存在的法律事务部门作出部分调整即可。但在该种模式下，合规处的权限和独立性将受到影响，作为法律事务部下的一个业务部门，合规处的日常决策和合规风险的防范、监督与应对措施都将受到企业法律事务部的审核与监管，导致合规处缺乏开展合规义务的独立性和积极性。

二是企业专门设立与企业法律事务部门处于平等地位的企业合规部门，在该种模式下，企业不仅存在大型的企业合规处，而且存在专门的合规委员会，合规委员会成员从企业高层选任，合规负责人的选聘模式无外乎从企业内部高级管理人员中选聘，或者从外部进行招聘。此种模式一般适合具有完整企业结构的大型企业，具有企业规模大、业务范围广、可涉及的合规风险概率高以及人员构成复杂等特点。但同时该种模式运行成本高，企业需要在法律事务部外重新设立新的合规部门，这意味着企业需要投入一定的成本去组建该部门并招聘合规人员，耗时较长。其优点在于，能够对合规风险业务进行独立专项负责，分离了企业一般法律风险防控与合规风险应对的区域。而且专门性的合规机构能够保持其部门的独立性，不受法律事务部的影响和干涉，能够独立进行合规义务处理，并对一般法律风险防控与其他业务部门进行监督，其功能是多样的，一方面专项负责合规风险的防控、监督与应对；另一方面实现对其他业务部门日常行为的监督迫使其减少违法违规行为。

因此，无论是一般的中小微企业还是大型企业，从合规风险应对的最终成效和长远的企业发展需求来看，设立独立的合规部门更具有可行性。虽然在一般从法律事务部下设合规处的做法成本低且简易方便易操作，但其本身的缺陷和局限性大大降低了企业合规设立的基本初衷，合规建设的实效性微弱。对于一个具有长远利益发展的企业来说，企业合规管理体系的运行需要独立性的合规部门作为保障，只有合规部门独立，才能实现合规管理体系的高效运行，降低企业的合规风险。从近期来看，合规建设投入的成本较大，但从长远来看，合规风险所带来的风险成本明显高于企业设立和运行合规风险部门的投入成本。合规风险防范体系中的核心内容之一为合规人员的培训，但若企业采取一般的简易设立模式，即在法律事务部之下设立合规处，那么对于合规处来说，一般的合规培训经费、合规活动宣传以及合规技能培养活动等一系列提高合规人员专业性活动的举办都需要上报法律事务部，并等待其经费的支持。如此看来，该种模式不利于合规管理体系的运行。

在进行合规投入成本与企业未来可持续发展的利益的权衡后，独立的合规部门的设立必然成为企业的最佳选择。对于中小微企业来说，因其企业本身规模较小，故在考虑成立合规部时可以选择较小规模，合规委员会成员一般3~5人为宜，合规部门人员也以企业规模而定。由此可以实现合规部门的独立性并在最低成本内设立合规部门。而对于大型企业来说，须有完备且具有相当规模的合规部门，因其业务范围广，更有可能涉及贿赂、腐败、垄断、数据安全合规风险等领域，故需要进行针对性的合规风险预防与应对。合规委员会的地位和作用在于进行重大合规风险的评估以及合规部门预报风险的审核与评估和发生重大合规风险的应急处理以及对于合规处部门职员合规业务办理的监督。

（二）合规专项资金支持

企业对合规部门的财务支撑是合规部门实现独立的基础与前提，无财务支撑的合规部门的独立性仅会成为口头独立，合规工作也仅是空中楼阁，合规部门的存在亦处于象征性的存在，必然不会实现企业进行合规建设的预期目标。合规专项资金支持是合规部门进行一系列活动的基础。合规风险的预防必然需要建立相应的预防机制，尤其对于企业常见的合规风险的预防需要进行合规风险的识别与审查，然后进行评估与分析，最终判定是否为企业潜在的合规风险。而这一系列合规预防活动的开展，必然需要其他部门人员的配合与协作，其中便涉及合规专项资金的支持。若合规部门缺乏相应的资金支持必然会处于裹足不前的状态，相应的合规业务的开展必然陷入窘境之中。长此以往，合规人员进行合规建设的积极性将会降低，合规预防与监管体系一旦失灵，必然会使合规风险的发生率提高，最终影响企业合规建设的实效性，并在一定限度上使企业陷入合规风险之中，造成企业经营的负面影响甚至使企业走向难以生存的境地。

二、合规负责人及合规部门人员岗位独立性保障

企业合规风险的评估与分析需要以企业日常各个业务板块信息的收集与整理为前提和素材，由此才能进行相关合规风险防范、识别与应对工作的展开。如此一来，必然需要在进行合规管理保障机制设计时，考虑合规负责人及其人员如何顺利开展工作的机制保障。对于企业其他业务信息的获取，可能涉及企业业务部门的敏感信息的收集，若将调查权赋予合规部门普通合规专员，势

必会影响合规工作的开展，而考虑到敏感、机密信息对于相关业务部门以及整个企业的重大影响，故应当考虑将该种权限赋予合规负责人，即使其享有知情权、调查权和报告权三项权限，以此保障合规工作的顺利开展。再者，合规部门人员岗位独立性保障中，如合规负责人利益冲突回避制度又进一步加强了合规负责人进行合规工作的独立性。其他重大风险岗位合规人员的配备制度，该岗位合规人员仅对合规部门与合规领导人负责。

（一）合规负责人之权限保障

1. 知情权

此处所谓知情权是指合规负责人有权就企业其他业务部门的日常业务管理行为进行了解，并获取相关重要信息，以识别是否存在一定的合规风险。如对企业项目部正在进行的项目工作进行了解，是否存在行贿受贿、不正当竞争以及侵犯商业秘密等违法行为。其他业务部门应当积极配合并如实告知相关信息。合规负责人的此项权在于可以授权其他合规团队进行获取并签发相关证明，将责任具体到人，防止合规负责人滥用权限。在保证合规负责人独立性的基础上也要防范合规负责人潜在的滥用权利的风险。合规负责人对自身了解到的企业其他业务部门的相关敏感信息具有保密的义务，在进行相关合规风险识别时，应当与其团队对该敏感信息签订保密义务承诺书。该种做法在一定限度上消除了企业其他业务部门在进行信息披露时的疑虑，有助于企业合规管理体系的顺利进行。

2. 调查权

合规负责人调查权的行使存在以下两种情形：一是经合规部门对企业其他业务部门的信息进行收集与评估后，疑似具有潜在的合规风险。此时，合规部门有权进行调查，对于涉及违法违规的经营管理行为，疑似涉嫌违法违规的部门应当积极配合，并对疑似的违法违规行为进行相应的说明。合规负责人有权就相应的风险行为进行调查取证，疑似涉嫌违法违规的业务部门不得拒绝或者阻挠。二是企业相关业务部门已经发生了违法违规行为，并使企业遭受了一定的损失。为了查明发生合规风险的原因从而尽快减少损失，进行企业责任与高管责任以及企业员工责任的分割，合规负责人以及合规团队有权进行调查，并就涉事部门的相关业务行为以及该部门负责人及员工的行为进行彻查，以明晰合规风险责任的承担，最大限度降低企业因发生合规风险带来的负面影响。该涉事部门就该违法违规行为应当与合规部门积极配合。

3. 报告权

报告权包括以下三项内容：一是合规负责人就合规部门日常合规风险防范与识别以及监管机制的实施情况定期向董事会报告，对董事会负责。二是合规负责人在进行合规管理监管过程中识别出有相关业务部门或企业相关人员存在潜在的合规风险时，应当及时向合规委员会报告，并就相关依据进行说明，合规委员会负责对该合规风险进行识别与评估以确定是否存在合规风险，在合规委员会就相关合规风险进行评估后，合规负责人将最终结果向董事会报告。三是当因合规管理防范体系失灵发生合规风险时，合规负责人应当及时就该合规风险向董事会和合规委员会报告，并提交相关初步解决方式和应对方案。

(二) 合规部门人员的岗位独立性保障

1. 合规负责人利益冲突岗位职务回避制度

合规负责人作为企业合规部门的主要负责人，对企业合规管理体系的执行以及企业合规部门的建设均发挥重要作用。要彻底发挥企业合规管理体系的防范与监管作用，须实施将合规负责人与企业其他业务部门进行相关利益分离的机制。合规负责人利益冲突职务回避制度保障了合规负责人实施监管行为的公正性与中立性，以及实施监管行为的真实性，防止因存在利益冲突而实施虚假监管行为。综观已经建立了合规管理体系的相关企业，如德国西门子合规管理体系之保障机制中规定了为保证所有合规官和合规人的独立性，西门子要避免他们在履职时存在利益冲突，禁止或限制他们在合规组织之外担任职务。合规负责人是否可以对不存利益冲突的岗位进行任职？对此，鉴于合规工作涉及领域之广，合规风险领域存在于企业各个业务之中，而合规管理体系之监管机制的实施关乎企业可持续发展目标的实现，因此合规负责人应当专职于合规工作，禁止其到企业其他岗位任职以确保合规负责人进行合规工作是免受其他利益的影响。

2. **其他部门重大风险岗位合规人员配备制度**

从目前的实践情况来看，具备完整的公司治理机构的大型企业均设有法律事务部门，对于一些民营中小微企业其内部治理结构简单和单一。一般来讲，当企业扩大至一定规模时会倾向于聘请第三方专业服务机构如律师服务所进行定期的法律风险咨询与防控应对。企业内部除法律风险防控部门外，并未就潜在的重大风险领域岗位设立相关法律人员作为该业务部门法律风险的识别。而在合规改革不断推进的背景下，企业合规管理体系成为企业必然选择后，在合规管理体系的保障中，考虑在企业其他业务部门具有重大风险的领域设立专门性的岗位，从合规部门中挑选合规人员作为该风险领域内合规风险防范的专业人员。该合规人员仍然需要对合规部门及合规负责人负责，并有就潜在的合规风险及时进行报告的义务。

第四节　合规资源配置的有效性保障

合规人员的薪酬待遇高低关乎合规人员是否能够积极投入合规建设工作之中。合规工作作为一个交叉性较强的业务，决定了其需要花费较多的时间成本与精力，根据市场规律，工作的难易程度与薪资报酬成正比。作为保障性机制，其目的在于使合规资源的配置得到最有效的发挥。而合理的合规人员的报酬待遇保障机制和合规人力资源的合理分配则会在最大限度上促进合规工作的有效开展和合规管理体系的高效运行。

一、合规人员的薪酬保障

（一）保障充足的合规管理经费投入

充足的经费投入对于合规部门来说，会使其开展各项工作得到最大限度的激励与保障。合规改革试点适用的条件之一在于企业已经建立了切实可行且有效的合规管理制度，并在实践中发挥了应有的作用。而相关机关会从企业对于合规建设工作的经费中考察企业是否切实地进行了合规建设。由于企业合规建设的成本投入间接反映了企业对于合规的重视与支持程度。既然企业最终的目的是致力于企业的合规发展，不是单纯为了合规而进行合规的虚假合规，就必然需要开展相应的防范工作、监管工作以及应对工作，而充足的管理经费是支撑开展这一系列工作的基础与前提。

（二）制定合理的合规人员薪酬分层制度

合理的合规人员薪酬分层制度，目的是促进合规资源的最优配置，保障合规管理目的的实现。那么，如何进行具体且合理的分层薪酬制度设计呢？该分层制度是否等同于一般性的根据职位高低不同而进行不同的薪资待遇配置呢？一般来说，职位越高，薪酬待遇越高，这是毋庸置疑的，合规人员的薪酬制度在职位高低的基础上，更加侧重于保障普通合规专业的薪酬待遇。在具体操作上，可以参考以下做法：一是按照传统的报酬制度方式，根据合规人员的职称高低进行分配，职位越高，报酬越高，如合规负责人、合规组组长薪酬明显高于普通合规专员。二是针对配置到其他部门重大风险领域的合规人员，该合规人员的薪资应当由合规部门负担一般的基本工资及待遇如"五险一金"等，并且由该相关部门对该合规人员进行风险防范业务给予相应的补贴。三是针对其他普通合规专员，基本薪酬一般应当高于企业其他普通员工并根据该合规专员的业务能力进行适当的增加。

（三）设立合规人员专项奖励机制

合规人员的奖励机制包括应当奖励的情形以及奖励的具体措施两方面内容。奖励机制设立的目的在于激发合规人员的工作积极性，促进合规工作效率的提升。合规部门在什么情形下应当对合规人员实施奖励？合规人员具备下列情形之一时，适用奖励机制：

（1）合规人员在进行履职时发现企业经营管理行为存在潜在的重大风险并提出相应依据；

（2）合规人员在日常监管行为中发现其他企业部门负责人及人员存在重大违法违规行为并提交相应证据；

（3）合规人员在风险发生后，准确做到合规风险的应对，并有效地避免了企业遭受重大损失；

（4）其他使企业获得重大利益的行为。

奖励的具体措施包括：纳入年终绩效考核范围之内；确定一定金额的金钱奖励并将该行为进行表彰公示于公司"最佳合规人员"榜上；将该行为纳入合规人员晋升职称的考虑因素之一。

二、合规人员的重要岗位管理

合规人员重要岗位管理仍然是为了更优配置合规资源，使合规资源的效能在最大限度上发挥出来。从重要岗位人员的选聘机制入手，在根本上对合规人员的专业能力实施保障，而重大风险岗位人员的专门化管理厘清了重大风险岗位合规人员与合规部门与相关部门在人事上的管理，以及可以有效地管理合规人员，实现合规资源的有效配置。

（一）优化重要岗位人员选聘机制

对于重要岗位的透彻理解关乎为何需要优化该岗位人员的选聘机制，以及后期对其为何需要实施专门化的管理。重要岗位人员是指企业其他业务部门中存在重大风险的领域可以设置专门的合规岗位，目的在于实现合规建设的全覆盖，如财务部门、项目部、商务部门等可以专门设置该部门的合规专员岗位，通过合规部门的选聘机制筛选到最优且符合条件的合规专员到该岗位任职，以保障合规建设的全覆盖。而具体到该岗位人员的选聘机制上，应当实施以下两种方式的选聘机制：一是从合规部门符合条件的人员中选择，但须具备到相关部门任职的基本条件，如财务部门的合规岗位人员须具备和掌握相关的财务、财税知识才能任职。二是企业合规部门实施面向社会的公开招聘方式，筛选符合上述条件的人员，到相关岗位任职。

（二）实现重大风险岗位合规人员专门化管理

为何需要实现重大风险岗位合规人员的专门化管理？其理由

如下：一是确保合规风险防范体系的有效运行，在其他业务设立重大风险岗位，该风险岗位人员由合规部门进行管理并对合规部门负责，确保合规部门及该合规人员进行合规工作的独立性，提升企业合规建设的效率。二是该岗位人员由合规部门进行管理，可最大限度实现合规管理的统一性与协调性，避免企业人事管理的混乱。三是通过进行该岗位人员的专门化管理能够最大限度识别出企业其他业务部门是否存在潜在的合规风险，做到合规风险的有效防范与监督。

第五节　合规人员责任及激励机制的实效性保障

合规的实效性保障是企业进行合规建设的最终目标，企业进行一系列的合规建设，最终目的是使企业避免承担责任、减轻或者免除相关责任。而合规激励机制的构建能够促使合规管理体系有效运行。

一、实施合规责任分离机制

（一）企业责任与高级管理人责任

企业责任是指因企业自身实施了违法违规行为所引发的行政监管处罚与刑事责任。该种责任的发生是由企业自身原因导致，如企业为了获得相关交易机会，通过决议程序实施了贿赂、欺诈、不正当竞争等行为。该种责任的实施主体为企业，目的是使企业获得不正当利益从而通过企业内部相关决议程序形成统一意见并以企业名义实施。换言之，企业责任的承担主要反映了企业违法违规意志，获得了企业利益。这种情形下，企业内部高级管理人员与普通员工无须承担任何责任。按照传统的企业犯罪，由单位与直接责任人员承担责任，依旧适用双罚制。但若高级管理人员为获得不正当利益，以企业名义或者自己名义实施了违法犯罪行为，造成企业名誉损失甚至因严重的违法违规行为使企业承受负面影响或者相关责任，此时，因企业建立合规机制，并与高级管理人员签订了合规承诺书，此时企业责任与高级管理人员责任发生了分离，企业不会为高级管理人员的违法违规行为承担不当利益，由相关高级管理人员承担责任。且由该行为给企业带来的损失，企业可以要求高级管理人员进行赔偿。

（二）企业责任与员工责任

与高级管理人员的管理责任一样，企业因事先建立合规机制，并将企业合规政策向员工予以传达，签署员工承诺合规书。一旦员工因过失或者故意实施了违法违规行为，给企业造成损失甚至刑事责任追究时，员工个人应当对自己违法违规行为承担全部责任并就此给企业造成的损失予以赔偿。企业应当积极配合相关机关调查并将该违法员工移送相关机关，并追究其相关责任。

（三）企业责任与第三方责任

第三方包括企业合作伙伴、投资并购方以及潜在的交易方。第三方责任包括以下两种情形：一是企业的合作方因自身实施了违法违规行为，而相关责任关联到企业。二是在开展投资并购等经营活动过程中，作为被投资并购方的企业，一旦存在违法违规行为，根据所谓的"继承责任原则"，就有可能让负责投资并购的母公司承担相应的法律责任。以上两种情形下，企业责任与第三方责任分割的主要依据在于：首先，企业建立了企业合规管理机制，并传达到第三方；其次，企业与第三方签署了合规承诺书；最后，企业尽最大努力地进行了相应的尽职调查，尽到了相关注意义务。此时，企业可以就第三方的责任进行抗辩和免责，实现责任的分离，免受损失，并可以因第三方原因造成的损失请求第三方进行相应赔偿。

二、完善合规激励约束机制

（一）惩戒机制

制度能否得以顺利实施以及其最终的实效性完全靠制度本身发挥作用是不够的，若缺乏相关惩罚机制，则制度将失去固有的权威性和威慑性。对于在企业经营管理过程中，存在的违法违规行为应当按照违法违规行为性质、过错程度轻重实施不同的处罚机制。对于一般的违法违规行为，员工与其所属部门承担连带惩罚责任。企业应当对涉事人员如企业高管、企业中具体员工及所属部门进行通报批评并公示于企业公示栏，以示警诫并直接计入年终考核。在"总—分"公司结构下，一是公司总部予以通报惩戒；二是惩戒其遵守相关的合规规则并通过相关测试予以测评，保证真正合规。同时，针对该违法违规行为，涉案部门及其涉案员工需要作出报告，并对其存在的管理漏洞提出弥补建议。对于重大违法违规行为，相关监管部门必然介入，企业需要进行事先惩戒，对其违法违规行为进行积极调查并就该行为造成的损失要求涉案人员承担，并将该人员移交至相关监管机关。

（二）激励机制

惩戒机制的设置是为了预防企业人员的违法犯罪行为，使企业做到依法依规经营，对违法犯罪人员实施惩戒以示警诫。而激励机制是在鼓励企业人员进行企业合规建设，促进企业实现长久的合规。激励机制包括以下两个方面内容。

一是激励机制适用的具体情形。对于存在下列情形之一的，适用激励机制：（1）合规人员识别出企业合规风险的存在并采取了及时有效的应对措施；（2）企业员工积极遵守合规规则并保持零违法犯罪行为；（3）企业员工积极参加合规培训并取得良好效果；（4）合规专员对于企业合规进行了审核并发表了合规意见。

二是合规激励机制的实施方式。即对符合激励机制情形的合规人员如何实施奖励，亦即机制内容的设定。对于激励机制应当从以下方面进行设计：对符合激励机制情形的合规人员，按照合规风险预防的风险等级进行奖励，重大风险包括很大风险与极高风险，一般风险包括较大风险和较小风险。对于重大风险预防，实施奖金与职位晋升相结合的激励方式；一般风险预防采用奖金与通报表扬的激励方式；两者风险的预防最终都可纳入年终绩效考核。

三、设立员工举报制度

（一）举报路径

举报路径的设计既要确保举报信息能够顺利被接收，又要保证举报内容到达的效率。对于合规风险，举报人既可以选择实名举报也可以匿名举报，可以通过电话、短信、邮箱、企业内部专门性举报平台网站以及相关企业自媒体平台，如抖音、微博等进行举报。

接到举报后，各业务部门要启动审查与评估程序。调查完成后，需要向合规负责人进行报告，报告内容包括此次举报处理的情况、调查过程中发现的全部事实情况以及对这些事实进行的法律评价、最后的纪律处分情况。经过此次合规举报的处理，需要找出合规体系存在的漏洞，提出整改和完善的意见。

（二）举报奖励机制

举报奖励机制的适用对象为举报人员，对于举报的奖励应当以举报事实的存在为前提。鼓励企业内部人员以及外部人员对企业的合规风险进行监督，但举报内容的真实有效是举报人员获得奖励的先决条件，奖励方式可以按照举报内容涉及的合规风险大小予以区分，亦即主要按照举报风险的大小程度给予相应金额的金钱奖励。无论是企业内部人员的举报奖励抑或是企业外部人员的举报奖励，都需要确保其人身的安全与个人信息安全。

（三）举报人员安全保障

因举报路径设计的多样性，必然会涉及举报人员信息的保密义务。在企业合规部门接到举报后，应当首先将举报人员的信息进行识别并保密处理，确保信息不泄露。对举报人员，需要有专业人员给予相应的指导和帮助来保证其安全。

第六节　合规管理行为技术化与信息化建设保障

技术化和信息化建设保障是顺应数字时代发展的特点，确保合规管理保障的效率性、合规信息的安全性以及企业部门之间合规信息的共享性之考虑。尤其对于金融行业来说，信息的准确、完整以及真实是存在发展的前提条件。从合规部门与其他业务部门信息收集与共享系统的建设、企业内部未公开信息的管理与防范系统以及日常经营管理行为动态监督与风险系统的建立三个方面入手，从信息源头、信息过程监督以及日常营业行为监督三个方面入手，确保技术化手段为企业合规管理体系的实现保驾护航。

一、建立与其他业务部门信息收集与共享系统

合规部门与业务部门信息收集与共享系统的建设，主要是着眼于企业信息合规的全局性视角考虑。在金融行业这个信息如此发达的领域，数据信息的收集与共享是企业经营发展中必然面对的问题。合规部门与企业其他部门信息的收集与共享可以更好地平衡信息之间的对称性与完整性，及时有效地通过相关信息的分析识别出是否存在潜在的合规风险。合规部门在企业结构体系中属于独立的部门，故对其他部门信息的收集与共享处于中立地位，对于企业业务部门信息的收集需要得到董事会的授权，尤其是涉及具有重大商业价值的信息或属于数据的保密性仅限于部门人员时，因该类信息具有一定的特殊性，需要由股东会设立专门的重大商业行为合规审查委员会进行集中的合规审查，以确保数据的安全。信息系统应当由专门的外部供应商与企业内部的信息技术部门分工合作予以运行。值得注意的是，合规部门与企业其他业务部门之间信息的收集共享单纯服务于信息的汇总，并不对信息进行风险预估与评价。

二、建立企业未公开信息的管理与防范系统

未公开信息的管理与防范系统主要针对企业内部相关部门对于具有重大商业价值的信息、属于保密信息或者不便对外公开的信息，"未公开信息"的内涵在于该信息未向社会公众公开，不包括如金融行业须对外披露的信息。未公开信息的管理与防范系统主要是考虑该种信息一般对金融企业自身的发展具有重大的影响。一方面，如果强行将其纳入企业信息收集与共享系统之中，势必会造成相关信息的泄露，影响企业的发展；另一方面，如果

企业信息的管理与防范缺失企业相关未公开信息，在一定限度上不能全面地预防企业合规风险，这与企业投入成本建立合规体系预防合规风险的初衷相悖。因此，在进行合规管理技术保障建设方面，有区分性地将企业内部的经营管理信息进行合理划分，既确保合规风险的有效预防，又保证相关企业重要商业价值的信息得到安全保障，才能解决合规风险与企业相关信息商业价值的平衡。

三、建立企业日常经营管理行为动态监督与风险分析系统

日常经营管理行为既包括企业行为，也包括企业员工的个人行为，其内涵与外延比较宽泛，概括性较强，从而区别于前面所述的建立与其他业务部门的信息收集与共享系统以及未公开信息管理与防范系统。该系统主要立足于企业及其员工日常的业务行为，琐碎信息较多，主要目的在于对企业细微的信息进行收集，从而将合规风险的监管覆盖到企业经营的整个过程，对合规风险的预防不留有灰色地带。在具体的运行中，该系统收集的相关信息通过共享进入合规部门日常管理行为监督系统中，通过数据的筛选与分析，识别出是否存在合规风险，进一步将合规风险进行等级划分，通过系统设置相应风险预警信息提醒，再针对性地进行预防。对于存在风险的领域，可以请求相关部门进行配合说明并就存在的风险漏洞进行检讨并提出相关的整改意见。在此基础上，合规部门就该风险进行进一步的评估，并就该风险领域制定专门的合规体系。对于重大风险预警，应当及时报告合规负责人并由其向董事会报告。

第七节　合规协调机制及合规报告制度建设保障

"由于金融企业的合规风险与其他领域具有关联性，在合规管理中需要综合考虑合规风险、信用风险、市场风险、操作风险和其他风险的关联性，确保各项风险管理政策和程序的一致性。"金融企业比起一般企业而言，因其涉及公众利益，故其合规风险的影响具有广泛性与不可控性，必须在进行合规管理保障机制设立时最大限度地预防合规风险的发生。再者，在金融行业，信息披露的准确性、完整性以及真实性是必需的，在金融企业内部部门间进行信息操作的分工上，信息数据的合规管理需要其他部门同合规部门进行协调与配合，确保相关信息及时更新以及相关数据的完整性和一致性。由此可见，合规协调机制及合规报告制度的设计能够在一定限度上满足合规风险的有效预防。

一、实施合规协同联动机制

（一）完善其他部门与合规部门的高效协作机制

合规管理的信息共建共享一体化技术设计，是基于合规部门与金融企业内部其他部门之间的信息协同共享，侧重于信息的共享与合作。而其他部门与合规部门高效协作主要是指合规部门与其他部门在合规风险的预防上协作。包括但不限于合规风险预防方案的实施情况调查、其他企业部门针对该部门合规风险的特点汇报反思、合规风险识别后的报告以及合规部门开展不定期合规突击检查时的积极配合。

对于金融行业来说，规范企业的相关政策实时变化，对于企业先前合规体系建设中的相关制度来说，需要根据金融监管机构发布的相关规范文件结合金融企业本身的实际运营情况而不断做出调整。以证券行业来说，证券经营过程中，信息的更新对于广大投资者来说具有非常重要的影响，且监管部门会随着交易市场的相关情况进行相关交易条件的限制，而对于证券企业的合规体系、合规方案的设计则需根据中国证监会发布的相关文件进行更改和完善。如针对先前设计的合规管理体系需要作出相应调整，这就涉及相关部门的配合。积极高效协作机制的建设使合规管理体系能够及时有效地得到调整与完善，保证企业合规管理制度的时效性。

对于部门之间协作机制如何进行设计以实现利益最大化，以及如何确保该种协作机制能够在后期企业合规管理建设中发挥功效，策略有二：一是在企业合规手册或企业合规管理制度中明确予以规定，在进行企业合规体系修复及结构调整的情况下，相关部门应当积极予以配合，必要时须提供相关的信息资料。二是单独设立合规协作机制，可以根据企业部门结构和实际情况以"列举＋概括"的方式对企业可能存在的合规管理制度及体系需要调整的情形予以明确。

（二）协调与配合监管机构的工作调查

对于金融企业来说，因其涉及社会公众之多，所涉及公众的利益之大，决定了其所受到的监管之严。这种严监管下的企业需要将相关法律法规、监管机构、政府发布的规章纳入合规管理制度之中并逐渐内化在企业日常的经营活动中。严监管下，需要进行协调与配合监管机构的工作调查存在以下两种情形：一是对于金融企业来说，该行业的相关法律法规政策会随着市场发展的具体情况而变化，变动性较强，这也就决定金融监管机构如中国证监会、国家金融监督管理总局（以下简称金融监管总局）需要进行不定期的日常检查，确保外在的监管文件是否落实到位，内化于企业经营管理行为之中，在该种情形下需要企业配合相关监管工作。二是在企业发生合规风险之后，处于相关合规事务的调查需要，收集证据，需要对企业的合规制度实施情况、合规风险发生原因、合规风险应对情况以及合规责任人员的认定等方面进行调查。在该种情形下，需要企业负责人、合规部门负责人以及涉事部门或者人员积极配合并提出相关应对措施。无论对于第一种情形抑或第二种情形，企业及相关负责人应当积极查明事实，协助监管机构调查合规风险的事实原因，并对直接涉事人员进行批评教育，必要时，移交司法机关。

二、建立合规风险事件报告制度

合规风险事件报告制度是指企业员工或企业相关方对企业在经营活动中存在的违反合规政策、合规义务的行为进行举报的制度。存在的违反合规政策以及合规义务的行为包括该不合规行为已经发生或者由此引发的潜在的合规风险。合规风险事件报告包含两层含义：一是较大合规风险事件的报告；二是重大合规风险事件的报告。较大合规风险主要包括较小风险和一般风险；重大风险包括较大风险与巨大风险，其内容包括以下三个方面：其一，报告人员的范围；其二，报告路径的设置；其三，合规风险大小的界定。因此，违规举报机制是通过企业一系列综合措施来建立的举报路径与内容的概括。合规风险事件报告制度设计的主要目的有以下两个方面：一是明晰合规风险的风险程度、厘清并落实合规风险报告路径及相关责任主体；二是该制度最终的预设目标即及时预防合规风险的发生。

（一）较大合规事件报告路径

综上所述，较大合规风险主要包括较小风险和一般风险。对于该种风险应当在合规管理制度中予以明晰，就风险等级划分应当考虑的相关因素及风险标准予以明确，使较大合规风险的情形能够具体和明确。在明确了具体合规风险等级划分后，需要考虑举报系统的设置。合规事件举报路径的设置是该项制度得以实施的基础和前提。因此，在考虑合规事件举报系统的设置时，应当考虑以下内容。

（1）设置举报方式的多样性（企业专门举报系统、电话举报、电子邮件举报、信函举报，举报人可选择实名举报或匿名举报两种方式，匿名举报时须提供一定数量的涉嫌违规行为的证明材料）。

（2）举报系统的公开性、方便性以及可使用性。

（3）举报人员举报须提供材料的限制性设置。

（4）举报人员真实信息的二次处理，即举报人员的保密性保障。

（5）接收到举报信息的回复性时间设置。

（6）举报系统实时更新举报信息的处理情况，即举报人员信息跟踪设置。

（7）举报信息处理结果的公示。

整体而言，对于举报机制的设置应遵循举报方式多样化、举报系统公开方便以及对举报人员信息的保密和对举报信息的及时处理。较大合规风险事件相较于重大合规风险而言，其对于企业的危害性较弱。在大多数情况下，涉及的企业员工的违规行为，主要为在具体的业务工作中存在业务处理不规范以及未有效遵守企业的合规政策和员工行为准则。合规部门应当明确具体分工，成立长期性和专门性的举报信息处理小组，对于较大合规风险与重大合规风险进行分别处理，提高举报信息处理的及时性，有效预防潜在的合规风险。

对于较大合规事件的报告应当由较大合规风险处理小组先行调查，得出结论后再向合规部门负责人就涉及的风险情况以及对该举报信息处理流程及最后的处理结果作出报告。较大风险的发生是否会影响重大合规风险的发生，该种风险的发生与企业合规政策和合规制度的实施是否存在漏洞是否有关进行分析和总结，就该处理情况记录在册，作为合规部门定期进行合规风险审查和处理有关的报告材料。

(二) 重大合规事件报告路径

重大合规风险报告路径应当兼顾快捷、准确和保密等特点。重大合规事件一般涉及企业合规风险领域的重要业务区域，对企业的可持续发展具有重大的影响，因此应当格外关注和重视。故对于该类型合规事件在进行报告路径设计时，存在两种路径：一是按照一般的较大风险举报路径进行举报，但举报人在选择企业专门举报系统时，可点击重大风险举报选项进入企业重大风险举报页面，再按照系统提示填报具体需要举报的重大的违法违规行为及已经存在或潜在重大合规风险，该种途径需要对举报的信息按照举报时间进行逐一审查，调查立项时间较长。二是举报人若对要举报的行为及风险的真实性具有充足的证明材料，可直接联系合规部门重大风险小组请求其启动重大合规风险调查机制，无须经过一般举报系统流程的初步筛选和审查，可直接进入合规重大风险的调查立项环节。换言之，在重大合规风险小组请求启动重大合规风险预警调查机制时，应当立即进行调查立项、收集证据材料并核实其真实性以及最后作出调查结论。该种举报机制调查周期短，对于确实存在重大合规风险的情况，能够及时地作出处理，有效阻止合规风险的发生，使已经发生的合规风险得到及时处理，降低企业经营风险。

合规部门接到重大合规风险举报时，合规部门负责人应当及时向董事会报告。且对于重大合规风险举报信息，应当由合规部门负责人作为第一负责人进行处理，就举报信息涉及的违法违规行为进行调查处理，作出重大合规风险的调查处理报告，在处理完毕后，向董事会和股东会报告处理结果和调查结论，并就企业的合规风险漏洞提出合规部门的建议和改进措施，对合规政策和企业合规管理体系提出补充和完善意见，以及就合规部门存在的工作漏洞作出深刻反思与总结。

第八节　合规管理意识形态建设

企业合规制度的建设、合规体系的完善为企业合规目标的实现提供了有力的制度支撑和开展合规管理体系的正当依据。尽管章程对于合规管理作出了形式上的规定，但合规风险仍时有发生，且制度的设计具有一定的局限性和滞后性。在制度存在漏洞的情形下，合规风险的预防陷入不利处境。因此制度的健全并不能从实际上预防合规风险，仅是形式层面的预防，而企业合规文化的培育是合规风险预防最有力的措施。文化作为一种价值，具有引导作用。企业合规文化的培育使合规文化深入企业决策、执行、监督等各个方面，其潜移默化的影响能为企业的长久合规保驾护航。

一、企业树立良好的合规理念

（一）倡导依法依规、守法诚信的行为准则

依法依规、守法诚信的行为准则从两个方面对公司合规文化进行了规定。依法依规是指企业受到外部规范的约束，要求企业做到对外部规范的遵从，该种规范既包括强制性规范也包括任意性规范。考虑到在现代市场背景下，企业尤其是金融企业对社会公共利益的影响甚大，需要达到极大限度的自律，亦即企业要在意识形态上信仰法律并在经营行为中践行法律。守法诚信是立足于企业经营的道德倡导，是基于企业的内部约束。

依法依规、守法诚信的行为准则应当成为企业合规的首要合规文化，企业应当在制定员工手册、员工行为规范准则时将其作为核心行为规范，使企业形成"事事合规""时时合规""全过程合规"的企业文化氛围。

（二）贯彻全员合规的价值取向

全员合规的价值理念是就企业内部员工而言，既包括企业高级管理人员，也包括企业内部普通员工。全员合规不能仅仅成为企业的宣示性和倡导性口号，而是要将其落到实处并内化于企业员工的行为与思想之中，思想上要具有合规的意识，并且最为重要的是在该种思想的支配下，严格要求自己的行为，使其符合最为基本的职业要求。

（三）营造合规创造价值的经营理念

合规是企业可持续发展的投资保障、营造良好市场环境的维护者和践行者，也是推进企业转型的重大战略措施。企业的发展与营利是企业存续的基础和目的。合规经营不应当仅仅成为企业的宣示口号，而应当通过决策程序作为企业日常业务经营的审查的前置程序和重要内容。对于企业来说，合规经营创造价值的理念显得格外重要，一旦触碰不合规的底线，企业所面临的不仅是巨额的金钱赔偿以及罚款，更为致命的是企业的存续将因此受到极大影响。市场发展最为重要的不仅是企业自身的发展前景与资本的充足性，更为重要的是企业在市场中的信用表现。尤其是在网络监督如此发达的今天，网络舆论的影响几乎可以决定一个企业的生存与灭亡。

二、高级管理人员合规意识培养

高级管理人员作为企业的主要领导阶层，合规意识要比普通员工更为强烈。事实上，从实践中发生的企业涉嫌违法犯罪的案件来看，引发企业承担行政或刑事责任的原因大多在于高级管理人员滥用职权而引发的一系列违法违规行为，最后导致企业在市场上丧失商业信誉，在行为上违法违规，从而将企业推入发展绝境。培养和加强高级管理人员的合规意识任重而道远，高级管理人员对普通员工的表率与示范作用极为必要。故对高级管理人员合规意识的培养应当从日常行为出发，如举办定期合规专题培训，促使其学习合规专业理论知识，更新合规知识。同时，开展相关合规企业的实践调研活动，对已经建立完善的合规制度的同类企业进行实践交流与学习。

（一）举办定期合规专题培训

举办合规专题培训的目的在于定期更新高级管理人员的企业合规知识。合规意识的培养不是一蹴而就的，需要经过长期的培训与对合规知识的学习才能形成。尤其对金融企业来说，金融政策、相关法律法规的变化性极大，企业高级管理人员应当根据行业外部监管政策的变化随时调整相关的合规经营决策，并严格学习和遵循外部监管对于高级管理人员的行为规定。合规专题培训活动可由合规部门负责人定期组织，作为企业的一种周期性合规文化培养活动。专题培训内容涉及一般合规基础知识的学习、企业金融合规知识的学习以及外部监管对高级管理人员行为的规定专题。专题板块内容可以根据行业情况、企业近期经营情况，如是否遇到相关合规问题以及行业外部监管的具体新规定等予以设定，根据企业所在行业的实际情况结合企业经营业务进行适当调整。专题培训应当同时注重效果性，即高级管理人员应当对所学习的专题进行培训，完成相关的测试工作，以检验培训效果并巩固培训成果。

在这里，值得说明的是，高级管理人员的专题培训工作应当落到实处，不能走形式，要完全将其作为企业的固定活动之一，企业高级管理人员要提高学习的主动性与积极性，应当按时参加，并就学习成果进行相关的书面记录。高级管理人员经过相关专题培训后，要将专题的宗旨告知其所在相关部门，以此达到对相关部门普通员工合规意识的培养的目的，形成浓厚的合规文化。

（二）开展相关合规企业实践调研学习活动

高级管理人员的合规专题培训活动是从合规文化培养的理论方面入手，促进企业高级管理人员对合规经营、合规行为的认识，提升对合规文化养成的敏感度。尤其是通过对其日常业务合规意识的针对性培养，对减少高级管理人员的不合规行为具有非常重要的意义。而对高级管理人员开展相关合规企业的事件调研的学习活动是指高级管理人员对同行业已经建立完备合规管理体系的企业进行走访并就其相关的合规措施进行学习，以此对自身存在的合规问题进行整改。合规企业的实践调研活动依然由合规部门组织，合规负责人作为该活动的主要负责人开展不定期的已合规企业的实践调研学习。实践调研活动与专题培训相辅相成，专题活动侧重于对高级管理人员合规理论知识的培养，而实践调研恰恰是对高级管理人员合规理论知识的实战应用。

高级管理人员作为企业的领导层，对于企业整体合规文化的培养和合规意识的形成具有极为重要的作用，不定期开展实践调研活动首先更好地表明企业对于合规经营的注重，其次对于高级管理人员自身行为来说也具有一定的启示和教育作用。对已经建立完备合规企业的调研学习能够在企业自身合规体系框架下，做好合规管理体系的进一步完善与更新，以走在同行业企业合规经营的最前沿，时刻对合规经营保持高度的重视，并结合外部监管政策、行业规则的变化以及同行业企业的合规动向，再结合企业自身建立的合规制度进行融合创新和发展，建立更为完善和系统的合规管理体系。另外，高级管理人员的不定期合规调研实际是对其自身行为的时刻约束与警醒。随着法治营商环境的推进，中国社会中流行的"走人情""托关系"的不良社会风气将逐渐被取缔，高级管理人员更应当依法依规办事，尤其对于金融企业的高级管理人员，不能利用自身的职位、职业的便利性，为自己的"亲朋好友"谋利，破坏市场交易规则，影响市场交易秩序。

三、合规部门人员开展法治宣传教育工作

合规部门作为合规企业改革推行背景下产生的产物，是企业建立合规管理体系不可或缺的部门。合规部门作为企业专门性合规事务的负责部门，其职责也不限于日常企业经营行为的合规审查与企业合规风险的识别及应对工作，应当高度重视企业合规文化和合规意识的培养，争取做到"治本也治标"，从根源上解决问题。而实施法治宣传教育是最为基本的合规文化培养方式之一，了解所在行业最为基础的法律法规、行业政策与商业惯例是企业人员应当具备的基础知识。从目前来看，大多数企业违法违规行为的发生，一是因为企业员工确实对自身行为的性质存在错误认识，对违法犯罪行为与普通的违反职业规范的行为没有正确和清晰的认识，但法律不会因为不知法而免责。二是有"明知故犯"

的情况存在，受利益驱使，部分员工即使明确认识到自身行为是违法犯罪行为，但依然为获得不正当利益铤而走险，对于该种明知故犯的行为，通过实施法治宣传教育可以做到警示和最大限度的预防。具体操作上，合规部门可以从以下两个方面进行：一是进行相关领域法律法规规定的学习活动；二是对司法实践中发生的典型合规案例进行宣讲活动。

（一）了解相关领域法律法规规定

了解相关领域的法律法规等行业的具体规定对于企业员工的日常业务行为具有一定的引导性作用。虽然说相关行业人员既然从事该行业，那么其必然要了解该行业所需的法律知识，因为基本行业知识的具备是进入该行业的门槛。但不能否认的是，尽管具备相应行业基本的行业知识，但并未有效预防行业人员违法犯罪案件的发生。就金融行业而言，操纵证券交易市场，进行内幕交易以及虚假宣传，欺诈客户，违法披露信息等违法犯罪案件只增不减，纠纷不断，投资者的信心严重受损，无论对于企业自身未来可持续发展抑或对于整体资本市场的发展均非常不利。可见，这种情况的发生一方面说明企业员工对自身行为的约束不强，即合规意识薄弱；另一方面也说明相关行业外部监管规则并未内化到员工的日常业务行为中，在意识形态中陷入应当遵循但实际并未遵循的状态，抱有侥幸心理。合规部门主导进行的相关法治宣传教育，即对所在行业具体法律规定的普及可以使企业员工意识到这种外部监管规则的重要性，而这将对企业员工的潜意识行为起到极大的影响作用，使企业员工认识到合规与企业发展经营理念相一致，合规对员工的意识形态和具体行为都具有极强的约束性，以此指导企业员工进行具体的日常业务行为。企业对合规经营的重视会在企业内部形成合规办事的浓厚氛围，企业文化的形成需要持续不断向员工灌输相关的思想和传递企业价值观。

合规部门在进行法律知识宣传与讲解的过程中，可以设置多种小环节，如赠送盲盒抽题抢答活动、合规知识大比拼、现场组队活动，以及合规知识专门咨询、激发企业员工参与该项活动的积极性。法律法规存在滞后性，而合规部门组织法律知识宣讲活动的另一目的在于将外部监管规范的变动与最新政策实时更新并向企业员工传达，使具体法律规范知识信息的更新与企业内部经营行为相协调。

（二）典型合规案例宣讲

在两年的时间内，涉嫌违法犯罪企业通过合规整改完成企业制度的建立和合规体系的建构，进而继续开展经营活动，实现企业可持续发展的案例比比皆是。企业合规的推行以检察机关为主导，最高人民检察院发布的相关企业合规典型案例可以作为企业学习的素材。可以对该典型案例的案件事实、合规整改过程与结果进行系统讲述。典型合规案例的宣讲一方面是为了进一步了解目前所属行业外部监管的整体动态和走向。另一方面是参照同行业的典型合规案例对企业目前存在的合规风险进行对比，以完善合规漏洞，典型案例中因违法违规行为人员受到行政处罚或刑事责任而追究的结果可以更好地对企业员工的行为起到预防作用，对企业相关员工潜在的不合规行为起到一定的警示作用，预防其违法犯罪和违反职业规范。

在具体的操作上，合规部门事先筛选与其行业较为相近的合规案例，对该案例存在的违法事实，亦即涉及的不合规行为逐一列举并进行法律适用的解析。同时也可以向参与该活动的企业员工提问，就案件中涉及的不合规行为发表自身看法以及对自身行业合规的认识，以加深对不合规行为的认识。以典型案例为契机，对企业员工从事业务的行为进行约束，以达到合规案例宣讲的最初目的，即起到教育与预防的作用。不定期典型合规案例的宣讲能够使企业员工接触到与自身行为较为相近的案例，对于合规的理解不会仅限于宣示性的倡导，而是将案例中涉嫌犯罪的行为作为其未来职业中应当重点避免和预防的行为。合规文化的形成恰恰从不断的意识形态转变中得以实现。

四、对企业员工开展制度化和常态化合规知识培训

对企业员工开展制度化和常态化合规知识培训是根据企业合规管理改革的要求而实施，制度化强调的是员工培训须具备的明确具体的规定，规定既可体现在企业章程中，也可规定在企业员工合规手册中，培训内容及培训次数和培训程度均要明确；常态化注重的是对企业员工开展培训的时间是长期的而非短期的。员工的常态化培训应当纳入企业年度活动内。培训的对象既包括岗前培训，即对于即将成为企业正式员工的岗前培训，也包括企业已经在职的其他员工。培训内容可以涉及以下方面：企业合规体系和合规政策的具体规定、企业合规重点风险领域具体防范措施以及合规风险责任的具体承担形式等方面。

（一）企业合规体系和合规政策的具体规定

企业员工是否遵循合规经营，其行为是否满足合规要求，具体参考标准则是企业合规体系和合规政策的具体规定。企业员工只有完全了解企业合规管理政策的基本内容后，才能依据该企业合规制度的具体规定安排自身的行为。尤其对于刚入职的新员工而言，对于与该企业相关的行业准则以及商业惯例和习俗仍然认识模糊。如就证券行业而言，虽然法律对证券公司及其相应从业人员的行为有明确、具体的规定，但事实上，对于一些该行业长

期形成的隐性和潜在性的规则，只有在该行业长期从事相关业务的人员才能够知悉和把握。而合规培训的开展，是基于对企业内部规则的学习和了解，通过该项培训更好地促使员工正确认识和做好自己的本职工作。

合规管理体系具体内容的学习是贯彻企业合规经营的前提条件，企业根据自身行业的特殊性，结合外部监管规则所制定的企业合规管理制度和体系，是企业未来从事经营活动的指南。在进行合规知识培训时，合规部门应当对企业合规体系的具体内容进行详细讲述，并将企业根据经营情况制定合规政策进行及时传达和指导，使企业员工对具体制度有一个清晰的理解。防止部分员工因对企业合规具体政策不明晰而实施不合规的行为。

(二) 企业合规重点风险领域具体防范措施

合规培训的内容之二，是企业合规重点风险领域具体防范措施。企业员工应当对企业存在的重点合规风险领域具有非常明晰地了解和掌握，促使其在从事相关业务时，对该领域进行重点关注和预防。在了解了企业重点风险领域后，更为重要的是需要进一步对相关领域的具体防范措施予以明确。企业合规部门在进行合规风险制定时，会针对企业内部不同部门不同业务进行风险域的划分，同时基于不同的风险域会提出相关的预防和应对措施。企业员工在进行培训时，应当清楚企业合规风险的重点区域分布，从而能够促使其改变自身的业务理念，进而对合规的理解更为透彻和清晰。将遵守法律法规、行业准则、职业规范以及商业惯例作为自身从事业务的指南，对于企业合规管理体系的实施和合规风险的预防具有重要意义。在进行培训时，可以针对具体风险的应对进行现场模拟和演练，对重点风险领域经常发生的违法违规行为进行列举，从而使员工对合规风险产生更为直观的认识。

(三) 合规风险责任具体承担形式

作为合规培训的主题之三，风险责任的承担形式是合规管理体系制定的最初目的，也是培养合规文化的重要原因。企业进行合规文化培养，将合规文化作为企业经营文化的目的在于促使企业高级管理人员及企业其他人员对合规经营具有更加清晰的认识，将企业规章制度与外部监管规则内化于自身的业务行为之中。而企业在制定合规管理制度和设计合规管理的体系框架时，是基于企业责任、高级管理人员责任与普通人员责任的分割而进行的，企业合规管理制度框架的构建也是以责任承担作为依据和前提。企业之所以付出较高的成本进行合规管理体系的构建，转变企业经营模式，积极主动进行企业合规改革建设，主要原因在于维持企业的营利能力和保障企业免于行政处罚和刑事责任追究，促进企业的可持续发展。合规风险责任的承担则成为合规管理体系的核心内容，合规风险责任的具体承担形式涉及员工自身的切实利益，这种利益体现在员工可能因为实施了违法违规行为而遭受法律的负面评价，且遭受的不利往往对员工自身的未来发展具有毁灭性影响。因此，在进行合规培训时，合规风险具体责任承担的适用情形、如何适用则成为合规培训的主要内容。

合规风险责任的具体承担形式涉及员工的发展利益，明晰这种责任的承担具体情形和承担的具体方式则能在最大限度上促进企业合规文化的养成。作为企业的一种价值观、一种经营方式的转变和意识形态的变化，合规文化对于员工来说，虽然不具有必然的约束力，但一旦涉及因不合规导致相应的法律责任承担时，该种约束力就具有威慑和警示作用。企业员工在进行业务操作时，会对自身的行为进行约束，考虑问题和进行与业务相关行为工作时也会格外谨慎和理性。

第五章
企业合规风险识别与评估

第一节 概述

根据《中央企业合规管理指引》的相关规定，建立合规风险识别预警机制，全面系统梳理经营管理活动中存在的合规风险，对风险发生的可能性、影响程度、潜在后果等进行系统分析，对于典型性、普遍性和可能产生较严重后果的风险及时发布预警。加强重点领域的合规管理，必须建立在对合规风险深入而全面识别的基础上。

一、合规风险识别概述

企业合规风险识别是指对企业潜在的合规风险信息进行收集、整理、测试，并对其原因进行分析和判断的系统活动。这项活动是对合规风险的搜索、确认和定性分析，也是合规管理的基本环节和前提条件。

国家出台的《合规管理体系指南》（GB/T 35770—

2017）引言就对合规风险识别问题进行了阐述："组织通过有效的合规管理体系，来防范合规风险。组织在对其所面临的合规风险进行识别、分析和评价的基础上，建立并改进合规管理流程，从而达到对风险进行有效的应对和管控。"（ISO 37301—2021）《合规管理体系——要求及使用指南》第4.6节提出："企业应根据合规风险评估，识别、分析和评价自身合规风险；企业应通过将合规义务与活动、产品、服务及其运营相关方面联系起来以识别合规风险。"

识别合规风险的根本目的在于及时有效地发现和准确描述可能对企业造成危害的合规风险，进一步准确评估合规风险，明确合规风险分析的对象和范围，进而实现对合规风险的系统管理。在此基础上，风险识别需要建立合规风险评估机制，第一时间获取合规风险信息。

作为合规风险管理体系建设的重要组成部分，合规风险识别机制的主要任务是建立合规风险信息库。在初始阶段，根据企业的经营状况和管理模式制定合规风险负面清单，并不断进行更新和完善。企业相关部门应根据合规风险负面清单，对企业的经营管理和员工行为进行监督和评估，识别潜在的合规风险。

二、企业合规风险识别的基本原则

（一）独立性原则

企业是生产经营的主体，企业合规风险识别工作是企业自己的事情，企业应当制定适用于自身的风险识别策略。从另一个角度讲，境内外投资是企业自己的选择，投资的成败也由企业一方承担，在决定设立企业并运营时，就应具备应对和承担各种风险的能力，且企业有能力做好企业合规风险识别工作。

合规风险识别工作应在企业内部由合规部门独立进行。独立原则的实施取决于许多因素，如公司的规模、业务类型、运营状况以及公司投资所在国的法律框架。但是，无论企业如何执行独立原则，都必须确保企业的合规部门独立开展合规风险识别工作。

具体来讲，首先，企业应以正式文件的形式明确合规部门的独立性，以确保合规风险识别的独立性。通过明确合规部门的组织结构、职责和权力，并对其进行独立的预算编制和评估，确保其独立于运营、财务和内部审计部门。其次，确保合规风险识别负责人独立于董事会、董事会审计委员会或其他专业委员会。公司必须有一名合规风险识别负责人，负责全面协调公司的风险识别和管理工作。合规风险识别负责人的职位安排必须确保其其他职责不会与合规风险识别职责产生任何利益冲突。高级管理层只任命合规风险识别负责人，不得干扰其独立的合规风险识别工作。此外，部门内的合规管理人员还应独立履行税务合规风险识别职责，不得同时履行其他可能与企业合规风险标识利益相冲突的管理职能。

独立性并不排除来自相关国家部门、商会、会计师事务所和其他专业服务机构的合规风险提示。这些机构专门从事相关工作，更了解企业的合规要求，能够更准确地识别企业面临的合规风险。独立并不意味着合规风险识别部门不能与其他业务部门的管理层和员工合作，与其他业务部门的合作更有利于早期识别和有效处理合规风险。

（二）全面性原则

全面性原则是指企业合规管理要覆盖国内外所有业务领域、所有部门和员工，也要贯穿决策、执行、监督、反馈等环节，体现在决策机制、内部控制、业务流程等方面。

企业合规风险识别的全面性原则表明，企业生产经营的各个环节都需要进行合规风险识别，各部门和员工应熟悉企业合规要求，避免违法行为的发生。由于企业的生产经营行为在产生盈利的同时，往往伴随风险。企业的合规不仅关乎企业，也关乎企业的每一位员工。相关员工在处理企业合规方面如果稍有错误，可能会受到公司的惩罚，甚至受到刑事制裁。因此，企业的所有员工都应该充分了解企业的合规要求，承担起合规责任，在确保自身实践合规的同时，积极为企业合规风险识别工作提供建议。

在整个过程中进行合规风险识别。企业的生产经营环境不是一成不变的，而是复杂多变的。因此，企业合规风险识别必须贯穿企业生产经营的全过程。为了应对不断变化的外部环境和内部环境，企业还必须建立一个综合的企业合规风险识别系统，该系统集预警、过程检测和事后响应于一体。只有建立全面的企业合规风险识别体系，才能有效应对层出不穷的企业合规风险。生产经营活动开始前，企业应根据自身情况和相关法律制度，制定最佳合规风险识别制度，及时发现和处置可能存在的合规风险；在生产经营活动过程中，企业应定期对企业合规风险识别系统的状况和效益进行全面评估，并根据评估结果及时作出调整；最后，企业应聚焦评估结果中的漏洞和不足，集中人力、物力进行关键突破，避免因未能及时识别企业合规风险而造成无法弥补的损失。

（三）适用性原则

适用性原则是指企业的合规风险识别工作应结合自身的经营范围、组织结构和业务规模等情况，兼顾成本和效率，强化企业合规风险识别工作的可操作性，提高有效性。不同的企业因其行业、规模、实力等的不同，自身的风险管理战略和组织结构也各不相同，企业要根据自身的情况开展企业合规风险识别工作，做到量力而行，使企业合规风险识别工作与自身的实力相适应。

综观我国众多优秀企业，每个企业都有各自不同的合规管理制度和组织方式，体现了较大的灵活性。基本上每个境外投资企业的合规管理工作都是与其风险管理战略、组织结构相吻合，并设定了优先考虑的事项。在规模较大的企业，合规管理人员一般都深入各个营业领域，有些跨国企业还设有企业合规官和本地合规官。有些规模较小的企业，在不违反独立性原则的基础上，合规管理人员由其他部门的员工兼任。有些企业还为反腐败、反商业贿赂、反恐怖融资和税务管理等专业领域设立了单独的合规管理部门。一些企业考虑到合规管理与风险防控存在着密切的关系，因而在风险防控部门内组建合规部门。还有些企业分设风险防控和合规两个部门，在企业合规管理事务方面通力合作。因此，企业的合规风险识别制度无论是从人员的选择还是程序的建立与维护出发都应该考虑公司实际情况，权衡各种因素，以合理的成本实现企业合规风险识别的目标。

（四）前瞻性原则

前瞻性原则是指企业的企业合规风险识别工作要走在法律法规的前面，企业合规并不只是简单地应对相关法律法规，更不是因为触犯了法律受到法律制裁之后才去做合规风险识别工作，而是要主动严格要求，把合规风险识别工作做在事前。企业在开展企业合规风险识别工作之时，要把前瞻性作为基本原则之一。

前瞻性在企业合规风险识别工作中的重要性体现在以下两个方面：一方面，能够有效地帮助企业从容地进行生产经营活动，避免违法。因为只有在事前对相关法律有了全面的了解，充分做好企业合规风险识别工作才能够避免企业决策失误，避免违法行为的发生。另一方面，能够帮助企业应对由于相关法律体系不完善而造成的违法。目前，我国法律并未对企业不合规行为作出翔实的规定。企业在商事活动中存在极大的自由，容易触碰到灰色地带。与此同时，基层执法队伍水平参差不齐，极易认定企业的生产经营行为违法，进而对企业造成一定的不良影响。

三、企业合规识别的现实问题

当前企业合规识别存在以下特点：一是风险识别组织过于分散。缺乏统一的、全面的合规风险识别组织、协调机制，造成了重复风险识别，互不沟通，缺乏效率，管理成本较大。二是事后性。目前，各个业务阶段的合规风险识别，主要是事后管理，缺乏事前防范和事中监控。三是被动性。各个部门都把风险识别工作当作一种任务，被动地接受。四是不能用先进的风险识别技术对过程适时进行风险识别、分析。为此合规风险的风险识别和分析应坚持动态原则、协调配合原则、主动原则、持续性原则、独立性原则，以保证风险识别的任务得到切实公正的执行。

传统的内部风险识别方法有"横"比法、"纵"比法、指标法等。但合规风险的识别手段并不是一成不变的，应根据不同外部监管环境的变化、不同业务特点做出适时的调整。在现行管理体制制约下，合规人员对合规风险识别的手段主要分为现场风险识别和非现场风险识别两个类别，但不管哪个类别，它们都有一些共性，即将风险识别行为表现过程、制度变量的现状与现行的法律法规、规则准则相比较，查找出不相符的环节或指标，并进行定性与定量分析。

风险识别的主要内容是否符合法律、规则和准则的最新发展；上级部门和本单位合规制度在实践中的执行效果，存在的风险防控缺陷；外部监管部门对本行业合规监管情况；内外部审计中发现的合规风险事件和问题；新产品业务操作流程运行情况；本单位各项合规管理措施的实施效果；同业发生的合规风险问题和违规案件；本单位员工对法律、规则和准则的认知情况；客户对银行的合规投诉情况；合规风险管理委员会、领导布置的其他风险识别任务。合规管理人员应对合规风险识别结果进行汇总分析、趋势分析和风险预期损失分析。对风险识别的结果进行筛选、判断、对比，查找所实施的合规管理措施中存在哪些风险防范的漏洞。合规分析的目的在于：通过分析来验证各种资料所反映的合规状况；通过分析查找合规管理中的制度性漏洞；通过分析查找可疑事项，为风险识别工作寻找线索，以查找各种违法、违规现象。

四、合规风险识别类型划分

风险指未来结果的不确定性或损失，具有客观性、必然性、可识别性与可控性。本书所述合规风险，是指企业及其内部人员因不合规行为，引发法律责任、受到相关处罚、造成经济或声誉损失以及其他负面影响的可能性。通过识别不同种类的合规风险，采取不同的应对措施。

（一）民事合规风险

我国不但建立起以央企和上市公司为主要规范对象，以行业监管和行业自律为主线，以民商法、金融法、知识产权法、环境保护法、反垄断法和反不正当竞争法为基础，以个人信息保护法、网络安全法、刑法和刑事诉讼法为两翼的多维度全覆盖的合规制度体系，而且在促进企业合规经营方面也取得了举世瞩目的成绩。2019年颁布的《民法典》更将合规制度建设作为法人制度设计的基本指导思想和法人行为的主要活动依据。

市场交易主要有营利性交易、非营利性交易、陌生人之间的交易、跨时空交易、远期交易，此外还有模糊性交易，即交易对象、交易标的都可能不太明确的交易，如证券交易及比特币交易等。故而对市场交易关系的维系需要依赖市场主体的诚信坚守，否则交易难以为继。因此在《民法典》中，关于民事法律行为的诸多规范，如无论是第466条关于合同的解释，还是第509条关于合同的履行等，无一不在强调市场主体在诚信方面的要求。

而公序所直接关联的社会公共利益与社会公共道德，均与公司合规制度密不可分。《民法典》除第8条外，诸多法律条文直接将公序良俗原则作为制度设计的内容，如第143条关于民事法律行为的有效条件判断，第153条关于民事法律行为无效的规定等，都代表着国家对民事主体行为的容忍程度，反映出了国家对市场主体的基本态度。

与此同时，企业合规要求的重要内容之一就是强调习惯对市场主体行为的约束，要求市场主体的行为不仅要合法，还要符合交易惯例。从这个意义上来说，交易习惯既是合规的基本要求，也是评价公司行为效力的重要因素之一。

再者，《民法典》不但在"总则"中对公司的合规要求作了较为宏观和基础性的规定，在分则中针对公司的具体行为同样作了较为明确的规定。"物权编"对公司合规的要求除表现在明确规定"国家实行社会主义市场经济，保障一切市场主体的平等法律地位和发展权利"，以及强调"国家、集体、私人的物权和其他权利人的物权受法律平等保护"外，还在第257条规定了国家出资的企业的权利行使问题。另外，在第259条不仅规定了肩负国有财产管理、监督职责的机构和工作人员对国有财产负有管理、监督、保值增值和防止财产损失的职责，而且对容易引发国有资产损失的重要行为如企业改制、合并分立、关联交易等设置了明确的禁止性规定。"合同编"中之所以会有诸多的规定涉及公司的合规要求，主要缘于"合同编"中的大部分条文都涉及对合同主体行为的遵守、对合同主体意思表示的解释，以及对合同主体行为效力的判断等。"人格权编"不但明确肯定了自然人在民事法律关系中的优先地位，而且对自然人权利保护设置了诸多刚性底线，这些行为限制同时也是公司从事经营活动时所应遵循的合规要求；侵权责任规则作为对损害结果的一种迫不得已的事后救济，是引导以公司为代表的社会主体敬畏法律、进行合法合规经营的有效武器。

因此，企业合规风险的一项重要工作是把《民法典》中的合规要求转化和具象为企业合规基本法及公司法中的具体制度设计。通过精准识别和把握《民法典》的核心要义，深刻洞察公司存在的民事合规问题，以推进公司在法治化轨道上运行。

(二) 刑事合规风险

刑事合规风险分为内部刑事合规风险和外部刑事合规风险。内部刑事合规风险是指以企业内部人员为主体，与企业日常经营行为有关，与个人在企业中的职务表现密切相关的刑事风险。它们大多不为企业所知，是企业刑事合规风险的一种常见形式，主要体现在与提高个人业绩有关的商业贿赂犯罪风险，主要涉及贪污贿赂犯罪。这些商业贿赂行为相对隐蔽，企业基本不知情。但是，一旦被指控为刑事犯罪，大多通过"职业行为"的掩护逃避案件，以达到逃避责任的目的，被追究责任的风险急剧增加。如果指控的对象是高级管理人员，后果就更严重，使公司处于无人掌舵的危险境地，下一步很可能就是铤而走险。

外部刑事合规风险一部分表现为企业作为行为主体实施犯罪的风险。不同于上述内部刑事合规风险，外部刑事合规风险体现企业的整体意志。企业经营管理过程中产生高风险的环节常常表现在投融资方面、资产处置方面、公司结构与治理方面、信息安全方面，以及日常的合同管理、招投标方面等。因企业掌握着优于个体的人力资源、制度资源等整体优势，其创造力及破坏力都不可小觑。

企业外部刑事风险的另一部分是外部第三方对企业利益的侵害所造成的风险，通常产生于企业开展的经济业务活动中，如合同诈骗罪、假冒注册商标罪、销售侵权复制品罪、假冒专利罪、侵犯商业秘密罪等。在日常的经济和商业交流中，各自都可能有为了自身利益的最大化而牺牲对方利益的行为和商业运作。特别是当双方在实力、业务资源、行业经验、业务成熟度等方面存在差异时，就会打破双方在业务交流中平等、公正的基础，使较量失去实质性的平衡。在较量中占据上风的一方，会在利益的驱使下进行冒险的操作，损害对方的利益，同时也会衍生出大量的刑事风险。

通过建立健全企业刑事合规性认定机制，企业将刑事合规性审查列为企业经营管理制度制定、重大事项决策、日常合同管理和重大项目运作的必要程序。未经审查，刑事合规性审查就不得实施。这一机制可以说是企业最常规、最主要的内部控制手段，基本实现了对企业整体刑事法律风险的防范和控制。

（三）行政合规风险

行政机关通过行政和解、宽大行政处理等多种方式发挥企业合规的行政监管激励作用。2015年，中国证监会发布《行政和解试点实施办法》，首次在证券和期货领域试行行政和解制度，将涉嫌行政违法的企业提出纠正行为、消除或减轻违法行为后果的方案作为达成行政和解、终止执法程序的前提。

根据中国证监会 2017 年发布的《证券公司和证券投资基金管理公司合规管理办法》，对于那些涉嫌证券违规的企业，证监会可以根据这些企业建立合规管理制度的情况，对其采取从轻、减轻处罚的措施，甚至可以不予追究行政责任。具体而言，对于证券基金经营机构在合规管理保障方面存在违规行为，中国证监会及其直属机构在查处过程中，发现其具有以下完善合规机制行为，可依法从轻、减轻处理："主动发现违法违规行为或合规风险隐患""积极妥善处理""落实责任追究""完善内部控制制度和业务流程""及时向中国证监会或其派出机构报告"。假如证券企业违规行为情节轻微并及时纠正违法违规行为或避免合规风险，没有造成危害后果，也可以不予追究法律责任。证监会在证券管理领域推行强制合规制度的同时，第一次将合规激励机制适用于合规管理领域。对于那些积极完善合规机制的证券公司，采取从轻、减轻处罚的激励措施，甚至可以给予不追究法律责任的"奖励"，这对于证券公司积极完善合规计划，建立健全合规团队，有效维护合规管理机制的运行，将起到积极的推动作用。

2020 年 9 月，国务院反垄断委员会发布了《经营者反垄断合规指南》，确立了我国首个指导企业建立反垄断合规计划的基本标准。这一指南，在对"合规"、"合规风险"和"合规管理"作出明确界定的前提下，要求企业建立以合规承诺、合规报告、合规组织、合规咨询、合规检查、合规汇报、合规培训与合规考核为中心的合规管理制度，将"禁止达成垄断协议"、"禁止滥用市场支配地位"和"依法实施经营者集中"等作为合规风险的重点领域，确立了以风险识别、风险评估、风险提醒、风险处置为核心。

根据 2021 年修订后的《中华人民共和国行政处罚法》（以下简称《行政处罚法》），对涉嫌行政违法的相对人确立了若干项从轻、减轻或者免除行政处罚的情节,其中,"主动供述行政机关尚未掌握的违法行为",以及"配合行政机关查处违法行为有立功表现"的行为,属于积极配合行政调查的行为;"主动消除或者减轻违法行为危害后果"的行为,则属于有效补救措施;"初次违法且后果轻微并及时改正"的行为,具有一定的合规整改因素,这里所说的"改正",在实践中包含堵塞制度漏洞、消除管理隐患和预防违法违规行为再次发生的因素,也就是通常所说的合规整改措施。暂且不论《行政处罚法》的实施效果如何,仅就该法的立法原意来看,上述针对相对人的宽大处理措施,包含"合规激励"的因素。

因此,相关行政机关通过发布合规指引、推行行政指导、确立预防性监管方式、实施强制合规制度等方式指导企业在行政领域合规,从而进一步规范企业的行为,使其承担推行合规管理的义务,并知悉不履行这一义务可能带来的法律责任。

(四)海外投资特别合规风险的识别

1. 境外投资税务合规风险的识别

境外投资税务合规风险的识别,不仅要识别国内的税务合规风险,也要注意东道国的税务合规风险。2005年巴塞尔银行监管委员会提出的合规管理的十项原则之九提到了跨境合规的问题,要求银行遵守其业务所在地的所有国家(或地区)的法律和监管规定,合规部门的结构、组织方式和职责都要符合当地的法律和监管要求。境外投资需要遵循的法律尤其多,不仅有国内的税法,还有东道国的税法。由于语言障碍和文化不同,东道国的税收相关法律更加难以把握,税务合规风险的识别更具难度。企业除了要识别我国和东道国税收相关法律法规中存在的合规风险外,还要对我国和东道国签订的税收双边协定和税收国际条约中的合规风险进行有效识别。

因此，进行境外投资的企业要积极主动地与东道国的税务部门建立良好的关系，对于存在困惑或有争议的问题事先与当地税务部门进行协商，达成确定性意见，这是防范企业合规风险的有效手段，同时，也能有效避免与当地税务机关产生不必要的摩擦，给当地税务机关留下良好的印象，有利于企业在东道国的生产经营。

2. 出口管制与经济制裁的识别

在中美贸易摩擦频发的大背景下，国内企业在海外运营时应当加强忧患意识，加强自主研发能力，同时丰富供应商渠道，避免或者减少对美国供应商的依赖。当遭到美国国际贸易领域的制裁，如被列入实体清单时，企业可以考虑积极与上下游供应商和用户进行谈判，寻求替代性解决方案，维护自身供应链的稳定。被列入实体清单的中国企业可以在内部调查的基础上，视自身实际情况决定是否以及如何向美国商务部产业安全局内设的最终用户审查委员会提出修改或移除实体清单条目申请。

除了被列入实体清单外，我国企业还可能面临来自美国政府的其他调查和执法，因此，海外运营的中国企业应搭建全面、高效的贸易合规体系，以识别出对外贸易中的经济制裁和出口管制风险并及时采取应对措施，进而确保今后可以持续可预期地做出合规的出口决策。除建立高效的出口合规体系外，为防范出口管制和经济制裁风险，中国企业还要慎重开展涉及敏感国家/地区（如美国、欧盟及联合国制裁国家/地区及美国出口管制 D 组、E 组国家）的贸易和投资活动；针对具有被制裁风险的业务，排除美国因素的存在；针对交易各方进行"黑名单"筛查；进行最终用户和最终用途核查；在合同中包括出口管制和经济制裁合规条款；密切关注经济制裁、出口管制法律法规及政策变动等。

3. 数据合规风险的识别

中国的金融、航空、互联网、电子商务等行业早已登陆欧洲，中欧双方在个人数据保护上的摩擦也并非因 GDPR 的生效方现端倪。GDPR 的生效只不过是对中国企业的合规治理能力提出了更为全面、更为精细和更为紧迫的要求。

首先，确立合规治理对象信息数据的流动性，以及 GDPR 所确立的"长臂管辖"原则，加大了中国企业合规治理的难度。一方面，一些中国企业虽然没有在欧洲设立分支机构或者开展业务，但其处理数据的行为却可能受到 GDPR 的规制，承担 GDPR 项下的义务与责任。另一方面，信息数据方面的合规治理若漫无目的，则会徒增成本，最终使企业作茧自缚，负担过重的义务。因此，中国企业根据自己的行业特征，梳理自身业务开展情况，确立合规对象，是企业进行信息数据合规治理的首要任务。企业应了解各业务处理的个人数据的来源、类型、存储位置、用途、访问权限、共享和披露情况、安全保障措施等信息，确定合规对象和个人数据合规治理对象。对此，也有观点认为应将其分解为企业应当确定 GDPR 的保护对象、明确企业对个人数据的处理内容与方式。

其次，优化企业内部信息数据治理能力。长期以来，在我国，无论是立法、执法层面，还是企业内部，都缺乏对数据信息的足够重视，采取的数据保护方式也都是以民法中的隐私权为基础构建的简单措施。在 GDPR 框架下，中国企业应当重新审视内部组织机构，重新划分处理信息数据的业务部门，设置相应的职位，规划、建设自身的个人数据管理内控机制。此外，中国企业还应当根据所处行业性质，通过默认隐私保护、数据保护专员、数据影响评估、数据泄露通知等机制建立一套从产品设计到应用、从管理到流程、从规范到技术的最佳实践，以最大限度地降低合规风险。

最后，主动与监管部门沟通。由于 GDPR 与《网络安全法》《信息安全技术个人信息安全规范》《关于开展 App 违法违规收集使用个人信息专项治理的公告》等国内法律规范存在一定限度的冲突，中国企业选择不同的治理规范将适用不同的权利义务规范，构建不同的内部合规体系，承担不同的责任。因此，如何化解不同的规范适用冲突，不仅是中国与欧盟之间数据主权的较量，同样也是企业规避合规风险、提高合规治理能力的必然要求。企业在设计合规时，应当积极主动与国家网信、电信、公安、工商等有关部门沟通，了解有关部门的态度并寻求对相关问题的解决方式。同时，可通过委托律师事务所等专业机构，与 GDPR 方的有关监管部门取得联系，以获取良好的沟通效果。

4. 反洗钱与反恐怖主义融资合规风险的识别

在目前中美关系日益严峻的背景下，中国企业对外的各种投资和经营活动必然会受到来自各方的监督和关注，对于当地反洗钱及反恐怖主义融资法律法规的规定及执法的趋势定然不可忽视，尤其是金融机构，对于内部反洗钱合规体系的建设与完善必然成为工作的重中之重。具体而言，中国企业在境外投资或经营过程中，针对在反洗钱及反恐怖主义融资方面可能面临的风险需要从以下两个方面加以完善。

首先，要充分了解当地反洗钱及反恐怖主义融资方面的立法情况及执法和监管政策，了解当地法律对外资企业在该方面的要求，制订有针对性的法律风险防控方案。美国、欧盟及其他国家和地区对于企业在反洗钱及反恐怖主义融资方面施加的义务或要求企业达到的标准并不必然相同，同时也需要认识目前中国反洗钱立法对于企业的要求标准远低于发达国家或地区的水平，因此，中国企业需要充分认识到在境外任何一个国家或地区，应对当地反洗钱执法机关的监督和调查都是一个新的起点，甚至没有成熟经验可循，需要前期进行充分的了解和评估。其次，应当从企业长远经营发展的角度出发，来充分评估经营效益以及违反反洗钱及反恐怖主义融资相关法律的成本。

以美国为例，其联邦或州的执法机关针对洗钱或恐怖主义融资行为的罚款额度都较高，且其责任主体从企业本身扩及相应的高管人员。不仅如此，其针对违法主体的处罚措施还包括资格限制（如法国巴黎银行被禁止通过其纽约和美国其他的子公司作美元结算业务为期一年）、持续监督或整改等，这些措施给企业经营带来的隐性成本以及后续的连锁反应和持续负面影响是不可估量的，简单从经济成本或罚款数额出发来评估这些措施对企业的影响或进行相关决策，在趋严的监管背景下显然具有很大的局限性。

五、企业合规风险识别的方法

（一）企业内部合规风险识别方法

为了有效管理风险，企业需要收集各业务单元、各项重要经营活动、重要业务流程存在的合规风险，并进行分析归纳。《风险管理风险评估技术》（GB/T 27921—2011）附录B中列明了32种风险评估技术，其中23种可以作为法律风险识别的方法，企业可以根据自身状况进行选择。一般情况下，企业常用的识别方法包括组织架构识别法、调研访谈法、案例梳理法和飞行检查法。

1. 组织架构识别法

这种识别方法是指企业将组织结构以及运营管理工作基本流程以图表的形式展现出来，在图表中分析运营管理过程中每一环节和步骤的相关责任部门和人员具有什么样的职责和权限，有什么相应的法律和规章制度规定，确定相关部门和人员承担什么样的合规义务，判断可能会发生什么样的违规风险事项，评估现有的管控措施能否有效防止合规风险发生，最终确定风险点。这种识别方法可以让企业管理者在事前即掌握潜在的风险点，从而使其在开展企业运营管理过程中特别关注相应环节的合规风险点，对合规风险点进行及时有效的识别并加以防控。

2. 调研访谈法

通过结构化的访谈来识别风险。调研访谈的对象要有针对性，一般针对各部门领导及关键岗位员工进行访谈，具体可以结合案例梳理的结果以及调查问卷的内容有针对性地制作访谈提纲，由法律专业人员对访谈内容进行研究把关，可以发现管理层及业务人员所关注的风险点，这些风险点对企业而言具有较高的现实意义。区别于调查问卷法的问题清单模式，调研访谈法的侧重点在于访谈，建议由相关人员主动阐述日常工作的常态以及存在的风险点，再由访谈人员根据已了解的情况有针对性地提问，在此基础上判断是否存在可能的合规风险。

企业应当建立必要的制度和流程，运用上述风险识别方法，查找出相关的法律风险事件。风险事件的具体描述建议采取"动因"的方式，以招投标为例，风险事件可以描述为串通投标或以非法手段谋取中标等，避免出现模糊不清的语言。

3. 案例梳理法

风险识别的前提是找到合规义务，但是找到规范条文并不一定能明确具体违法行为,而对基于规范条文所产生的案例进行梳理,则能识别出可能涉及的具体违法行为。这种识别方法是指通过收集与业务经营相关的现行有效法律、法规、规章和公司制度,结合企业经营活动中所遭遇的各类违规事件,整理出合规案例汇编。在合规案例汇编中,通过描述各种违规事件的发生经过及产生的不良后果(如行政处罚、处分、诉讼、仲裁、投诉、赔偿等造成企业声誉和经济损失或者员工个人受惩罚),对识别判断风险事项和处理违规行为的法规及制度依据进行分析,以明确岗位职责和工作中存在的合规义务及其义务来源。

这种识别方法的意义在于通过一系列生动案例使员工直观地认识到自身岗位所承担的合规义务和在工作中需要注意识别的各种合规风险事项,让员工更好地理解和记忆处置合规风险事项的法规制度依据,确保员工在工作中遇到合规风险时,能够果断而准确地依据相关法规制度规定进行精准识别和妥善处理。另外,合规案例汇编工作也是合规风险信息数据库建设工作的内容,而合规风险信息数据库的建设完善过程也正是合规"大数据"的收集与整合过程。

案例梳理法既可以用于识别规范条文下的具体合规风险,也可以用于直接识别企业存在的合规风险,即通过收集本企业历史发生的案例与行业内其他企业的违规案例,分析本企业可能面临的诉讼、行政处罚风险及其产生原因,整理出法律风险事件与相应的具体行为。

4. 飞行检查法

飞行检查方式以前主要用于药品、医疗器械检查与食品监管领域,通常由监管部门实施,在确保食品安全等方面取得了较好的效果。飞行检查具有不发通知、不打招呼、不透露检查信息、不听一般性汇报、不安排接待、直奔基层、直插现场的特点，对检查对象、方案等信息事前严格保密，检查组随机组合，可最大限度地减少影响检查结果的因素，更加真实地反映企业的实际生产经营情况。企业合规计划的构建应紧密结合公司的真实生产经营情况，在构建合规计划时亦可引入飞行检查法。一方面，可以直接识别企业实际生产经营中的合规风险点；另一方面，飞行检查法可用于评估合规计划的有效性，相当于对已识别出的合规风险进行复查，以反映实际防控合规风险措施的落实情况。

以银行业为例，2014年原中国银监会发布《中国银监会办公厅关于进一步加强银行业务和员工行为管理的通知》，建议商业银行采取飞行检查方式，调查了解银行员工在其工作场所是否违规保管借条、凭证、合同、印章等物品。在实践中，飞行检查也是银行内控合规工作中的常用方式，如检查客户经理是否违规保管客户重要物品、是否保管要素空白的信贷资料以及对理财经理是否存在推荐、销售"飞单产品"等，同时对营业场所是否存在非本行员工在网点从事产品宣传、销售等现象开展现场检查。通过全方位开展体检，以全面识别合规风险。

5. 企业外部合规风险识别方法

企业除了通过内部方法识别合规风险外，还可以通过聘请律师事务所、会计师事务所等专业咨询机构和持续关注监管部门动态等方式及时对企业合规风险进行有效的识别和防范。

（1）咨询外部专业服务机构。由于企业发展水平参差不齐，企业的法务部门可能不具备全面把握企业合规法律制度的能力。这时，企业要通过聘请法律顾问的方式对涉及企业合规的相关法律法规进行全面的分析，识别其中的合规风险。企业亦可聘请国内专门研究相关法律制度的知名学者作为法律顾问，为企业合规风险识别工作出谋划策，也可以直接到东道国聘请当地的律师对税务合规风险进行有效识别。

对于复杂性、专业性强而且存在重大合规风险的事项，企业首先应该听取公司法务和法律顾问的意见；其次委托专业的律师事务所、会计师事务所或税务师事务所形成专业的应急方案，并要求他们对其中存在的合规风险进行有效识别和提示；最后交由合规部门审核。当然，企业的合规部门可以对专业服务机构意见的可采性进行独立的判断，咨询意见并不影响合规职能的独立性。

（2）了解监管机构合规监管的相关信息。企业可以跟踪经济、贸易和环境等监管部门，及时获悉其新的合规要求，并及时调整自己的合规管理策略。企业在生产经营过程中的任何生产经营行为都要合规。因为这些监管部门都会对企业的生产经营产生影响，甚至会关乎企业的存亡，影响企业的可持续发展。

此外，企业可以通过与相关机关建立沟通渠道、定期会晤等方式了解监管机构期望的合规管理方式和流程，识别其中新的合规风险。通过制定符合监管机构要求的合规管理制度，降低企业在报告义务、行政处罚等方面的合规风险。通过这些不间断的跟踪方式，企业能够及时获悉监管机构监管要求的变化，快速识别不断变化的合规风险。

（3）通过商会进行合规风险识别。企业也可以利用商会、行会、协会的研讨会识别企业合规风险。举办企业合规研讨会的商会、行会、协会，是由许多同一行业的企业法人组成的非营利性的社会团体。它们能够加强同行业企业之间的联系，因此能够实现企业间信息的互通有无，一个企业由于不合规行为而遭受的合规风险可以对其他企业进行警示，避免类似不合规行为的发生。

商会、行会、协会还可以实现本行业企业与政府间的沟通,因此,其获取的合规要求更及时,信息获取渠道也更广。

企业可以通过商会、行会、协会及时获悉合规要求,调整自己的合规工作,对合规风险进行有效识别,避免遭遇相关争议。商会、行会、协会通过这种方式维护会员企业的合法权益,促进整个行业的发展。

6. 政府协助企业进行合规风险识别方法

(1) 制定企业合规风险识别指南。通过发布合规指引或者合规指南的方式,来加强对相关企业的合规管理,是政府督促企业加强合规管理、协助企业进行合规风险识别方法的重要方式。通过发布合规指引,政府确立企业合规管理的基本原则,推动企业建立合规组织体系,设定企业合规的风险识别、风险评估和风险防控机制,指导企业建立一套行之有效的合规管理运行和合规管理保障机制。

在一定程度上,合规指引可以成为企业建立合规体系的基本指南和标准范本。从所针对的合规风险来看,我国政府发布的合规指引,大体可分为两个类型:一是综合性合规管理指引;二是专门性合规管理指引。前者是政府针对企业面临的综合性合规风险,所发布的全面合规管理指南。发布这类综合性合规指引的监管部门通常都是负有全面监管责任的行政机关,如国资委、发展改革委、工商联等。后者则是某一领域的政府针对企业所面临的特定合规风险,所发布的专门性合规管理指南。如国家金融监管部门、国家市场监管部门、国家证券监管部门、商务部等,针对金融、证券、反垄断、反不正当竞争、出口管制、数据安全、反洗钱等领域的合规风险,专门发布的合规指引。

(2) 为企业提供合规风险识别培训。近几年,政府针对企业合规话题举办了各类培训班,但从举办次数和规模来看,并不能满足企业发展的需求,且培训内容也并未作出区分。

对于高级管理人员,政府要重点对其进行思想培训。要让高级管理人员了解合规风险识别的重要性,让企业把合规风险识别工作做在生产经营以前,这样可以从源头上消除合规风险。

对于企业合规工作人员,政府则要重点进行技术培训,具体讲解企业合规风险的分类、合规风险识别的方法以及应对这些风险行之有效的措施。企业运营中也不可避免地面临各种各样的合规风险。对合规部门工作人员的技术培训可以有效识别这些合规风险,防止企业陷入相关纠纷。

此外,各机关也要通过多种形式为企业提供更具针对性的合规风险识别辅导。通过定期举办专门的企业合规培训,解答企业关心的合规问题。相关工作人员应定期到企业走访,了解并解答企业在实务中遇到的风险识别问题。

(二)企业风险识别流程

(1)明确风险识别分析主体。大部分合规管理人员将合规风险识别主体确定为企业的合规管理部门(委员会)或者法务部门。但是对企业而言,合规管理部门是合规管理的主要核心部门,而非业务部门,对于生产标准复杂、行业规范密集的企业而言,业务部门往往比合规部门更加了解国家标准、行业规范。因此,风险识别的主体应当分为业务部门和合规管理部门两个层级。由业务部门进行初步的合规义务和经营行为梳理汇总,再由合规管理部门进行筛选和分析。

(2)确定企业的合规目标。在明确合规风险识别主体后,企业需要针对合规风险识别的主体和合规任务要求设立合规目标,并以书面文件的形式下发给相应的工作部门或者下属企业开展具体工作。合规目标应当配以相应的工作方案，以明确工作分工、工作方法、工作事项及工作时间。

（3）根据合规目标和工作方案全面梳理企业合规风险清单。企业应当根据自身实际经营业务全面梳理相关领域的合规风险清单。如前所述，合规风险清单应当由各业务部门先行梳理相应合规义务及相应合规风险，并且可以根据业务开展识别，初步识别其中的重大风险、关键风险。之后，由合规部门进行筛选，排除非合规风险，形成最终的合规风险清单。

（4）识别合规风险源、对应部门、岗位的企业行为或者业务开展通常不是单一部门、单一岗位完成的。因此，在风险识别和分析过程中，一个重要的任务就是要明确划分相应部门和岗位的权限和责任，确认主体实施合规风险行为的情况、权限的界限和需要承担的相应责任。

（三）企业合规风险清单

通过合规风险识别，企业可以将识别和筛选出的各类合规风险项目进行收集和整合，梳理出一套企业的合规风险清单，即对风险数据信息正规化并不断完善，便于对企业的合规风险进行系统管理。企业各部门可以根据合规风险清单进行合规风险的自查和识别，并建立各自的合规风险管理台账，主要记录存在的合规风险和防范解决计划。同时，对已化解的合规风险应予以销号，对新增的合规风险应纳入台账管理。

此外，建立和运行企业各部门的合规风险台账，还可以不断发现和报告新的合规风险类型，进而丰富和完善企业的合规管理清单和合规风险信息库，提高合规风险识别的效率、效果和专业化程度。合规风险清单的形式格式应规范统一、清晰合理、逻辑性强，并与公司的组织架构和经营管理模式相一致，合规风险的内容在方法和概念上要规范统一，对违规行为的表述要具体、简明，让人一目了然，避免模糊表述。

第二节　企业合规风险评估

一、合规风险评估方法

（一）全面梳理企业合规风险清单

首先，应当梳理出表现为不同单元运行形式的企业各项业务活动，这种梳理是对公司合规管理对象的一次全面把握，此后应当在此基础上根据企业管理形式的不同，明确企业自身的合规义务，而后形成企业的合规风险清单。综上所述，将企业在日常经营过程中可能遇到的风险进行全面梳理，按照制度风险、内控缺失风险、执行风险、法律风险等分类标准，清晰地将风险列明。

（二）利用合规风险评估技术手段

企业的合规风险评估既可以采用定量的分析方式，也可采取定性的分析方式，具体的方式取决于项目需要和工作要求。在定量分析过程中，需要建立数学模型并引入不同的评价角度及参数以及不同赋值方式等，最后根据运算结果生成一个风险系数。但是很多的风险并没有使用定量分析方式进行评估的必要，因此可以依照合规风险的性质以及规则要求等，比较直观地作出判断，得出结论。

（三）合规风险等级评估

在合规风险评估过程中，为了更加直观、更有针对性地对风险进行处理，可以采取划分等级的方法，通过确认风险发生后的影响程度，衡量如财产损失、对企业运行造成的不良影响范围以及利益相关者的反应等因素，通过一定的评分标准来确定风险等级，并根据等级作出应对。在合规风险评估工作中最为常用的工具是风险矩阵（riskmatrix）和风险热图（riskheatmap 或 riskmapping）工具。风险矩阵能够给企业提供针对风险可能性及其影响的全面的可视化图表，有助于企业通过调整风险管理资源的优先级来提高其风险管控与治理能力。具体而言，风险热图可帮助企业将时间与财力集中在热图上，显示最有可能造成危害的风险类别。风险矩阵主要运作两项指标：一是风险可能性（likelihood 或 probability），即根据风险发生的可能性大小，将风险划分为不同级别；二是风险影响（impact），即根据风险发生后将会对企业造成的不利影响的严重性，对风险进行分级。在具体的研判过程中，应当根据发生可能性的高低与造成危害结果的大小，将二者结合之后进行综合判断，来对风险点的出现进行具体的等级确定

（四）形成合规风险报告

合规风险评估结束后，应当制作规范的合规风险报告，报告可以不定期作出，但是遇到重大风险事件时，应当及时进行更新。报告的内容大体上可以包括合规风险评估的过程、评估的结果、风险事件的起因、此次风险处理的结果以及日后对于相似风险的预防措施是否形成等诸多方面。

二、合规风险评估机构

合规风险评估应当由法务部门或者合规部门主导，同时对应的各个业务部门应当配合。若企业合规事务比较繁杂，则各方应着力组成合规风险管理小组，联合对应业务部门主管，依照合规义务清单和企业内部风险处置流程，以谈话、外部咨询的形式，

以及结合内部审计信息，推进企业合规风险评估，务必要重点关注企业在此前一年中发生的违反廉洁规定的事件以及对于亏损部门的审计调查。

一个功能完善、结构良好的合规风险管理小组还可以加入外部独立的法律、审计、财务会计以及熟悉企业对应专门业务的专业人士，一个人员构成多样化的合规管理小组可以提高整体合规风险评估的效率，更加高效地完成企业的合规风险处置。企业可以选择聘任首席风险官负责推动公司全面风控体系建设，各类风险管理职能部门要积极推动全面风险管理工作，定期监测、评估公司整体的风险防控水平，并向董事会进行汇报。一个完善的风险管理组织架构，具体包括以下6个层次：董事会（以及下设合规与风控委员会）、监事会——首席风险官、公司经营管理层（以及下设风险控制委员会和业务管理/决策委员会）——分管领导——业务风险审核委员会、风险管理部门——业务执行委员会、业务立项评审委员会、各业务部门——风控专员、合规专员。业务部门、风险管理部门、审计稽核部门要努力完善风险管理"三道防线"，做好事前、事中与事后的风险防范、监控与评价工作。

三、合规风险评估流程

（一）风险识别分析评估主体

由合规官牵头，合规部组织，对应业务部门配合实施，共同建立合规风险管理小组。合规管理小组联合业务部门主管，依据本单位建立和维护的合规义务清单、公司业务制度、岗位职责说明书，以座谈、个别访谈、集体讨论、专家咨询和内部纪检监察、审计、内控测试报告、与其他合规相关的问题信息统计、计算分析等方式进行合规风险形势评审。

合规风险管理小组应由法律和非法律业务专业人员组成。合规风险包括法律以外的其他合规风险，业务专业人员的加入能够提高对非法律合规风险的识别与管理。

（二）风险识别分析评估流程

风险识别分析评估流程如下。

第一步：确定需要加强合规风险管理的关键业务或岗位范围，进行企业合规风险形势评审，关注合规风险的分布和敞口变化，形成《公司合规风险形势评审表》。

了解企业本身，包括对企业内、外部环境进行初步分析是合规风险识别分析评估的出发点。要在每年12月，对本单位过去一年各业务合规情况进行评审。当公司内外管理环境发生重大变化时，也应该及时进行合规风险形势评审。合规风险形势评审的内容包括：企业生产经营是否出现新的或更改的活动、产品或服务；组织的结构或战略是否发生变更；是否发生重要的企业外部变化，如金融经济环境、市场情况、负债和客户关系；企业是否有合规义务的变化；企业内部是否发生不合规行为。又如，是否发生违反公司制度的行为；是否发生违反合规要求的从业行为；是否发生违反合规承诺的从业行为；企业内控测试是否存在不合格项；公司专项审计是否存在问题；公司合规目标是否实现；等等。

评审完成后，报合规部负责人审核后报合规官审批后即可进入第二步骤。一般依据公司每年的年度风险管理计划定期进行公司合规风险形势评审，合规管理员联系业务部门以座谈、个别访谈、集体讨论、专家咨询和内部纪检监察、审计、内控测试报告、与合规问题相关信息统计计算分析等方式，采取定性与定量相结合的方法进行合规风险形势评审其中，特别要关注公司过去一年内出现的违反廉洁规定事件、亏损单位审计、亏损调查原因反馈涉及的业务范围。同时，公司要通过网站、搜索引擎跟踪关键字关注合规风险变化、合规要求变化。

第二步：明确企业合规目标，制订开展某业务合规风险识别评估的工作方案，形成《关于开展××业务合规风险识别评估的通知》。

企业只有依据明确的合规目标，才能确定与企业实际情况、生存发展需求相对应的确切风险环境，并据此制订方案。工作方案包括合规风险识别评估范围、工作机构与分工、合规风险识别评估方法、需要完成的工作事项与时间要求等四个方面的内容。依据合规风险形势评审结果，公司合规管理员起草合规风险识别评估方案，报合规部门负责人审核，报区域合规官审批后即可实施。

第三步：识别合规风险源——权力，形成"权责清单"。

根据公司×××业务流程制度规定和部门业务分工、岗位职责和授权，全面清理和确定对管理和服务对象承担的各类工作职责，识别对应的权力，形成"权责清单"。权责清理方法以关键业务流程为单元或者以岗位为单元。方法一是依据业务流程制度规定的工作步骤、责任部门、责任岗位和工作任务，形成每个关键业务流程的"权责清单"。方法二是依据岗位职责说明书规定的工作职责，形成每个岗位的"权责清单"。

第四步：定义合规风险。

根据识别的"权责清单"具体内容识别企业风险，彻底的风险识别将提高合规风险透明度，同时也是企业有意愿改善经营方式的有力证明。在工作方法上，在所列出的风险清单中，以小组讨论、头脑风暴、案例启发、业务座谈等形式，查找可能触发的对应风险类型，定义合规风险。

第五步：不合规后果与分析。

根据可能触发的风险类型，推理不合规风险发生可能产生的后果，进行不合规原因、来源查找，并根据以往业务执行情况判断该业务的发生频率，以评估不合规风险发生的机会。

第六步：评估已识别的风险，确定合规风险等级。

根据可能发生和潜在的消极后果，确定合规风险等级，从而形成风险排序。合规风险等级评估可以采取目标影响评估法。在不合规后果与分析的基础上，评估不合规后果对业务目标的影响，同时评估对合规目标的影响。一般按照直接影响、间接影响和不影响三个程度进行评估，即按照高（直接影响）、中（间接影响）、低（不影响）确定合规风险等级，并确定组织愿受合规风险等级和待处理的合规风险。

目标影响评估法是指预估风险发生后果，分析对业务目标和合规目标的影响，按照高、中、低来定性评估风险敞口的大小。对业务目标的影响分为直接影响、间接影响、不影响三种；对合规目标的影响分为直接影响、间接影响、不影响三种；引起合规风险可能产生的行为频率分为高（每日发生 1 次或者 1 次以上）、中（每周发生 1 次或者 1 次以上）、低（每月发生 1 次或者 1 次以上）三种，因此可将合规风险等级分为高、中、低三种。

第七步：风险排序，确定风险应对计划。

通过对已识别的企业合规风险进行排序，确定待处理的合规风险点，进而确定年度合规应对计划的重点工作领域，工作组也可以据此拟订风险应对计划。

第八步：制定风险应对措施。

根据合规风险点所在的不同业务步骤、岗位和合规风险等级，并依据公司制度规定的工作目标、工作步骤、工作责任主体、工作任务、工作记录、工作标准和工作方法，结合合规要求、合规承诺，有针对性地制定合规风险管理措施。对不同等级合规风险的应对措施应区别制定，重点加强对高合规风险点的防控。

第九步：风险应对措施植入流程制度。根据制定的风险应对措施，修改完善对应的公司流程制度并发布执行。

CHAPTER 06 >> # 第六章
企业反腐败合规

第一节 概述

一、企业反腐败合规的必要性

在我国,企业建立合规体系和合规机制,最初是从金融业、保险业等行业开始的。相关部门出台的合规指引或合规管理办法等规范性文件,确立了我国相关行业合规管理的基本框架。

(一)从企业本身来看

首先,合规管理既是企业稳健经营运行的内在要求,也是防范违规风险的基本前提,还是每一个公司管理内容的一部分,并且是保障自身利益的有力武器,内控制度的完善离不开合规管理及操作,这样方能让企业内控制度效用最大化。

其次,合规管理是规范员工行为的有效手段,通过建构科学的企业合规文化以及合规体系,有利于让员工养成合规化的习惯,避免违规风险。同时在制度层次向广大员工普及合规管理的相关条例，有利于让员工自觉自律地避免违规化操作。此外，合规管理可以防止决策失误，领导者的权限较大，小决策都有可能引发公司的多米诺骨牌效应，合规化管理通过约束高层领导人员的相关行为能够最大限度地减少决策失误带来的经营风险。

（二）从宏观方面分析

其一，在刑事政策层面，以反腐败合规作为抓手和纽带，正在前所未有地推动着人类期盼已久的"预防与惩治兼顾、预防为主"的科学治理模式的形成。这种新的反腐败模式，较之传统的反腐败模式有三大突出特征：首先，在政策观念上，反腐败合规将反腐败视为社会公共事务，而不是国家专属事务，强调公共部门与私营部门反腐败的协调推进以及国家与企业合作反腐，从而可以制度化地聚集社会各方力量来共同治理腐败。其次，在制度设计上，反腐败合规通过将企业主动采取措施预防腐败行为发生的道德倡导提升至刑法义务的高度，使长期以来停留于头口上的"预防胜于打击"的政策倡导落到实处，真正实现对腐败现象的源头治理，同时强调执法的"零容忍"，可以切实提升反腐败的实际成效。最后，反腐败合规在运行机制上，强调在制度安排下国家与企业之间的良性互动：一方面，国家基于保障企业健康发展和促进经济社会平稳发展的需要，对企业提出其力所能及的反腐败的基本要求；另一方面，企业基于自身可持续发展的内生性需求，积极满足立法的期待，建立了腐败风险内控机制，此时即使仍然发生了腐败犯罪，企业也可以获得刑事上的优待，从免除企业刑事责任到对企业处罚的从轻、减轻，十分有利于避免传统刑事责任追究对企业的破坏性打击。

对我国而言，大力推行反腐败合规，有助于克服反腐败斗争过程的障碍,促进反腐败在法治轨道上不断深入发展。

其二,在立法上设定企业预防腐败的义务,因反腐败具有强大正向功能,可以形成国家与企业共赢局面,因此获得了充分的正当性与必要性。

二、企业反腐败合规的特点

(一)规章制度文件中体现出来的有关反腐败合规的特点

最高人民法院、最高人民检察院发布的《关于办理商业贿赂刑事案件适用法律若干问题的意见》第10条规定,办理商业贿赂犯罪案件,要注意区分贿赂与馈赠的界限,主要应当结合以下因素全面分析、综合判断:(1)发生财物往来的背景,如双方是否存在亲友关系及历史上交往的情形和程度;(2)往来财物的价值;(3)财物往来的缘由、时机和方式,提供财物方对于接受方有无职务上的请托;(4)接受方是否利用职务上的便利为提供方谋取利益。

(二)反腐倡廉路程中关于合规总结的特点

一是强化顶层设计。这些年,我国的反腐败过程经历了从运动反腐到制度反腐的关键转变。特别是党的十八大以来,党中央不断强化顶层设计,为制度反腐构建系统性的战略规划,通过深入调研、充分论证,逐渐明晰了反腐败制度建设的终极目标、近期目标、时间进程、方法与手段,绘制出反腐败制度建设路线图,明确推进路径,使公众了解具体举措与长远战略,权宜之计与根本制度变革之间的关系。避免了过去反腐败工作中出现的"头疼医头,脚疼医脚"现象,避免了反腐败工作的方向和思路随着问题浮现的程度而起伏,随着社会公众的注意力不断变化,保证了反腐败工作的统一性、长效性和有序性。

二是结合中国实际。我国反腐败制度建设注重结合中国实际，这主要有三大体现：其一，在反腐败制度构成上，中国特色社会主义反腐败制度体系由国家法律和党规党纪构成，突出党规党纪在反腐败制度建设中的重要地位。其二，在反腐工作开展上，将坚持党的领导作为统筹协调反腐执纪与反腐司法工作的前提。党的十八届四中全会通过的《中共中央关于全面推进依法治国若干重大问题的决定》为使国家法律体系和党内法规制度统一起来发挥最大效能，特别强调党的领导和社会主义法治是一致的，社会主义法治必须坚持党的领导，党的领导必须依靠社会主义法治。其三，在对当前腐败的从严治理上，党的十八大之后的反腐败制度建设结合中国实际，着眼当前更隐秘、更复杂的腐败问题，以《刑法修正案（九）》、《刑法修正案（十二）》以及《关于新形势下党内政治生活的若干准则》、《中国共产党党内监督条例》的党内法规，从法律层面降低了入罪门槛，将现行由纪律规制的腐败问题上升为由法律规制，以增加财产刑加大对腐败犯罪的经济处罚，增加终身监禁制度确保腐败分子难逃法律制裁。从党纪层面，将相关道德规范上升为纪律规范，加重党员特别是国家工作人员的纪律义务，并且严格细化了党的中央组织、各级党委、纪委以及基层组织和党员的监督职责，使党内法规更加完善，能够更好地发挥预防腐败的作用。

三是党纪国法互联。宪法是我国根本大法，赋予了中国共产党执政地位，这就要求依法治国的同时，也要依党内法规从严治党。因此，要建设社会主义法治国家，就必须加强党纪国法互联，必须使国家法律法规和党内法规制度相辅相成、相互促进、相互保障的格局落到实处。首先，党纪国法互联是必要的。在理论上，国家法律和党规党纪是人民意志的体现，在本质上是一致的。在实践中，社会主义法治体系已经形成，是一个完整的法治体系结构，包括完备的法律规范体系、高效的法律实施体系、严密的法律监督体系、有力的法律保障体系、完善的党内法规体系。首先，国家法律和党规党纪互联是符合我国国家治理体系要求的，其目标上一致、内容上统一、适用上依存，二者相辅相成，互为补充。其次，党纪国法互联是可行的。必须充分认识到，党纪和国法都有着同样的法治思维，依法治国需要严厉党纪的示范和引领，依规治党需要在国法的框架下规范进行，只有严格党纪、公正司法，才能在党内法规建设和反腐败立法方面做到有效衔接和收效显著。最后，党纪国法互联是有界限的。必须看到，国家法律与党内法规在制定机关、制定程序、调整对象、适用范围、实施方式等方面是有差别的，不能把二者完全混同起来。在反腐实践中，适用党纪或适用国法必须做到界限分明，违反党纪就按党纪处理，违反法律就要严格依法处罚。

四是借鉴国际经验。党的十八大以来反腐败制度建设呈现许多亮点，这也是对国际有益经验的科学借鉴。首先，"把权力关进制度的笼子"的提出，推动了中国特色社会主义反腐败制度体系从刑事立法和党内法规两个层面的进一步完善，做到反腐败斗争制度严密、有据可依。在国际社会上，以健全的反腐败制度体系约束权力的例子并不少见。以新加坡为例，新加坡预防和治理腐败的法律体系主要由《新加坡防止贪污法》《新加坡没收贪污所得利益法》《新加坡公务员纪律条例》《新加坡公务员惩戒规则》等法律法规组成，分别对严厉惩治腐败、贪污所得的认定和没收、公务员的严格管理等作出了明确规定，这些法规与刑法、刑事诉讼法等相得益彰，互为补充，构筑起惩腐反贪败的制度铁笼。其次，"实现权力在阳光下运行"。"让权力在阳光下运行"是当今世界反腐成绩突出的国家普遍选择的一条路径。如美国、新加坡等国家的财产申报制度以及瑞典确立"政务公开"原则等都是很好的反腐败经验，对我国完善现有公务员财产申报制度，完善政府信息公开等均起到很好的借鉴作用。

五是注重操作可行。无论是国法还是党纪，其效能都必须通过有效的执行体现出来。在反腐败实践中，能否有效地遏制腐败的高发势头，关键在于国法和党纪能否真正得到有效落实。党的十八大以来的反腐败制度建设显然将落实具体规定，注重操作可行作为关键，这主要表现在两个方面。其一，党纪方面，明确了党纪严于国法的要求。2014年6月5日，中纪委网站发布消息：中国出口信用保险公司原副总经理戴春宁因严重违纪违法，被开除党籍。在违纪情况通报中，出现"与他人通奸"的措辞，引起舆论的广泛关注。该起案例首次以道德范畴的措辞作为党纪处分的表述内容，体现了严格执行党纪的要求。此外，如中央纪委网站还通报各地党员干部违反中央八项规定精神大操大办婚丧嫁娶等诸多案例，也进一步印证了党纪严于国法和中央坚决落实执行的决心。其二，国法方面，首先，我国社会主义法治国家的性质决定了反腐败斗争必须依法开展，尽管党纪严于国法，但并不是说党纪可以凌驾于国法之上或游离于国法之外。针对党纪与国法的执行范围，2013年5月发布的《关于党内法规制定条例》规定，制定党内法规"遵守党必须在宪法和法律范围内活动的规定"；审核党内法规时要着重审查"是否同宪法和法律不一致"。这些规定均明确了党纪与国法在运用于反腐败问题时的范围，使反腐败斗争有据可依、操作可行。其次，《刑法修正案（九）》对于已不符合当前经济发展规律的腐败犯罪量刑标准作出调整，将过去具体数额的量刑标准改为不同档次的概括性标准和犯罪情节相结合，更加科学合理，便于当前反腐败斗争的开展。最后，《刑法修正案（十二）》在 2015 年通过的《刑法修正案（九）》修改行贿犯罪的基础上对行贿犯罪的又一次重要修改。修改中坚持受贿行贿一起查，有针对性地对一些严重行贿情形"从重处罚"，加大刑事追责力度。

三、企业反腐败合规的相关规范

（一）我国历来反腐败有关规范性法律文件

（1）《中华人民共和国刑法》；

（2）《中华人民共和国反不正当竞争法》；

（3）《建立健全惩治和预防腐败体系 2013—2017 年工作规划》；

（4）《十八届中央政治局关于改进工作作风、密切联系群众的八项规定》；

（5）《党政机关厉行节约反对浪费条例》；

（6）《党政机关国内公务接待管理规定》；

（7）《因公临时出国经费管理办法》；

（8）《关于厉行节约反对食品浪费的意见》；

（9）《党的纪律检查体制改革实施方案》；

（10）《关于加强中央纪委派驻机构建设的意见》；

（11）《省（自治区、直辖市）纪委书记、副书记提名考察办法（试行）》等三个提名考察办法等；

（12）《中华人民共和国反洗钱法》；

（13）《企业境外经营合规管理指引》；

（14）《中央企业合规管理办法》；

（15）《联合国反腐败公约》；

（16）《世界银行诚信合规指南》；

（17）《亚洲基础设施投资银行协定》；

（18）WTO《政府采购协议》2012年版；

（19）《世界银行招标采购指南》1995年版；

（20）《ISO 37001反贿赂体系》；

（21）《反贿赂管理体系》深圳标准；

（22）全国人民代表大会常务委员会关于批准《联合国反腐败公约的决定》；

（23）《国务院关于印发近期开展反腐败斗争实施意见的通知》；

（24）《最高人民检察院关于贯彻中发［1993］9号文件进一步开展自身反腐败斗争的实施意见》；

（25）《海关系统反腐败抓源头工作实施办法》；

（26）《国家中医药管理局关于反腐败抓源头工作的实施办法》；

（27）《人事部关于印发〈关于人事部门反腐败抓源头工作实施办法（试行）〉的通知》；

（28）《科学技术部反腐败抓源头工作实施办法》；

（29）《公安部关于当前反腐败工作着重解决几个问题的意见》；

（30）《国家监察委员会关于开展反腐败国际追逃追赃工作情况的报告》；

（31）《民政部党风廉政建设和反腐败工作领导小组关于调整、完善〈民政部直属机关反腐倡廉宣传教育工作联席会议制度〉相关事项的通知》；

（32）《国家工商行政管理局关于贯彻落实中纪委二次全会和国务院第六次反腐败工作会议精神的意见》；

（33）《国家工商行政管理局关于印发〈关于贯彻中纪委第八次全会和国务院第五次反腐败工作会议精神的意见〉的通知》；

（34）《国家税务总局关于调整总局反腐败工作领导小组成员

的通知》；

（35）《国家税务总局关于开展反腐败斗争落实三项任务情况调查的通知》；

（36）《人事部关于深入开展反腐败斗争的通知》；

（37）《司法部关于贯彻〈国务院关于近期开展反腐败斗争的实施意见〉的具体措施》；

（38）《依法治国依规治党 坚定不移 推进党风廉政建设和反腐败斗争——在中国共产党第十八届中央纪律检查委员会第五次全体会议上的工作报告》；

（39）《中共教育部党组关于成立教育部党风廉政建设和反腐败工作领导小组的通知》；

（40）《中共教育部党组关于印发〈教育部党风廉政建设和反腐败工作领导小组办公室工作规则〉的通知》；

（41）《聚焦中心任务 创新体制机制 深入推进党风廉政建设和反腐败斗争——在中国共产党第十八届中央纪律检查委员会第三次全体会议上的工作报告》；

（42）《中共中央纪委关于决定废止、失效一批党风廉政建设和反腐败工作文件的通知》；

（43）中共中华全国供销合作总社党组关于印发《中华全国供销合作总社党风廉政建设和反腐败工作联络员职责》的通知；

（44）《中共中央纪委、中共中央统战部、监察部关于向民主党派通报党风廉政建设和反腐败工作情况，邀请民主党派参加党风廉政建设专项检查的实施意见》；

（45）中央纪委关于印发《关于纪委协助党委组织协调反腐败工作的规定（试行）》的通知；

（46）《关于纪委协助党委组织协调反腐败工作的规定（试行）》；

（47）《中共中央纪委、监察部关于决定废止一批党风廉政建设和反腐败工作的文件的通知》；

（48）中共国家工商行政管理局党组关于印发《全国工商行政管理系统反腐败抓源头工作方案》的通知；

（49）中央纪委驻民政部纪检组关于印发《民政部反腐败抓源头工作实施意见》的通知；

（50）《中共建设部党组关于党风廉政建设和反腐败工作责任制的暂行规定》；

（51）中共中央纪委、监察部《关于坚持不懈地抓紧抓好中央近期反腐败斗争三项工作的通知》；

（52）《中共中央纪委、最高人民检察院、监察部关于纪检监察机关和检察机关在反腐败斗争中加强协作的通知》；

（53）《中共中央、国务院关于反腐败斗争近期抓好几项工作的决定》；

（54）《国务院办公厅关于建立外国投资者并购境内企业安全审查制度的通知》；

（55）《国家监察委员会与最高人民检察院办理职务犯罪案件工作衔接办法》；

（56）《中华人民共和国监察法》；

（57）《中华人民共和国公职人员政务处分法》；

（58）《中华人民共和国监察官法》；

（59）《中华人民共和国监察法实施条例》。

（二）域外有关反腐败规范性文件

1. 国际组织——联合国

（1）《联合国反腐败公约》；

（2）《联合国打击跨国有组织犯罪公约》；

(3)《联合国公职人员国际行为守则》;

(4)《联合国执法人员行为守则》;

(5)联合国大会关于反腐败决议:反腐败的行动(第51/59号)、反贪污腐败行动(第54/128号)、一项有效的反贪污国际法律文书(第55/61号)、防止和打击贪污行为及非法转移资金并将这些资金返还来源国(第55/188号)、反贪污国际法律文书谈判工作范围(第56/260号)、签署联合国反腐败公约的高级别政治会议(第57/169号)、联合国反腐败公约(第58/422号)。

2. 国际组织——经济合作与发展组织

(1)《经济合作与发展组织公共服务中加强正值建议案》;

(2)《经济合作与发展组织贿赂与出口信用建议案》;

(3)《经济合作与发展组织公共服务中管理利益冲突建议案》;

(4)《经济合作与发展组织跨国企业行为准则》;

(5)《经济合作与发展组织公共服务中提高道德行为建议案》;

(6)《经济合作与发展组织禁止在国际商业交易中贿赂外国公职人员公约》;

(7)《经济合作与发展组织禁止在国际商业交易中贿赂外国公职人员公约的注释》;

(8)《经济合作与发展组织国际投资和跨国公司宣言》。

3. 国际组织——国际财团

(1)《国际货币基金组织货币和金融政策透明度问题良好做法守则:原则宣言》;

(2)《巴塞尔银行监管委员会有效银行监管核心原则》。

4. 国际组织——国际商会

(1)《国际商会打击国际商业交易中的勒索和贿赂的行为准则》;

(2)ISO 37001《反贿赂管理体系 要求及实施指南》。

5. 区域性国际组织

（1）亚太地区。《亚太地区反腐败行动计划》。

（2）欧洲。《欧洲理事会反腐败刑法公约》《欧洲委员会反腐败民法公约》《欧洲理事会反腐败国家集团规约》《欧洲理事会反腐败刑法公约的解释性报告》《波罗的海国家反腐败决议》《欧洲理事会打击贪污腐败二十项指导原则》《欧洲联盟反腐败公约》《欧洲议会反腐败决议》等。

（3）非洲。《非洲发展共同体反腐败议定书》《非洲联盟预防和打击腐败公约》《西非经济共同打击腐败议定书》《援助非洲全球联盟非洲国家反腐败原则》《南部、非洲发展共同体反腐败议定书》《非洲联盟预防和打击腐败公约》《西非经济共同打击腐败议定书》《援助非洲全球联盟非洲国家反腐败原则》等。

6. 国家

（1）日本。《日本国家公务员伦理法》《日本国家公务员伦理规章》《日本公开东京都知事的资产等确定政治伦理条例》《日本公开东京都议员的资产等确定政治伦理条例》《日本关于整顿经济关系罚则的法律》《日本职员的惩戒》等。

（2）韩国。《韩国反腐败法》《韩国公共机构情报公开法》《韩国实名制法》《韩国〈公职人员伦理法〉施行的国会规则》《韩国公职人员伦理法》等。

（3）巴基斯坦。《巴基斯坦1973年政府公职人员效率与纪律条例》《巴基斯坦1964年政府公职人员行为条例》《巴基斯坦1947年防止腐败法》等。

（4）英国。《英国内阁成员规则》《英国行政性非政府部门公共机构及类似机构工作人员示范规则》《英国下议院议员行为规范》《英国行政公开的最佳实务标准》《英国非政府部门公共咨询机构委员会成员行为示范规则》《英国 1916 年防止贿赂法》《英国 1906 年防止贿赂法》《英国 1889 年公共机构贿赂法》等。

（5）法国。《法国关于政治生活财务透明度的法律》《法国关于公务员行为准则的法律》等。

（6）德国。《国际刑事法庭法官与公职人员同等化处理法案》《遏制国际腐败犯罪法案》《德国关于联邦管理部门反腐败的行政条例》《德国 1997 年刑法典》等。

（7）美国。《美国萨班斯—奥克斯利法案》《美国得克萨斯州刑法典》《美国地方政府法典》《美国反海外腐败法》《美国佐治亚州反腐败特别机构法》《美国得克萨斯州政府法典》《美国国防部人员行为准则》《美国众议院议员和雇员道德准则》《美国政府工作人员道德准则》《美国政府行为道德法》《美国行政部门职员道德行为标准美国情报自由法》《美国刑法典》等。

四、企业违反反腐败法律法规的后果

（一）刑事方面

首当其冲就是我国刑法中规定的专门一章：《刑法》第八章——贪污贿赂罪。

在《刑法》中，涉及贿赂的具体罪名很多，不止受贿罪和行贿罪两种。法律根据受贿主体和行贿对象的不同，规定了不同的罪名。这些罪名的构成要件存在些许差异，大体分为以下三类：第一类是受贿类犯罪，包括受贿罪、单位受贿罪、利用影响力受贿罪、非国家工作人员受贿罪等。第二类是行贿类犯罪，包括行贿罪、对单位行贿罪、对有影响力的人行贿罪、单位行贿罪、对非国家工作人员行贿罪等。第三类是介绍类犯罪，包括介绍贿赂罪等。从近年来《刑法》修正的情况来看，国家对贿赂犯罪进行刑事处罚的力度在逐渐加大，2020年发布的《刑法修正案（十一）》对非国家工作人员受贿罪进行了修改，将最高刑期从原来的15年有期徒刑提高到了无期徒刑。2023年12月29日通过的《刑法修正案（十二）》，一方面进一步加大了行贿行为惩治力度。我国刑法中行贿罪的最高刑是无期徒刑，在法定刑上体现了严厉惩治。刑法修正案（十二）修改的内容上，主要体现以下三个方面：一是在立法上进一步明确对一些严重行贿情形加大刑事追责力度，进一步明确释放受贿行贿一起查的政策要求，将党中央确定重点查处的行贿行为在立法上规定从重处罚，具体包括以下7种情形：多次行贿或者向多人行贿的；国家工作人员行贿的；在国家重点工程、重大项目中行贿的；为谋取职务、职级晋升、调整行贿的；对监察、行政执法、司法工作人员行贿的；在生态环境、财政金融、安全生产、食品药品、防灾救灾、社会保障、教育、医疗等领域行贿，实施违法犯罪活动的；将违法所得用于行贿的。二是调整提高单位行贿罪的刑罚。实践中，一些行贿人以单位名义行贿，规避处罚，导致案件处理不平衡，各方面反映对单位惩处力度不足，此次修改调整提高单位行贿罪的刑罚。三是对其他贿赂犯罪的刑罚作出相应调整。我国刑法根据贿赂犯罪的主体、对象、行为等不同，规定了较多罪名，对行贿罪、单位行贿罪作出调整后，为贯彻从严惩治的精神，相应地调整其他贿赂犯罪的法定刑，做好衔接和平衡。另一方面，完善民营企业内部人员腐败相关犯罪。《刑法修正案（十二）》对完善民营企业内部人员腐败相关犯罪修改涉及的条文包括刑法第165条、第166条和第169条。在上述条文中增加1款作为第2款，对国有公司、企业之外的其他公司、企业相关人员违反法律、行政法规，实施相关背信行为，致使公司、企业利益遭受重大损失的明确了法律责任；刑罚上，依照第 1 款国有公司、企业的处罚规定予以处罚。此外,此次修改在考虑实践情况的基础上,注重与相关法律的衔接,结合实践情况以及公司法修改情况等,对刑法第 165 条非法经营同类营业罪的主体作了进一步完善,将犯罪主体由"董事、经理"修改为"董事、监事、高级管理人员"。需要注意的是,构成上述犯罪,在前提上要违反法律、行政法规规定,在行为上具备相应的故意"损企肥私"行为,在结果上造成公司、企业重大损失,本质上是企业内部人员利用职务便利,搞非法利益输送,损害企业利益。

(二)民事方面

目前我国并未对民事赔偿作出了相关具体规定,但从国际层面出发,《联合国反腐败公约》(以下简称《公约》)第 35 条规定了"损害赔偿"条款,赋予因商业贿赂行为而遭受损害的实体或个人有权对导致该损害的责任者提起损害赔偿诉讼。

国际社会对商业贿赂的社会危害性认识是逐步深入的,最初认为商业贿赂属于一国国内管辖之情事,且为国际贸易之常态。随着国际经济全球化的发展和 WTO 规则的实施,国际社会认识到商业贿赂与 WTO 所操守的公平竞争理念相悖,且严重破坏了市场规律和价值规律在配置资源中的作用,损害了公平竞争者的利益,滋生了腐败犯罪,催生了伪劣产品。因此,国际社会开始一方面通过各种渠道促使各国利用行政手段或刑事手段规制商业贿赂行为,另一方面着手制定一部打击商业贿赂行业的国际公约。在制定国际公约过程中,国际社会认识到仅通过行政手段和刑事手段规制商业贿赂还是不够的,因为商业贿赂对相关的合法竞争经营的实体或个人也造成了损害,因此在充分注意到欧美等国家和地区对商业贿赂施以民事责任的事实的基础上,国际社会主张必须对该损害予以高度重视。国际社会对其重视的结果便是在《公约》

第 35 条规定了"损害赔偿"之条款。《公约》共有 71 条，大部分是涉及打击腐败的刑事条款或预防、追回、监督等机制的条款。虽然涉及商业贿赂民事损害赔偿责任的条款只有一条，但这正说明国际社会对该问题的关注程度。

（三）行政方面

行政赔偿，是指国家行政机关及其工作人员在行使职权的过程中侵犯公民、法人或其他组织的合法权益并造成损害，由国家承担赔偿责任的制度。《中华人民共和国国家赔偿法》第 4 条规定："行政机关及其工作人员在行使行政职权时有下列侵犯财产权情形之一的，受害人有取得赔偿的权利：（一）违法实施罚款、吊销许可证和执照、责令停产停业、没收财物等行政处罚的；（二）违法对财产采取查封、扣押、冻结等行政强制措施的；（三）违法征收、征用财产的；（四）造成财产损害的其他违法行为。"

（四）社会影响

（1）单位名誉受损；

（2）公众信誉危机；

（3）企业再经营困难。

第二节 企业反腐败合规的重点风险领域及成因分析

一、重点风险领域

（一）企业反腐败反舞弊管理机制

互联网平台企业、公司并购过程中对于腐败信号的敏感度将直接关系到买方的利益。企业未建立反腐败反舞弊机制，各部门、各单位则不能有效联动形成自上而下的反腐败反舞弊的工作机制及举报机制，致使不能及时发现腐败、舞弊行为，出现该行为后就不能采取有效措施挽回损失或控制风险。

企业未制定反腐败反舞弊管理制度或制度不完善，导致企业反腐败反舞弊无据可依，无工作机制及事件处置流程，将致使反腐败反舞弊工作流于形式，不能有效落地。

企业未设立专门的反腐败反舞弊管理机构将导致企业没有专门部门及人员对反腐败反舞弊进行管理及处置，出现相关事件后部门之间相互推诿。

（二）企业可能涉及的腐败、舞弊行为

在企业生产经营中，相关岗位人员以非法占有为目的或为自己及他人谋取不正当利益，会发生如行贿、对单位行贿、对有影响力的人行贿、对非国家工作人员行贿、受贿、利用影响力受贿、非国家工作人员受贿、贪污、职务侵占、挪用资金（公款）等行为。

单位为了达到商业目的会发生如单位行贿、单位受贿等行为。

上述行为涉嫌构成犯罪的，企业或相关人员将被追究行政责任和刑事责任，企业会受到重大声誉影响，致使企业遭受致命性打击。

（三）企业反腐败反舞弊举报监督机制

企业举报机制未建立或举报渠道不畅通，将致使在企业经营过程中出现腐败、舞弊现象时，知情者不能及时将相关线索或事件进行举报，或因举报人保护机制不完善导致举报人因恐遭受打击报复而不愿反映真实情况，将致使企业不能及时发现腐败、舞弊行为。

二、企业反腐败合规的成因分析

(一) 企业管理体制存在漏洞

大多数中国企业无论是在制度建设上还是在管理方式上都存在很大的问题。对于一个与利益挂钩的组织来说，管理体制存在漏洞就很容易滋生腐败。许多企业的管理体制不健全，没有一套系统的、规范的管理制度，随意性强。并且，缺乏自我变革能力，对管理时代的变化反应迟缓，难以实现创新，找到属于适合企业的管理模式。大多数中国企业对战略的重视程度低，组织管理的理念淡薄，无法按照战略目标确定未来发展规划。

(二) 监督机制不完善

企业内部的监督体系力量薄弱或者监管不合规引发企业腐败。实践中，企业监管部门的权力过小。若企业经营管理者自身不正，监管部门将不能对其进行惩处，或者是从轻处置，监管不力，睁一只眼，闭一只眼。还有，监督体系存在漏洞将使部分人钻了制度的"空子"，损害企业的整体利益，但又无法对其进行惩处。

(三) 个人思想腐化

个体腐败主要表现在以下几个方面：首先，部分员工过于追求个人利益，拜金主义不断膨胀。在最短的时间内追求最大的利益，为此做一些危及企业的事情。其次，经营管理者的权力过于集中，只要权力过大又缺乏约束与监督，极易造成管理者个人腐败，会导致管理者滥用职权，结党营私，以权谋私以及中低层员工责任心较弱，对岗位不尽心。员工个人追求不高，只求完成组织规定的基本任务，工作积极性低。甚至有员工在团队中"滥竽充数"。

第三节　企业反腐合规体系搭建

一、预防机制

（一）从宏观政策方面：合规部门应该与监管部门、司法机关协同共治

合规与奖励机制对标，在立法上设定企业预防腐败的义务，这种措施因具有强大正面功能，可以形成国家与企业共赢的局面，因此获得了充分的正当性与必要性。以单位犯罪的立法改革为重点，强化预防性立法思维，充分发挥刑法强力引导功能，推动企业反腐败合规的实施，尽快形成国家—企业合作反腐的治理格局。这也是推进腐败治理现代化的必由之路。没有腐败预防的切实推进，就没有腐败治理的现代化。

落实主体责任制度。企业管理层有责任制订并采用合规计划，给企业相关责任人员赋予责任，允许企业向未能实施合规计划并因此受到制裁的董事或总经理要求损害赔偿。

（二）从市场方面介入，提高企业合规敏感度

增加员工培训，强化合规意识。加强反腐败合规理论研究，为反腐败政策的调整和立法完善提供智力支持和建设性方案。反腐败合规是新型的法律全球化现象和新的社会治理工具，属于亟待发展的事物，不同于传统刑事责任追究的前沿领域，与传统刑法学研究在观念、视野和路径上有巨大的不同。在全球范围内都属于新问题。

制作合规手册，与合作伙伴共商签订合规承诺条款。恪守诚

信和商业道德及遵守法律法规是良好合规文化的核心，也是合规风险防范的基础和保证，同时还是企业与客户、供应商、投资人，渠道合作伙伴以及所在社区建立良好关系的基础。根据《企业境外经营合规管理指引》第八章的要求，合规文化应作为企业文化建设的重要内容，这意味着企业不仅应将合规文化在内部进行传播，也应当将合规文化传递至利益相关方。

公司内部设立合规与审计部门，提高抵御合规风险的能力。在企业层面，要基于可持续发展战略，弘扬企业家精神，增强主动防控腐败风险的危机意识与行动力。根据企业合规管理需求，制订符合企业特色的反腐败合规管理体系建设方案，并在获得公司认可后协助公司实施。建议方案应当包括完善公司治理结构的建议、董事会的合规职责、合规管理架构的搭建、合规管理部门的职责、合规岗位的设置、合规岗位的合规职责、合规管理制度建设、具体合规规范建设、合规运行机制的设计、合规培训内容的建议等。

在公司官网公布举报电话，落实群众监督。举报、投诉是获取舞弊线索最高效的途径之一，2020年注册舞弊审查师协会（Association of Certified Fraud Examiners，ACFE）反舞弊调查报告显示，44%的舞弊案件是通过举报热线发现，15%的案件线索来自内部审计，11%的案件线索来自管理者的审查。因此，举报投诉制度是构建完善的反舞弊合规体系的关键一环。

在设置举报渠道时，应遵循内外兼顾、公开通畅的原则。企业可以根据自身工作模式、沟通惯例等设立合适的举报途径，要确保无论是公司内部员工还是外部相关人员，在发现或者怀疑存在舞弊线索时可以通过相应的渠道进行举报或投诉。在设置举报渠道时，要注意举报途径的灵活性、信息保密性、匿名性以及便于使用等性质。目前较为常见的举报投诉渠道是设置专用的举报投诉邮箱、投诉网站、微信公众号、举报热线电话、信箱等。同时，举报信息接收人的选择尤为重要，一旦选择不当可能会直接导致整个举报制度的失效。在选择信息接收人时应注意以下两点。

一是接收举报信息的人员应当具有足够的独立性。要绝对避免该人员与舞弊风险高发部门的人员存在直接或间接的利害关系，在确保其接收信息后能免受不正当干预的情况下，可以考虑对其进行多条线管理，确保在接收到相关信息后能妥善处理。

二是该人员必须具备相应的专业能力。承担该职能的人员应当具备相关法律知识或财务背景，并且经过了系统性的培训，能胜任该项工作。必要时可以选择设置外部独立的举报渠道，由专业的律师团队作为举报信息的接收者，律师作为专业人员，能对线索可能涉及的法律风险进行更为精准、专业的评估和计划，并在获取线索之后进行深入挖掘，排除其他不当干预。如中兴通讯公司就专门聘请外部律师事务所作为独立第三方提供专门举报服务。

二、事后处理机制

（一）严格按照规章制度处理不当行为

公司制定的反腐败与反商业贿赂政策，需说明政策制定的目的，声明对腐败和贿赂的"零容忍"态度，并纳入具体的行为准则、反商业贿赂和反腐败的主要制度。建议企业可以参照境内外法律法规（如《刑法》《反不正当竞争法》及相关规定等）的规定，结合自身实际情况加以制定。

（二）加强事后经典案例宣传教育工作

拓展服务视野、加强自身业务能力建设，努力实现从传统的事后救济服务,向风险防控服务转型升级,为企业构建腐败风险内控机制提供建设性的行动方案与咨询意见,同时,选取相关经典案例进行宣传。

(三)将监督工作落到实处

完善第三方调查,遵循风险评估、第三方调查、采取措施和监督。

三、加强党的建设

(一)指导思想

坚持以习近平新时代中国特色社会主义思想为指导,深入贯彻党的历次全会精神,全面落实中央纪委部署,增强"四个意识"、坚定"四个自信"、做到"两个维护"。深刻认识"两个确立"的决定性意义,立足新发展阶段,贯彻新发展理念,自觉把握和运用党的百年奋斗历史经验,把严的主基调长期坚持下去,不断巩固拓展党史学习教育成果,强化基础工作,规范监督执纪问责,持续推进全面从严治党向纵深发展,修订优化党风廉政建设责任体系,健全完善监督体系,构建系统集成、协同高效的权力监督机制,锲而不舍纠治"四风",坚决企业纪检监察体制改革任务,提升监督执纪问责规范化水平,持续深化"不敢腐、不能腐、不想腐"一体推进。把正风肃纪与企业改革创新、提质增效、绿色转型、数字化转型和防范风险贯通起来,构建新发展格局、推动高质量发展,营造良好的政治生态。

(二)重点工作

坚定不移践行"两个维护",做深做实政治监督,确保上级重大决策部署落地见效。聚焦科学理论武装,强化政治理论学习。

把深入学习贯彻党的历次全会精神作为首要政治任务，持之以恒、学懂弄通习近平新时代中国特色社会主义思想。做到学思用贯通，知信行统一，不断提高政治判断力、政治领悟力、政治执行力，努力践行不断增强捍卫"两个确立""两个维护"的坚定性、自觉性。

企业党组重点工作需要部署强化政治监督。深化运用党的自我革命历史经验，巩固拓展党史学习教育成果。

紧盯"关键少数"强化监督。督促深入开展批评与自我批评，严格提醒谈话制度，发现问题立即予以提醒指正。督促既要严格用权、严以律己，也要严负其责、严管所辖。

CHAPTER 07 >> 第七章

企业反垄断合规

第一节　概述

一、企业反垄断合规的必要性

企业领导反垄断合规意识强不强，是决定合规管理体系成效的首要前提和关键因素。近年来，垄断协议、经营者集中、滥用市场支配地位、滥用行政权力、经营者集中申报的案件越来越多，更要引发企业重视。习近平总书记高度重视企业合规经营，多次作出重要指示批示，强调企业合规管理要跟上。《法治中国建设规划（2020—2025年）》《法治社会建设实施纲要（2020—2025年）》《知识产权强国建设纲要（2021—2035年）》等中央文件明确要求企业树立合规意识，守法诚信、合法经营。强化企业领导法治思维、合规意识是确保合规管理制度落地执行的重中之重，健全企业主要负责人履行推进法治建设第一责任人职责工作机制，党委（党组）书记、董事长、总经理各司其职,将强化合规管理纳入全局工作统筹谋划、一体推进,对重点问题亲自研究、难点问题亲自推动,保障工作取得实效。

市场经济的不断发展,经济法律法规的进步,促使企业学习新的法律法规知识,及时根据新的法律法规知识做出相应的合规调整。近几年,互联网经济逐渐发展并成为经济中的重要增长力量,互联网平台垄断问题,成为监管部门重点关注的领域,平台垄断合规就成为企业必须学习的知识。

行业协会是行业中的领路人,是介于政府和企业的中间者,无论是政府的政策实施还是企业对于政策合理需求的呼应,行业协会都发挥着重要的角色。但近几年,对于行业协会垄断的处罚案件屡见不鲜,有些行业协会的行业章程可能并不符合法律法规的规定,但是却可以促进本行业得到更多的经济利益,因此企业应该正确对待与理性分析行业协会中发布的行业规定。

有效防范境外合规风险是反垄断企业合规管理工作的重中之重。当前,中国企业在国际化经营中违规案件多发,暴露出中国企业管控合规风险能力滞后、合规管理体系存在漏洞,如西门子贿赂门事件、大众汽车因环境保护不合规发生尾气门事件、高通公司因垄断不合规被处罚事件等。在反垄断方面主要体现在垄断协议、经营者集中审查的报告制度、知识产权不合规构成的违法。

二、企业违反反垄断法的风险

企业违反反垄断法的风险有以下几种。

(1)重点领域的风险。企业的反垄断风险主要在垄断协议、经营者集中申报、滥用市场支配地位、行业协会章程的规定不符合反垄断法的相关内容。

（2）企业经营过程中的风险。在企业经营过程中主要表现为三个方面的风险：第一个方面，是企业经营方面，企业经营的价值观、运营目标过程中所存在的收益不可观、亏损等，以及对于经营风险的有效防控、识别、应对都是经营者在经营中需要重点考虑的内容。如企业决策是否符合法律法规的规定以及市场经济的发展都是企业需要考虑的主要内容。体现在反垄断合规中，就是企业在进行决策时有无考虑其在相关市场占据的份额、商品定价机制是否合理。第二个方面，是财务风险，为了规避财务风险而建立的公司治理结构是财务管理结构。第三个方面，是合规风险，其既不同于经营风险，也不同于财务风险。合规风险是指因为企业在经营中存在违法违规乃至犯罪行为而遭受行政部门的处罚、接受刑事追究的风险。合规风险主要表现在以下两个部分：第一部分是监管合规风险，即因为有违规违纪违法和犯罪行为而遭受行政监管部门处罚的风险。行政监管合规风险最大的一条就是资格的剥夺。合规风险的第二部分是因为涉嫌犯罪受到起诉、定罪、量刑、罚款的风险。公司为了营利违反反垄断法的规定，如滥用市场支配地位破坏正常的市场定价、打压小微企业、侵害消费者的合法利益。

三、企业垄断协议中的合规风险

（一）适用于纵向垄断协议的"安全港"规则并不"安全"

固定向第三人转售商品的价格，限定向第三人转售商品的最低价格，经营者能够证明其不具有排除、限制竞争效果的，不予禁止。"安全港"规则仅针对纵向垄断协议。横向垄断协议，是指具有竞争关系经营者之间达成的垄断协议。《禁止垄断协议规定（征求意见稿）》第8条将竞争者的范围扩大。"本规定所称具有竞争关系的经营者，包括实际的竞争者和潜在的竞争者。实际的竞争者是指活跃于同一相关市场进行竞争的经营者。潜在的竞争者是指具备在一定时期进入相关市场竞争的计划和可行性的经营者"。对此，我国目前并没有明确规定，但是欧盟现行有效的《横向合作协议指南》列出了认定潜在竞争者的相关因素：（1）经营者是否有强烈的意图和能力，能够在较短时间内进入市场，且没有遇到无法克服的进入壁垒；（2）经营者是否已采取充分准备工作使其能够进入相关市场；（3）在尚未积极加入市场的情况下，与其他一个或多个经营者开展竞争的真实和具体的可能性，即仅有理论分析能够进入市场是不够的；（4）相关市场结构、经济和法律背景；（5）相关市场上经营者的看法，即如果经营者被视为潜在竞争者，那么潜在竞争者存在的事实本身，就会对相关市场上的经营者产生竞争压力；（6）处于供应链中同一层级的多个经营者达成协议，而其中部分企业并未在相关市场开展业务。

在我国，执法层面尚未有公开的查处"潜在竞争者"的案例。但在司法层面已有案例表明，经营者之间也可能在"不知情"的情况下，签署"横向垄断协议"。如（2021）最高法知民终1298号判决书提出，"《反垄断法》第13条第1款意义上的竞争关系是指在生产或者销售过程中处于同一阶段的两个或两个以上的经营者提供具有替代关系的产品或者服务，或者具有进入同一产品或者服务市场的现实可能性"。

此外，在生产或者销售过程中处于同一阶段的生产商之间、零售商之间或者批发商之间达成协议并不适用安全港规则，主要体现在以下方面：（1）固定或者变更商品价格，直接损害价格竞争最为严重，如2013年液晶面板案、2017年PVC案。（2）限制商品的生产数量或者销售数量、价格，直接损害竞争。如2013年四川宜宾砖瓦协会组织垄断协议案、2012年辽宁建筑材料工业协会组织垄断协议案。(3) 分割销售市场或者原材料采购市场, 在划定的市场范围内消除了经营者之间的竞争、使经营者处于独占地位, 如2017年广西河池市保险行业协会组织实施垄断协议案、2014年内蒙古烟花爆竹批发企业实施垄断协议案。(4) 限制购买新技术、新设备或者限制开发新技术、新产品, 如2021年大众、宝马合谋抵制新技术案: 戴姆勒、宝马、大众、奥迪和保时捷拥有优于欧盟排放标准的减排技术, 但这五家企业通过合谋避免竞争, 从而导致未能利用这项减排技术的充分潜力实现比法律规定更好的清洁效果。(5) 联合抵制交易。被抵制者是具有竞争关系的经营者和具有纵向关系的经营者。如2015年广东省广州动漫游艺行业协会联合抵制交易案、2018年山东省六家家居企业联合抵制交易案, 尤其是关于固定价格、分割市场的核心卡特尔适用"本身违法"原则, 不适用安全港规则。

虽然目前认定的纵向垄断协议案例较少, 根据现行案例纵向垄断协议主要体现在以下两个方面: (1) 固定向第三人转售商品的价格; (2) 限定向第三人转售商品的最低价格。如2013年白酒案, 五粮液公司和茅台公司通过合同约定、价格管控、考核奖惩等方式, 对经销商向第三人销售其白酒产品的最低价格进行限定, 两家公司分别被处罚2.02亿元和2.47亿元。2013年乳粉案, 合生元等9家乳粉企业通过合同约定、直接罚款、变相罚款、扣减返利、限制供货和停止供货等手段, 固定转售商品价格或限定转售商品最低价格。6家公司被共处罚款6.69亿元。

纵向垄断协议的相关市场认定方面与横向垄断协议不同, 采用的是经营者与交易相对人在不同相关市场的市场份额分别计算, 避免重复计算, 妨碍企业的正常运营与发展。尤其是"轴辐协议",是指具有竞争关系的企业借助企业之间的纵向或者横向关系,通过各种活动或者形式,组织、协调各个企业达成具有垄断协议效果的协议。也就是说,企业不得对其下游企业或经销商以及其他企业或经营者制定限制其竞争的管理政策,否则,就属于"轴辐协议"的违法行为。因为纵向垄断协议的经营者之间存在上下游关系,在计算市场份额时需要经营者在各个相关市场的份额均低于15%。在这里,需要提示的是:(1)计算的主体不仅包括经营者,也包括该经营者能够控制或者施加决定性影响的其他实体的市场份额之和;(2)如果交易相对人超过两个,如一家上游公司与若干家下游公司达成垄断协议,则同处于下游市场的所有公司市场份额应合并计算;(3)相关市场的界定弹性很大,不同的界定依据对于市场份额的计算可能会产生决定性影响,企业在适用"安全港"规则时应充分考虑相关市场界定的不确定性风险。

最后,企业还需证明其行为未产生排除、限制竞争效果。根据《禁止垄断协议规定》,企业如果涉嫌达成其他垄断协议,还需要在满足市场份额要求的情况下,证明其行为没有排除、限制竞争效果。该规定中并没有明确企业如何证明,但实践中对企业适用"安全港"规则造成了不小的阻碍。

(二)"组织帮助犯"也适用垄断协议的罚则

《中华人民共和国反垄断法》(以下简称《反垄断法》)增加了第19条经营者不得组织其他经营者达成垄断协议或者为其他经营者达成垄断协议提供实质性帮助。旧《反垄断法》中仅在第16条规定了行业协会不得组织经营者实施垄断行为。实践中,除行业协会外,存在难以界定是横向还是纵向关系的其他组织帮助主体,既包括"轴辐协议"中的"轴心"企业,也包括卡特尔管理平台等,相关平台也可能被认定为存在"实质性帮助"。因此企业促成其他企业达成垄断协议，也属于违法行为，也要承担一定的法律责任，这就要求横向企业或纵向企业之间，作为双方合作企业中间方时保持中立的态度，避免越界行为，违反法律规定。特别注意企业在涉及金融、科技、媒体、民生等国计民生领域方面的集中行为，并建立更加严格标准的合规制度和机制。因为《反垄断法》第37条明确规定："国务院反垄断执法机构应当健全经营者集中分类分级审查制度，依法加强对涉及国计民生等重要领域的经营者集中的审查，提高审查质量和效率。"

（三）企业滥用市场支配地位行为的风险

企业之间竞争是为了获得更大的市场，但在获得更大市场的同时，企业极易产生滥用市场支配地位的行为。尤其是在价格机制方面，获得优势地位的企业极容易利用自己的资本优势打出极低的交易价格从而打压小微企业，破坏市场的正常竞争，因此，企业在制订交易价格方案时要综合各个方面，根据市场行情、成本、一般交易价格综合认定各种交易价格。《反垄断法》对平台经济领域的垄断行为作了禁止性规定，尤其是对滥用市场支配地位方面，给予了特殊的关注，这与国际上的互联网反垄断浪潮、跨国公司合规审查案例以及国内互联网平台经济行业的发展乱象密切相关。《反垄断法》第22条第2款的规定与总则部分第9条"经营者不得利用数据和算法、技术、资本优势以及平台规则等从事本法禁止的垄断行为"遥相呼应，首次将对互联网平台的反垄断法规制从指南上升到法律层面。

《禁止滥用市场支配地位行为规定》中专条规定了在认定平台经济领域经营者的市场地位时应充分考虑行业竞争特点、经营模式、交易金额等因素。同时也针对互联网平台企业较为频发的"自我优待"行为作出了规定，禁止平台经营者利用数据、算法、技术以及平台规则等对自身商品给予优先展示或者排序，或利用平台内经营者的非公开数据开发自身商品或辅助自身决策。如搜索引擎平台利用算法优先推荐自营商品或选择自营配送方式的商品，或者购物平台采集商户经营数据制定自营商品的推广策略等都将视为违法。同时，"自我优待"适用合理规则，平台企业可基于公平、合理、无歧视的平台规则或者行业惯例等进行抗辩。因此，企业在进入互联网平台时，要注意企业在相关市场行业竞争的特点、经营模式是否合理，所采取的数据、算法、技术是否违反了平台规则。

（四）在经营者集中审查申报方面的风险

在经营者集中审查申报方面禁止"掐尖式"并购，引入"停表"规则，将未达申报标准的"掐尖式"并购纳入申报范围。《反垄断法》第26条规定，经营者集中达到国务院规定的申报标准的，经营者应当事先向国务院反垄断执法机构申报，未申报的不得实施集中。虽然有的经营者集中没有达到国务院规定的申报标准，但有证据证明该经营者集中具有或者可能具有排除、限制竞争效果的，国务院反垄断执法机构可以要求经营者申报，因此企业在进行集中的时候，要注意申报，即使没有达到标准的也可能需要申报。经营者未依照前两款规定进行申报的，国务院反垄断执法机构应当依法进行调查。因为在《国务院关于经营者集中申报标准的规定》中提高了触发申报的营业额门槛，同时也规定了虽未达申报标准但有可能损害竞争时，反垄断执法机构可以依职权要求企业申报，必要时还可以对企业进行调查。如集中已经实施的，执法机构可以要求经营者在180天内补报。并进一步对"未达申报标准"作出明确的规定，针对市值或估值达到8亿元且在中国境内的营业额占比超过1/3的企业，其交易也应主动向反垄断执法机构进行申报。

此外，上述规定的出台表明反垄断执法机构更加注重企业经营者集中过程中的申报工作，因此，企业在经营过程中也要注重及时向反垄断执法机构汇报。《反垄断法》第32条规定，有下列情形之一的，国务院反垄断执法机构可以决定中止计算经营者集中的审查期限，并书面通知经营者：（1）经营者未按照规定提交文件、资料，导致审查工作无法进行；（2）出现对经营者集中审查具有重大影响的新情况、新事实，不经核实将导致审查工作无法进行；（3）需要对经营者集中附加的限制性条件进一步评估，且经营者提出中止请求。自中止计算审查期限的情形消除之日起，审查期限继续计算，国务院反垄断执法机构应当书面通知经营者。《反垄断法》中对于经营者集中申报规定了最长审查时限不能超过180日，受制于审查时限的要求，企业一旦在经营者集中过程中未及时申报，反垄断执法机构可以中止审查时限，这也会进一步增加企业在集中过程中的难度从而耗费不必要的时间。在这种情形下，企业往往因为撤回再申请的申报程序而不得已增加了审查时间。尤其需要注意的是，由于目前执法机构中止的时长以及次数没有限制，因此在申报前应合理规划，向专业人士进行咨询，确保申报文件和资料的专业、完整、科学，减少申报时间，避免因准备不足而被长期"中止"或频繁暂停而给双方交易造成不必要的时间成本。

（五）潜在的致命风险：企业信誉毁损风险

随着互联网的不断发展，信息化普及大众，行政处罚的信息也会第一时间随着互联网进入每一个消费者的眼中，从而使消费者对企业产生怀疑、不信任的态度，致使企业的信誉降低。信誉既是企业在市场竞争中的强大生命力，也是企业生存发展的根本保证，还是企业竞争力的重要内容。企业一旦信用受到损害，其竞争力必然会降低。维护企业的良好信用，避免企业信用度降低，是企业防范风险的重要方面。因此，企业必须构建完善的反垄断企业合规体系，做诚实守信的企业，增加企业的核心竞争力，维护企业公平竞争的核心力。《反垄断法》第 64 条规定："经营者因违反本法规定受到行政处罚的，按照国家有关规定记入信用记录，并向社会公示。"违法者要根据有关规定记入信用记录，并向社会公示，这也是执法机构对企业比罚款更加严厉的处罚制度，对小微企业而言可能影响甚微，但对于大型企业来说惩罚力度超乎想象。

第二节　企业反垄断合规的法律框架

一、《反垄断法》

2022 年 6 月 24 日，新修订的《反垄断法》经第十三届全国人民代表大会常务委员会第三十五次会议通过，并于 2022 年 8 月 1 日起施行。此次《反垄断法》的修订，首先，在垄断协议方面把"竞争者"的范围扩大至潜在的竞争者，而不只是将竞争者的范围界定在我们只能表面看见的竞争者，扩大了执法对象。其次，一方面，增加了"安全港"原则，但是并不是绝对的安全，因为相关市场份额关联到上下游之间的相关市场，这就说明，超过法定市场份额风险加大；另一方面，企业的经营集中审查即使未超过法定标准，也应该进行必要的申报检查，避免事后不必要的麻烦，达到审查标准的企业应该事前准备和完善好相关资料，避免审查过程中因资料不齐全等问题，导致反垄断执法机构中止审查，但对于中止审查的次数和时间并没有具体规定，这就给执法机构很大的自由裁量权，浪费不必要的时间，失去市场先机。最后，在法律责任方面，大幅度增加了违法责任的范围和严厉程度，提高了原有垄断行为的法律责任水平，增加了新的违法行为类型，通过《反垄断法》第63条规定使特殊情况下的法律罚款数额提升至原有水平的2~5倍。从合规管理者的角度，新法在法律责任层面整体上较旧法更为严厉，最重要的是责任落实到个人，这也说明企业高管以后决策和行为都要更加谨慎，另外，对于法律责任的认定方面更加详尽。

（一）纵向垄断协议的"自证原则"

《反垄断法》第18条第2款规定，对前款第一项和第二项规定的协议，经营者能够证明其不具有排除、限制竞争效果的，不予禁止。

第一，在一定限度上确认了对于类型化的纵向垄断协议行为，企业存在垄断状态并不违法，只有实施行为时，才构成反垄断法所规定的违法；第二，从构成要件上来说，"具有排除、限制竞争效果"为构成要件之一，但推定为有；第三，"经营者能够证明其"表述的存在，意味着举证责任在经营者一方，经营者承担自己无排除、限制竞争的效果；第四，不具有排除、限制竞争的影响是待证客观事实，而不论该事实由经营者自证，还是执法机构及法院查明；第五，实践中，排除、限制、排除竞争效果的证实难度较大，证伪难度可能更大；第六，从证明权限上看，"不具有排除、限制竞争效果"由经营者证明，"经营者能够证明"由执法机构及法院判定。

（二）纵向垄断协议的"安全港制度"

《反垄断法》第 18 条第 3 款规定，经营者能够证明其在相关市场的份额低于国务院反垄断执法机构规定的标准，并符合国务院反垄断执法机构规定的其他条件的，不予禁止。

首先，"安全港"的标准需要反垄执法机构通过规定确立和调整，这表明其具有很大的灵活性与不稳定性；其次，即使纵向价格垄断协议在"安全港"适用范围内，但是不排除反垄断机构在具体颁布规定时可能会有其他限制性条件；最后，建立"安全港制度"的目的是节约违法成本、稳定经营者预期，但前提是以"具有排除、限制竞争效果"为前提，因此可能会出现形式上符合"安全港"门槛但实际上有可能具有排除、限制竞争的情形出现，如何处理仍需其他规定予以确定。

（三）垄断协议的实质性帮助

《反垄断法》第 19 条规定，经营者不得组织其他经营者达成垄断协议或者为其他经营者达成垄断协议提供实质性帮助。

第一，主要指向"轴辐协议"的情况，还包括"轴辐协议"中存在的潜在竞争者，竞争者的范围也进一步扩大，但"实质性帮助"的理论界定的范围更大，包括没有协议、没有亲身参与，可能只是信息之间的交流与沟通，相关市场范围认定也进一步扩大；第二，"实质性帮助"的认定标准，有待细化立法，可能只具备法律意义上的"因果联系"即可，没有那么多的条件限制，这也就需要企业在与其他企业交流与沟通时更加谨慎；第三，在合规实务中，之前不会被界定为"垄断协议"的行为，可能也会因为某种因果关系造成不利后果而承担法律责任，尤其是现如今法律责任已经进一步细化，而且又明确了企业高级管理人员的个人责任。

（四）"数据、算法、技术、平台规则"合规

《反垄断法》第 22 条第 2 款规定，具有市场支配地位的经营者不得利用数据、算法和技术以及平台规则等从事前款规定的滥用市场支配地位的行为。

随着互联网经济的发展，算法和数据进入立法视野，面对更加隐蔽的竞争损害形式，违法行为的认定更加细致和技术化。因此，企业合规中对于涉及"数据、算法、技术、平台规则"的，应当在一般合规标准之上更加审慎。

（五）执法机构要求下的经营者集中申报

《反垄断法》第 26 条第 2 款规定，经营者集中未达到国务院规定的申报标准，但有证据证明该经营者集中具有或者可能具有排除、限制竞争效果的，国务院反垄断执法机构可以要求经营者申报。

第一，除明确"控制权变动＋营业额达标"的既有标准之外，需要增加对于实质效果的评估；第二，虽然没有主动申报义务，但需做好应对反垄断执法机构要求进行申报的准备，包括交易时间表、交易协议等需增加相应条款设置，以备情形出现时不发生争议；第三，最主要的是经营者如果"具有或者可能具有排除、限制竞争效果"，收到反垄断执法机构要求后仍不申报，可能要承担《反垄断法》第 58 条中"具有或者可能具有排除、限制竞争效果"情形下的法律责任（停止、拆分及 1%～10% 罚款）而非较轻的五百万元罚款。因此，无论企业是否符合经营者集中申报的标准，企业只要经营者集中申报，就需要提前准备好各种相关资料，以备不时之需。

（六）应报未报"应当"依法调查

《反垄断法》第 26 条第 3 款规定，经营者未依照前两款规定

进行申报的，国务院反垄断执法机构应当依法进行调查。

第一，"应当"而非"可以"，意味着反垄断执法机构的法定调查义务；第二，常规"控制权变动+营业额达标"项下的应报未报，则基本意味着举报证据充分即会启动调查，调查的偶然性极强；第三，"具有或者可能具有排除、限制竞争效果"项下的应报未报，执法机构自身应当掌握线索，也就意味着企业的举证责任与难度进一步加大；第四，从法律标准、法律责任、现实运行的角度，"应报未报"说明企业受处罚的风险极大，一般很难帮助自己翻身。

（七）经营者集中审查"停表制度"

《反垄断法》第32条规定，有下列情形之一的，国务院反垄断执法机构可以决定中止计算经营者集中审查的期限，并书面通知经营者。

（1）经营者未按照规定提交文件、资料，导致审查工作无法进行；

（2）出现对经营者集中审查具有重大影响的新情况、新事实，不经核实将导致审查工作无法进行；

（3）需要对经营者集中附加的限制性条件进一步评估，且经营者提出中止请求。

自中止计算审查期限的情形消除之日起，审查期限继续计算，国务院反垄断执法机构应当书面通知经营者。

第一，反垄断执法更加灵活，且延期没有最高限制；第二，情形触发不受经营者预测和控制；第三，交易时间表需预留空间，不确定性因素增多，尤其是交易一方或双方考虑约定情形出现或达到一定标准、时间下具有单方面解约权；第四，如未约定，是否能够认定为"不可抗力事件"的问题上，鉴于其"行政审批"

的程序性质，存在认定难度，且对于执法机构要求的时间和次数并没有规定。

二、《国务院反垄断委员会垄断案件经营者承诺指南》

除三种横向垄断协议（固定或者变更商品价格，限制商品生产或销售数量，分割销售市场或者原材料采购市场）外，其他的都可以采用"承诺制度"。违法企业可以就承诺事项与反垄断执法机构进行沟通，这也是反垄断执法机构给予违法企业改过自新的机会，违法企业做出承诺之后，反垄断执法机构就会中止审理，给予企业自己整改的时间，承诺时间截止之后，反垄断执法机构会对企业的承诺进行验收，符合规定的企业，反垄断执法机构就会终止处罚，如此做也进一步表明是在给违法企业主动改正的机会，此举既提高了执法效率，也节省了执法资源。

三、《国务院反垄断委员会横向垄断案件宽大制度适用指南》

鉴于垄断协议的隐蔽性以及潜在竞争者错综复杂的商业关系，因此鼓励企业主动向反垄断执法机构汇报所达成的垄断事项，为反垄断执法机构的工作提供帮助，减少反垄断工作的难度，可以为反垄断执法机构提供证据。申请企业位次的不同，减免责任也有所区分，《禁止垄断协议暂行规定》第 34 条第 2 款规定，对于第一个申请者，反垄断执法机构可以免除处罚或者按照不低于 80% 的幅度减轻罚款；对于第二个申请者，可以按照 30%～50% 的幅度减轻罚款；对于第三个申请者，可以按照 20%～30% 的幅度减轻处罚。

四、《禁止垄断协议暂行规定》

《禁止垄断协议暂行规定》最大的亮点就是对行业协会违法达

成垄断协议，对损害及限制竞争行为进行了规制，随着行业协会垄断协议行为的不断发生，该规定第 14 条规定，禁止行业协会从事以下行为。

（1）制定、发布含有排除、限制竞争内容的行业协会章程、规则、决定、通知、标准等；

（2）召集、组织或推动本行业的经营者达成含有排除、限制竞争内容的协议、决议、纪要、备忘录等；

（3）其他组织本行业经营者达成或者实施垄断协议行为；

（4）本规定所称行业协会是指由同行业经济组织和个人组成，行使行业服务和自律管理职能的各种协会、学会、商会、联合会、促进会等社会团体法人。

该规定不仅详尽地规定了哪几类组织属于行业协议的范围，也说明以后执法机构会扩大对行业协会的认定，并对行业协会的具体行为进行了限定，这提示行业协会在形成书面记录时不能损害竞争，经营者也要注意审慎审查行业协会所发布的各种通知是否符合法律规定。

五、《禁止滥用市场地位暂行规定》

《禁止滥用市场地位暂行规定》第 5 条第 5 款扩大了能够阻碍、影响其他经营者进入相关市场的情形，包括排除其他经营者进入相关市场；或者延缓其他经营者在合理时间内进入相关市场；或者导致其他经营者虽能够进入该相关市场但进入成本大幅提高，无法与现有经营者开展有效竞争等情形。

该规定第 10 条对于具有市场支配地位的经营者的财力和技术条件予以明确，可以结合经营者的资产规模、盈利能力、融资能力、研发能力、技术装备、技术创新和应用能力、拥有的知识产权以及他们可以用何种方式和条件促进经营者业务扩张或巩固，进一步扩大了对于经营者滥用市场支配地位辅助条件的思考和衡量。

对于其他经营者进入相关市场的难易程度，可以按照市场准入、获取必要资源的难度、采购和销售渠道的控制情况、资金投入规模、技术壁垒、品牌依赖、用户转换成本、消费习惯等因素综合考量。对于经营者控制相关市场的方式予以细化。互联网状态下考虑行业竞争特点、经营模式、用户数量、网络效应、锁定效应、技术特性、市场创新、掌握和处理相关数据的能力及经营者在关联市场的市场力量等因素，更加贴合互联网市场的特点。

六、《经营者反垄断合规指南》

从《经营者反垄断合规指南》可以看出，合规风险主要出现在经营者集中、垄断协议、滥用市场地位等方面，但是反垄断执法机构也出台了相应的宽大制度以及承诺制度给予违法经营者改过自新的机会。

第三节　反垄断领域的企业合规风险重点领域

垄断协议是指排除、限制竞争的协议、决定或者其他协同行为。协议或者决定可以是书面、口头等形式。其他协同行为是指具有竞争关系的经营者之间，虽未明确订立协议或者决定，但实质上存在协调一致的行为。横向垄断协议司法实践中采用的是"本身违法原则"与"合理原则"。

一、横向竞争垄断协议

（一）禁止具有竞争关系的经营者就商品或者服务（以下简称商品）价格达成以下垄断协议

（1）固定或者变更价格水平、价格变动幅度、利润水平或者折扣、手续费等其他费用；

（2）采用约定的计算价格的标准公式；

（3）限制参与协议的经营者的自主定价权；

（4）通过其他方式固定或者变更价格。

（二）禁止具有竞争关系的经营者就限制商品的生产数量或者销售数量达成以下垄断协议

（1）以限制产量、固定产量、停止生产等方式限制商品的生产数量，或者限制特定品种、型号商品的生产数量；

（2）以限制商品投放量等方式限制商品的销售数量，或者限制特定品种、型号商品的销售数量；

（3）通过其他方式限制商品的生产数量或者销售数量。

（三）禁止具有竞争关系的经营者就分割销售市场或者原材料采购市场达成以下垄断协议

（1）划分商品销售地域、市场份额、销售对象、销售收入、销售利润或者销售商品的种类、数量、时间；

（2）划分原料、半成品、零部件、相关设备等原材料的采购区域、种类、数量、时间或者供应商；

（3）通过其他方式分割销售市场或者原材料采购市场。

原材料还包括经营者生产经营所必需的技术和服务。

（四）禁止具有竞争关系的经营者就限制购买新技术、新设备或者限制开发新技术、新产品达成以下垄断协议

（1）限制购买、使用新技术、新工艺；

（2）限制购买、租赁、使用新设备、新产品；

（3）限制投资、研发新技术、新工艺、新产品；

（4）拒绝使用新技术、新工艺、新设备、新产品；

（5）通过其他方式限制购买新技术、新设备或者限制开发新技术、新产品。

（五）禁止具有竞争关系的经营者就联合抵制交易达成以下垄断协议

（1）联合拒绝向特定经营者供应或者销售商品；

（2）联合拒绝采购或者销售特定经营者的商品；

（3）联合限定特定经营者不得与其具有竞争关系的经营者进行交易；

（4）通过其他方式联合抵制交易。

（六）《美国谢尔曼法》对于横向垄断协议的规定，其中第1条即禁止限制贸易的协议

违反反托拉斯法的协议是指若干个经营者之间所达成、实施限制竞争或者反竞争的协议，协议是市场主体的一致意思表示，主要有口头形式、书面形式、默示行为，包括限制、排除或者妨害市场竞争内容。违反美国反托拉斯法中横向限制竞争协议指企业间的合同、联合和共谋。注意默示协议的证据。违法的横向限制竞争协议为不合理的限制贸易行为，合理性原则是美国联邦最高法院确立的判定限制贸易的协议是否违法的规则之一。企业间的合同、联合和共谋还需具有州际意义，影响或者损害州际或与

其他国家的贸易。协议中包括固定价格、限制生产和分割市场的内容。

经营者在协议中固定价格的串通或者共谋，限制竞争，相互承诺限制生产、分割消费者和消费地域等。这些协议属于本身违法。为了保护来自境外的竞争、促进国内产业更加集中以及自给自足，美国在对外贸易中处罚限制美国进口、固定价格、分割市场的国际协议。

（七）欧盟竞争法有关横向联合的控制规定

为了保护消费者和企业的合法权益以及维护竞争，《欧盟条约》第101条（原第81条）规定，联合限制行为是违法的。根据欧盟委员会和欧盟法院的实践，第101条第1款将联合限制分为三类：横向限制协议（价格卡特尔和分割市场的行为）、纵向协议和使用专利、商标或者技术秘密等许可协议中的限制竞争内容。

企业间协议、企业联合的决议以及相互协调行为具有阻碍、限制和扭曲共同内部竞争的目的或者后果。企业协议、企业联合的决议以及相互协调行为之目的是阻碍、限制和扭曲竞争，构成《欧盟条约》第101条规定的违反企业间协议、企业集团的决议以及相互协调行为影响成员国之间的贸易。企业之间的限制竞争的协议影响了成员国的贸易，是违反竞争法的行为。这也需要企业在进行域外贸易交易时，需要注意的问题。

二、纵向竞争垄断协议

禁止经营者与交易相关人就商品价格达成以下垄断协议

（1）固定向第三人转售商品的价格水平、价格变动幅度、利润水平或者折扣、手续费等其他费用；

（2）限定向第三人转售商品的最低价格，或者通过限定价格变动幅度、利润水平或者折扣、手续费等其他费用限定向第三人转售商品的最低价格；

（3）通过其他方式固定转售商品价格或者限定转售商品最低价格。

三、滥用市场支配地位

市场支配地位，是指经营者在相关市场内具有能够控制商品价格、数量或者其他交易条件，或者能够阻碍、影响其他经营者进入相关市场能力的市场地位。根据《美国谢尔曼法》第1条、第2条禁止限制贸易规定，《美国克莱顿法》第3条和《美国联邦贸易委员会法》第5条规定，以及美国联邦法院相关判例的规定。纵向限定有以下三种类型：（1）排他交易协议。生产厂家有权选择交易对象，在特定地域指定分销商或者销售商取得独家销售权的销售商，但是要考虑在该地域同类产品的竞争，是否影响、限制竞争。在选择使用指定协议时还要考虑市场份额，即注意法院判例确定排他交易协议的反托拉斯标准，相关市场和被排挤掉的市场份额和使用合理性。（2）捆绑协议、搭售协议。关于搭售协议，卖方、出租人或者许可方在转让货物、服务或者技术时，对买方、承租方或者被许可人设置条件，要求买方、承租方或者被许可人从其所指定的人手中同时购买不同的货物、服务或者技术。（3）转售方面限制—转售维持价格、地域和客户限制。《美国谢尔曼法》第1条和《美国联邦贸易委员会法》第5条规定了使用搭售协议规制限制买方转售其所购买的商品自由的纵向限制协议。美国判例中涉及限制转售价格、地域和客户居多。

市场支配地位的认定：（1）该经营者在相关市场的市场份额，

以及相关市场的竞争状况;(2)该经营者控制销售市场或者原材料采购市场的能力;(3)该经营者的财力和技术条件;(4)其他经营者对该经营者在交易上的依赖程度;(5)其他经营者进入相关市场的难易程度。另外法律提供了可以根据市场份额来推定市场支配地位的量化标准,只要经营者在相关市场的市场份额达到一定比例,则可以推定为具有市场支配地位:(1)一个经营者在相关市场的市场份额达到1/2;(2)两个经营者在相关市场的市场份额合计达到2/3;(3)三个经营者在相关市场的市场份额合计达到3/4。

具有市场支配地位的经营者严禁从事以下滥用市场支配地位的行为。

(1)以不公平的高价销售商品或者以不公平的低价购买商品;

(2)没有正当理由,以低于成本的价格销售商品;

(3)没有正当理由,拒绝与交易相对人进行交易;

(4)没有正当理由,限定交易相对人只能与其进行交易或者只能与其指定的经营者进行交易;

(5)没有正当理由搭售商品,或者在交易时附加其他不合理的交易条件;

(6)没有正当理由,对条件相同的交易相对人在交易价格等交易条件上实行差别待遇;

(7)国务院反垄断执法机构认定的其他滥用市场支配地位的行为。

四、经营者集中行为

根据《国务院关于经营者集中申报标准的规定》第2条的规定,经营者集中是指以下情形:(1)经营者合并;(2)经营者通过取得股权或者资产的方式取得对其他经营者的控制权；（3）经营者通过合同等方式取得对其他经营者的控制权或者能够对其他经营者施加决定性影响。

（一）申报标准

（1）参与集中的所有经营者上一会计年度在全球范围内的营业额合计超过 100 亿元人民币，并且其中至少两个经营者上一会计年度在中国境内的营业额均超过 4 亿元人民币；

（2）参与集中的所有经营者上一会计年度在中国境内的营业额合计超过 20 亿元人民币，并且其中至少两个经营者上一会计年度在中国境内的营业额均超过 4 亿元人民币。

营业额的计算，应当考虑银行、保险、证券、期货等特殊行业、领域的实际情况，具体办法由国务院反垄断执法机构会同国务院有关部门制定。

经营者集中未达到上述规定的申报标准，但按照规定程序收集的事实和证据表明该经营者集中具有或者可能具有排除、限制竞争效果的，国务院反垄断执法机构应当依法进行调查。

（二）是否事先向反垄断执法机构申报

企业在进行经营者集中之前，应该向反垄断机构及时报备，避免日后因企业在集中过程中有证据证明企业集中的行为不符合经营者集中规定而被反垄断执法机构进行主动审查，从而浪费交易时机以及交易机会。未达到申报标准的企业也应该积极申报。

五、行业协会

行业协会是指介于政府、企业之间，商品生产者与经营者之间，并为其服务、咨询、沟通、监督、公正、自律、协调的社会中介组织。行业协会是一种民间性组织，它不属于政府的管理机构之列，而是政府与企业的桥梁和纽带。除基本的各种协会外还有学会、商会、联合会、促进会等社会团体法人。

禁止行业协会从事以下行为。

（1）制定、发布含有排除、限制竞争内容的行业协会章程、规则、决定、通知、标准等；

（2）召集、组织或者推动本行业的经营者达成含有排除、限制竞争内容的协议、决议、纪要、备忘录等；

（3）其他组织本行业经营者达成或者实施垄断协议的行为。

六、商业风险

（一）商誉受损的风险

商誉受损对企业的影响是无法估计的，商誉在会计上的确认是基于企业合并。支付并购对价大于被合并方净资产公允价值，在会计上就确认为商誉。一般也将商誉定义为赚钱的能力。《企业信息公示暂行条例》第 17 条规定有以下情形之一的，由县级以上工商行政管理部门列入经营异常名录，通过企业信用信息公示系统向社会公示，提醒其履行公示义务；情节严重的，由有关主管部门依照有关法律、行政法规规定给予行政处罚；造成他人损失的，依法承担赔偿责任；构成犯罪的，依法追究刑事责任：（一）企业未按照本条例规定的期限公示年度报告或者未按照工商行政管理部门责令的期限公示有关企业信息的；（二）企业公示信息隐瞒真实情况、弄虚作假的。

被列入经营异常名录的企业依照本条例规定履行公示义务的，由县级以上工商行政管理部门移出经营异常名录；满三年未依照本条例规定履行公示义务的，由国务院工商行政管理部门或者省、自治区、直辖市人民政府工商行政管理部门列入严重违法企业名单,并通过企业信用信息公示系统向社会公示。被列入严重违法企业名单的企业的法定代表人、负责人,三年内不得担任其他企业的法定代表人、负责人。

企业自被列入严重违法企业名单之日起满5年未再发生第1款规定情形的,由国务院工商行政管理部门或者省、自治区、直辖市人民政府工商行政管理部门移出严重违法企业名单。

(二) 失信清单制度

县级以上地方人民政府及其有关部门应当建立健全信用约束机制,在政府采购、工程招投标、国有土地出让、授予荣誉称号等工作中,将企业信息作为重要考量因素,对被列入经营异常名录或者严重违法企业名单的企业依法予以限制或者禁入。

第四节 违反反垄断合规的法律责任

一、民事责任

《反垄断法》第60条规定:"经营者实施垄断行为,给他人造成损失的,依法承担民事责任。"

二、刑事责任

《反垄断法》第62条规定:"对反垄断执法机构依法实施的审查和调查,拒绝提供有关材料、信息,或者提供虚假材料、信息,或者隐匿、销毁、转移证据,或者有其他拒绝、阻碍调查行为的,由反垄断执法机构责令改正,对单位处上一年度销售额百分之一以下的罚款,上一年度没有销售额或者销售额难以计算的,处五百万元以下的罚款；对个人处五十万元以下的罚款。"第67条规定："违反本法规定，构成犯罪的，依法追究民事责任。"

由此可见，可能涉及刑事责任的领域包括滥用市场支配地位、垄断协议、经营者集中、妨害垄断调查等方面。

三、行政责任

《反垄断法》第56条规定："经营者违反本法规定，达成并实施垄断协议的，由反垄断执法机构责令停止违法行为，没收违法所得，并处上一年度销售额百分之一以上百分之十以下的罚款，上一年度没有销售额的，处五百万元以下的罚款；尚未实施所达成的垄断协议的，可以处三百万元以下的罚款。经营者的法定代表人、主要负责人和直接责任人员对达成垄断协议负有个人责任的，可以处一百万元以下的罚款。

经营者组织其他经营者达成垄断协议或者为其他经营者达成垄断协议提供实质性帮助的，适用前款规定。

经营者主动向反垄断执法机构报告达成垄断协议的有关情况并提供重要证据的，反垄断执法机构可以酌情减轻或者免除对该经营者的处罚。

行业协会违反本法规定，组织本行业的经营者达成垄断协议的，由反垄断执法机构责令改正，可以处三百万元以下的罚款；情节严重的，社会团体登记管理机关可以依法撤销登记。"

第57条规定："经营者违反本法规定，滥用市场支配地位的，由反垄断执法机构责令停止违法行为，没收违法所得，并处上一年度销售额百分之一以上百分之十以下的罚款。"

第58条规定："经营者违反本法规定实施集中，且具有或者可能具有排除、限制竞争效果的，由国务院反垄断执法机构责令停止实施集中、限期处分股份或者资产、限期转让营业以及采取其他必要措施恢复到集中前的状态,处上一年度销售额百分之十以下的罚款;不具有排除、限制竞争效果的,处五百万元以下的罚款。"

第62条规定:"对反垄断执法机构依法实施的审查和调查,拒绝提供有关材料、信息,或者提供虚假材料、信息,或者隐匿、销毁、转移证据,或者有其他拒绝、阻碍调查行为的,由反垄断执法机构责令改正,对单位处上一年度销售额百分之一以下的罚款,上一年度没有销售额或者销售额难以计算的,处五百万元以下的罚款;对个人处五十万元以下的罚款。"

四、《反垄断法》关于法律责任的变化

一是企业违法责任大幅提高,对个人设置了处罚条款,将责任主体明确到个人。

第56条规定:"经营者违反本法规定,达成并实施垄断协议的,由反垄断执法机构责令停止违法行为,没收违法所得,并处上一年度销售额1%以上10%以下的罚款,上一年度没有销售额的,处500万元以下的罚款;尚未实施所达成的垄断协议的,可以处300万元以下的罚款。经营者的法定代表人、主要负责人和直接责任人员对达成垄断协议负有个人责任的,可以处100万元以下的罚款。

经营者组织其他经营者达成垄断协议或者为其他经营者达成垄断协议提供实质性帮助的,适用前款规定。

经营者主动向反垄断执法机构报告达成垄断协议的有关情况并提供重要证据的,反垄断执法机构可以酌情减轻或者免除对该经营者的处罚。

行业协会违反本法规定,组织本行业的经营者达成垄断协议

的，由反垄断执法机构责令改正，可以处 300 万元以下的罚款；情节严重的，社会团体登记管理机关可以依法撤销登记。"

第 58 条规定："经营者违反本法规定实施集中，且具有或者可能具有排除、限制竞争效果的，由国务院反垄断执法机构责令停止实施集中、限期处分股份或者资产、限期转让营业以及采取其他必要措施恢复到集中前的状态，处上一年度销售额 10% 以下的罚款；不具有排除、限制竞争效果的，处 500 万元以下的罚款。"

二是对垄断协议和经营者集中的行为人的罚款金额提高，对于达成并实施垄断协议的经营者的处罚，不仅规定了达成垄断协议的处罚，还增加了未达成垄断协议的处罚，这也是给一些未达成垄断协议以及准备达成垄断协议的企业敲响了警钟。增加了没有上一年度销售额情况下 500 万元以内的处罚限额；对于达成但未实施垄断协议的经营者，罚款限额提高到 300 万元。最主要的是，《反垄断法》首次将垄断协议的个人责任予以明确，揭开了企业背后的面纱，无论是企业的法定代表人、主要负责人，还是在具体项目执行中的直接责任人，一旦行为不符合反垄断法律规定，参与达成了垄断协议，都将面临 100 万元以下的个人责任处罚。对此，企业应该更加注意做好员工与高管的日常反垄断培训，完善企业合规手册，督促工作人员在参与行业协会与相关组织活动过程中谨言慎行，避免交流敏感信息或达成默示合意等。

三是在经营者集中申报部分，要认真核查自己的审查额与审查标准，过往反垄断局在调查后仅以 50 万元的处罚结案，对企业来说违法成本较低，而《反垄断法》直接将处罚限额提高到 500 万元，如具有排除限制竞争效果，甚至可能被处以上一年度销售额 1% 以上 10% 以下的罚款，对此，企业应该更加注意经营者申报部分，不要为了抢时间，忽略法律的相关规定。同时，《国务院关于经营者集中申报标准的规定》作出了回应,"实施集中"的行为包括但不限于完成股东或者权利变更登记、委派高级管理人员、实际参与经营决策和管理、与其他经营者交换敏感信息、实质性整合业务等。这对企业在交易过程中的合规及保密等作出了更高的要求,在并购的尽职调查阶段,应避免重要敏感信息的披露等。上述法律责任的加重,无疑有助于提高经营者的违法成本,进一步强化了经营者集中的反垄断审查力度和效力。

第60条规定:"经营者实施垄断行为,给他人造成损失的,依法承担民事责任。经营者实施垄断行为,损害社会公共利益的,设区的市级以上人民检察院可以依法向人民法院提起民事公益诉讼。"第63条规定:"违反本法规定,情节特别严重、影响特别恶劣、造成特别严重后果的,国务院反垄断执法机构可以在本法第56条、第57条、第58条、第62条规定的罚款数额的两倍以上五倍以下确定具体罚款数额。"第64条规定:"经营者因违反本法规定受到行政处罚的,依照国家有关规定记入信用记录,并向社会公示。"

四是除了大幅提高罚款金额外,在情节严重、影响恶劣、后果严重的情况下,执法机构可在前述基础上将罚款数额提高2~5倍,《反垄断法》还增加了信用惩戒条款以及民事公益诉讼制度,企业的违法行为不仅会被计入信用档案,而且还会面临被处罚后又被检察院提起公益诉讼的风险。

五、新旧法律责任的衔接,以及加强企业刑事责任领域的发展

根据"法不溯及既往"以及《行政处罚法》第36条所规定的"违法行为在两年内未被发现的,不再给予行政处罚",违法行为

的发生节点如何确定是非常重要的。因此，如果垄断行为发生在旧法施行期间且已经结束，尤其是行为结束已经超过两年的，理应适用旧法的规定。但是如果垄断行为发生在旧法施行期间且处于持续状态的，则很有可能需要承担新法规定更严格的法律责任，新法明显规定了比旧法有更严厉的责任。

尤其是《反垄断法》将企业的反垄断违法行为入刑，增加了企业刑事责任的风险。关于企业的刑事责任，旧法仅规定对反垄断执法机构依法实施的审查和调查，企业拒绝、阻碍审查和调查，行为情节严重的，应当追究其刑事责任，没有规定企业在垄断行为方面的刑事责任。但是，《反垄断法》明确规定了企业更加全面的刑事责任，企业违反《反垄断法》的任何行为，均可能构成刑事犯罪，承担刑事责任。

《反垄断法》第67条规定："违反本法规定，构成犯罪的，依法追究刑事责任。"但我国刑法尚未针对企业的垄断违法行为如何构成犯罪、构成何种罪名、如何处罚进行具体规定，新法为将来刑法的介入留下了接口，这也表明以后企业需要承担的违法成本是大大增加的，企业不仅要承担高额罚款的风险，还有承担更严厉的刑事责任风险。

第五节　反垄断企业合规风险分析及措施

一、反垄断合规风险发生成因分析

（一）企业合规管理制度不全面

合规管理的制度是企业避免反垄断合规的基础，只有拥有完备的合规管理体系，反垄断合规才有实施的基础，目前国内大多数企业都没有自己专业全面的合规管理制度。首先，不能只关注国内的法律法规，还需要关注国外的法律法规尤其是《美国谢尔曼法》《美国克莱顿法》《美国对外贸易反托拉斯改进法》以及《欧盟指令》等；其次，需要有专业的反垄断企业合规审查的专业人员；最后，企业应当制定员工合规管理制度，包括严格规范和管理员工参加由具有竞争关系的经营者组织的行业会议。

（二）企业合规制度实施存在困境

合规管理制度的实施有"三道防线"，合规管理的第一道防线主要由基层业务部门承担，基层业务部门在合规管理制度的实施中发挥着重要的作用，但是其缺乏专业知识的辅助，其可以通过严格执行企业合规管理的逐项制度及操作要求来规避合规风险，确保企业主营业务合法合规，同时由基层业务部门实现第二道、第三道防线分解形成的合规子目标。

（三）企业合规专业人员缺乏

企业在合规管理中的专业化程度不高，缺乏高质量的合规团队，主要表现为管理层在合规管理业务中缺乏前瞻性或履职能力不足，当问题出现时，没有有效预案或有效补救措施，导致不合规频发。2018年11月2日，为推动中央企业全面加强合规管理，加快提升依法合规经营管理水平，着力打造法治央企，保障企业持续健康发展，国务院国资委制定了《中央企业合规管理指引（试行）》。2021年3月18日，人力资源社会保障部会同国家市场监督管理总局、国家统计局面向社会正式发布了企业合规师等18个新职业信息。2021年6月3日，为了依法推进企业合规改革试点工作中建立健全涉案企业合规第三方监督评估机制，有效惩治预防企业违法犯罪，服务保障经济社会高质量发展，助力推进国家治理体系和治理能力现代化，最高人民检察院、司法部、财政部、生态环境部、国务院国有资产监督管理委员会、国家税务总局、国家市场监督管理总局、全国工商联、中国国际贸易促进委员会联合研究制定了《关于建立涉案企业合规第三方监督评估机制的指导意见（试行）》。

二、反垄断合规风险识别及评估

（一）市场情况

市场的情势千变万化，经营者在进行市场交易时要特别注意，企业与被合并企业二者之和是否达到进行经营者集中申报份额，就算未达到相应的经营者集中申报的份额，也应该在进行经营者集中之前准备好相关材料，避免该集中有损坏市场正常竞争的情况，在这种情况下，就可以将事先准备好的资料交给反垄断执法机构，节省了准备资料的时间，也提高了企业在经营者集中的效率，避免因为发生一些突发情况而影响企业的集中，从而失去未知的交易机会和营利机会。

1. 企业规模

企业应注意自己在市场中所占的份额，并根据自己企业的市场地位对经营策略进行及时的调整，市场的情况不断变化，企业在进行交易时一定要根据自己所在相关市场的地位，合理定价，密切关注市场的交易动态，以及与过往交易者的交易价格，综合各种因素，在市场上与其他交易主体进行交易，不要一味追求"营利"，而忽视了审视企业所处的交易地位。

2. 行业特性

反垄断执法机构对每个行业的关注点与调查方法是不一样的，应该关注自身行业的发展，及时调整企业的经营策略。《反垄断法》禁止同业竞争者之间就产品或服务的价格、销售数量、客户划分、客户抵制等方面达成合谋，最终损害市场公平竞争和消费者的利益。金融业经营者在日常运营中较常见的垄断协议风险多见于同业竞争者之间在沟通、交流、合作过程中达成的横向安排。

我国横向垄断协议执法多见于保险行业，证券行业等亦有涉及。在过往的执法案例中，我国反垄断执法机构主要查处的典型行为涉及保险行业协会组织会员保险公司约定新车商业车险等保险折扣系数，并根据市场份额商定统一的商业车险代理手续费等；证券期货业协会发布证券期货业经纪业务自律公约，要求辖区内证券期货营业部新设账户股基交易佣金率、单个客户账户佣金率月均不低于某一固定标准，形成"最低"证券期货交易佣金标准的价格联盟等。

金融产品和服务的供应链较为多元化。在提供产品和服务时，金融业经营者可能和众多第三方企业进行合作，如使用其他方的销售渠道进行金融产品的分销等。

《反垄断法》禁止经营者与交易相对人达成固定转售价格或限制最低转售价格等排除、限制竞争的纵向垄断协议。金融业经营者在与供应链上的第三方进行合作时，应当时刻关注协议中是否包括限制性条款，以及限制性条款的内容、范围和效果等，以尽可能地避免纵向垄断协议的风险。

（二）对重点领域企业反垄断风险的识别

1. 垄断协议风险识别

根据《反垄断法》的规定，垄断协议有横向垄断协议和纵向垄断协议两种，目前在发电和燃气领域中出现过。横向垄断协议发生在竞争者之间，包括固定或者变更商品价格、限制商品的生产数量或者销售数量等；纵向垄断协议发生在经营者与交易相对人之间，包括固定向第三人转售商品的价格、限定向第三人转售商品的最低价格等。

2. 滥用市场支配地位风险识别

根据《反垄断法》的规定，法律禁止具有市场支配地位的经营者从事的行为包括没有正当理由地以不公平的高价销售商品或者以不公平的低价购买商品，拒绝与交易相对人进行交易等。由于能源领域中具有自然垄断地位以及公用事业企业天然具有市场支配地位，另外还有不少是由于行政垄断导致的市场支配地位，因此应当由合规部门认真梳理本企业的行为规范和界限，防范垄断风险。

3. 经营者集中风险识别

近些年来，大型国有能源企业在政府部门主导下，一直都有合并重组行为发生。政府主导下的这种合并重组，应当根据《国务院关于经营者集中申报标准的规定》，依法进行申报。

4. 自然垄断风险识别

能源领域的自然垄断企业比较多，一直都受到社会的密切关注。随着近些年普通公民和市场主体法治意识的提高，公众对自然垄断企业的监督也越来越严格。除了反垄断执法部门之外，行业监督部门对自然垄断企业的专业监管，也是反垄断的应有之意。在电网和油气管网领域，由于公平开放或接入问题导致的纠纷不断发生。因此，电网、油气管网等自然垄断企业应当重视自身行为的自我监督，通过内部合规准则梳理行为准则，防范监管风险。

5. 行政垄断风险识别

能源领域一向是行政垄断的"重灾区"。如燃气领域的黑龙江地区反垄断案例，就涉及典型的行政垄断。虽然在行政垄断规制中，反垄断执法部门是针对行政机关进行相应处置，但是相关企业的经营肯定也会受影响。为避免不必要的损失，企业应当事先进行评估，做好相应对策。

（三）识别风险等级提高应对的针对性

反垄断对于企业风险的影响是多方面的。影响竞争关系的因素之一便是价格，因此这一直也是反垄断法规制的重点，与竞争对手沟通敏感信息，达成一致意见和实施相同行为将对竞争产生最直接和最严重的影响，尤其是在"固定价格或变更商品价格"达成的垄断协议数量较多。因此，在针对价格合规风险时，要有针对性地提高风险应对的能力。

首先，要了解反垄断法及相关规定对于价格规定的内容，不能对规避反垄断法规制存在侥幸心理，如企图通过间接方式约定与价格相关的信息；其次，避免与竞争对手沟通约定价格及与价格有关的信息；最后，若遇到竞争对手对敏感信息进行沟通应及时向企业汇报并咨询法务组织。除价格影响外，其他还有可能影响市场竞争条件的因素也属于敏感信息，如（1）限定产量、销量。限制生产数量或特定品种型号的生产数量，通过约定限制固定产量或停止生产的限制销售数量或特定品种型号的销售数量，通过拒绝公布限制商品投放量等。（2）划分市场。第一个是划分商品销售地域、销售对象或销售商品的种类，数量；第二个划分原料、半成品、零部件、相关设备等原材料的采购区域、种类、数量；第三个是划分原料、半成品、零部件、相关设备等原材料的供应商。

1. 评估风险的事前、事中、事后的效果

合规管理体系是一种旨在防控合规风险的管理体系。众所周知，三道防线理论是风险防控的经典理论。该理论对风险的管理工作分为事前、事中、事后三个时段，每个时段分别执行风险预防、风险控制、风险应对三种职能。同时，三个时段的三种职能，又分别由合规审查部门、合规检查部门和合规监督部门三个部门来对应完成。

（1）事前审查与风险预警。合规审查要对待决策事项形成正式的、书面的意见。企业内很多事项，往往是先沟通，后形成书面文件或报告。因此，与书面合规审查对应的是合规咨询，即以口头及正式报告的方式向合规部门提出需求，合规部门以口头或邮件形式回复意见。但与书面合规审查稍有不同的一点是，合规咨询是强制咨询。即凡业务部门或职能部门对任何事项是否合规、如何合规等存有疑虑时，必须向合规部门提出请求回答的需求。

合规风险预警也属于常用的事前管控手段，它依赖平时对风险数据的收集及监测。其基本原理是先设置一个阈值或区间值，当传输过来的数据指标落在阈值之上或区间内时，即引发内部的报警机制，随之启动下一步的应急处理。

（2）事中检查与报告。合规检查一般由合规部门牵头，各业务部门、职能部门配合，检查的内容包括各部门遵循法律法规及规章制度的情况、合规管理机制实际运行的有效性、违规事件的整改情况等。合规检查分常规检查和专项检查。常规检查是指根据年度工作计划开展的全面合规检查工作。专项检查是按照年度工作计划、经营管理工作需要，对某项特定业务或重点领域进行的专题性合规检查。合规检查分为现场检查和非现场检查等方式。现场检查是根据合规内控或经营管理的要求，到被检查单位进行实地检查。非现场检查是指要求被检查单位报送各种资料或从管理部门调阅业务档案，或运用合规管理信息系统等工具进行分析，来发现风险点和问题。合规检查可采取与党委巡察、部门督导、内控评价、体系认证审核、安全环保检查等相结合的形式。

事中的合规检查之后，要对风险有更详尽的了解。事中管控环节的合规报告，通常指发挥监测和总结作用的定期合规报告，包括年度报告、半年报告或季度报告。合规报告既可以是应监管部门的要求而制定，也可以是应公司董事会的要求制定的。报告内容一般包括：合规管理基本情况、合规负责人及合规部门履行合规管理职责情况、违法违规行为、合规风险隐患的发现及整改情况、合规履职保障情况等。

2. 事后的风险应对策略和评估

企业成立反垄断风险应对小组，制订应急预案，及时跟进反垄断执法或者诉讼动态，强化组织领导，有针对性地调整商业模式，使其商业模式符合反垄断的立法和监管要求。企业发现有关部门员工有涉嫌违反反垄断法迹象时，应当及时监控、调查、及早处置、处理；认为违法情节严重的，应当积极主动、及时向反垄断执法机构报告，并提供相应证据。

合规问责是指对企业高管及员工的违法、违规、违纪行为进行责任追究。如涉及违反刑法或其他国家层面的法律、法规的，应按规定移交司法部门或相关政府部门。合规问责须坚持实事求是、有错必究、问责与整改相结合等原则。合规问责的信息来源，一般是合规检查或监测过程中发现的问题或者是有关人员提出的举报、内部控告或申诉等。问责措施自身须合法合规，问责程序也要有相关的法律和内部制度依据。问责事项处理后，一般应形成合规问责决议。问责决议应包括违规事实、后果及影响、责任分析、问责依据和问责措施等内容。

3. 与执法机关的相关程序积极配合，降低风险

企业在中国面临反垄断调查时，根据《反垄断法》第15条规定，能够证明达成的协议属于以下情形之一的，向反垄断执法机

构申请反垄断豁免：

（1）为改进技术、研究开发新产品的；

（2）为提高产品质量、降低成本、增进效率，统一产品规格、标准或者实行专业化分工的；

（3）为提高中小经营者经营效率，增强中小经营者竞争力的；

（4）为实现节约能源、保护环境、救灾救助等社会公共利益的；

（5）因经济不景气，为缓解销售量严重下降或者生产明显过剩的；

（6）为保障对外贸易和对外经济合作中的正当利益的；

（7）法律和国务院规定的其他情形。

企业可以依据《横向垄断协议案件宽大制度适用指南》的规定，向反垄断执法机构主动报告协议以及提供证据，主动停止涉嫌的违法违规行为，配合反垄断执法机构调查，可以向反垄断执法机构申请宽大、减轻或免除处罚。

三、合规风险应对措施

（一）合规风险识别与风险级别划分

1. 高风险

第一，忽视与价格相关的敏感信息，影响竞争关系最关键的因素之一便是价格，因此这也一直是《反垄断法》规制的重点，与竞争对手沟通与价格相关的敏感信息并达成一致意见和对竞争产生最为直接和严重的影响，主要表现为：一是限定产量和销量，二是划分市场，三是联合抵制交易，联合拒绝向特定经营者供货或者销售商品，采购或者销售特定经营者的商品，或限制特定经营者不得与其具有竞争关系的经营者进行交易。

第二，协同行为是企业之间虽然没有达成书面或者口头协议决议，但相互进行了沟通，心照不宣地实施了共同协调的排除、限制竞争的行为，具体可以表现为企业在交换价格等敏感场合，并未明确表示反对，且后来也实施了相同的行为，如几个具有竞争关系的公司在分享了价格信息之后，不约而同地涨价，此类发生于竞争对手之间的信息交流会被视为构成协同行为的重要因素。

第三，在纵向关系中，《反垄断法》关注的是下游企业的自主定价权，作为上游企业不能以任何形式剥夺。值得注意的是，企业以保证商品质量、服务质量为由限制转售价格看似合理，符合商业实践，但是这些理由无法被《反垄断法》和机构认可，一旦企业实施限制转售价格的行为，则将被认定为纵向垄断协议，表现为直接固定转售商品的价格和限定转售商品的最低价格。在面临反垄断执法机关处罚风险的同时，可能引发下游经销商的诉讼风险。

2. 中风险

一是行业协会。行业协会是反垄断规制的重点，《反垄断法》第 21 条明确规定，行业协会不得组织本行业的经营者从事本章禁止的垄断行为。因此以行业协会会员的身份参与行业协会的活动可能会导致违反《反垄断法》及其相关规定的潜在风险。行业协会召集的会议也可能会被视为达成和实施垄断协议的平台，如通过交换商业敏感信息和市场需求信息，从而达成价格固定，分割市场等垄断协议，还有排除、限制竞争内容的行业协会章程规定、决定通知标准等，召集组织或者推动本行业的经营者达成有排除限制竞争内容的协议、决议、纪要、备忘录。因此企业所在协会应谨慎做出任何建议，如在购买条件和条款采用标准化费用指南中，若执意建议，则无论以任何方式沟通或者建议函件都应当仅具有推荐而不能有强执性及不可设置任何处罚措施。

二是滥用行为。具有市场支配地位的企业单方面滥用行为，主要表现为：第一，宣传高市场份额，宣传高市场份额本身并不构成滥用，但是《反垄断法》规定企业相关市场份额达到50%就推定具有市场支配地位，因此这种行为可能会使企业在应对反垄断调查或诉讼中处于被对手利用的不利地位；第二，过高定价或者不公平定价。《反垄断法》中描述为以不公平的高价销售商品实现其他滥用行为，结合实务中认定过高定价行为十分复杂且困难，我国反垄断执法机构在实践中主要关注导致不公平定价的行为本身是否客观公平而非实际价格水平。

三是价格。价格又称为差别待遇，企业对条件相同的交易相对方在交易条件上的差别化对待除价格以外，交易条件还包括交易数量、品种、品质、等级、数量、折扣等优惠条件、付款条件、交付方式、保修内容和期限、维修内容和时间等供应技术指导的售后服务条件。

四是定价明显低于成本，也称为低价倾销或掠夺性定价。企业以承担损失为代价，在一段时间内以低于成本的价格销售商品迅速占领市场，排除其他竞争者的成本包括生产成本、销售成本和其他成本，其后是其他竞争者被排挤出相关市场之后，企业利用自己的独家市场地位再提高价格，弥补原来降价带来的损失，并获得利益。

五是拒绝交易。企业享有自主选择交易相对方的自由，拒绝交易通常并不会带来法律风险，但是在反垄断领域，如果企业具有市场支配地位且拒绝交易的目的是排除竞争，那么就有可能被认定是违反《反垄断法》的拒绝交易行为，包括直接拒绝、变相拒绝，典型方式有设定过高的销售价格来削减与交易相对方的现有交易数量，拖延中断与对方的现有交易，拒绝与交易相对方进行新的交易，设置执行条件使交易相对方难以继续进行交易，设置拒绝交易相对方在生产经营活动中以合理条件使用其必需设施。

六是限定交易又称排他性交易。具体表现为企业限制交易相对方只能与其进行交易，只能与其指定的经营者进行交易，不得与其竞争对手进行交易，限制交易有两种常见的特殊模式：独家交易和二选一模式。

七是搭售。搭售本身并不都是违法的，如果被搭售的产品与主产品能够实现某种共同上的整合，从而提高产品的性能和性质或提升客户对产品的使用体验，这种搭售一般是合理的。《反垄断法》所禁止的搭售行为通常具有以下特征：客户在购买一种商品时，被企业要求必须同时购买另一种商品，且上述两种商品是相互独立的，企业对客户实施了某种强制，使其不得不接受；企业将不同商品强制捆绑销售或者组合销售，违背交易惯例、消费习惯等，无视商品的功能。除搭售外，在交易时附加下列交易条件通常被视为不合理，对合同的期限、支付方式、商品的运输及交付方式或者服务的提供方式等附加不合理的限制，对商品的销售地域、销售对象、售后服务附加不合理的限制；附加与交易标的无关的交易条件；在价格之外附加不合理的风险。

3. 低风险

第一，并购合资或重组项目中的抢跑风险，在国内外并购合资或重组项目中未进行反垄断申报，将面临执法机构国家市场监督管理总局的处罚，在中国进行反垄断申报的前提包括控制权发生变化和营业额达标。

第二，参与集中经营者关键错报风险确认，参与集中经营者是计算营业额和判定是否需要进行申报的前提，法律法规中尚未有对参与集中经营者的明确规定，仅能在经营者集中申报表和实践中找到确认参与集中经营者的基本方法和思路。

第三，营业额计算的误区，在计算经营者国内和全球营业额时，仅计算了单个经营者的营业额，未将其母公司、子公司、兄弟公司等整个集团的营业额包括在内。

第四，不能正确识别控制权变化，仅认为并购才能构成控制权的变化。实际上经营者之间的新设合营企业集团或内部重组，多个股东之间股权比例调整以及个别股东退出等均可构成控制权变化，也不能仅依据股权比例变化来判断，包括董事会席位变化等在内能够影响企业实际控制的一切法律事实均包含在内。

第五，境外交易收入未进行申报风险。境外项目只要参与集中经营者营业额达到国务院关于经营者集中申报标准。《国务院关于经营者集中申报标准的规定》第3条规定："经营者集中达到下列标准之一的，经营者应当事先向国务院反垄断执法机构申报，未申报的不得实施集中：（一）参与集中的所有经营者上一会计年度在全球范围内的营业额合计超过120亿元人民币，并且其中至少两个经营者上一会计年度在中国境内的营业额均超过8亿元人民币；（二）参与集中的所有经营者上一会计年度在中国境内的营业额合计超过40亿元人民币，并且其中至少两个经营者上一会计年度在中国境内的营业额均超过8亿元人民币。"第4条规定："经营者集中未达到本规定第三条规定的申报标准，但有证据证明该经营者集中具有或者可能具有排除、限制竞争效果的，国务院反垄断执法机构可以要求经营者申报。"

第六，相关市场界定存在偏差，不能准确计算市场份额，相关市场界定过宽或过窄均会不恰当地低估或高估经营者的市场势力，导致错误申报；不能正确评估该项目是否具有限制，排除市场竞争的效果,如被监管机构撤销案件重新申报,将严重影响交易的正常交割。

第七,多个交易中的申报风险。实践中经常存在为了同一经济目的,经营者之间同时获短期内确定发生的多个相互关联,互为交易的条件,最终形成相同经营者单独或共同控制的情况,如将以上多个交易割裂开,认为达不到申报营业额门槛而未申报将同样面临未依法申报的风险。

(二)横向合作风险的应对

(1)审查经营者协议是否妨碍正常市场竞争;

(2)商品价格是否合理并符合市场经济的一般规律;

(3)经营者之间达成协议是否为其他相关经营者进入市场形成阻碍;

(4)协议内容是否符合反垄断法的相关要求;

(5)违反时积极向反垄断执法机构做出改正承诺,从而降低惩罚责任。

(三)纵向合作风险的应对

(1)审查是否阻碍相关市场上游和下游市场的发展;

(2)谨慎处理与产品有关的上中下游企业的关系;

(3)违反时积极向反垄断执法机构做出改正承诺,从而降低惩罚责任。

(四)行业协会活动风险的应对

(1)行业章程中相关规定是否阻碍竞争;

(2)行业协会达成协议有无违反行业竞争要求;

(3)行业协议是否对市场经济造成影响。

(五)滥用市场支配地位风险的应对

(1)密切关注企业在相关市场的经营份额;

（2）具有市场优势地位时谨慎义务；

（3）保持正常的商业竞争，处理好本市场领域内中小企业的关系。

（六）经营者集中风险的应对

（1）及时向反垄断执法机构汇报登记；

（2）认真履行各项申报经营者集中的程序；

（3）审慎审查自己在经营者集中审查的地位与义务；

（4）积极配合反垄断执法机构调查取证。

四、企业反垄断合规的体系化建构

（一）构建合规专门部门，增强培训

某机构抽样调查显示，2016年，国有、民营和外资企业中设有合规职能部门的比例分别为79%、73%和87%；2017年，国有、民营和外资企业中设有合规职能部门的比例分别为85%、69%和94%。"每年1~2次（含网上培训）"是最为主流的培训频率，占比36%；"每年3~4次"的培训频率占比15%；相较2016年，2017年选择进行"每年5次以上"合规培训的比例，由24%上升至32%，但仍有14%的公司"从来不培训"。

企业应当制订反垄断合规培训方案和计划，对所有员工进行有针对性的培训和考核，特别是强化对企业高级管理人员包括董事长和总经理、分管销售工作的企业副职和所有销售人员的培训，经培训考核合格的，签发反垄断合规培训合格证，作为工作合规的依据和晋升的依据。

企业党组成员、董事会成员和经营班子成员以及其他高级管理人员应带头学习反垄断法以及相关监管要求，形成浓厚的反垄断合规学习氛围，接受有关合规培训，关键岗位员工应接受有针对性的专题合规培训，如针对销售管理以及一线销售人员培训。有关合规培训应做好记录留存。

（二）编制本企业反垄断合规手册，进行风险识别

企业应依据反垄断的法律法规和监管要求，结合企业自身的实际业务和经营情况，制定、完善有关反垄断（价格）的合规管理办法。企业可进一步就有关反垄断（价格）的合规行为准则及管理办法，细化制定、完善相应的合规操作流程。聘请专业律师对反垄断合规手册内容提出建议：（1）梳理、介绍和解释竞争法规；（2）风险识别的方法及如何处理；（3）禁止的行为及虽不禁止但需高度警惕的行为；（4）员工有适当的交流渠道，能提出问题；（5）合规项目的负责人；（6）建立便捷的沟通机制，以便处理投诉、应对已经或可能存在的违法行为的风险。

（三）企业合规部门应加强对合同重点领域的审查

企业合规部门和销售部门在识别其他协同行为时，应当考虑以下因素：（1）经营者的市场行为是否具有一致性；（2）经营者之间是否进行过意思联络或者信息交流；（3）经营者能否对行为的一致性作出合理解释。识别其他协同行为，还应当考虑相关市场的结构情况、竞争状况、市场变化情况、行业情况等。

企业合规应当加强识别，抵制交易垄断协议，注意掌握与其具有竞争关系的经营者达成的联合抵制交易协议。企业在实施行为方面，应注意以下细节：经营者以搬迁、环保等理由拒绝向其他企业供货，相关企业多次联系，多次拒绝供货，拒绝行为须符合《反垄断法》第17条第3款的规定，否则构成实施抵制交易协议的行为。企业合规部门和销售部门在识别联合抵制交易垄断协议时应当考虑以下因素：首先，商品市场是否典型的寡头垄断市场；其次，具有竞争关系的经营者是否进行意思联络；最后，具

有竞争关系的经营者联合抵制行为是否具有一致性。

企业应当高度关注行业协会是否遵守反垄断法以及相关行为指南的要求，不执行行业协会作出的以下行为：（1）制定排除、限制价格竞争的规则、决定、通知等；（2）组织经营者达成《反垄断法》和国家规定禁止的价格垄断协议；（3）组织经营者达成或者实施价格垄断协议的其他行为。

（四）建立企业合规的有效性评价体系

合规管理体系建成并运行一段时间以后，有必要对其实施效果进行验证。这种按照规定的原则、方式、程序和标准对合规管理体系及合规管理相关人员和工作的有效性进行检验、评价，就是合规管理有效性评价。目的是评估各个层面的合规管理工作，推动公司合规制度体系和管理机制的健全完善和有效执行，培育良好的合规文化。

合规管理有效性评价一般一年进行至少一次。评估对象为公司董事会、监事会、高级管理人员、合规总监、合规管理部门以及各部门、各层级子公司和全体工作人员。评价内容包括合规管理环境的有效性评价、合规管理职责履行的有效性评价和经营管理活动的有效性评价等。评价程序一般为：（1）成立评价小组；（2）制订评价方案和评价计划；（3）开展评价活动；（4）评价小组与评价对象认定评价发现的合规管理缺失、遗漏或薄弱环节，并提出整改建议；（5）形成年度合规管理有效性评价报告；（6）按规定的审批权限和程序报公司董事会合规委员会审议批准年度合规管理有效性评价报告。

对合规管理环境的有效性评价，应当重点关注公司经营者是否重视合规管理、合规文化建设是否到位、合规管理制度是否健全、合规管理的履职保障是否充分等；对合规管理职责履行情况的评价，应当重点关注合规咨询、合规审查、合规检查、合规监测、合规培训、合规报告、监管沟通与配合等合规管理职能是否有效履行；对经营管理制度与机制建设情况的评价，应当重点关注各项经营管理制度和操作流程是否健全，是否与外部法律、法规和准则相一致，是否能够根据外部法律、法规和准则的变化及时修订、完善；对经营管理制度与机制运行状况的评价，应当重点关注是否能够严格执行经营管理制度和操作流程，是否能够及时发现并纠正有章不循、违规操作等问题。

合规管理有效性评价结果，一般根据评价内容及标准，采用定性或定量的方法，评定为优秀、良好、合格、不合格等几个等级。全部达标的为优秀级别，在评价项目中90%以上达标，且不存在可能影响公司合规管理有效性情形的为良好等级，以此类推。

（五）健全执行监督体系

合规手册及其他合规文件制定之后，需要严格执行，否则将形同虚设，依然达不到合规的效果和目的。在2004年著名的中航油新加坡公司石油衍生品巨额亏损事件中，中航油新加坡公司其实制定了《风险管理手册》，但是实际却并未真正执行。一般来说，企业可通过内部监督和外部监督进行双重保障，尤其是外部监督可聘请专业的律师事务所、会计师事务所等，可有效提高执行力度。

（六）聘请专业的反垄断律师，协助配合执法调查

在很多反垄断执法案件中，有企业因为应对得当会减少处罚额度甚至被免于处罚。如牟平区供电公司和海安县供电公司都主动配合反垄断执法调查，做出相应承诺和整改措施，最后都被终止调查、免于处罚。

（七）建立企业合规问责制，明确责任主体

合规问责是指对企业高级管理人员及员工的违法、违规、违纪行为进行责任追究的活动。如涉及违反刑法或其他国家层面的法律、法规的，应按规定移交司法部门或相关政府部门。合规问责须坚持实事求是、有错必究、问责与整改相结合等原则。合规问责的信息来源，一般是合规检查或监测过程中发现的问题或者有关人员提出的举报、内部控告或申诉等。问责措施自身须合法合规，问责程序也要有相关的法律和内部制度依据。问责事项处理后，一般应形成合规问责决议。问责决议应包括违规事实、后果及影响、责任分析、问责依据和问责措施等内容。

第八章

企业公司法合规

第一节 企业合规的公司法规则梳理

一、法律法规整理

下面为对公司法合规所涉及的重点规则进行的整理具体如表1所示。

表1 公司法合规所涉及的重点规则

公司章程	第5条 设立公司应当依法制定公司章程。公司章程对公司、股东、董事、监事、高级管理人员具有约束力
经营范围	第9条 公司的经营范围由公司章程规定。公司可以修改公司章程,变更经营范围。公司的经营范围中属于法律、行政法规规定须经批准的项目,应当依法经过批准
分公司与子公司	第13条 公司可以设立子公司。子公司具有法人资格,依法独立承担民事责任。公司可以设立分公司。分公司不具有法人资格,其民事责任由公司承担

续表

转投资	第14条　公司可以向其他企业投资。法律规定公司不得成为对所投资企业的债务承担连带责任的出资人的，从其规定
公司担保	第15条　公司向其他企业投资或者为他人提供担保，按照公司章程的规定，由董事会或者股东会决议；公司章程对投资或者担保的总额及单项投资或者担保的数额有限额规定的，不得超过规定的限额。公司为公司股东或者实际控制人提供担保的，应当经股东会决议。前款规定的股东或者受前款规定的实际控制人支配的股东，不得参加前款规定事项的表决。该项表决由出席会议的其他股东所持表决权的过半数通过
股东禁止行为	第21条　公司股东应当遵守法律、行政法规和公司章程，依法行使股东权利，不得滥用股东权利损害公司或者其他股东的利益。公司股东滥用股东权利给公司或者其他股东造成损失的，应当承担赔偿责任
禁止关联交易	第22条　公司的控股股东、实际控制人、董事、监事、高级管理人员不得利用其关联关系损害公司利益。违反前款规定，给公司造成损失的，应当承担赔偿责任
公司决议的无效或被撤销、不存在	第25条　公司股东会、董事会的决议内容违反法律、行政法规的无效 第26条　公司股东会、董事会的会议召集程序、表决方式违反法律、行政法规或者公司章程，或者决议内容违反公司章程的，股东自决议作出之日起60日内，可以请求人民法院撤销。但是，股东会、董事会的会议召集程序或者表决方式仅有轻微瑕疵，对决议未产生实质影响的除外。 未被通知参加股东会会议的股东自知道或者应当知道股东会决议作出之日起60日内，可以请求人民法院撤销；自决议作出之日起1年内没有行使撤销权的，撤销权消灭 第27条　有下列情形之一的，公司股东会、董事会的决议不成立：

续表

公司决议的无效或被撤销、不存在	（一）未召开股东会、董事会会议作出决议； （二）股东会、董事会会议未对决议事项进行表决； （三）出席会议的人数或者所持表决权数未达到本法或者公司章程规定的人数或者所持表决权数； （四）同意决议事项的人数或者所持表决权数未达到本法或者公司章程规定的人数或者所持表决权数
公司董事、监事、高级管理人员的资格和义务	第178条　有下列情形之一的，不得担任公司的董事、监事、高级管理人员： （一）无民事行为能力或者限制民事行为能力； （二）因贪污、贿赂、侵占财产、挪用财产或者破坏社会主义市场经济秩序，被判处刑罚，执行期满未逾五年，或者因犯罪被剥夺政治权利，执行期满未逾五年，被宣告缓刑的，自缓刑考验期满之日起未逾2年； （三）担任破产清算的公司、企业的董事或者厂长、经理，对该公司、企业的破产负有个人责任的，自该公司、企业破产清算完结之日起未逾3年； （四）担任因违法被吊销营业执照、责令关闭的公司、企业的法定代表人，并负有个人责任的，自该公司、企业被吊销营业执照之日起未逾3年； （五）个人因所负数额较大债务到期未清偿被人民法院列为失信被执行人。 公司违反前款规定选举、委派董事、监事或者聘任高级管理人员的，该选举、委派或者聘任无效。 董事、监事、高级管理人员在任职期间出现本条第1款所列情形的，公司应当解除其职务
	第179条　董事、监事、高级管理人员应当遵守法律、行政法规和公司章程 第180条第1款、第2款　董事、监事、高级管理人员对公司负有忠实义务和勤勉义务。应当采取措施避免自身利益与公司利益冲突，不得利用职权牟取不正当利益。 董事、监事、高级管理人员对公司负有勤勉义务，执行职务应当为公司的最大利益尽到管理者通常应有的合理注意

续表

公司董事、监事、高级管理人员的资格和义务	第181条　董事、监事、高级管理人员不得有下列行为： （一）侵占公司财产、挪用公司资金； （二）将公司资金以其个人名义或者以其他个人名义开立账户存储； （三）利用职权贿赂或者收受其他非法收入； （四）接受他人与公司交易的佣金归为己有； （五）擅自披露公司秘密； （六）违反对公司忠实义务的其他行为
公司财务、会计	第214条　公司的公积金用于弥补公司的亏损、扩大公司生产经营或者转为增加公司注册资本。 公积金弥补公司亏损，应当先使用任意公积金和法定公积金；仍不能弥补的，可以按照规定使用资本公积金。 法定公积金转为增加注册资本时，所留存的该项公积金不得少于转增前公司注册资本的25%
	第215条　公司聘用、解聘承办公司审计业务的会计师事务所，按照公司章程的规定，由股东会、董事会或者监事会决定。 公司股东会、董事会或者监事会就解聘会计师事务所进行表决时，应当允许会计师事务所陈述意见
	第217条　公司除法定的会计账簿外，不得另立会计账簿。对公司资金，不得以任何个人名义开立账户存储
公司合并、分立、增资、减资	第220条　公司合并，应当由合并各方签订合并协议，并编制资产负债表及财产清单。公司应当自作出合并决议之日起10日内通知债权人，并于30日内在报纸上或者国家企业信用信息公示系统公告。债权人自接到通知之日起30日内，未接到通知的自公告之日起45日内，可以要求公司清偿债务或者提供相应的担保
	第222条　公司分立，其财产作相应的分割。 公司分立，应当编制资产负债表及财产清单。公司应当自作出分立决议之日起10日内通知债权人，并于30日内在报纸上或者国家企业信用信息公示系统公告

续表

公司合并、分立、增资、减资	第 224 条　公司减少注册资本，应当编制资产负债表及财产清单。 公司应当自股东会作出减少注册资本决议之日起 10 日内通知债权人，并于 30 日内在报纸上或者国家企业信用信息公示系统公告。债权人自接到通知之日起 30 日内，未接到通知的自公告之日起 45 日内，有权要求公司清偿债务或者提供相应的担保。 公司减少注册资本，应当按照股东出资或者持有股份的比例相应减少出资额或者股份，法律另有规定、有限责任公司全体股东另有约定或者股份有限公司章程另有规定的除外
	第 228 条　有限责任公司增加注册资本时，股东认缴新增资本的出资，依照本法设立有限责任公司缴纳出资的有关规定执行。 股份有限公司为增加注册资本发行新股时，股东认购新股，依照本法设立股份有限公司缴纳股款的有关规定执行
清算组成员的义务与责任	第 238 条　清算组成员履行清算职责，负有忠实义务和勤勉义务。 清算组成员怠于履行清算职责，给公司造成损失的，应当承担赔偿责任；因故意或者重大过失给债权人造成损失的，应当承担赔偿责任
外国公司分支机构的设立程序	第 244 条　外国公司在中华人民共和国境内设立分支机构，应当向中国主管机关提出申请，并提交其公司章程、所属国的公司登记证书等有关文件，经批准后，向公司登记机关依法办理登记，领取营业执照。 外国公司分支机构的审批办法由国务院另行规定

续表

	有限责任公司
出资	第49条　股东应当按期足额缴纳公司章程规定的各自所认缴的出资额。 股东以货币出资的，应当将货币出资足额存入有限责任公司在银行开设的账户；以非货币财产出资的，应当依法办理其财产权的转移手续。 股东未按期足额缴纳出资的，除应当向公司足额缴纳外，还应当对给公司造成的损失承担赔偿责任
	第50条　有限责任公司设立时，股东未按照公司章程规定实际缴纳出资，或者实际出资的非货币财产的实际价额显著低于所认缴的出资额的，设立时的其他股东与该股东在出资不足的范围内承担连带责任
	第53条　公司成立后，股东不得抽逃出资。 违反前款规定的，股东应当返还抽逃的出资；给公司造成损失的，负有责任的董事、监事、高级管理人员应当与该股东承担连带赔偿责任
股东查阅、复制权	第57条　股东有权查阅、复制公司章程、股东名册、股东会会议记录、董事会会议决议、监事会会议决议和财务会计报告。 股东可以要求查阅公司会计账簿、会计凭证。股东要求查阅公司会计账簿、会计凭证的，应当向公司提出书面请求，说明目的。公司有合理根据认为股东查阅会计账簿、会计凭证有不正当目的，可能损害公司合法利益的，可以拒绝提供查阅，并应当自股东提出书面请求之日起15日内书面答复股东并说明理由。公司拒绝提供查阅的，股东可以向人民法院提起诉讼。 股东查阅前款规定的材料，可以委托会计师事务所、律师事务所等中介机构进行。 股东及其委托的会计师事务所、律师事务所等中介机构查阅、复制有关材料，应当遵守有关保护国家秘密、商业秘密、个人隐私、个人信息等法律、行政法规的规定。 股东要求查阅、复制公司全资子公司相关材料的，适用前四款的规定

续表

股东会	第62条　股东会会议分为定期会议和临时会议。 定期会议应当按照公司章程的规定按时召开。代表1/10以上表决权的股东、1/3以上的董事或者监事会提议召开临时会议的，应当召开临时会议
	第64条　召开股东会会议，应当于会议召开15日前通知全体股东；但是，公司章程另有规定或者全体股东另有约定的除外。 股东会应当对所议事项的决定作成会议记录，出席会议的股东应当在会议记录上签名或者盖章
	第66条　股东会的议事方式和表决程序，除本法有规定的外，由公司章程规定。 股东会作出决议，应当经代表过半数表决权的股东通过。 股东会作出修改公司章程、增加或者减少注册资本的决议，以及公司合并、分立、解散或者变更公司形式的决议，应当经代表2/3以上表决权的股东通过
董事会会议的召集与主持	第72条　董事会会议由董事长召集和主持；董事长不能履行职务或者不履行职务的，由副董事长召集和主持；副董事长不能履行职务或者不履行职务的，由过半数的董事共同推举一名董事召集和主持
国有独资公司高层人员的兼职禁止	第175条　国有独资公司的董事、高级管理人员，未经履行出资人职责的机构同意，不得在其他有限责任公司、股份有限公司或者其他经济组织兼职
股权转让	第84条　有限责任公司的股东之间可以相互转让其全部或者部分股权。 股东向股东以外的人转让股权的，应当将股权转让的数量、价格、支付方式和期限等事项书面通知其他股东，其他股东在同等条件下有优先购买权。股东自接到书面通知之日起30日内未答复的，视为放弃优先购买权。两个以上股东行使优先购买权的，协商确定各自的购买比例；协商不成的，按照转让时各自的出资比例行使优先购买权。 公司章程对股权转让另有规定的，从其规定

续表

	股份有限公司
设立	第97条 以发起设立方式设立股份有限公司的，发起人应当认足公司章程规定的公司设立时应发行的股份。 以募集设立方式设立股份有限公司的，发起人认购的股份不得少于公司章程规定的公司设立时应发行股份总数的35%；但是，法律、行政法规另有规定的，从其规定
	第100条 发起人向社会公开募集股份，应当公告招股说明书，并制作认股书。认股书应当载明本法第154条第2款、第3款所列事项，由认股人填写认购的股份数、金额、住所，并签名或者盖章。认股人应当按照所认购股份足额缴纳股款
	第101条 向社会公开募集股份的股款缴足后，应当经依法设立的验资机构验资并出具证明 第103条 募集设立股份有限公司的发起人应当自公司设立时应发行股份的股款缴足之日起30日内召开公司成立大会。发起人应当在成立大会召开15日前将会议日期通知各认股人或者予以公告。成立大会应当有持有表决权过半数的认股人出席，方可举行。 以发起设立方式设立股份有限公司成立大会的召开和表决程序由公司章程或者发起人协议规定
	第99条 发起人不按照其认购的股份缴纳股款，或者作为出资的非货币财产的实际价额显著低于所认购的股份的，其他发起人与该发起人在出资不足的范围内承担连带责任
	第98条 发起人应当在公司成立前按照其认购的股份全额缴纳股款。 发起人的出资，适用本法第48条、第49条第2款关于有限责任公司股东出资的规定

续表

股东会	第113条　股东会应当每年召开一次年会。有下列情形之一的，应当在两个月内召开临时股东会会议： （一）董事人数不足本法规定人数或者公司章程所定人数的2/3时； （二）公司未弥补的亏损达股本总额1/3时； （三）单独或者合计持有公司10%以上股份的股东请求时； （四）董事会认为必要时； （五）监事会提议召开时； （六）公司章程规定的其他情形
	第116条　股东出席股东会会议，所持每一股份有一表决权，类别股东除外。公司持有的本公司股份没有表决权。 股东会作出决议，应当经出席会议的股东所持表决权过半数通过。 股东会作出修改公司章程、增加或者减少注册资本的决议，以及公司合并、分立、解散或者变更公司形式的决议，应当经出席会议的股东所持表决权的2/3以上通过
董事会会议	第124条　董事会会议应当有过半数的董事出席方可举行。董事会作出决议，应当经全体董事的过半数通过。 董事会决议的表决，应当一人一票
	第125条　董事会会议，应当由董事本人出席；董事因故不能出席，可以书面委托其他董事代为出席，委托书应当载明授权范围。 董事应当对董事会的决议承担责任。董事会的决议违反法律、行政法规或者公司章程、股东会决议，给公司造成严重损失的，参与决议的董事对公司负赔偿责任；经证明在表决时曾表明异议并记载于会议记录的，该董事可以免除责任
上市公司	第135条　上市公司在一年内购买、出售重大资产或者向他人提供担保的金额超过公司资产总额30%的，应当由股东会作出决议，并经出席会议的股东所持表决权的2/3以上通过

续表

上市公司	第136条 上市公司设独立董事，具体管理办法由国务院证券监督管理机构规定。 上市公司的公司章程除载明本法第九十五条规定的事项外，还应当依照法律、行政法规的规定载明董事会专门委员会的组成、职权以及董事、监事、高级管理人员薪酬考核机制等事项
股份转让	第160条 公司公开发行股份前已发行的股份，自公司股票在证券交易所上市交易之日起一年内不得转让。法律、行政法规或者国务院证券监督管理机构对上市公司的股东、实际控制人转让其所持有的本公司股份另有规定的，从其规定。 公司董事、监事、高级管理人员应当向公司申报所持有的本公司的股份及其变动情况，在就任时确定的任职期间每年转让的股份不得超过其所持有本公司股份总数的25%；所持本公司股份自公司股票上市交易之日起一年内不得转让。上述人员离职后半年内，不得转让其所持有的本公司股份。公司章程可以对公司董事、监事、高级管理人员转让其所持有的本公司股份作出其他限制性规定。 股份在法律、行政法规规定的限制转让期限内出质的，质权人不得在限制转让期限内行使质权
	第162条 公司不得收购本公司股份。但是，有下列情形之一的除外： （一）减少公司注册资本； （二）与持有本公司股份的其他公司合并； （三）将股份用于员工持股计划或者股权激励； （四）股东因对股东会作出的公司合并、分立决议持异议，要求公司收购其股份； （五）将股份用于转换公司发行的可转换为股票的公司债券； （六）上市公司为维护公司价值及股东权益所必需。 公司因前款第一项、第二项规定的情形收购本公司股份的，应当经股东会决议；公司因前款第三项、第五项、第六项规定的情形收购本公司股份的，可以按照公司章程或者股东会的授权，经2/3以上董事出席的董事会会议决议

续表

股份转让	公司依照本条第一款规定收购本公司股份后，属于第一项情形的，应当自收购之日起10日内注销；属于第二项、第四项情形的，应当在6个月内转让或者注销；属于第三项、第五项、第六项情形的，公司合计持有的本公司股份数不得超过本公司已发行股份总数的10%，并应当在三年内转让或者注销。 上市公司收购本公司股份的，应当依照《中华人民共和国证券法》的规定履行信息披露义务。上市公司因本条第1款第三项、第五项、第六项规定的情形收购本公司股份的，应当通过公开的集中交易方式进行。 公司不得接受本公司的股份作为质权的标的

二、违反法律法规的责任分析

以下内容在对公司法企业合规涉及的相关法律法规进行整理的基础上，对需要特别注意的不合规责任进行整理，对公司以及相关人员在公司设立、运营和消灭阶段不合规所可能面临的责任进行整理。（未特别标注皆为《公司法》条款）具体如表2所示。

表2 公司违反法律法规的责任

分公司	分公司不具有法人资格	民事责任由公司承担	第13条
外国公司擅自设立分支机构	外国公司违反本法规定，擅自在中华人民共和国境内设立分支机构	由公司登记机关责令改正或者关闭	第261条
		可以并处5万元以上20万元以下的罚款	
发起阶段责任（有限责任公司和股份有限公司）	有限责任公司设立时的股东为设立公司从事的民事活动	其法律后果由公司承受	第44条第1款

续表

发起阶段责任（有限责任公司和股份有限公司）	公司未成立的	其法律后果由公司设立时的股东承受；设立时的股东为二人以上的，享有连带债权，承担连带债务	第44条第2款
	设立时的股东为设立公司以自己的名义从事民事活动产生的民事责任	第三人有权选择请求公司或者公司设立时的股东承担	第44条第3款
	设立时的股东因履行公司设立职责造成他人损害的	公司或者无过错的股东承担赔偿责任后，可以向有过错的股东追偿	第44条第4款
	股份有限公司设立时应发行的股份未募足，或者发行股份的股款缴足后，发起人在30日内未召开成立大会的	认股人可以按照所缴股款并加算银行同期存款利息，要求发起人返还	第105条和第107条
	股份有限公司设立中由于发起人的过失致使公司利益受到损害	发起人应当对公司承担赔偿责任	
虚假出资	公司的发起人、股东虚假出资，未交付或者未按期交付作为出资的货币或者非货币财产	由公司登记机关责令改正	第252条
		处以虚假出资金额5%以上15%以下的罚款；对直接负责的主管人员和其他直接责任人员处以1万元以上10万元以下的罚款	

续表

虚报注册资本、提交虚假材料或者采取其他欺诈手段隐瞒重要事实取得公司登记	虚报注册资本、提交虚假材料或者采取其他欺诈手段隐瞒重要事实取得公司设立登记的	公司登记机关应当依照法律、行政法规的规定予以撤销	第39条
	对虚报注册资本的公司	处以虚报注册资本金额5%以上15%以下的罚款	第250条和第251条
	对提交虚假材料或者采取其他欺诈手段隐瞒重要事实的公司	处以5万元以上50万元以下的罚款	
	情节严重	撤销公司登记或者吊销营业执照	
有限责任公司（或者股份有限公司）出资	不按期足额缴纳公司章程规定的各自所认缴的出资额	向公司足额缴纳	第49条、第107条
		给公司造成的损失承担赔偿责任	
	股东未按照公司章程规定实际缴纳出资，或者实际出资的非货币财产的实际价额显著低于所认缴的出资额的	设立时的其他股东与该股东在出资不足的范围内承担连带责任	第50条
	公司成立后，董事会应当对股东的出资情况进行核查，发现股东未按期足额缴纳公司章程规定的出资的，应当由公司向该股东发出书面催缴书，催缴出资	未及时履行上述规定的义务，给公司造成损失的，负有责任的董事应当承担赔偿责任	第51条、第107条

续表

抽逃出资	公司的发起人、股东在公司成立后，抽逃其出资	由公司登记机关责令改正	第253条
		处以所抽逃出资金额5%以上15%以下的罚款；对直接负责的主管人员和其他直接责任人员处以3万元以上30万元以下的罚款	
	股东抽逃出资对内责任	股东应当返还抽逃的出资	第53条
		给公司造成损失的，负有责任的董事、监事、高级管理人员应当与该股东承担连带赔偿责任	
	股东抽逃出资对外责任	公司不能清偿到期债务的，公司或者已到期债权的债权人有权要求已认缴出资但未届出资期限的股东提前缴纳出资	第54条
	股东未按照公司章程规定的出资日期缴纳出资	公司依照前条第一款规定发出书面催缴书催缴出资的，可以载明缴纳出资的宽限期；宽限期自公司发出催缴书之日起，不得少于六十日。宽限期届满，股东仍未履行出	第52条第1款与第2款

续表

		资义务的，公司经董事会决议可以向该股东发出失权通知，通知应当以书面形式发出。自通知发出之日起，该股东丧失其未缴纳出资的股权。依照规定丧失的股权应当依法转让，或者相应减少注册资本并注销该股权；六个月内未转让或者注销的，由公司其他股东按照其出资比例足额缴纳相应出资	
股份有限公司抽回其股本的例外	发起人、认股人缴纳股款或者交付非货币财产出资后，除未按期募足股份、发起人未按期召开成立大会或者成立大会决议不设立公司的情形外	不得抽回其股本	第105条第2款
股东禁止行为	公司股东滥用股东权利给公司或者其他股东造成损失	应当依法承担赔偿责任	第21条和第23条
	公司股东滥用公司法人独立地位和股东有限责任，逃避债务，严重损害公司债权人利益	应当对公司债务承担连带责任	

续表

关联交易	公司的控股股东、实际控制人、董事、监事、高级管理人员利用其关联关系损害公司利益，给公司造成损失	应当承担赔偿责任	第22条
股东会、董事会决议效力	内容违反法律、行政法规	决议无效	
	召集程序、表决方式违反法律、行政法规或者公司章程	股东可以自决议作出之日起60日内，请求人民法院撤销	第25条和第26条
	决议内容违反公司章程的		
	召集程序或者表决方式仅有轻微瑕疵，且对决议未产生实质影响	不影响效力	
	（一）未召开股东会、董事会会议作出决议；（二）股东会、董事会会议未对决议事项进行表决；（三）出席会议的人数或者所持表决权数未达到本法或者公司章程规定的人数或者所持表决权数；（四）同意决议事项的人数或者所持表决权数未达到本法或者公司章程规定的人数或者所持表决权数	当事人主张决议不成立的，人民法院应当予以支持	第27条

续表

公司董事、高级管理人员等未依法履行制作或保存文件材料的职责	导致公司未依法制作或者保存《公司法》第57条、第110条规定的公司文件材料，给股东造成损失	股东依法请求负有相应责任的公司董事、高级管理人员承担民事赔偿责任的，人民法院应当予以支持	《公司法司法解释（四）》第12条
另立会计账簿	公司违反《公司法》规定，在法定的会计账簿以外另立会计账簿	由县级以上人民政府财政部门依照《会计法》等法律、行政法规的规定处罚	第254条
提供虚假财会报告	提供存在虚假记载或者隐瞒重要事实的财务会计报告		
公司合并、分立、减资、清算中违法行为	公司在合并、分立、减少注册资本或者进行清算时，不依照《公司法》规定通知或者公告债权人	由公司登记机关责令改正	第255条和第256条
		对公司处以1万元以上10万元以下的罚款	
	清算时，隐匿财产，对资产负债表或者财产清单作虚假记载或者在未清偿债务前分配公司财产	由公司登记机关责令改正	
		对公司处以隐匿财产或者未清偿债务前分配公司财产金额5%以上10%以下的罚款；对直接负责的主管人员和其他直接责任人员处以1万元以上10万元以下的罚款	
		对直接负责的主管人员和其他直接责任人员处以1万元以上10万元以下的罚款	

续表

清算组成员义务与责任	清算组成员怠于履行清算职责，给公司造成损失的	应当承担赔偿责任	第238条第2款
	清算组成员因故意或者重大过失给债权人造成损失的	应当承担赔偿责任	
	清算组成员有违反法律或者行政法规的行为；丧失执业能力或者民事行为能力；有严重损害公司或者债权人利益的行为	人民法院可以根据债权人、公司股东、董事或其他利害关系人的申请，或者依职权更换清算组成员	《公司法司法解释（二）》第9条
	清算组未按照规定履行通知和公告义务，导致债权人未及时申报债权而未获清偿	债权人主张清算组成员对因此造成的损失承担赔偿责任的，人民法院应依法予以支持	《公司法司法解释（二）》第11条
	公司执行未经确认的清算方案给公司或者债权人造成损失	公司、股东、董事、公司其他利害关系人或者债权人主张清算组成员承担赔偿责任的，人民法院应依法予以支持	《公司法司法解释（二）》第15条
有限责任公司、股份有限公司的董事	清算义务人未及时履行清算义务，给公司或者债权人造成损失的	应当承担赔偿责任	第232条第3款

续表

有限责任公司、股份有限公司的董事	未在法定期限内成立清算组开始清算，导致公司财产贬值、流失、毁损或者灭失	债权人主张其在造成损失范围内对公司债务承担赔偿责任的，人民法院应依法予以支持	《公司法司法解释（二）》第18条
	怠于履行义务，导致公司主要财产、账册、重要文件等灭失，无法进行清算	债权人主张其对公司债务承担连带清偿责任的，人民法院应依法予以支持	
	在公司解散后，恶意处置公司财产给债权人造成损失	债权人主张其对公司债务承担相应赔偿责任的，人民法院应依法予以支持	《公司法司法解释（二）》第19条
	未经依法清算，以虚假的清算报告骗取公司登记机关办理法人注销登记		
	公司未经清算即办理注销登记，导致公司无法进行清算	债权人主张对公司债务承担清偿责任的，人民法院应依法予以支持	《公司法司法解释（二）》第20条
恶意注销	公司通过简易程序注销公司登记，股东对第240条第1款规定的内容承诺不实的	应当对注销登记前的债务承担连带责任	第240条第3款

续表

逾期开业、停业、不依法办理变更登记	公司成立后无正当理由超过6个月未开业的，或者开业后自行停业连续6个月以上的，但公司依法办理歇业的除外	可以由公司登记机关吊销营业执照；由公司登记机关责令限期登记；逾期不登记的，处以1万元以上10万元以下的罚款	第260条
	公司登记事项发生变更时，未依照本法规定办理有关变更登记的		

通过对表2违反法律法规的责任进行整理，可进一步了解相关责任特点与责任对于公司法企业合规的意义。

首先，责任特点。第一，责任主体多样。公司法企业合规中违反法律法规的责任主体多样，在不同的责任中相关责任主体涉及公司、发起人、股东、董事、监事和高级管理人员等。第二，违反法律法规的责任形式多样。责任形式涉及各主体所应承担的对公司、股东或债权人的赔偿责任、罚款，由有关机构责令停业、吊销直接责任人员的资格证书，撤销公司登记、吊销营业执照、改正、没收违法所得，对直接负责的主管人员和其他直接责任人员依法给予行政处分，同时可能依法承担刑事责任。多样的责任形式同样是责任合理性的保障之一，在同一起违规行为中可能有多个主体承担不同的责任。

其次，违反法律法规的责任对于公司法企业合规的意义。第一，从事前角度，能够辅助对风险的控制，控制风险发生所造成的损失。对于违反法律法规的结果作出明确规定，能够使当事人对于行为责任有合理的预期，有助于义务人自觉履行义务。第二，从事后角度，以法律责任进行处罚、警示和救济。对于违反法律法规的主体进行处罚，有利于公司在合规道路上的改进，有助于进一步提高公司法合规的效率。对于行业整体而言，责任主体对责任的承担能够对其他企业起到一定的警示与提醒作用，在一定限度上能够提高风险控制的积极性。对于权益受损害一方当事人而言，责任承担能够在一定限度上弥补受害人的损失。

第二节 企业公司法合规风险重点类型与成因分析

在第一节对公司法合规所涉及的规则与责任进行了梳理，对公司法合规所涉及的风险进行了总体性的概括，接下来将按照公司设立、运营和消灭阶段对其中所存在的重点风险的类型与成因进行分析，最后讲述重点风险的应对措施提供支持。

一、公司设立的合规风险与成因分析

（一）出资合规风险与成因分析

1. 出资合规风险

出资合规风险主要为虚假出资，我国现行《公司法》在第252条规定公司的发起人、股东虚假出资，未交付或者未按期交付作为出资的货币或者非货币财产的，由公司登记机关责令改正，可以处以5万元以上20万元以下的罚款；情节严重的，处以虚假出资或者未出资金额5%以上15%以下的罚款；对直接负责的主管人员和其他直接责任人员处以1万元以上10万元以下的罚款。虚假出资的定义存在广义与狭义之争议，广义的虚假出资认为，只要行为要件符合未按照公司法和公司章程的规定向公司履行出资义

务，均构成对公司的"欺诈"；狭义的虚假出资认为，虚假出资的认定需要股东主观具有"欺诈"故意，进而基于欺诈的故意而不交付作为出资的货币或者非货币财产。从合规的角度来看，没有必要对不同观点进行讨论，但考虑到合规的主要目的是风险防控，应对措施从严较为合理，即应从公司的发起人、股东未交付或者未按期交付作为出资的货币或者非货币财产的角度入手。股东虚假出资的发生时间可以是公司设立中或者公司成立后，股东的出资义务由公司章程或发起人协议约定，公司章程可以约定在公司正式设立之前发起人履行认缴出资义务，也可以约定允许股东分期缴纳认缴的出资。但是，根据新《公司法》第47条第1款的规定，有限责任公司的注册资本为在公司登记机关登记的全体股东认缴的出资额。全体股东认缴的出资额由股东按照公司章程的规定自公司成立之日起5年内缴足。同时第52条第1款规定："股东未按照公司章程规定的出资日期缴纳出资，公司依照前条第1款规定发出书面催缴书催缴出资的，可以载明缴纳出资的宽限期；宽限期自公司发出催缴书之日起，不得少于60日。宽限期届满，股东仍未履行出资义务的，公司经董事会决议可以向该股东发出失权通知，通知应当以书面形式发出。自通知发出之日起，该股东丧失其未缴纳出资的股权。"

出资不合规可能导致以下后果：第一，在公司角度，虚假出资或者未按期足额缴纳出资的风险在于损害了公司资本的完整性，不利于公司的后续发展，同时可能因为没有充分的资金导致公司无法如期经营而损害了公司形象。第二，在债权人角度，虚假出资或者未按期足额缴纳出资也损害了公司债权人的利益，债权人可能由于信息滞后或获取信息不便等原因产生不必要的损失。

2. 成因分析

第一，从个人角度来看，虚假出资或者未按期足额缴纳出资与发起人股东过度追求私利以及不诚信行为有关。虚假出资或者未按期足额缴纳出资的原因之一是有利可图，虚假出资或者未按期足额缴纳出资可能与空壳公司、关联公司、骗取公司登记或公司股份等状况有关，当事人可能认为虚假出资或者未按期足额缴纳出资的损失小于如约交付的损失而进行利害取舍。第二，从公司角度来看，虚假出资或者未按期足额缴纳出资与相关事前调查与信息公开不充分有关。其中虚假出资或者未按期足额缴纳出资主体的财务状况、关联关系等因素可能成为虚假出资或者未按期足额缴纳出资的原因，这其中不同主体的出资信息没有正确记载与及时公开会客观上助长虚假出资。

（二）章程合规风险与成因分析

1. 章程合规风险

《公司法》第 5 条规定："设立公司应当依法制定公司章程。公司章程对公司、股东、董事、监事、高级管理人员具有约束力。"第 45 条规定股东共同制定公司章程是设立有限公司应当具备的条件之一。第 46 条规定有限责任公司章程内容，具体为："有限责任公司章程应当载明下列事项：（一）公司名称和住所；（二）公司经营范围；（三）公司注册资本；（四）股东的姓名或者名称；（五）股东的出资方式、出资额和出资日期；（六）公司的机构及其产生办法、职权、议事规则；（七）公司法定代表人的产生、变更办法；（八）股东会会议认为需要规定的其他事项。股东应当在公司章程上签名、盖章。"第 94 条规定："设立股份有限公司，应当由发起人共同制订公司章程。"第 95 条规定股份有限公司章程的内容，应当载明的事项包括公司名称和住所；公司经营范围；公司设立方式；公司注册资本、已发行的股份数和设立时发行的股份数、面额股的每股金额；发行类别股的，每一类别股的股份数及其权利和义务；发起人的姓名或者名称、认购的股份数、出资方式；董事会的组成、职权和议事规则；公司法定代表人的产生、变更办法；监事会的组成、职权和议事规则；公司利润分配办法；公司的解散事由与清算办法；公司的通知和公告办法；股东会会议认为需要规定的其他事项。公司章程合规是公司法的要求，章程是公司必备的规定公司组织与活动的基本规则的书面文件，是全体股东意思自治的体现，是公司设立与维持的基础，是贯穿公司生存的必要存在。

章程存在以下风险：第一，对公司而言。在设立阶段，章程作为公司的设立行为要件，章程不合规影响公司设立。章程作为指导公司行为的文件，章程的制定程序、内容与形式不合规影响公司大小事宜，如缺乏合规体系建构方面的内容，导致风险发生时将没有既定的应对措施。章程不合规同时影响公司对内的信誉与对外的商誉，影响监管部门对公司的监管效果。第二，对股东和相对人而言。章程是否合规关系着其权益的实现，如股东的知情权、表决权与分红权等受章程约定的影响。第三，对于社会公众而言，章程不合规可能导致其无法及时、准确、完整地了解公司信息与状况，不利于其对自身、公司、行业与市场作出合理预期。

2. 成因分析

第一，程序方面。章程不合规的风险可能由制定和通过章程的程序不合法，程序未反映全体股东的意思自治而导致。股份有限公司发起人制订公司章程应采用募集方式设立的经创立大会通过，否则影响公司的设立，章程的制定若没有体现全体股东的意思自治，没有表现对同一事项多个意思表示的一致性，则影响章程的自治性，可能导致章程的内容不能反映全体股东的诉求，不符合公司实际。第二，内容方面，章程制定过程中不重视合规体系的构建。尤其是很多公司章程的制定来源于模板以及其他公司章程的现状，章程不能反映本公司现状与股东的意思自治，任意记载事项的作用不能得到充分发挥。

（三）登记合规风险与成因分析

1. 登记合规风险

设立阶段登记不合规主要表现为虚报注册资本、提交虚假材料或者采取其他欺诈手段隐瞒重要事实取得公司登记。我国《公司法》在第 250 条规定了违反本法规定，虚报注册资本、提交虚假材料或者采取其他欺诈手段隐瞒重要事实取得公司登记的，由公司登记机关责令改正，对虚报注册资本的公司，处以虚报注册资本金额 5% 以上 15% 以下的罚款；对提交虚假材料或者采取其他欺诈手段隐瞒重要事实的公司，处以 5 万元以上 200 万元以下的罚款；情节严重的，吊销营业执照；对直接负责的主管人员和其他直接责任人员处以 3 万元以上 30 万元以下的罚款。同时，2022 年 3 月 1 日颁布的《市场主体登记管理条例实施细则》第 71 条规定："明知或者应当知道申请人提交虚假材料或者采取其他欺诈手段隐瞒重要事实进行市场主体登记，仍接受委托代为办理，或者协助其进行虚假登记的，由登记机关没收违法所得，处 10 万元以下的罚款。虚假市场主体登记的直接责任人自市场主体登记被撤销之日起 3 年内不得再次申请市场主体登记。登记机关应当通过国家企业信用信息公示系统予以公示。"虚报注册资本是对公司"真实资本"的虚报。在资本实缴制的情形下，所谓的资本是公司实际收到的资本；而在资本认缴制的情形下，所谓的资本是股东或发起人所承诺认缴的资本。无论是虚报注册资本、提交虚假材料还是其他欺诈手段隐瞒重要事实，核心都在于公司采用欺诈手段隐瞒或改变了应尽告知与公开义务的信息,导致公司登记不具有真实性与客观性。

设立阶段登记不合规存在的风险主要表现为虚报注册资本、提交虚假材料或者采取其他欺诈手段隐瞒重要事实取得公司登记的风险。第一,从组织管理角度来看,虚报注册资本影响了公司登记管理制度的公示效果,导致公司登记不符合实际情况,损害了其真实性与客观性。第二,从公司角度来看,不利于运用充足的资本进行公司后续经营,损害公司诚信,虚假的信息往往为了掩盖不合规的状况,为公司不合规埋下重大隐患。第三,从市场角度来看,虚报注册资本掩盖了公司的真实情况,扩大了风险发生的可能与损害的范围,可能造成行业或区域的市场动荡,不利于经济稳定发展,不利于优化营商环境,从更深层次上来讲是对市场秩序的蔑视,使我国经济体系难以平稳建立。第四,从相关权益人的角度来看,股东、债权人等权益受损的风险扩大。

2. 成因分析

第一,掩盖真实情况,帮助个人或公司获取不正当收益。以欺诈手段取得公司登记,可能为掩护部分不合规事实提供帮助,不合规的事实可能与更低的成本与更高的获利有关,但为公司长期发展埋下隐患。第二,对有关责任人的工作流程监督不到位,对材料的真实性、客观性检验不充分。在有关材料准备与报送的流程监督不健全的情况下,缺乏对工作流程的有效监督以及事前调查更容易导致利用欺诈手段隐瞒重要事实取得公司登记的风险发生。第三,意图规避相应的合规成本。不合规的事实若需要改变,公司可能会付出更高的成本以进行更详尽的工作和体系建设来进行调研与改进,有关主体可能会为了逃避合规成本而进行欺诈。

二、公司运营的合规风险与成因分析

（一）公司决议合规风险与成因分析

1. 公司决议合规风险

公司决议作为民事法律行为之一，具有民事法律行为的基本属性，作为组织法中的法律行为，具有区别于其他民事法律行为的若干特殊性。决议不合规的最上层规定来自《民法典》，涉及内容违法、违反公序良俗、行为人能力不适格、恶意串通、虚伪表示等问题。公司决议合规的有关规定体现在《公司法》中第25条、第26条、第27条对于决议效力的规定，总体而言，公司决议合规要求做到公司股东会、董事会决议的内容与程序尽可能符合法律、行政法规与公司章程的规定。《公司法》第59条到第66条的规定体现了对有限责任公司股东会决议合规的要求，包括第59条股东会职权、第61条首次股东会会议、第62条定期会议与临时会议、第63条召集与主持、第64条通知与记录、第65条表决权和第66条议事方式与表决程序的规定。第67条至第73条规定了有限责任公司董事会决议合规，具体包括第67条董事会职权、第72条会议召集与主持、第73条议事方式与表决程序的规定。第五章股份有限公司的设立于组织机构中专节规定了股东会与董事会，第111条至第112条规定了股东会的职权适用于《公司法》第59条第1款、第2款关于有限责任公司股东会职权的规定；第120条、第123条至第125条分别规定了与决议合规相关的股份有限公司董事会职权、会议召集、议事规则、出席与责任承担。同时第60条一人公司的股东会决议、第135条上市公司特别事项的通过、第139条上市公司会议决议的关联关系董事不得表决作为特别规定。

针对公司决议不合规存在以下风险：第一，对公司而言，决议无效或被撤销、不成立会降低公司的运营效率，作出的决议由于效力问题将无法妥善执行，无疑平白消耗了作出决议所花费的成本，同时增加了后续商议与解决现有问题的成本。同时决议不合规可能影响公司的内部凝聚力，影响公司对外的诚信。第二，对股东与债权人而言，即使有关规定为当公司决议的合法合规性存在问题时股东权益的保护提供了救济渠道，但决议不合规仍然可能对股东权益造成损害，救济不一定能弥补所遭受的损失。对外部债权人而言，公司决议不合规会辐射决议执行从而影响债权人权益的及时实现。第三，对社会与市场而言，若公司决议不合规的情况增多，会对市场稳定与行业风气产生或多或少的影响。

2. 成因分析

第一，有关人员合规培训不足。对有关人员的合规培训不足，会导致其对法律法规的了解不够详尽，不能满足身份定位所附带的要求，进一步在召集程序、召集主体、通知时间、通知方式、通知内容、表决方式、表决内容等因素上出现不合规的情况。第二，应对风险的事先准备不够充分。事先对临时风险的应对演练不充分，在面临突发风险的状况下，不能充分发挥临时会议的作用，实践中临时会议的启动条件、责任主体与会议有效性皆可能对决议合规产生影响。第三，章程对于有关的自决性内容规定不够充分。公司法并不能完整且详尽地规定章程的内容，若章程中缺乏对决议有关事项的规定或规定不够明确与恰当，则会在公司决议形成过程中造成混乱。

（二）人格否认合规风险与成因分析

1. 人格否认合规风险

人格否认指公司依法成立后，在特定事件中股东、实际控制人、董事、监事、高级管理人等滥用公司法人人格独立性，对公司或第三人造成损害，而暂时性否认公司法人人格独立性，要求股东承担连带责任。适用的情形一般包括资本显著不足，逃避合同义务、违反竞业禁止、进行脱壳经营、转移资产进行欺诈，规避法律义务或骗取非法利益，出现财产、业务或组织上的人格混同。

在现代公司制度中，公司法人人格独立和股东有限责任是基石和核心。《民法典》第83条规定："营利法人的出资人不得滥用出资人权利损害法人或者其他出资人的利益；滥用出资人权利造成法人或者其他出资人损失的，应当依法承担民事责任。营利法人的出资人不得滥用法人独立地位和出资人有限责任损害法人债权人的利益；滥用法人独立地位和出资人有限责任，逃避债务，严重损害法人债权人的利益的，应当对法人债务承担连带责任。"《公司法》第3条为公司法人人格独立提供支持，有关人格否认的具体规则规定在《公司法》第23条中："公司股东滥用公司法人独立地位和股东有限责任，逃避债务，严重损害公司债权人利益的，应当对公司债务承担连带责任。股东利用其控制的两个以上公司实施前款规定行为的，各公司应当对任一公司的债务承担连带责任。只有一个股东的公司，股东不能证明公司财产独立于股东自己的财产的，应当对公司债务承担连带责任。"第21条规定了股东禁止行为："公司股东应当遵守法律、行政法规和公司章程，依法行使股东权利，不得滥用股东权利损害公司或者其他股东的利益。公司股东滥用股东权利给公司或者其他股东造成损失的，应当承担赔偿责任。"第22条规定禁止关联交易："公司的控股股东、实际控制人、董事、监事、高级管理人员不得利用其关联关系损害公司利益。违反前款规定，给公司造成损失的，应当承担赔偿责任。"

《公司法司法解释（二）》第 18 条至第 20 条和第 22 条，对公司清算后适用公司人格否认制度的有关内容进行了明确，规定适用公司人格否认制度的义务主体包括有限责任公司股东、股份有限公司董事和控股股东、公司实际控制人，适用行为要件包括因怠于承担义务无法进行清算、公司解散后恶意处置公司财产、未经依法清算就以虚假报告骗取注销登记、未经依法清算即办理注销登记，以及当公司财产不足以清偿债务，而公司股东在公司设立时未缴出资等滥权行为的情形。《公司法司法解释（三）》第 13 条、第 14 条、第 19 条和第 26 条，对公司股东因有出资瑕疵、抽逃出资行为的责任承担以及不可抗辩事由进行了规定。《最高人民法院关于民事执行中变更、追加若干当事人的若干问题规定》（以下简称《变更追加当事人规定》）第 17 条至第 20 条，将公司人格否认制度的适用情形在执行程序中予以规定，把追究股东责任纳入变更追加执行当事人的范围，为公司人格否认制度的责任承担提供了法律依据，在一定程度上解决了执行难的问题。上述三项司法解释内容的法理基础，是《公司法》第 23 条关于公司人格否认制度的一般原则规定。

公司独立性不合规存在以下风险。第一，对于债权人而言，合规风险可能损害公司债权人利益。在人格独立性受到影响的情势下，如果依然坚持公司的独立法人地位和股东有限责任，则必然导致对债权人利益的严重损害，产生利益保护的不均衡。《公司法》第 23 条规定："公司股东滥用公司法人独立地位和股东有限责任，逃避债务，严重损害公司债权人利益的，应当对公司债务承担连带责任，公司股东利用其控制的两个以上公司实施前款规定行为的，各公司应当对任何一个公司的债务承担连带责任。"第二,对于公司而言,不利于公司的正常经营。股东利用混同状况逃避债务或擅自挪用公司财产或利用空壳企业从事违法活动,不利于公司的人格独立与资产维持,影响公司本应实现的价值。由于主客观原因,关联企业法人人格混同一旦发生往往愈演愈烈,具有持续性、广泛性和显著性,作为母公司若与子公司发生混同,母公司可能要承担连带责任,增加母公司的经营风险。第三,对于社会与市场而言,不利于法治环境完善。如设立空壳企业从事违法活动不利于建设良好的法治环境,违法活动对社会公众的个人权利产生潜在的威胁。高发的公司独立性不合规对经济的宏观和微观方面皆会产生不良影响,损害市场环境的公平、开放与稳定性,不利于交易安全。

2. 成因分析

第一,个人层面。过度追求私利,伴随着经济快速发展,公司数量迅猛增长,一些投资人对法律设定的公司独立人格和股东有限责任缺乏尊重与敬畏,与之伴生出将公司独立人格作为牟利工具,滥用股东地位,任意操控公司,进行一系列违法违规操作,用以逃避法律义务和契约义务,进而获取自身利益,为赚取利润逃避债务或擅自挪用公司的财产,或者和自己的账目、业务混同,还有的股东出资设立一个空壳企业,从事违法活动,然而同时,这种行为却对其他利益相关人的权益造成了伤害。第二,公司层面。有关合规体系的建设和执行不完善,公司合规制度不健全会加重风险;在职责设置上董事、总经理、首席风险官和其他相关负责人职责划分不合理,缺少有效监督,在人员选用上,将不符合任职条件,缺乏专业素养的人被提拔到关键岗位,致使其更容易违反忠实、勤勉义务,这都会加重风险发生的可能性。在公司关联关系上母子公司合规控制不规范,如子公司管理形同虚设,实际上为母公司的一个部门,股东违法或违章,未经相关程序自行决策,母公司以行政命令或者强行约定的方式分配盈亏,股东操纵各子公司进行对价严重失衡,损害子公司利益的关联交易。第三,社会与市场层面,在市场经济快速发展的情况下,部分参与主体对于合规认知的了解没有与自身规模相匹配,如在企业由小到大规模不断扩张期间,部分公司管理者在知识与观念上的更新速度无法赶上市场不断扩大与变化的速度,将子公司财产与母公司财产混同,造成母公司与下属子公司之间存在大量借款往来、人员身份混同等情形。另外,国内外法律的差异性也为公司人格独立性不合规提供了灰色地带。

(三) 股份转让合规风险与成因分析

1. 股份转让合规风险

股份是股份有限公司资本最基本的构成单位,我国《公司法》第 147 条规定了股份及其形式,而股份转让合规的基础规定来源于第 157 条"股东持有的股份可以依法转让",股份转让合规对于股份转让的法定性尤为重要。《公司法》对于股份转让合规的要求体现在多个方面,第 150 条规定公司成立前股份转让的限制,公司成立前不得向股东交付股票。公司成立后的股份转让合规要求体现在第 158 条转让场所限制,第 159 条记名股票的转让,第 160 条第 1 款发起人持股时间的限制,第 160 条第 2 款董事、监事和高级管理人员持有本公司股份的转让限制,第 162 条针对本公司股份的收购与质押限制。而上市公司的股票交易,依照有关法律、行政法规及证券交易所交易规则上市交易,《证券法》第 3 条规定证券的发行、交易活动必须遵循公开、公平、公正的原则,第 50 条对内幕交易作出规定,第 35 条规定非依法发行的证券不得买卖,第 36 条回应《公司法》对于特定人员限制转让的规定,第 40 条从范围和时间上规定了特定人员禁止持有和买卖股票，第42条规定了特定证券服务机构和相关人员买卖股票的限制。

针对股份转让合规风险，第一，从股东角度来看，股份表示股东享有权益的范围，股份转让不合规会损害股东权益，普通股东相对于董事、监事、高级管理人员掌握着更少的公司信息，若董事、监事、高级管理人员违反限制转让规定，股东则会在缺乏信息的状况下权益受损。第二，从公司角度来看，股份转让不合规会严重影响公司的资本维持、正常经营，不利于提高公司的声誉和地位，不利于公司资本筹措，不利于公司治理结构的优化。如发起人对公司的设立具有重要影响，若发起人持股时间不合规，则会在影响股东以及其他利害关系人利益的同时，可能出现发起人利用公司设立投机而损害公司利益的状况。如果允许公司接受本公司的股票作为质押标的，一旦公司的债务人无法清偿到期债务而公司拍卖质押物又无人购买时，公司就不得不成为质押股票的所有人，但对于公司本身而言，债务实际没有得到有效清偿，同时与不得拥有自身股份的原则相违背，有必要对公司自己股份取得作出严格限制并加以落实。第三，从市场角度来看，股份转让相对股权转让而言更加频繁，所涉及的金额往往更大，如果股份转让不合规，会影响市场的稳定性，不利于市场的公平、开放交易，不利于经济环境的良性发展，不良的市场环境会反作用于公司存续。如果公司取得自己的股份不合规，会引发过度投机，导致资本虚化。证券公司从业人员具有获得信息的便利条件，而且具有业务上的优势，如果其利用业务和信息优势参与股票交易，则不利于其他投资者，不利于证券交易活动的公开、公正。

2. 成因分析

第一，股份有限公司本身法律特性的影响。股份有限公司相比于有限责任公司,并不过多强调公司成员的个性,因此在股份的转让上,相对比较自由,若法律或者章程中没有其他规定,原则上可以自由转让。这样的特性决定了股份的流动性高于股权,虽然相比于股权,股份的流转拥有更多的强制性规定,但一旦出现合规问题造成的影响也更为广泛和严重。对于上市公司而言也是如此,上市公司所发行的股票能够在证券交易所公开、自由买卖,股份的流动性更加活跃,公众对信息披露的要求更高,相比于非上市股份有限公司而言,上市公司的公众性与公开性更加突出。第二,治理模式合规建设与执行不充分。股份转让对公司的管理和财务结构提出了更高的要求,公司治理模式合规与管理者经营能力好坏息息相关,董事、监事、高级管理人员作为公司的管理者,对公司负有特殊义务,同时掌握着大量信息,如果治理模式不合规与执行不充分,会加重其通过内幕交易谋求私利或履职不到位出现纰漏的状况。

三、公司消灭的合规风险与成因分析

(一) 清算合规风险与成因分析

1. 清算合规风险

公司清算指公司解散后,由依法设立的清算组清理公司财产,了结各种法律关系并最终消灭公司法人人格的行为。公司清算是公司解散后的必经程序,公司清算结束,清算组编制清算报告,办理公司注销登记,公司人格才能够最终消灭。清算合规涉及的内容包括以下方面。

其一,清算的开始与义务人。《民法典》第70条第1款和第2款规定法人解散后的清算,"法人解散的,除合并或者分立的情形外,清算义务人应当及时组成清算组进行清算。法人的董事、理事等执行机构或者决策机构的成员为清算义务人。法律、行政法规另有规定的，依照其规定"。《民法典》第 70 条第 3 款规定，清算义务人未及时履行清算义务，造成损害的，应当承担民事责任。《公司法》第 232 条规定了清算组的成立与组成，"公司因本法第 229 条第 1 款第 1 项、第 2 项、第 4 项、第 5 项规定而解散的，应当清算。董事为公司清算义务人，应当在解散事由出现之日起 15 日内组成清算组进行清算。清算组由董事组成，但是公司章程另有规定或者股东会决议另选他人的除外。清算义务人未及时履行清算义务，给公司或者债权人造成损失的，应当承担赔偿责任"。针对有限责任公司股东、股份有限公司的董事和控股股东、实际控制人的清算责任，《公司法司法解释（二）》第 18 条至第 20 条也进行了规定。

其二，清算中法人地位、清算后剩余财产的处理和法人终止。《民法典》第 72 条规定："清算期间法人存续，但是不得从事与清算无关的活动。法人清算后的剩余财产，按照法人章程的规定或者法人权力机构的决议处理。法律另有规定的，依照其规定。清算结束并完成法人注销登记时，法人终止；依法不需要办理法人登记的，清算结束时，法人终止。"

其三，清算组的职权。清算组是实施公司清算事务的执行机构，为依法清理公司财产而临时设立，清算中公司的权力机构、执行机构、监督机构的职权均被停止，所有清算活动均由清算组代表公司实施，清算组是清算中公司的代表机构。《公司法》第 234 条对清算组在清算期间的职权作出了规定。《公司法》第 238 条规定了清算组成员履行清算职责，负有忠实义务和勤勉义务。结合其他规定与清算流程，清算组职责主要如下：第一，通知公告债权人。具体为《公司法》第 235 条第 1 款，清算组应当自成立之日起 10 日内通知债权人，并于 60 日内在报纸上或者国家企业信用信息公示系统公告。债权人应当自接到通知之日起 30 日内，未接到通知的自公告之日起 45 日内，向清算组申报其债权。《公司法》第 256 条与《公司法司法解释（二）》第 11 条规定了违反该职责的责任。第二，登记核定债权。对债权人依法申报的债权，经审查核实后予以登记。第三，处理与清算有关的公司未了结业务。清算组对公司未了结的业务活动代表公司予以了结，将营业收入收归公司所有，列入清算财产。第四，清理公司财产，分别编制资产负债表与财产清单。《公司法》第 256 条规定了配套责任。第五，代表公司参与民事诉讼活动。第六，制订清算方案。结合《公司法》第 236 条第 1 款与第 237 条第 1 款规定，清算组在清理公司财产、编制资产负债表和财产清单后，应当制订清算方案，并报股东会或者人民法院确认；清算组在清理公司财产、编制资产负债表和财产清单后，发现公司财产不足以清偿债务的，应当依法向人民法院申请破产清算。《公司法司法解释（二）》第 15 条表明公司执行未经确认的清算方案给公司或债权人造成损失，清算组成员需要承担的责任。第七，制作清算报告。《公司法》第 239 条规定："公司清算结束后，清算组应当制作清算报告，报股东会或者人民法院确认，并报送公司登记机关，申请注销公司登记。"《公司法》第 250 规定了有关责任。第八，申请注销公司登记，公告公司终止。同样规定于《公司法》第 250 条。

其四，清算合规风险。第一，从债权人权益保护角度来看，首先，清算义务履行不当的风险。有限责任公司的股东、股份有限公司的董事和控股股东、实际控制人清算责任履行不当，主要包括未在法定期限内成立清算组开始清算，导致公司财产贬值、流失、毁损或者灭失，债权人有权主张其在造成损失范围内对公司债务承担赔偿责任;怠于履行义务,导致公司主要财产、账册、重要文件等灭失,无法进行清算的,债权人有权主张其对公司债务承担连带清偿责任;公司未经清算及办理注销登记,导致公司无法进行清算的,债权人有权主张其对公司债务承担清偿责任。清算义务履行不当会导致清算无法正常开展,损害债权人利益。其次,虚假清算风险。有限责任公司的股东、股份有限公司的董事和控股股东,以及公司的实际控制人在公司解散后,恶意处置公司财产给债权人造成损失的,债权人有权主张其对公司债务承担相应赔偿责任;未经依法清算,以虚假的清算报告骗取公司登记机关办理法人注销登记的,债权人有权主张其对公司债务承担相应赔偿责任。第二,从公司角度来看,清算不合规会导致公司的清算无法正常开展,损害清算制度本身的意义。公司清算是公司解散的后续程序,清算是为了最终实现解散的法律目的,清算期间,公司存续,公司作为商事主体的民事权利能力不受影响,但公司的行为能力受到严格限制,只能开展与清算有关的活动,如果清算的责任主体义务履行、清算流程或有关清算文件不合规,会导致公司无法正常清算,不仅影响清算目的的实现,还会提高清算成本,缩小剩余财产分配范围,股东清算合规工作开展不到位最终会影响自身权益的实现。第三,从社会与市场角度来看,清算不合规会加重现实中存在的"僵尸公司"的现象,甚至有的公司非法注销,导致公司资产流失等不利后果的出现,不利于规范商事经营秩序,不利于优化商事主体退出制度,不利于营造良好的营商环境,不利于建立健全市场机制与激发市场主体活力、促进市场经济的繁荣,不利于提高市场运作效率以及发挥人力物力的效用,造成资源浪费。作为市场参与者,企业合规开展不到位会对市场产生影响,市场会最终反作用于企业以及投资者。第四,从股东角度来看,在合规清算的情形下,公司以全部财产为限,股东以其出资为限,均无须承担额外的经济和法律责任,但不合规清算所导致的赔偿结果通常会超出股东出资额的限度。

2. 成因分析

第一,从个人角度来看,有限责任公司股东、股份有限公司的董事和控股股东、实际控制人具有清算义务,作为与公司息息相关,在公司信息接触、管理、决策、获益等环节中占据重要地位的主体,其有义务确保清算工作的依法开展。清算组成员作为清算工作的直接负责人,同样具有清算义务。但部分主体法律知识不充分,不能完全胜任,导致清算工作出现纰漏;或法治素养薄弱,故意利用公司内身份与职责,利用与清算义务相匹配的清算职权,利用掌握的信息差异,违反清算义务从中为自己谋求不正当利益,损害债权人、公司的利益,损害市场环境。第二,从公司角度来看,公司在日常经营管理中若缺乏对股东、控股股东、董事以及实际控制人权责的平衡、规范与监督,则会为清算合规风险的发生埋下隐患,相关主体更容易滥用权利使公司法人的人格独立性受到影响,将公司利益与个人利益进行不正当的捆绑。第三,从社会现状与市场角度来看,我国已建立较为完备的市场准入机制,但与之相比,市场退出方面的机制仍不完善,出现了许多公司解散但不清算,甚至违法清算的现象。

(二)注销合规风险与成因分析

1. 注销合规风险

注销是商事主体消灭主体资格的途径,注销合规主要指注销主体、程序和内容合规。注销登记是注销合规的重点,注销登记指商事主体为消灭其主体资格而进行的登记。商事主体因被撤销、宣告破产或其他原因终止营业,应当向登记主管机关办理注销登记。办理注销登记，应提交规定的文件，尤其需要证明债务清理完结，《公司法》第 239 条规定，公司清算结束后，清算组应当制作清算报告，报送股东会或者人民法院确认，并报送公司登记机关，申请注销公司登记。《公司法司法解释（二）》第 19 条规定，有限责任公司的股东、股份有限公司的董事和控股股东以及公司的实际控制人未经依法清算，以虚假的清算报告骗取公司登记机关办理法人注销登记，债权人主张其对公司债务承担相应赔偿责任的，人民法院应依法予以支持，这是对《公司法》第 250 条适用注销登记合规的解释。《公司法司法解释（二）》第 20 条规定："公司解散应当在依法清算完毕后，申请办理注销登记。公司未经清算即办理注销登记，导致公司无法进行清算，债权人主张有限责任公司的股东、股份有限公司的董事和控股股东，以及公司的实际控制人对公司债务承担清偿责任的，人民法院应依法予以支持。"此外，《公司法》第 240 条规定："公司在存续期间未产生债务，或者已清偿全部债务的，经全体股东承诺，可以按照规定通过简易程序注销公司登记。通过简易程序注销公司登记，应当通过国家企业信用信息公示系统予以公告，公告期限不少于 20 日。公告期限届满后，未有异议的，公司可以在 20 日内向公司登记机关申请注销公司登记。公司通过简易程序注销公司登记，股东对本条第一款规定的内容承诺不实的，应当对注销登记前的债务承担连带责任。"

针对注销合规风险，第一，对于债权人而言，注销合规风险表现为恶意注销，为逃避债务和承担责任通过隐瞒存在债务的事实，提供公司无债务的虚假清算报告，取得注销登记，损害债权人利益。如为逃避行政处罚，在注销时公司股东隐瞒被行政处罚，存在债务的事实，提供公司无债务的虚假清算报告，恶意注销登记，不利于对公司债权人利益的保护。第二，对于公司而言，在恶意注销的情况下，公司本没有达到需要注销的地步，为了逃避债务而注销，损害了公司原本可以继续经营的可能性。第三，对于社会和市场而言，注销不合规会损害注销登记的宣誓效力，公示内容并不符合事实和法律关系，给信赖登记的人造成意外伤害，削弱商事登记制度的信用和功能，损害社会的诚实信用，而这些不利环境最终都会反作用于公司。

2. 成因分析

第一，为逃避债务。注销本是消灭主体资格的途径，注销不合规主要是注销的程序和内容不合规，即未经清算及办理注销登记以及隐瞒重要事实提供虚假清算报告，二者的集中表现就是恶意注销。而恶意注销的主要原因则是逃避债务。以逃避行政处罚为例，行政机关在作出行政处罚决定前依法告知企业之后，企业立刻注销，或在被行政处罚后，行政机关申请法院强制执行前注销，又或者在行政机关申请法院强制执行后注销。第二，前期合规工作不到位。根据现行相关法律规定，注销登记机关对企业提交的材料仅进行形式审查，如企业提供虚假承诺、虚假清算报告，登记机关也无从得知企业被行政处罚的情况，客观上让一些企业借注销之名，行逃避之实。要确保注销流程符合要求、确保提供材料的真实性和客观性的关键在于要对公司进行合规管理，前期的合规架构与责任分配到位，有助于规避风险的发生，而风险发生后的合规工作主要集中于对董事进行监督。

第三节 企业公司法合规重点风险应对措施

合规遵循风险识别、风险分析与评估到风险防控的基本路径，上文针对公司法合规的重点风险类型与成因进行了分析,下面将展开对重点风险的应对措施的分析。

一、公司设立合规风险的应对措施

(一) 出资合规风险的应对措施

出资合规风险程度极高,可从以下角度应对:第一,加强公司股东出资信息的公开。对于债权人而言,加强公司债权人对公司股东出资信息的了解,使债权人能够更加及时地获知公司的经营情况和资本状况,对于债权人向虚假出资股东行使权利具有重要意义。对于公司而言,加强股东出资信息的记录、审查与公开,有利于公司的资本完整性、持续经营、信誉维持与形象建设。

第二,构建全面性合规制度。全面性合规制度要求全过程与全领域都要合规,全过程指合规融入公司设立、运营与消灭全阶段,全领域指公司合规在公司有关事宜上皆发挥作用,做到对风险的有效防控。在避免虚假出资中,合规要求通过合理的职责分配达到对有关信息更加充分的调查,以更加详尽的约定与协议对违约行为的责任承担和救济手段给予约定,在一定限度上降低虚假出资的风险与损失。

第三,应当加强对品牌、商标、专利、专有技术、土地使用权等无形资产的管理,分类制定无形资产管理办法,防范资产评估、交付等环节的风险。

(二) 章程合规风险的应对措施

章程合规的风险程度很大,可从以下角度应对:第一,制定章程的程序与形式严格要求。严格遵守公司法规定的章程制定流程与要求,程序合规为意思自治的充分性提供基础支撑,同时章程的形式符合法律规定,避免因为形式不合规对公司造成不必要的负面影响。

第二，章程内容涵盖合规体系，为合规提供指导。章程内容应包含合规体系的建构，包括合规的治理模式选择与建构、机构与部门设置与分工、职责分配以及对经营管理的要求等，章程作为公司行动的指南，能够对合规工作的开展提供上层建构的支持。制定章程时可咨询专业机构与人员，以保障章程的内容合法合规。

第三，章程贴合公司实际。章程制定时应尽可能避免完全照搬模板或其他公司的章程，须吻合本公司的实际情况，充分反映本公司的现实状况与特点，以充分发挥章程的作用，帮助公司后续运营具有更全面的事前准备和支持，增强风险控制的效果，降低风险发生的损失。

（三）登记合规风险的应对措施

登记合规风险程度较大，可从以下角度应对：第一，登记合规风险的应对措施需注意工作流程与权责分配合规。更健全的工作流程建构与监督能够在一定限度上控制该风险，事前进行违反合规要求的责任约定能够在一定程度上降低采用欺诈手段取得登记的风险。

第二，提高合规认知与增强合规文化建设。企业应将合规文化作为企业文化建设的重要内容，企业决策层和高级管理层应确立企业合规理念，注重量力而行，践行诚信价值观，不断增强内部人员的合规意识和行为自觉。对于企业自身而言，提高合规认知与合规文化建设有助于长期健康发展，登记合规是长期健康发展的前提，若从设立开始就埋下隐患，对后续经营的影响是巨大的。在公司设立前就着重提高合规认知与合规文化建设，以辅助登记合规，有助于形成更为普遍的诚信观念，提高创新创业的机会，降低资本成本，鼓励发展。

二、公司运营合规风险的应对措施

(一) 公司决议合规风险的应对措施

公司决议合规风险程度很大,可从以下角度应对:

第一,修订完善公司章程。结合已出台的《国有企业公司章程制定管理办法》和《上市公司章程指引》,突出企业特点,依法完善章程内容,在章程中规定有关公司决策的自决性事项,如决策清单、决策流程、表决权等,分类细化各决策的决策主体和决策规则,规范各治理主体的议事方式和决策程序,提高企业决策的科学性、专业性、规范性与有效性。

第二,全员培训。全体员工应当熟悉并遵守与本岗位职责相关的法律法规、企业内部制度和合规义务,依法合规履行岗位职责,接受合规培训,对自身行为的合法合规性承担责任。公司可根据合规风险的评估情况明确界定重要风险岗位,有针对性地加大培训力度,使重要风险岗位的人员熟悉并严格遵守业务涉及的各项规定,加强监督检查和违规行为追责。建立制度化、常态化的合规培训机制,保持培训的持续性,将合规管理作为领导干部初任、重点合规风险岗位人员业务培训、新员工入职必修的内容,有效减少表决权回避、表决权滥用等问题。

第三,注重与公司决议相关的书面证据的保存。如召开公司会议的通知最好能够做到多样化,可以通过邮箱、电话、短信、微信、快递邮寄等方式多渠道进行通知,确保股东和董事收到通知,知悉会议召开的时间和地点,在这种情形下应当注意书面送达证据的留存。

第四,提高突发重大风险的应对能力。建立和完善定期公司治理风险报告制度,重大风险要及时报告,能够更好地发挥临时会议对风险应对与处置的作用,保证临时会议的有效性。

(二) 人格否认合规风险的应对措施

人格否认合规风险程度极大,可从以下角度应对:

第一,控制混同状况。在人员方面,公司之间的工作人员同时在对方的机构任职,致使交易相对人无法区分该员工到底属于哪个公司,进而产生两个公司同为一体的误解。主要关注重要岗位上的人员是否高度重合,如具有管理决策的股东以及董事、经理等高级管理人员,或是掌握公司资产的财务岗位人员等。在公司集团化背景中,出于集约管理、节约成本的目的,关联公司或母子公司往往进行一体化管理,在这种情况下,人员重叠难以完全避免,但应当控制人员混同的情况,避免过度控制。在财产方面,建立独立的会计核算体系,对有关文件资料分别保存,区分主要经营财产,保证资产负债表、利润表、现金流量表等文件的客观性与真实性。在业务方面,保持营业业务与交易的独立性。

第二,持续开展对公司运营合规的审查,及时发现并处理问题。开展合规制度适应性评价工作,对制度文本及执行情况进行调查、研究和论证,有针对性地对现有制度的合规性、一致性、合理性和适宜性作出评价,定期对规章制度进行修订与完善,结合法律法规的修订、政策变化和监管动态等及时将外部合规要求转化为内部规章制度,并持续督促检查问题改进的执行情况,有助于不合规问题得到及时通报、处理。

第三,事前明确义务主体责任的承担范围。对公司人格被否认后,义务主体所应当承担的责任范围予以明确约定。如在实际损失与期待利益之间权衡,对于公司人格被否认后,义务主体所应承担的责任范围,如果没有特别约定,应仅在实际损失范围内,而且是在公司债务未能清偿的部分,而不是将债务中的可期待利益也纳入公司股东的责任承担范围，如果债权人、债务人双方之间在合同中明确了可期待利益的赔偿条款，应当依据双方约定执行。

第四，正确统筹子公司与分公司设立。在主体性质、责任承担、公司运营管理、纳税等方面正确认识分公司与子公司的差异，进行客观全面的考量后做出符合公司需要的选择。分公司应当依法登记，领取营业执照，分公司可以自己的名义对外开展营业活动但其民事责任由公司承担，由于分公司本身不是责任主体，此处的责任不是分担的民事责任也不是连带责任。母公司设立子公司时应尽可能避免子公司之间存在同业竞争的现象。

（三）股份转让合规风险的应对措施

股份转让合规风险程度很大，应当从完善公司治理模式合规建设与执行入手。

首先，遵循治理模式合规原则。治理模式合规应当保证合规在治理模式中的全面性、直接性与独立性。全面性要求合规融入公司存续的全过程、融入公司运营的全领域；直接性要求合规职能直接接触治理模式、合规职能直接融入经营管理；独立性要求保证合规人员的独立性、保证合规体系的独立性与独特性。

其次，合规职能的分配与落实。在机构设置方面，明确董事会职责与风险管理委员会设置与管理、监事会职责、专门合规部门职责。根据我国《公司法》第78条至第80条，监事会可以行使监督职权的渠道包括对董事、高级管理人员的行为监督权、提案权等，故而，此时董事会的监督义务和监事会的监督义务呈现出分工和差异，董事会的监督义务着力于构筑合规治理体系和确保合规治理体系的有效运作，监事会则对董事会的前述履职情形进行监督。明确董事长、董事、独立董事、总经理、首席风险官、其他相关负责人到每个员工的责、权分配，强化对相关人员的要求，符合任职条件、具备对应专业素养，充分发挥忠实、勤勉义务在合规中的作用。合规实现以章程合规内容为指导，董事会为合规中心。

最后，在合规实现的具体要求方面，要注意各种奖惩制度的完善，内部审计制度的建立，完善信息披露制度，特别是财务信息的及时准确披露，防止过度担保行为的发生，防止非公允关联交易、内部交易的出现，逐步建立公司治理风险管理文化。

三、公司消灭合规风险的应对措施

（一）清算合规风险的应对措施

清算合规风险程度极大，应对可从事前预防风险发生的措施与风险发生后积极应对的措施入手。

事前预防风险发生的措施应尽可能全面。第一，通过前期合规建设进行机构和公司内部成员的责任分配，以保证严格审查清算条件具备与否以及清算进程可能发生的变化。根据《公司法》第229条、第231条的规定，公司解散原因有以下几种情形：公司章程规定的营业期限届满或者公司章程规定的其他解散事由出现；股东会决议解散；因公司合并或者分立需要解散；依法被吊销营业执照、责令关闭或者被撤销；公司经营管理发生严重困难，继续存续会使股东利益受到重大损失，通过其他途径不能解决的，持有公司全部股东表决权10%以上的股东，可以请求人民法院解散公司，最终被法院受理并确认解散。公司只有在出现法定解散原因时，才能够开始清算，启动清算注销程序，此为公司的非破产清算注销。通过破产清算而注销的前提是公司资不抵债，破产清算并不以公司出现法定事由为要件和前提。但是，公司因出现法定解散事由而清算，在清算过程中，发现资不抵债，则可能由清算注销转为破产清算。

第二，进行清算预演。当公司或股东出现清算需求时，可结合公司具体情况，对清算路径进行合理选择，达到合规清算、不增加额外经济和法律负担之目的。可根据公司实际状况进行自行清算或强制清算路径的选择。自行清算注销应注意形成解散并清算注销的决议、成立清算组并公示、债权债务清理、制作清算报告、办理清税证明、办理注销登记。实践中，往往有大量的公司在出现法定解散事由后，未成立清算组，或无法成立符合要求的清算组，如个别股东失联、不配合等，导致大量公司僵而不死，债权人、股东利益处于非常不确定、无法有效保护的状态，启动向法院申请清算的注销程序，无疑是结束这种不确定的权利状态，并及时清理"僵尸"企业的有效途径。公司董事作为公司的管理层，直接参与公司治理，了解企业内部运营情况，公司董事作为申请主体，对于公司及时、有效清理具有非常积极的意义，董事应当着重注意公司股东下落不明的情形。

第三，健全财务管理制度，规范财务手续。建立健全财务部门业务合规管理制度和流程，编制财务风险清单和应对预案。将合规要求具体到岗到人，并明确其各自的责任范围。在日常财务做账中做到有据可查、有法可依、符合会计准则；并在年度财务审计后，根据审计披露事项自查自改，特别是关注关联企业往来款项的性质及依据，做到"一企一账"，厘清各自关系。

第四，持续性监测出资义务的履行状况。自查股东是否存在未按期出资、出资不实、抽逃出资等行为，告知股东纠正其出资瑕疵，对于未届出资期限的股东，应及时告知企业破产后股东应履行补缴出资义务的事项。

第五,建立内部破产预警机制。公司经营管理层应对企业营收情况进行定期总结,复盘盈利或亏损的原因,根据市场变化及时调整经营发展战略。参考《公司法》或根据公司章程规定、经营管理文件等的要求,对于企业连续一段时期持续亏损,经分析后具有挽救可能性的,及时制订方案并严格执行;对于经分析不具有挽救价值或发展方向不符合国家产业政策又无法调整经营范围,或经挽救仍扭亏无望等情况,应及时停止开展相关业务及资金投入,研判退出方案。

第六,清算风险发生后的应对措施尽可能提高有效性。首先,提高清算专业性。可以聘请具有相应资质、专业经验和良好信誉的专业机构对标的物进行评估或者估值,公司在自主清算过程中,可以寻求专业法律团队的建议,以帮助其按照相关法规进行清算合规,帮助公司在规定日期内合法有效地完成清算。其次,妥善安排相关事宜,为清算合规提供保障。完善公司业务的滞延替代、关联事项的清理复原、财务账册的保真保全、税务汇算的报备审核、员工安置的方案落实、资产处置的信息公开、清算底稿的完整规范等。再次,自查董事、监事和高级管理人员行为的合法合规性,如是否利用职权从企业获取了非正常收入或侵占企业财产;是否存在因违反忠实义务、勤勉义务,致使所在企业破产的情形;对于以上所述企业不当处分财产行为是否存在故意或重大过失。最后,自查企业财产是否存在不当处分之情况。如为逃避债务而隐匿、转移财产;或虚构债务等。对于破产清算合规,应注意申请破产前1年内,是否存在无偿转让财产、以明显不合理的价格进行交易、对没有财产担保的债务提供财产担保、对未到期的债务提前清偿、放弃债权的行为。申请破产前6个月内,是否存在已经具有破产原因、仍对个别债权人进行清偿且该清偿不会使债务人财产受益的行为。在该项工作中,尤其要关注拟申请破产主体的关联企业取得该财产的情况。

(二)注销合规风险的应对措施

注销合规风险程度较大,其应对措施主要集中于先期合规工作开展。第一,将治理机构和管理者行为严格约束在合规基础制度中。制度建设是合规的第一道防线的基础,制度建设的意义在于法律法规的内化、管理机制的固化、权责分配的科学化、风控合规的切入点。合规需要做到经营管理人员重视、全员配合,设立专管部门、构建科学体系、遵循合理安排的解决措施,企业深入了解企业真实情况,并列出清单与时间表,全面梳理企业已有制度,企业内部管理适当,奖惩机制明确。合规职能之一是应能直接接触治理机构,治理机构和最高管理者的积极参与和监督是有效合规管理体系不可分割的一部分,这有助于确保员工充分理解组织的方针和运行程序,以及如何将其运用在他们的工作中,并确保他们有效地履行合规义务。要使合规管理体系有效运行,治理机构和最高管理者需要通过积极地支持合规和合规管理体系来以身作则,而公司章程对风险点针对性的责任规定可提高自我约束的积极性。

第二,强化合规内部审查。加强企业信息化建设,将其融入全面业务,强化内部不同部门与层级的沟通效率,加强信息互联互通,可运用现代化技术进行风险筛查与预警,及时发现问题。发现风险后及时分析与处理,并在风险应对结束后针对本次事件的原因、重点问题和经验生成报告,为预防同类风险做准备。对于内部成员引起的风险,设立举报电话、电子信箱接受举报,举报人可以通过口头、书面或电子邮件等途径,实名或匿名反映问题。公司认真调查,反馈处理结果,进行记录和归档,对提交举报的员工进行充分保护，公司或员工发生违规违纪违法行为的，公司人力资源、纪检、审计等相关部门将根据公司相关规定进行调查，并及时反馈处理结果。相关部门和员工对于合规调查，应予配合。对于严格执行国家法律法规、规章、合规手册以及公司合规管理有关规定，勤勉尽职地履行职责，避免发生重大违规风险，或对减少不良影响、损失有直接贡献的工作人员，公司将酌情给予表彰。对于作出重大突出贡献的，将按有关规定给予奖励。

第三，制定合规方针与合规目标，确保融入业务流程。配置合规管理体系所需要的资源，就有效的合规管理的重要性与符合合规管理体系要求的重要性进行沟通，指导和支持员工为合规作出贡献，实现合规目标，提高合规管理体系的有效性。

第四，以诚信合规在源头上控制风险的产生。企业应当遵循诚实信用原则严格履行合同，对合同履行实施有效监控，强化对合同履行情况及效果的检查、分析和验收，确保合同全面有效履行。需要科学管理、制定业务保障制度，促进企业创新，在创新的基础上合规合法经营，可持续发展，制定针对性隐患排查制度，对司法实践中利用有限责任逃避债务的不诚信的股东与无资产、无人员、无经营的"三无"公司转移资产留下空壳的现象进行控制。

第九章
企业劳动用工领域合规

第一节 概述

劳动用工,是企业与劳动者在签订合同的基础上,劳动者在企业进行的有偿活动,根据用工的性质分析,主要分为两种类型。第一,将用人单位和劳动者之间签订的合同作为基础条件,劳动者被认定为企业的员工。第二,将某种劳动协议作为基础条件形成的用工方式。在一般情况下,经常存在的为劳务派遣协议。对于劳动用工风险,在具体分析过程中,可以合规性角度进行研究。当劳动者在用人单位劳动用工时,如果用人单位未按照劳动法律法规的具体要求执行,将增加劳动纠纷。这种情况引起的就是劳动用工风险,是由于对劳动关系处理不当,管理工作中存在问题造成的。其原因主要是当事人的法律意识不强,在具体操作中存在较大的不规范性,因此,在劳动用工过程中,劳动用工风险是经常存在的。

劳动有关的法律法规是一个独立的法律体系,

该类法律法规与其他规范相比，整体上存在一定的复杂性，包括《劳动法》《劳动合同法》，在这些法律法规基础上，还有很多的法律法规制度。基于法规保障作用，在整体上还存在较大难度，因此，在劳动用工环境处于一种不断变化的情况下，将给劳动用工提出较高的要求。造成劳动用工风险的主要原因表现在以下三个方面：第一，《劳动合同法》对以往劳动用工的格局产生不利影响，在《劳动合同法》实施期间，劳动者的地位不断提升，给传统的劳动用工格局带来影响，主要是传统模式下的劳动者思维发生变化，虽然《劳动合同法》的实施时间很长，但是，很多用人单位在用工思维中还未有效转变，忽视了劳动用工风险在其中发挥的作用。第二，随着派遣劳动者数量的增多，也给用人单位提出了较高要求。从当前实际发展情况看，一些劳动派遣现象不断增多，尤其是一些外地劳务派遣，因为他们在工作中缺乏实践经验，要增加三方关系直接的协调发展，加大力度进行管理和控制，保证其作用的发挥。从《劳动合同法》的相关内容可以了解到，用人单位需要承担一定的连带责任，在很大限度上，企业对自身面临的用工风险还无法充分应对。第三，工作人员在执行过程中，未有效掌握与劳动合同相关的法律法规，不了解具体的劳动知识内容。劳动者未对劳动合同有真正的认识，用人单位未明确劳动合同法律法规的重要性，在对劳动合同进行管理期间，没有按照具体的要求和规范执行，也未增加数据信息的收集，在这种长期条件下，劳动用工的风险系数不断增加。

一、劳动用工领域的法律法规

（一）《社会保险法》

《中华人民共和国社会保险法》（以下简称《社会保险法》）

于 2011 年 7 月 1 日起正式实施,共包括十二章九十八条,包括总则、基本养老保险、基本医疗保险、工伤保险、失业保险、生育保险、社会保险征缴、社会保险基金、社会保险经办、社会保险监督、法律责任和附则等内容。它是我国第一部社会保险制度的综合性法律,使我国社会保险制度发展全面进入法治化轨道。《社会保险法》将保障参保人员的合法权益放在第一位,建成了覆盖全民、统筹城乡的社会保障网,为充分保障民生提供了法律保障。同时更加规范了社会保险经办、社保基金的管理,严格按照社会保险制度办事,确保经办的合法性、社保基金的安全性。

(二)《劳动合同法》

劳动合同是市场经济体制下用人单位与劳动者进行双向选择、确定劳动关系、明确双方权利义务的协议,是保护劳动者合法权益的基本依据。《劳动合同法》的制定,标志着我国劳动合同制正式建立。目前,我国劳动用工中普遍实行劳动合同制度,将劳动合同制度化、法律化,明确劳动合同约定双方当事人的权利和义务,有利于建立稳定的劳动关系、减少劳动争议的发生,有利于保护劳动者和用人单位双方的合法权益。但随着我国市场经济的建立和发展,劳动用工、劳动关系发生了巨大变化,如劳务派遣工,在实行劳动合同制期间出现了合同短期化、滥用试用期等问题,给社会稳定带来隐患。目前,我国存在资本处于强势、劳动者处于弱势的现状,劳动者与用人单位对比严重不平衡,实践中侵害劳动者合法权益的现象比较普遍。国家从解决侵害劳动者利益、构建和谐稳定的劳动关系的目标出发,立法定位向劳动者倾斜。

二、企业用工领域合规的问题

(一) 法律法规不健全

第一,西方资本主义国家劳动法制建设时间很长,时至今日,已经十分成熟。而中国劳动立法严重滞后,20世纪90年代才真正开始立法建设。而且,当前已有的劳动法制缺少高层次的劳动立法,劳动法制基本上还局限于对个别劳动关系的规制,集体劳动关系法律规制还不系统,更多的是以行政法规和规章为主,规范性与权威性不足。已经出台的高层次法律,如《劳动合同法》《劳动法》《中华人民共和国工会法》(以下简称《工会法》)等,虽然几年来修订频繁,但都在不同程度上存在漏洞。

第二,中国劳动立法与国际标准未有效对接。虽然中国已经加入了很多国际劳工公约,但是目前很多国内的劳动标准与国际标准有较大距离,在消除就业歧视、罢工权、集体谈判权、自由结社和强迫劳动等问题上与国际社会存在一定的分歧,这对于中国参与经济全球化竞争及适应 WTO 规则产生了不利影响。

第三,地方政府具有制定本地劳动法规的权力。由于缺乏统一协调,地方性劳动法规与规章的设计随意性较大,经常出现对同样问题规定不同的现象。而且,违背上一级部门规章以及劳动相关法律的现象也时有发生,极大地增加了制度的实施成本。

第四,维权成本高昂。虽然现有法律法规赋予了劳动者利用法律武器维护自身权益的权利和工具,但是由于走法律程序十分烦琐,举证困难,诉讼费和律师费高昂,使得很多企业职工在自身合法权益遭受危害时,难以利用法律武器保护自己。

第五,有法不依,执法不严。劳动法律法规能否发挥作用,除了考虑设计的科学性之外,能否得到切实贯彻也是关键。当前中国的劳动监管部门组织建设不利,各自为政现象突出,执法资源不足,执法人员素质较低,对企业劳动行为的监管能力严重不足。此外,一些企业作为地方上的纳税大户,即使违反了有关劳动法律法规,地方政府也会对其进行袒护,难以做到执法必严。

(二)薪酬制度不公平

第一,同工不同酬,扭曲激励机制。《劳动法》第 46 条规定了工资分配应当遵循按劳分配原则,实行"同工同酬"。这一规定体现了劳动市场的公平原则。但体制内的职工所付出的劳动并没有与其获得的待遇相匹配,一些合同工和临时工在企业职工中占据了相当大的比重,待遇很低,但是很多企业正式职工不怎么上班都可以拿到高福利。调查显示:金融、邮政、电信、电力、石油等大型企业劳务派遣用工比例占职工总数的 1/3 以上,这些职工在学历及专业能力方面并不比编制内的职工差,而且也付出了相当多的劳动,为企业发展做出了不可磨灭的贡献,但是待遇却低得多,保障也跟不上,也就是存在严重的同工不同酬的现象,实质上是一种劳动歧视,与劳动法律法规和市场公平原则相冲突,严重扭曲了企业职工的行为。在这种制度环境下,正式工或合同工作为体制内人员是既得利益者,一旦进入体制内只要不犯大错误就可以保住位置,而且享受着高于非正式职工的高工资与高福利,也不会受到严格的绩效考核压力。这样虽然有利于增强职工对企业的归属感,但久而久之,难免会产生惰性,出现"偷懒"行为,积极性与创新性也会削弱。而合同工、临时工及劳务派遣工等非正式工,即便付出了不少于正式工的劳动,但获得的各方面待遇远低于正式工,虽然有助于节省企业用工成本,但会使非正式工心理上产生强烈的反差与隔阂,难以形成对企业的责任感与归属感,把更多的精力放在进入体制内,转变身份,或者跳槽。

不可否认，多种用工形式是市场竞争的必然要求，日本等发达国家同样存在这样的模式，但是前提是要靠市场机制的调节而非人为因素，让同等的生产要素在相同的情况下获得同样的报酬。此外，跨国企业工作人员收入水平过高。很多海外工作人员的生活环境优越，而且没有明显的绩效压力，即使不怎么努力工作，也会获得比国内高出很多的薪酬。由于缺乏严格的绩效考核机制，即使出现了严重失误也难以追究其责任，更无法在薪酬上对其进行约束。这同样是一种同工不同酬的表现。第二，薪酬分配等级制度明显，重职位轻激励。首先，当前很多企业的薪酬分配主要依据的是职务和岗位，激励性的薪酬并不多。职位高、资历深的职工可以获得相当可观的收入，而职位低、资历浅的职工收入则相对较低，尽管他们在劳动中可能付出很多，实质上这也是同工不同酬的问题。其次，企业的薪酬分配依旧存在一定限度的平均主义问题，很多有能力的知识性职工有自己的专业技能及知识，并对企业做出了贡献，但是获得的收入却与此不对等，而另外一些职工即使不做什么，也可以获得相差不多的薪酬。在这种情况下，很难激励职工的创新意识与活动，也很难对外部优秀的人才产生吸引力。再次，薪酬与企业效益并没有真正完全地结合在一起。根据有关研究发现，每当企业效益好时，大多数情况下都会给职工涨工资，但是企业工资制度存在很强的棘轮效应，一旦上涨便很难下降。即使企业遇到困难，效益滑坡，职工也普遍难以接受薪酬下降。如此一来，职工便感觉不到竞争压力，日益产生惰性。最后，薪酬结构复杂，缺乏规范性。由于历史和企业特殊性质的原因，企业的薪酬结构比较复杂，名目繁多，需要考虑岗位、工作年限、技术职称、职务等级、社会及企业工龄等多样因素，因此浪费了大量资源，也难以协调好职工不同的利益要求。

(三) 培训制度不完善

第一，培训观念落后。一部分企业决策者认为培训是对工作时间的浪费，如果需要人才，完全可以从劳动力市场招聘，投资培训实属浪费。还有一些职工不愿意参加企业培训，认为培训是强制性的，是企业的事情，自己只是被动的。在这种观念下，很多企业职工即使参加培训，也经常是走过场。第二，培训体系性差。一般来讲，职工的培训应当紧紧围绕企业的发展战略与可持续发展进行，具有系统性和前瞻性。但是，很多企业的职工培训是应上级要求设定的，形式化严重，具有盲目性，很少有企业建立起完善的职工培训体系，有的甚至没有职工培训规章，缺乏长期性与规划性。第三，培训内容陈旧、方式单一。企业的职工培训主要是基本技能培训和态度培训，内容十分陈旧，有的培训教材沿用很多年，有的教材内容早已过时；很多课程的设置缺乏科学性，大多以理论教学和课堂教学为主，照搬学校教学课程的设计模式，虽然请了很多专家学者，但授课模式单一，没有实现企业人力资源开发与职工职业规划的有效对接；有的企业在培训上引入了国外培训模式，但是盲目照搬，没有结合本企业实际，针对性差；师资力量薄弱，专职的内部培训师缺乏，聘请的一些教授、企业经营管理人员及专业培训机构讲师，投入很大，但收效不佳。这些问题既无法达到培训效果，又浪费了企业很多资源。第四，缺乏严格的培训考核机制。当前，企业大多数培训缺乏有效的全程培训评估制度，经常是培训课程结束了就意味着培训活动的终结，即使是有考核，也是走过场。如写个培训报告、问卷调查、口头评价、简单的考试，等等。这导致培训部门无法真正地了解职工受训的效果，也无法从中吸取经验教训，使培训的有效性大打折扣。第五，培训工作脱离职工个人需求。在激烈的市场竞争中，职工除了满足物质需求外，还具有追求个人发展的强烈要求。很多企业在搞培训的时候，没有充分考虑到职工的个人发展需求，只是根据企业需要开展培训工作，既难以激发职工的兴趣，也阻碍了职工的个人职业发展，不利于留住优秀人才。第六，海外人员培训制度不健全。随着越来越多的企业走出国门，大量企业职工被外派至海外工作，对于这些职工理应建立专门的培训制度。当前，跨国企业对于外派人员的培训虽然取得了不小的进步，但是形式化问题仍比较突出，更多的只是应付上级主管部门的要求。结果是，培训的效果不尽如人意，大量海外工作人员不适应当地环境，业务能力也存在不足，诱发了大量经济、法律与文化风险。

（四）忽视职工民主参与权

工会是保障职工权利的治理组织，能够通过一定的目标及标准将分散的职工力量积聚在一起成为一个强大的团体来与企业谈判，以此来维护广大职工的权益。计划经济时代，工会是非常重要的企业组织，但国有企业改制之后，原来的党委会、职工代表大会和工会等"老三会"的职能为股东会、董事会、监事会等"新三会"所取代，但是"老三会"依旧存在，结果造成职责不清、协调不顺的问题。其中，工会由于政治色彩浓，不产生直接的经济效益，加之国有企业对工会重视程度不够，高素质人才匮乏，维权机制不健全，工会的作用日益边缘化，更多的是充当摆设，没有发挥出应有的功能。具体而言，国有企业工会存在的主要问题包括：（1）思想观点严重滞后，对于工会的地位及作用缺乏理论与实践研究，缺乏创新活力，甚至有些人有"工会只会添乱，工作越少越好"的错误思想；（2）工作内容空泛化，缺乏实质性内容，没有真正深入职工中，工作还缺乏针对性、实效性及独立性，难以在职工需要时给予其必要的帮助；(3) 工会人员流失，很多岗位都是其他部门人员兼职，导致工会专业化程度低；(4) 工会权利边缘化，无论是从经济上还是从手段上，都无法满足职工各种各样的需求，对于一些生活困难的弱势群体，只能是协调帮助，无法真正地解决问题，久而久之，工会就失去了很多职工的信任和支持；(5) 作风差，很多工会人员缺乏对工会工作的正确认识，人浮于事，很多人都以工会工作复杂、任务多为由，得过且过，影响工作效率。除了工会之外，董事会与监事会是现代企业组织结构中维护职工权益非常有效的治理机制，如果没有职工利益代表者或代表者缺乏足够的权力，那么职工的权益将很难得到保障。按照威廉姆森的观点，董事会在必要的时候可以将特殊工人吸纳为董事会成员，不给予其投票权还与其共享信息。国家及地方政府已经认识到董事会与监事会对于保障职工权益的重要性，已经出台了一系列的制度，要求国有企业董事会或监事会中一定要有职工代表。如 2009 年，国务院国资委出台的《董事会试点中央企业董事会规范运作暂行办法》第 25 条规定："董事会中应当有职工代表，并由公司职工代表大会选举产生。"但是，在实践中，职工董事或监事定位模糊不清，很难保证选举出来的职工代表能够真正、独立地代表职工群体。很多国有企业选举上来的职工明显地缺乏独立性，几乎没有一线工人，多是工会、党委及纪委的有关领导，他们更多的是听命于管理者，难以代表好、维护好职工们的利益。此外，有关规定用的是"应当有"的措辞，也就是可有可无，导致对职工董事的重视程度明显不够。可见，工人董事或监事这一岗位在治理结构中形式主义比较严重，形式上很健全，但实际上根本没有发挥出应有的作用。

第二节 企业劳动用工的合规风险与防范

一、企业用工领域的合规风险

（一）招聘风险

在一般条件下，如果对未成年人招聘或者招聘的人员和其他单位并未解除劳动合同，且劳动人员提供的证明不准确，并在期间收取了保证金，这些都属于招聘风险。招聘期间，还存在高风险，违反如实告知义务。基于《劳动合同法》的规定，用人单位在招聘劳动人员的时候，要将工作的主要内容、地点、职业面对的危害或者劳动报酬等情况详细说明，且满足劳动者提出的一些了解要求。用人单位在招聘的时候，如实告知是在对自身义务的履行，特别是劳动的条件、环境或者工作地点等。但是，实际上很多用人单位都未将情况如实告知，在签订完劳动合同后，使劳动者面对较大风险，存在很多不合理现象。

（二）对劳动合同的订立风险

劳动合同对用人单位以及劳动者都发挥着重要作用，在劳动合同订立过程中，经常会因为一些签订不及时而带来风险。有些企业为了能减少人工成本，一般不会和劳动者签订合同，这样能规避缴纳社会保险的义务。特别是企业认为这种方式和劳动者不会产生一定关系。后期，就出现了随意解聘劳动者的现象。但是，这种现象给用人单位带来一定的风险。基于《劳动合同法》规定，如果用人单位和劳动者建立了劳动关系，必须要在用人1个月内签订合同，如果未签订书面劳动合同，企业将承担一定的法律责任。

基于《劳动合同法》的规定，如果双方没有签订劳动合同，从用工起计算，超出 1 个月但不到 1 年，需要支付双倍的工资。如果用工时间在 1 年以上，则双方为无固定期限劳动合同。用人单位在实际用人期间，还会通过口头方式或者其他形式，约定一定时间为试用期，但是也未签订劳动合同，这种现象也属于违反合同行为。此外，实践中，还表现为试用期不签署劳动合同或者不购买社保；试用期间，签署单独的试用期合同；试用期间，公司出钱培训，并约定服务期；试用期间，没有约定录用条件；试用期长于法定标准等情形，这些都会给企业带来潜在的法律风险。

（三）未依法缴纳社会保险的风险

用人单位和劳动者必须依法参加社会保险，这是法律规定的强制性义务，即便是劳动者出具了书面承诺自愿放弃也是违法的，用人单位不能以此作为其未为劳动者缴纳社会保险的理由。对于未依法缴纳社会保险费用这一违法行为，用人单位会面临法律风险。在这种情况下，产生的高风险主要在社会保险和工伤事故处理方面。根据相关规定，在一定时间内，劳动者缴纳的社会保险是用人单位履行的职责，能够有效维护企业的自身利益，促使整体的积极保护。但是，大多数企业为了降低投入的成本。没有为劳动者缴纳社会保险，这种情况提升了用人单位的用工风险，特别是在劳动者发生工伤事故的时候，很容易给企业带来极大影响。

（四）管理风险

企业在对劳动者进行管理时，主要对考勤或者人员违规进行管理。其风险主要是违法或者不正确地辞退现象。在长期建设和发展过程中，用人单位的思想认识不准确，特别是经常出现在试用期的时候，对劳动者随意辞退以及因为违纪增加辞退劳动者的现象。此外，用人单位以员工严重违反公司制度、给公司造成重大损失、被行政及司法部门采取强制措施等为由，单方解除劳动关系，证据不充分，依据不准确，导致解除行为违法。另外，用人单位单方解除员工劳动关系未履行法定程序，导致解除行为违法。

二、企业劳动用工风险管控策略

（一）树立企业劳动用工风险防范意识

目前，劳动者的维权意识明显增强，劳动者敢于甚至愿意用法律武器维护自身合法权益，企业必须树立劳动用工风险意识，才能从根本上降低用工风险。在签署劳动合同的过程中，企业通常存在多方面的风险，在实践的过程中如果没有从根本上强化风险管控意识和相关知识，未按照劳动法律法规的具体要求执行用工条例，将增加劳动纠纷产生的概率，导致不同程度的劳动用工风险。在实践过程中，如果没有采取行之有效的防范方法，将导致劳动用工风险程度和危害性进一步加大，对企业人力资源管理工作造成十分严重的影响，同时，也会导致企业承担更大的法律责任。因此，在新时代背景下，要以《劳动合同法》为准，在劳动用工风险方面进一步强化认知，加大风险的防范意识和管控力度，从根本上规避或者减少劳动用工过程中所面临的用工风险，降低企业经营管理过程中产生的负面影响。要进一步有效地树立更加牢固的劳动用工风险防范意识，对于用工过程中涉及的各类风险问题进行全面深入的分析和切实的解读，以此进一步体现出劳动用工风险的管控效果，使劳动用工流程具有可预见性和可控性。管理者要对企业自身的劳动用工模式进行不断的改进和创新，对于《劳动合同法》的相关内容要有清晰明确的认知，对于法律流程和劳动用工程序进行不断的优化和完善，以此在真正意义上有效管控劳动用工风险，进而呈现企业的高质量发展成效和高效管理效果。要进一步有效地强化企业管理者的管理能力和思想认知，使更多人员参与到教育培训过程中来，可以通过座谈会和线上线下教育培训的形式，确保相关人员充分理解和认真掌握劳动合同法的相关内容，从劳动法规以往的案例吸取经验和教训，以此在更大限度上提升管理者的合法劳动用工意识，确保相应的依法依规理念能够融入劳动用工管理过程中，以此确保企业经营发展和劳动用工更科学合理，取得应有的效能。

（二）确保工作流程得到更有效的管理和完善

企业作为主要的用人单位，不仅要在法律意识和劳动制度进行充分的掌握和深入解读，同时，要加强对人员招聘流程进行深入分析、优化和完善，使流程更加清晰明确，具有可行性和针对性，进一步掌握薪酬管理和绩效考核等相关内容，严格按照相关法律法规和规章制度，合法合规进行企业管理和劳动用工。在工作流程方面要不断地优化和完善，企业方面要具备应有的法律认知和规范意识，对于招聘环节的录取通知书以及受聘人接收等相关内容，要做到规范和优化，约定试用期限，使相关通知书具备应有的法律效力，要明确自身的法律责任，对于劳动合同和相关的岗位职责、考核指标等要充分地加以明确，将企业规章制度要及时进行公示，并保留证据，以此从根本上规避在劳动考核过程中对于劳动者的合法权益造成损害，为杜绝劳动风险提供必要的保障。企业方面要着重针对《劳动合同法》等内容进行深入的解读和切实的了解，并且在实践的过程中切实有效地执行，不可滥用合同解除权。在解除劳动合同时，应及时将文书送达员工，以此确保劳动用工要求得到充分的优化和完善，体现工作流程的有效管控，在机制、体系方面不断地优化和创新，以此确保劳动用工的过程中做到真正意义上的有法可依、有规可循，进而充分地体现企业自身的内控管理效果和人力资源优化配置效能。

(三) 要严格细致地检查劳动用工方面的相关内容

针对劳动用工检查，根本宗旨就是及时有效地发现和应对企业的劳动用工风险，在严格细致的检查过程中切实发现问题并探究问题的根源，提出和落实相对应的解决对策，以此为劳动者的合法权益维护提供必要的保障，充分规避劳动用工过程中所产生的纠纷或者矛盾等，进而充分确保劳动用工管理工作实现标准化和规范化。同时，要通过严格细致的检查进一步明确劳动用工情况和社会保险缴纳情况，以此确保劳动用工更加规范有序。要将全面检查和重点检查互相融合，根据劳动用工管理的具体情况使各类检查方式充分结合，体现出全面性、综合性的检查效果，以此在最大限度上降低劳动用工风险，使劳动人员的根本权益和合法权利能够得到充分的维护。

(四) 培养员工的法律维权意识

在劳动者方面要不断地优化和完善培训制度，使其具备应有的劳动风险和法律法规意识和相关知识，进而充分地体现劳动用工风险的可控性和预见性，为劳动者的合法权益提供必要的保障。国家相关法律法规明确规定，如果企业出现了无故减少劳动者劳动报酬或者非法解除劳动用工合同等相关方面的违法行为，都要受到相对应的惩罚，特别是导致劳动用工纠纷或者破坏社会和谐稳定的现象，企业自身要承担相对应的法律责任。在这样的情况下，企业相关方面要严格按照相对应的法律法规对劳动者进行法律方面的培养和强化，使劳动者本身具备应有的风险防范认知能力和水平。在实践的过程中，如果存在劳动管理制度或者流程不够完善等相关方面的问题，劳动者要有效应对，按照法律法规维护自身的权益，并采取切实可行的维权手段，使自我的劳动用工风险能够得到充分的降低。同时，劳动者也要获得高质量的法律法规知识普及宣传教育，从劳动合同法的视角出发，更有效地认知和遵守劳动用工的相关要求，并且在实践的操作过程中进一步优化相关流程，保障劳动者自身权益，同时调动劳动者的工作积极性，为企业的健康稳定发展提供必要支撑。

（五）积极防范劳务派遣用工的法律风险

为了确保企业的管理工作持续处于正常的运行状态，并进一步提高此项流程的整体运转效率，企业的人力资源部门需要针对劳务派遣阶段所涉及的用工管理工作情况加以分析，并对此方面的内容进行监控和考核，保障监督控制以及考核的有效性，以此来制定更加完善的绩效评价指标。随着企业规模的扩大，企业劳动用工形式呈现多元化发展趋势，使用劳务派遣工成为企业劳动用工的重要用工形式，并越来越被更多的企业采纳，但产生的用工风险也逐渐加大，用工单位应做好风险管理工作。首先，严格核实劳务派遣单位的资质，避免风险发生时承担连带赔偿责任；其次，慎重对待劳动派遣协议，遵守协议内容；最后，约定好双方在规章制度发生冲突时的处理制度，避免矛盾发生。在此基础上，逐步提升企业的劳务派遣用工管理水平。在管理劳务派遣用工环节还需要充分结合企业各部门的实际情况，加强对用工环节的管理力度，从而打造完善的劳务派遣用工管理工作体系，并对各个部门的劳务派遣机构建设提出严格的要求，基于全方位的角度对劳务派遣机构进行监督，使劳务派遣机构能够严格遵循法律规定，与劳动人员及时签订相应的劳动合同，并按时为劳动人员发放相应的薪酬，确保能够以足额的形式为劳动人员缴纳社会保险。不仅如此,还需要对各个部门的劳务派遣用工计划方案进行严格的审查。对于超计划的劳务派遣用工、劳务派遣费用发放以及劳务派遣费用违规发放等方面的情况进行分析,按照企业的业绩考核管理工作方法,对与之相对应的单位负责人年终业绩考核指标进行扣减处理,从而强化最终的考核结果。除此之外,为了能够充分地适应劳动合同法的修订要求,需要确保企业劳动费用统一管理的可行性和可操作性,对新型的劳务派遣用工计划予以探索,保障最终定员结果的合理性。另外,在开展劳务派遣管理工作的过程中,需要确保劳务派遣机构准入管理机制具备统一性的特点,并针对劳务派遣机构的实际运行状况和各方面的流程要求予以全方位的梳理,严格按照法律规定保障内部控制制度的完备性,从而使企业的财务状况持续处于优良的运行状态,基于合理的管理工作规范提高企业的信用等级。

(六) 加强对整体过程的管控

对于集团企业而言,首先,要确保计划和管控流程有序进行。对于企业编制和下发的劳务派遣用工计划管理通知内容,需要确保各直属单位在全面组织的情况下,能够充分地根据企业的劳动定员测算状况进行分析,并及时地掌握现有的人力资源整体配置情况,对企业的劳务派遣用工计划予以编制和报送。对于人力资源部门所收到的企业所上报的劳务派遣用工计划来说,需要针对计划内容当中所涉及的数据信息进行汇总,通过全方位的审核保障各项数据信息合格之后,再将其上报集团人力资源部门进行二次审核。除此之外,集团企业的人力资源部门需要根据最终的审核结果,下发企业的用工计划,当企业的人力资源部门接收到集团企业人力资源部门所下发的计划之后,还需要对其进行分解处理,并将其下达至各隶属部门。其次,对企业的劳动用工情况进行监督和管控。就劳务派遣用工而言,要及时与劳务派遣人员签订相应的劳务派遣合同,并加大对劳务派遣人员的日常管理力度,使此类人员能够积极地配合管理工作,保障此项工作的有序进行,为人员的考核工作顺利开展奠定良好的基础,从而确保此类人员薪资发放的通畅性,为保险缴纳工作的实施奠定良好的基础。除此之外,对于企业所下发的劳务派遣用工和费用计划来说,需要切实地保障劳务派遣机构能够与企业进行协商,并及时签订有效的劳务派遣协议,加大对协议执行情况的监督和管理力度,保障劳务派遣协议的合规性和合法性。最后,加大对费用的管控力度。企业的各个部门需要根据企业下发的劳务派遣用工计划,在综合分析的基础上编制劳务派遣费用预算情况,并将其上报集团企业的人力资源部门。不仅如此,人力资源部门还需要与财务部门之间保持良好的联系,根据各个部门的实际用工计划情况进行核对,保障核对结果的准确性,从而精准地下发劳务派遣费用。与此同时,人力资源部门需要充分根据各个部门所上报的劳务派遣费用进行预算,保障预算结果的全面性和准确性。

CHAPTER 10 >> 第十章

企业网络安全与数据合规

在企业合规中，网络安全与数据合规是一个较为新兴的领域。网络的发展以及大数据时代的到来为企业的发展与运行提供了较多的便利，企业的运行逐渐从现实维度向网络空间扩展，网络技术与数据信息的使用为企业发展注入了新的活力，但同时也为企业带来了诸多风险。

第一节 概述

一、企业网络与数据安全合规的基本理论

（一）企业网络安全与数据合规的内涵

在企业合规中，网络安全合规主要指企业在运行过程中应当符合网络安全法律法规的规范，符合行业道德、境内外法律法规的规定。数据安全合规是网络安全合规的重要部分，指的是企业及其员工

对于数据收集、存储、使用、处理、共享、转让、跨境或非跨境传输、流动、保护的行为需符合国际条约、国内法律法规规章、其他规范性文件、行业准则、商业惯例、社会道德以及企业章程、规章制度的要求。在大数据时代，企业的运行离不开各类信息数据的收集、使用和传输等，企业数据又可分为个人数据与非个人数据，其中个人信息数据安全是企业数据合规的重点领域，因此，企业在对数据的处理过程中应当注重数据安全合规，否则，企业将承担相应的民事、行政甚至刑事责任。

（二）企业网络安全与数据合规的理论基础

由于互联网的普及和飞速发展，信息技术渗透到社会生活的各个方面，将互联网技术应用到企业运行的各个环节已成为普遍现象，生产、业务、内部管理、外部宣传等所有流程，都离不开互联网技术，因此企业的自身安全与网络安全息息相关，无论是企业自身内部风险的规避，还是外部风险的规避，都需要以网络安全为依托。

企业的网络安全与数据合规不仅出于企业自身内部安全的要求，更来自企业外部环境的压力。

1. 企业承担社会责任的必然结果

企业作为兼具经济组织与社会组织双重属性的组织体，在追求经济效益的同时也必然承担一定的社会责任。《公司法》第19条明确了公司的社会责任，"公司从事经营活动，应当遵守法律、行政法规，遵守社会公德、商业道德，诚实守信，接受政府和社会公众的监督，承担社会责任"。遵守有关的法律行政法规、社会道德以及行业准则是法律明确规定企业应当承担的社会责任，也是企业合规广义上的内涵。企业的生产运营行为既具有内部性，也具有外部性，即企业行为既会对其内部产生正面或负面影响，也会对外产生正面或负面影响，在网络与数据安全领域也不例外。网络安全与数据合规不仅涉及企业自身的安全，更影响到社会秩序的稳定，特别是金融、医药等重点领域行业的合规工作，是我国合规工作的重点领域。

随着党的二十大胜利召开，在国家安全与社会稳定方面，强调："坚定维护国家政权安全、制度安全、意识形态安全，确保粮食、能源资源、重要产业链供应链安全，维护我国公民、法人在海外合法权益，筑牢国家安全人民防线。"当今世界正经历百年未有之大变局，国际形势复杂多变，完善企业自身的网络安全工作，是国家安全工作的一部分，网络安全与数据合规不仅涉及企业内部的安全，更是社会稳定与经济安全的需要，特别是金融、医药等重点领域的网络与数据安全是经济安全的重要内容。

网络安全与数据合规作为新兴领域，为企业社会责任融入了新的内涵。个人数据信息保护问题以及数据跨境流动问题是当下的热点问题，数据在资本市场中的价值越来越大，在利用数据创造更大的价值过程中，一旦企业对数据的使用不合规，不仅对企业的经济效益产生影响，更会影响企业的社会形象，从而影响企业的社会效益，不利于企业的长期发展，并对行业发展及社会稳定起到负面作用。

2. 合规工作体系的重要环节

在合规工作体系的搭建过程中，企业是合规工作开展的重要环节。随着《中华人民共和国网络安全法》（以下简称《网络安全法》）、《中华人民共和国数据安全法》（以下简称《数据安全法》）、《中华人民共和国个人信息保护法》（以下简称《个人信息保护法》）等法律法规的相继颁布，网络安全与个人数据信息安全与保护的框架也搭建起来，并成为当今时代的聚焦点。而在合规治理体系中，既离不开政府部门及第三方机构的监管与监测，更需要以企业自身合规工作的开展为依托，这也是企业承担社会责任的表现。

新时代全面深化改革的总目标仍然是推进国家治理体系和治理能力现代化，国家治理体系与治理能力的现代化要求形成多元化的治理方式，政府应当激发并合理利用社会监管治理的力量，协同社会多方主体共同参与合规治理工作，在网络安全与数据合规领域中也是如此。"十四五"规划强调要加快数字化发展，建设数字中国，打造数字经济新优势，既需要完善顶层设计，完善网络与数据法律法规，也需要加强行政机关的合规引导以及国家机关监管和行业监管，创新推动数字经济的发展，增加经济发展的驱动力。

二、企业网络安全与数据合规工作的价值

（一）对企业的内在价值

1. 有利于降低企业运营风险，提高运营管理效率

建立日常化的网络安全与数据合规体系能够最大限度地帮助企业有效规避合规风险，对企业的运营管理进行合理的自我监管，并能够对网络与数据安全问题进行及时的处置和应对，有效提高企业的日常运营管理效率，这也是企业建立合规制度的最大价值之一。在大数据时代，企业的日常运营管理已经为网络技术与数据分析所渗透，保障网络安全就是保障企业自身的安全，进行数据合规就是提高企业运行的效率。

2. 能够在企业面临行政处罚或刑事处罚时作为企业的抗辩理由

企业合规激励机制本身就是企业合规制度建立的重要推力之一。

在刑事领域，企业合规不起诉制度，在我国尚处于试点探索阶段，其内涵是指当企业面临刑事责任的追究时，由检察机关对企业规定一定的考察期限，在此期限内由企业对违法行为自行整改，经检察机关评估合格后作出不予起诉的决定。

而在行政领域，传统的处罚方式为行政处罚，但行政机关也在逐步探索并建立企业合规从轻减轻行政处罚或与行政机关达成和解协议等合规激励机制。我国最早在证券监管领域建立企业合规激励机制，中国证监会在其发布的《证券公司和证券投资基金管理公司合规管理办法》（以下简称《办法》）中明确了强制合规制度，并明确了证券公司主动合规的情形下可从轻、减轻甚至免除处罚的合规激励制度。对于行政机关而言既能节约行政监管与行政调查的资源，也能更好地达到所期待的监管效果；对于企业而言，企业合规激励机制的推行则能够给予企业整改的机会，有效减少企业因合规风险而带来的损失，及时降低并弥补企业由于合规问题所造成的社会影响等。

3. 有利于实现企业的可持续发展

网络安全与数据合规制度的建立是企业实现长期可持续发展的保障。

针对风险层面，无论企业的规模、影响力、发展前景有多好，一旦面临合规风险，都有可能让企业瞬间崩塌，只有先保障企业的安全与存续，才能实现企业的长久健康发展。

针对发展层面，在人工智能与大数据时代，只有建立起良好的网络安全与数据合规制度，才能形成良好的合规经营的管理机制与企业文化，有效提高企业的市场竞争力、社会影响力、赢得良好商誉，为企业的可持续发展提供新的驱动力。

此外，网络安全与数据合规更是对企业开展跨国业务、走向国际化所提出的要求。特别是个人信息保护与数据跨境流动是许多国家较为关注的两个方面，企业要想与国际接轨，不得不建立完善的网络安全与数据合规保障制度，越发严格的国际合规管理要求也是企业建立网络安全与数据合规的重要驱动力。

（二）对社会的外在价值

1. 有利于保障个人信息安全，防止信息泄露和非法利用，打击通过个人信息实施的犯罪，减少公私财产损失

在大数据时代，个人信息与数据已经成为重要的生产要素，数据价值的合理开发与利用是社会的热点问题。但在数据利用过程中也极易发生数据泄露、侵犯个人信息、盗用个人信息等风险，因此建立网络安全与数据合规制度，能够帮助企业避免陷入数据泄露、信息侵权等风险，保障企业自身及用户的信息安全。此外，建立合规激励制度，与传统的监管方式相比，不仅能够对企业自身风险防范起到良好的规避作用、减少企业所受到的损失，对于相关人员而言更能够最大限度地保护其利益，规避企业投资者、股东、董事、员工、客户、并购及被并购企业的合规风险，有效降低其可能受到的损失。

2. 良好的网络与数据安全也是国家安全的一部分，有利于维护国家信息安全防线，促进经济与社会发展

习近平总书记指出，没有网络安全就没有国家安全。网络安全是国家安全在网络空间的延伸，《网络安全法》确立了网络空间主权原则，高度重视网络空间与数据信息的安全是第四次科技革命的大势所趋。企业，特别是重点领域范围内的企业，依法依规开展经营活动，避免出现合规风险，防止企业受到严厉处罚以致破产倒闭，这本身就是在维护经济秩序，避免经济动荡，保障政府的税收、投资、就业等社会公共利益。此外，企业的合规体系

一旦得到有效运行，就可以在预防违法犯罪活动方面产生积极的效用，这也更符合国家和社会的利益。

第二节　企业网络安全与数据合规领域的相关法律

一、网络安全法

（一）《网络安全法》对企业的规范

2017年6月1日《网络安全法》正式施行，基本确立了我国网络安全法律体系的主要框架。作为我国第一部系统性的网络领域立法，《网络安全法》对企业的约束主要分为两个板块：一是网络运行安全领域；二是网络信息安全领域。

1. 网络运行安全义务

在网络运行安全领域，《网络安全法》对企业的义务约束具体又可分为三个方面：一是企业作为网络运营者所应当承担的网络安全保护义务；二是企业作为网络产品和服务提供者的网络安全保护义务；三是作为关键信息基础设施运行者的网络安全保护义务。

网络运营者指的是网络的所有者、管理者以及网络服务提供者，因此只要企业建设、拥有、运行，或者提供一个计算机网络系统，就属于网络运营者的范围。《网络安全法》所规定的企业作为网络运营者的网络安全保护义务可以归纳为以下几个方面：建立和实施企业内部的网络安全管理制度和操作规程，确定网络安全负责人，落实网络安全保护责任；采取必要、合适的技术措施，以防止黑客攻击、计算机病毒，以及监控网络运行；妥善保管网络运行记录和日志至少6个月；建立数据分类、重要数据备份和加密等措施；建立和实施网络安全事件的应急预案；定期检视网络安全状况，发现安全缺陷、系统漏洞等风险时，及时采取补救措施；发生网络安全事件时，及时向受影响的相关个人和有关主管部门报告；为公安机关、国家安全机关依法维护国家安全和侦查犯罪活动提供技术支持和协助；法律法规规定的其他义务等。❶

就网络产品、服务提供者而言，企业所提供的产品或服务能够在互联网空间以线上的方式提供出来，企业就属于网络产品、服务提供者的范围。《网络安全法》所规定的企业作为网络产品、服务提供者的网络安全保护义务可以归纳为以下几个方面：所提供的产品、服务应当符合相关国家标准的强制性要求；不得恶意设置程序；对于产品、服务的安全缺陷、漏洞等应当及时采取补救措施，并及时向用户主体及有关主管部门报告；为其产品、服务持续提供安全维护的义务；在提供产品、服务过程中应当合理收集、使用用户信息，取得用户的同意并遵守关于个人信息保护的有关规定。

此外，根据《网络安全法》的规定，我国在网络安全等级保护制度的基础上对重要领域的关键信息基础设施的运行安全实行特殊保护。而《网络安全法》对于关键信息基础设施运营者的强化安全保护义务主要包括以下几个方面：对关键信息基础设施的安全管理负责人和运营关键信息基础设施的其他核心人员实施安全背景审查；关键信息技术设施的运营者采购网络产品和服务，可能影响国家安全的，应当经国家有关部门进行安全审查，并与产品和服务提供商签署保密协议；关键信息基础设施运营者，在

---

❶ 《网络安全法》第21条、第24条、第25条、第28条。

中国境内运营中收集和产生的个人信息和其他重要数据，必须在中国境内储存，如果需要向境外转移的，必须通过国家有关部门的安全评估审查。

2. 网络信息安全义务

在网络信息安全领域，《网络安全法》主要规制是网络运营者的企业的行为，主要包括以下几个方面：对于用户信息的手机应当合法、正当、必要，坚持公开收集、使用；不得泄露、篡改、毁损其收集的信息，信息外传应当经过信息主体的同意；采取必要的技术措施及其他必要措施保障收集信息的安全；对信息泄露、毁损、丢失等风险应当及时采取补救措施，及时告知用户并向有关主管部门报告；加强对其用户发布的信息的管理，及时采取停止传输、采取消除等措施；保障用户主体的信息被遗忘权；建立网络信息安全投诉、举报制度，及时受理有关网络信息安全的投诉和举报；积极配合网信部门及其他有关部门的依法监督检查等。

（二）企业违反的法律后果

《网络安全法》也根据企业所应当承担的网络安全合规义务规定了相对应的责任后果，以保障合规监管。

《网络安全法》规定的违反相应义务所应当承担的责任主要为行政责任，包括以下行政处罚措施：由有关主管部门责令改正，给予警告；对单位处以罚款；对直接负责的主管人员或其他直接责任人员处以罚款；没收违法所得；责令暂停相关业务；停业整顿；关闭网站；吊销相关业务许可证或吊销营业执照；对直接负责的主管人员和其他直接责任人员依法给予处分；依照其他有关法律、行政法规的规定进行处罚等。

此外，《网络安全法》规定企业违反《网络安全法》的有关规定而给他人造成损害的，依法承担民事责任；违反《网络安全法》

有关规定而构成违反治安管理行为的，依法接受治安管理处罚；违反《网络安全法》有关规定而构成犯罪行为的，依法承担刑事责任。

二、《数据安全法》中的合规及相应法律后果

2021年9月1日，《数据安全法》正式施行。《数据安全法》是基于数据安全问题频频发生的数据规范现实需求而诞生。数据安全问题是网络信息安全问题的重要内容，但数据安全并不完全是网络安全的范围。相较于《网络安全法》的笼统性规定，《数据安全法》聚焦于规范数据处理活动，保障数据安全，促进数据开发利用，保护个人、组织的合法权益，维护国家主权、安全和发展利益，构建起数据分类分级制度、数据安全风险机制、数据安全应急处理机制、数据安全审查制度、数据实施出口管制等制度，基本确立了我国的数据安全体系的主要框架。

(一)《数据安全法》对企业的规范

《数据安全法》中对企业的数据合规规定主要集中在以下三个方面。

(1) 数据安全保护义务。《数据安全法》第27条第1款规定："依照有关法律、法规的规定，建立健全全流程数据安全管理制度，组织开展数据安全教育培训，采取相应的技术措施和其他必要保障措施，保障数据安全。利用互联网等信息网络开展数据处理活动，应当在网络安全等级保护制度的基础上，履行上述数据安全保护义务。"第2款明确了责任主体："重要数据的处理者应当明确数据安全负责人和管理机构，落实数据安全保护责任。"

具体而言，包括以下几项义务。

《数据安全法》第28条对企业开展数据活动的总体原则作出

了规定，开展数据处理活动以及研究开发数据新技术，应当有利于促进经济社会发展，增进人民福祉，符合社会公德和伦理。

《数据安全法》第 29 条对企业的数据风险监测义务作出了规定，开展数据处理活动应当加强风险监测，发现数据安全缺陷、漏洞等风险时，应当立即采取补救措施。

《数据安全法》第 30 条第 1 款对企业的数据安全事件处置义务作出了规定，发生数据安全事件时，应当立即采取处置措施，及时告知用户并向有关主管部门报告。

《数据安全法》第 30 条第 2 款对企业的数据风险评估义务作出了规定，重要数据的处理者应当按照规定对其数据活动定期开展风险评估，并向有关主管部门报送风险评估报告。

《数据安全法》第 32 条对企业合法收集、使用数据的义务作出了规定，任何组织、个人收集数据，应当采取合法、正当的方式，不得窃取或者以其他非法方式获取数据。

法律、行政法规对收集、使用数据的目的、范围有规定的，应当在法律、行政法规规定的目的和范围内收集、使用数据。

《数据安全法》第 35 条对企业配合数据调取义务作出了规定，公安机关、国家安全机关因依法维护国家安全或者侦查犯罪的需要调取数据，应当按照国家有关规定，经过严格的批准手续，依法进行，有关组织、个人应当予以配合。

（2）数据交易合规义务。《数据安全法》第 33 条对企业作为数据交易中介服务机构的义务作出了规定，从事数据交易中介服务的机构提供服务，应当要求数据提供方说明数据来源，审核交易双方的身份，并留存审核、交易记录。

（3）数据处理相关服务应取得行政许可的义务。《数据安全法》第 34 条对企业的特定数据活动应取得行政许可的义务作出了规定，法律、行政法规规定提供数据处理相关服务应当取得行政许可的，服务提供者应当依法取得许可。

（4）数据出境的合规义务。《数据安全法》第 31 条对企业数据出境的合规义务作出了规定，关键信息基础设施的运营者在中华人民共和国境内收集和产生重要数据的出境安全管理适用于《中华人民共和国网络安全法》的规定；其他数据处理者在中华人民共和国境内运营收集和产生的重要数据的出境安全管理办法，由国家网信部门会同国务院有关部门制定。

（5）未经主管机关批准不得向外国司法或者执法机构提供数据的义务。《数据安全法》第 36 条规定："非经中华人民共和国主管机关批准，境内的组织、个人不得向外国司法或者执法机构提供存储于中华人民共和国境内的数据。"

（二）企业违反数据合规要求所应当承担的法律责任

根据《数据安全法》的有关规定，企业违反相关条款所应当承担的法律责任所涉及的重点法律条文如下。

（1）数据安全保护义务所对应的法律责任。企业违反《数据安全法》第 27 条、第 29 条、第 30 条所规定的数据安全保护义务，由有关主管部门责令改正，给予警告，可以并处 5 万元以上 50 万元以下罚款，对直接负责的主管人员和其他直接责任人员可以处以 1 万元以上 10 万元以下罚款；拒不改正或者造成大量数据泄露等严重后果的，处 50 万元以上 200 万元以下罚款，并可以责令暂停相关业务、停业整顿、吊销相关业务许可证或者吊销营业执照，对直接负责的主管人员和其他直接责任人员处 5 万元以上 20 万元以下罚款。

违反国家核心数据管理制度，危害国家主权、安全和发展利益，由有关主管部门处以 200 万元以上 1000 万元以下罚款，并根据情况责令暂停相关业务、停业整顿、吊销相关业务许可证或者吊销营业执照；构成犯罪的，还应当承担相应的刑事责任。

（2）数据出境合规义务所对应的法律责任。企业违反《数据安全法》第 31 条规定，向境外提供重要数据的，由有关主管部门责令改正，给予警告，可以并处 10 万元以上 100 万元以下罚款，对直接负责的主管人员和其他直接责任人员可以处 1 万元以上 10 万元以下罚款；情节严重的，处 100 万元以上 1000 万元以下罚款，并可以责令暂停相关业务、停业整顿、吊销相关业务许可证或者吊销营业执照，对直接负责的主管人员和其他直接责任人员处 10 万元以上 100 万元以下罚款。

（3）数据交易合规义务所对应的法律责任。企业未履行《数据安全法》第 33 条规定的义务的，由有关主管部门责令改正，没收违法所得，处违法所得一倍以上 10 倍以下罚款，没有违法所得或者违法所得不足 10 万元的，处 10 万元以上 100 万元以下罚款，并可以责令暂停相关业务、停业整顿、吊销相关业务许可证或者吊销营业执照；对直接负责的主管人员和其他直接责任人员处 1 万元以上 10 万元以下罚款。

（4）配合数据调取义务所对应的法律责任。企业违反《数据安全法》第 35 条规定，拒不配合数据调取的，由有关主管部门责令改正，给予警告，并处 5 万元以上 50 万元以下罚款，对直接负责的主管人员和其他直接责任人员处 1 万元以上 10 万元以下罚款。

（5）向外国司法或者执法机构提供数据所对应的法律责任。企业未经主管机关批准向外国司法或者执法机构提供数据的，由有关主管部门给予警告，可以并处 10 万元以上 100 万元以下罚款，对直接负责的主管人员和其他直接责任人员可以处 1 万元以上 10 万元以下罚款；造成严重后果的，处 100 万元以上 500 万元以下罚款，并可以责令暂停相关业务、停业整顿、吊销相关业务许可证或者吊销营业执照，对直接负责的主管人员和其他直接责任人员处5万元以上50万元以下罚款。

（6）其他法律责任。企业违反《数据安全法》的规定，给他人造成损害的，依法承担相应民事责任；构成违反治安管理行为的，依法给予治安管理处罚；构成犯罪的，依法追究刑事责任。

三、《个人信息保护法》中的合规及其相应法律后果

（一）《个人信息保护法》对企业的规范

2021年11月1日《个人信息保护法》正式施行，个人信息保护是数据保护的重要内容，网络安全、数据安全、个人信息安全实际上存在一定限度的重合部分，但后二者的规定更为详细深入而数据安全与个人信息也各有侧重。

整体而言，《个人信息保护法》中对企业在承担个人信息保护义务方面的约束主要存在于以下三个方面。

1. 个人信息处理义务

《个人信息保护法》第13条规定，符合下列情形之一的，个人信息处理者方可处理个人信息：（1）取得个人的同意；（2）为订立、履行个人作为一方当事人的合同所必须，或者按照依法制定的劳动规章制度和依法签订的集体合同实施人力资源管理所必须；（3）为履行法定职责或者法定义务所必需；（4）为应对突发公共卫生事件，或者紧急情况下为保护自然人的生命健康和财产安全所必须；（5）为公共利益实施新闻报道、舆论监督等行为，在合理的范围内处理个人信息；（6）依照本法规定在合理的范围内处理个人自行公开或者其他已经合法公开的个人信息；（7）法律、行政法规规定的其他情形。

《个人信息保护法》第二章第一节主要规定了企业在处理个人信息收集的同意义务。

《个人信息保护法》第 14 条规定了企业个人信息收集的授权同意的义务：基于个人同意处理个人信息的，该同意应当由个人在充分知情的前提下自愿、明确作出。法律、行政法规规定处理个人信息应当取得个人单独同意或者书面同意的，从其规定。个人信息的处理目的、处理方式和处理的个人信息种类发生变更的，应当重新取得同意。

《个人信息保护法》第 15 条规定了企业应当尊重个人撤回同意权利的义务：基于个人同意处理信息的，个人有权撤回其同意。个人信息处理者应当提供便捷的撤回同意的方式。个人撤回同意，不影响撤回前基于个人同意已进行的个人信息处理活动的效力。

《个人信息保护法》第 16 条规定了企业在个人拒绝同意的情况下的义务：个人信息处理者不得以个人不同意处理其个人信息或者撤回同意为由，拒绝提供产品或者服务；处理个人信息属于提供产品或者服务所必需的除外。

《个人信息保护法》第 17 条规定了企业的告知与公示义务。个人信息处理者在处理个人信息前，应当以显著方式、清晰易懂的语言真实、准确、完整地向个人告知以下事项：（1）个人信息处理者的名称或者姓名和联系方式；（2）个人信息的处理目的、处理方式，处理的个人信息种类、保存期限；（3）个人行使本法规定权利的方式和程序；（4）法律、行政法规规定应当告知的其他事项。前款规定事项发生变更的，应当将变更部分告知个人。个人信息处理者通过制定个人信息处理规则的方式告知第一款规定事项的，处理规则应当公开，并且便于查阅和保存。

《个人信息保护法》第 19 条规定了企业的必要最短时间的保

存义务：除法律、行政法规另有规定外，个人信息的保存期限应当为实现处理目的所必要的最短时间。

《个人信息保护法》第22条和第23条规定了企业转移信息与向他人提供信息的告知与重新取得同意的义务：个人信息处理者因合并、分立、解散、被宣告破产等原因需要转移个人信息的，应当向个人告知接收方的名称或者姓名和联系方式。接收方应当继续履行个人信息处理者的义务。接收方变更原先的处理目的、处理方式的，应当依照本法规定重新取得个人同意。

个人信息处理者向其他个人信息处理者提供其处理的个人信息的，应当向个人告知接收方的名称或者姓名、联系方式、处理目的、处理方式和个人信息的种类，并取得个人的单独同意。接收方应当在上述处理目的、处理方式和个人信息的种类等范围内处理个人信息。接收方变更原先的处理目的、处理方式的，应当依照本法规定重新取得个人同意。

此外，《个人信息保护法》第二章第二节规定了企业在处理敏感个人信息的同意义务。

《个人信息保护法》第29条规定了企业处理个人敏感信息应当取得单独同意的义务，处理敏感个人信息应当取得个人的单独同意。

《个人信息保护法》第30条规定了企业处理个人敏感信息的单独告知义务：个人信息处理者处理敏感个人信息的，除本法第17条第1款规定的事项外，还应当向个人告知处理敏感个人信息的必要性以及对个人权益的影响。

《个人信息保护法》第31条规定了企业处理未成年人信息的特殊义务：个人信息处理者处理不满14周岁未成年人个人信息的，应当取得未成年人的父母或者其他监护人的同意、个人信息处理者处理不满 14 周岁未成年人个人信息的，应当制定专门的个人信息处理规则。

2. 个人信息出境义务

《个人信息保护法》第三章对企业处理个人信息跨境提供的义务作出了规定。

《个人信息保护法》第 38 条对企业向境外提供个人信息的合法依据作出了规定：个人信息处理者因业务等需要，确需向中华人民共和国境外提供个人信息的，应当具备下列条件之一：（1）依照本法第 40 条的规定通过国家网信部门组织的安全评估；（2）按照国家网信部门的规定经专业机构进行个人信息保护认证；（3）按照国家网信部门制定的标准合同与境外接收方订立合同，约定双方的权利和义务；（4）法律、行政法规或者国家网信部门规定的其他条件。

《个人信息保护法》第 39 条规定了企业向境外提供个人信息的告知与同意义务：个人信息处理者向中华人民共和国境外提供个人信息的，应当向个人告知境外接收方的名称或者姓名、联系方式、处理目的、处理方式、个人信息的种类以及个人向境外接收方行使本法规定权利的方式和程序等事项，并取得个人的单独同意。

《个人信息保护法》第 40 条规定了企业作为关键信息基础设施运营者的评估义务：关键信息基础设施运营者和处理个人信息达到国家网信部门规定数量的个人信息处理者，应当将在中华人民共和国境内收集和产生的个人信息存储在境内。确需向境外提供的，应当通过国家网信部门组织的安全评估；法律、行政法规和国家网信部门规定可以不进行安全评估的，从其规定。

《个人信息保护法》第 41 条规定了企业关于境外司法调取个

人信息的事前批准义务：中华人民共和国主管机关根据有关法律和中华人民共和国缔结或者参加的国际条约、协定，或者按照平等互惠原则，处理外国司法或者执法机构关于提供存储于境内个人信息的请求。非经中华人民共和国主管机关批准，个人信息处理者不得向外国司法或者执法机构提供存储于中华人民共和国境内的个人信息。

3. 保障个人信息主体权利的义务

《个人信息保护法》第四章中明确了个人在个人信息处理活动中的权利，包括知情权、决定权、限制处理或拒绝权、查阅和复制权、可携带权、更正和补充权等。也就间接性地规定了企业在处理个人信息过程中应当尊重并且保障信息主体上述权利的义务。

4. 与受托人约定必要保护义务

《个人信息保护法》第 21 条、第 59 条规定了企业委托处理个人信息情况下对个人信息的必要保护义务：个人信息处理者委托处理个人信息的，应当与受托人约定委托处理的目的、期限、处理方式、个人信息的种类、保护措施以及双方的权利和义务等，并对受托人的个人信息处理活动进行监督。受托人应当按照约定处理个人信息，不得超出约定的处理目的、处理方式等处理个人信息；委托合同不生效、无效、被撤销或者终止的，受托人应当将个人信息返还个人信息处理者或者予以删除，不得保留。未经个人信息处理者同意，受托人不得转委托他人处理个人信息。

接受委托处理个人信息的受托人，应当依照本法和有关法律、行政法规的规定，采取必要措施保障所处理的个人信息的安全，并协助个人信息处理者履行本法规定的义务。

（二）企业违反《个人信息保护法》的规定所应当承担的法律责任

《个人信息保护法》第66条规定了企业违反有关规定处理个人信息所应当承担的行政责任：违反本法规定处理个人信息，或者处理个人信息未履行本法规定的个人信息保护义务的，由履行个人信息保护职责的部门责令改正，给予警告，没收违法所得，对违法处理个人信息的应用程序，责令暂停或者终止提供服务；拒不改正的，并处100万元以下罚款；对直接负责的主管人员和其他直接责任人员处1万元以上10万元以下罚款。

有前款规定的违法行为，情节严重的，由省级以上履行个人信息保护职责的部门责令改正，没收违法所得，并处5000万元以下或者上一年度营业额5%以下罚款，并可以责令暂停相关业务或者停业整顿、通报有关主管部门吊销相关业务许可或者吊销营业执照；对直接负责的主管人员和其他直接责任人员处10万元以上100万元以下罚款，并可以决定禁止其在一定期限内担任相关企业的董事、监事、高级管理人员和个人信息保护负责人。

《个人信息保护法》第67条还对企业违反有关规定被计入信用档案的法律后果：有本法规定的违法行为的，依照有关法律、行政法规的规定记入信用档案，并予以公示。

此外，《个人信息保护法》第69条、第70条、第71条分别对企业的民事、刑事及治安责任作出相应规定，其中，民事侵权责任的承担采取过错推定原则。

四、其他相关法律法规

（一）《民法典》中关于网络安全与数据合规的相关规定

《民法典》人格权独立成编，对个人信息的定义、保护要求、责任主体、自然人的权利义务等方面作了相关规定，加强了对个人信息及隐私权的保护。

《民法典》第 1035 条规定了处理个人信息的条件：处理个人信息的，应当遵循合法、正当、必要原则，不得过度处理，并符合下列条件：（1）征得该自然人或者其监护人同意，但是法律、行政法规另有规定的除外；（2）公开处理信息的规则；（3）明示处理信息的目的、方式和范围；（4）不违反法律、行政法规的规定和双方的约定。个人信息的处理包括个人信息的收集、存储、使用、加工、传输、提供、公开等。

第 1036 条规定了信息处理者排除责任的情形：处理个人信息，有下列情形之一的，行为人不承担民事责任：（1）在该自然人或者其监护人同意的范围内合理实施的行为；（2）合理处理该自然人自行公开的或者其他已经合法公开的信息，但是该自然人明确拒绝或者处理该信息侵害其重大利益的除外；（3）为维护公共利益或者该自然人合法权益，合理实施的其他行为。

第 1038 条特别规定了信息处理者的信息安全保障义务：信息处理者不得泄露或者篡改其收集、存储的个人信息；未经自然人同意，不得向他人非法提供其个人信息，但是经过加工无法识别特定个人且不能复原的除外。信息处理者应当采取技术措施和其他必要措施，确保其收集、存储的个人信息安全，防止信息泄露、篡改、丢失；发生或者可能发生个人信息泄露、篡改、丢失的，应当及时采取补救措施，按照规定告知自然人并向有关主管部门报告。

（二）《中华人民共和国刑法》中关于网络安全与数据合规的相关规定

随着计算机技术的普及和应用，各类针对尖端领域、政府事务、大型网站等的网络犯罪活动也日益猖獗，1997 年《中华人民共和国刑法》（以下简称《刑法》）新增了两个针对危害计算机系统的犯罪罪名。

第 285 条第 1 款规定了非法侵入计算机信息系统罪，违反国家规定，侵入国家事务、国防建设、尖端科学技术领域的计算机信息系统的，处 3 年以下有期徒刑或者拘役。

第 286 条第 1 款规定了破坏计算机信息系统罪，违反国家规定，对计算机信息系统功能进行删除、修改、增加、干扰，造成计算机信息系统不能正常运行，后果严重的，处五年以下有期徒刑或者拘役；后果特别严重的，处 5 年以上有期徒刑。

2009 年《刑法修正案（七）》在此基础上补充了以下两个条款。

第 285 条第 2 款规定了非法获取计算机信息系统数据罪以及非法控制计算机信息系统罪，违反国家规定，侵入前款规定以外的计算机信息系统或者采用其他技术手段，获取该计算机信息系统中存储、处理或者传输的数据，或者对该计算机信息系统实施非法控制，情节严重的，处 3 年以下有期徒刑或者拘役，并处或者单处罚金；情节特别严重的，处 3 年以上 7 年以下有期徒刑，并处罚金。

第 285 条第 3 款规定了提供侵入、非法控制计算机信息系统的程序、工具罪，提供专门用于侵入、非法控制计算机信息系统的程序、工具，或者明知他人实施侵入、非法控制计算机信息系统的违法犯罪行为而为其提供程序、工具，情节严重的，依照前款的规定处罚。

此外，《刑法修正案（七）》加强了对个人信息的保护，新增了出售或非法提供公民个人信息罪，以及非法获取公民个人信息罪。

第253条之一第1款规定了出售或者非法提供公民个人信息罪，国家机关或者金融、电信、交通、教育、医疗等单位的工作人员，违反国家规定，将本单位在履行职责或者提供服务过程中获得的公民个人信息，出售或者非法提供给他人，情节严重的，处3年以下有期徒刑或者拘役，并处或者单处罚金。

第2款规定了非法获取公民个人信息罪，窃取或者以其他方法非法获取上述信息，情节严重的，依照前款的规定处罚。

《刑法修正案（九）》在对上述罪名进行扩充、整合的基础上，新增了拒不履行信息网络安全管理义务罪、非法利用信息网络罪、帮助信息网络犯罪活动罪、故意传播虚假信息罪四个罪名。

第286条之一规定了拒不履行信息网络安全管理义务罪，网络服务提供者不履行法律、行政法规规定的信息网络安全管理义务，经监管部门责令采取改正措施而拒不改正，有下列情形之一的，处3年以下有期徒刑、拘役或者管制，并处或者单处罚金：（1）致使违法信息大量传播的；（2）致使用户信息泄露，造成严重后果的；（3）致使刑事案件证据灭失，情节严重的；（4）有其他严重情节的。单位犯前款罪的，对单位判处罚金，并对其直接负责的主管人员和其他直接责任人员，依照前款的规定处罚。

第287条之一规定了非法利用信息网络罪，利用信息网络实施下列行为之一，情节严重的，处3年以下有期徒刑或者拘役，并处或者单处罚金：（1）设立用于实施诈骗、传授犯罪方法、制作或者销售违禁物品、管制物品等违法犯罪活动的网站、通讯群组的；（2）发布有关制作或者销售毒品、枪支、淫秽物品等违禁物品、管制物品或者其他违法犯罪信息的；（3）为实施诈骗等违法犯罪活动发布信息的。单位犯前款罪的，对单位判处罚金，并对其直接负责的主管人员和其他直接责任人员，依照第一款的规定处罚。有前两款行为，同时构成其他犯罪的，依照处罚较重的规定定罪处罚。

第 287 条之二规定了帮助信息网络犯罪活动罪，明知他人利用信息网络实施犯罪，为其犯罪提供互联网接入、服务器托管、网络存储、通讯传输等技术支持，或者提供广告推广、支付结算等帮助，情节严重的，处 3 年以下有期徒刑或者拘役，并处或者单处罚金。单位犯前款罪的，对单位判处罚金，并对其直接负责的主管人员和其他直接责任人员，依照第 1 款的规定处罚。有前两款行为，同时构成其他犯罪的，依照处罚较重的规定定罪处罚。

第 291 条之一规定了故意传播虚假信息罪，编造虚假的险情、疫情、灾情、警情，在信息网络或者其他媒体上传播，或者明知是上述虚假信息，故意在信息网络或者在其他媒体上传播，严重扰乱社会秩序的，处 3 年以下有期徒刑、拘役或者管制；造成严重后果的，处 3 年以上 7 年以下有期徒刑。

（三）网络安全与数据合规的法律法规汇总

网络安全与数据合规领域所涉及的有关规定较多，此处不再一一介绍，具体如表 3 所示。

表 3　网络安全与数据合规相关法律法规

法律法规	《网络安全法》《数据安全法》《个人信息保护法》《电子商务法》《电子签名法》《全国人民代表大会常务委员会关于加强网络信息保护的决定》《全国人民代表大会常务委员会关于维护互联网安全的决定》

续表

	《关键信息基础设施安全保护条例》《国务院关于授权国家互联网信息办公室负责互联网信息内容管理工作的通知》《信息网络传播权保护条例》《计算机软件保护条例》《互联网信息服务管理办法》《计算机信息国际联网管理暂行规定》《计算机信息系统安全保护条例》
规章	《网络安全审查办法》《互联网用户账号信息管理规定》《互联网信息服务算法推荐管理规定》《数据出境安全评估办法》《网络信息内容生态治理规定》《儿童个人信息网络保护规定》《区块链信息服务管理规定》《互联网信息内容管理行政执法程序规定》《互联网域名管理办法》《互联网新闻信息服务管理规定》《外国机构在中国境内提供金融信息服务管理规定》《电信和互联网用户个人信息保护规定》《规范互联网信息服务市场秩序若干规定》《互联网文化管理暂行规定》
司法解释	《最高人民法院　最高人民检察院管理办理非法利用信息网络、帮助信息网络犯罪活动等刑事案件适用法律若干问题的解释》《最高人民法院关于审理利用信息网络侵害人身权益民事纠纷案件适用法律若干问题的规定》《最高人民法院关于审理侵害信息网络传播权民事纠纷案件适用法律若干问题的规定》
规范性文件	《互联网弹窗信息推送服务管理规定》《国家互联网信息办公室关于开展境内金融信息服务报备工作的通知》《关于印发〈常见类型移动互联网应用程序必要个人信息范围规定〉的通知》《国家互联网信息办公室　国家发展和改革委员会　工业和信息化部　财政部关于发布〈云计算服务安全评估办法〉的公告》《移动互联网应用程序信息服务管理规定》《互联网信息搜索服务管理规定》《互联网用户账号名称管理规定》

续表

政策文件	《关于印发〈App违法违规收集使用个人信息行为认定方法〉的通知》《关于加强国家网络安全标准化工作的若干意见》《关于变更互联网新闻信息服务单位审批备案和外国机构在中国境内提供金融信息服务业务审批实施机关的通知》《全国等级保护测评机构推荐目录》
国家、行业标准	《信息安全技术：网络安全等级保护基本要求》（GB/T 22239—2019）、《信息安全技术：网络安全等级保护安全设计技术要求》（GB/T 25070—2019）、《信息安全技术：网络安全等级保护测评要求》（GB/T 28448—2019）、《信息安全技术：网络安全等级保护实施指南》（GB/T 25058—2019）、《信息安全技术：网络安全等级保护测评过程指南》（GB/T 28449—2018）、《信息安全技术：网络安全等级保护测试评估技术指南》（GB/T 36627—2018）、《信息安全技术：网络安全等级保护测评机构能力要求和评估规范》（GB/T 36959—2018）、《信息安全技术：网络安全等级保护定级指南》（GB/T 22240—2020）、《信息安全技术：个人信息安全影响评估指南》（GB/T 39335—2020）、《信息安全技术：个人信息安全规范》（GB/T 35273—2017）、《信息安全技术：关键信息基础设施边界确定方法（征求意见稿）》

第三节　企业网络与数据安全合规的常见风险

一、被动风险和主动风险

以风险的来源为区分标准，可以将企业在网络安全与数据合规领域所常见的风险划分为被动风险与主动风险。

（一）主动风险

1. 数据收集风险

数据收集是数据分析与开发等一系列处理行为的开端，在数据收集过程中，核心风险是对"同意与告知"原则的违背，亦即未满足充分告知、自愿同意、明确授权、变更再次告知并征得同意、允许撤回同意等完整的规范要求。数据收集的方式主要有三种情形：直接向用户收集、向第三方收集以及通过爬虫等技术手段进行收集。

（1）直接向用户收集的情形也是实践中企业最常因数据采集违法而受到行政处罚的原因。目前国内大量移动应用软件都存在违规私自收集、过度收集、超范围收集用户数据信息、强制授权、不合理索取用户权限、频繁骚扰、侵害用户权益的情形，如未经用户同意自动开启收集地理位置、身份证号、人脸、指纹、读取通讯录、使用摄像头、启用录音等功能以及与服务无关的功能。

（2）向第三方采集数据以及通过技术手段采集数据，不仅存在上述所列的行政及民事责任风险，更有可能让企业面临刑事合规风险。如通过非法购买、收受、交换等方式获取公民个人信息，或者在履行职责、提供服务过程中非法收集公民个人信息的，可构成侵犯公民个人信息罪；通过爬虫等技术手段非法获取数据信息，可能构成非法获取计算机信息系统数据罪或者非法侵入计算机信息系统罪，获取数据过程中导致计算机信息系统不能正常运行的，可构成破坏计算机信息系统罪；明知是非法获取计算机信息系统数据犯罪所获取的数据而予以转移、收购、代为销售的，构成掩饰、隐瞒犯罪所得罪；建立网站、通讯群组非法获取公民个人信息的，还可构成非法利用信息网络罪。如六安市市场监督管理局对六安经济开发区科勒建材经营部违法采集人脸信息的违法行为作出责令改正并处罚款 3 万元的行政处罚；宁波市市场监督管理局对宁波杭州湾新区泛海置业有限公司、宁波融创金湾置业有限公司和宁波保利实业投资有限公司 3 家在售楼处无感抓拍人脸信息的行为作出处以 25 万元罚款的行政处罚。

2. 数据使用风险

对数据的使用是数据处理的关键一步，也是数据的核心价值所在。数据使用同样应当遵循"同意与告知"原则，但近年来，由于个人数据被挖掘出的商业价值巨大，数据的非法使用也成为数据合规的挑战，常见情形有以下几种情况。

一是移动应用软件未经用户同意，私自将所收集数据、产品浏览记录、搜索使用习惯、常用软件应用列表等个人信息共享给第三方以牟利或达到其他目的。

二是强制用户使用定向推送功能，即"App 未向用户告知，或未以显著方式标示，将收集到的用户搜索、浏览记录、使用习惯等个人信息，用于定向推送或精准营销，且未提供关闭该功能的选项"。

国家互联网信息办公室依据《网络安全法》《App 违法违规收集使用个人信息行为认定方法》《常见类型移动互联网应用程序必要个人信息范围规定》等法律和有关规定，组织对运动健身、新闻信息、网络直播、应用商店、女性健康等常见类型公众大量使用的部分 App 的个人信息收集使用情况进行了检测，其中有 129 款移动应用软件违法违规收集使用个人信息，被督促整改，包括 keep、印鸽、交易虎，甚至滴滴出行也正是因严重违法违规收集使用个人信息而被要求下架。

3. 数据跨境流动风险

数据跨境流动是数字经济时代的特征，能够为企业带来极大的经济效益，但目前并未形成统一的数据跨境流动国际规则，且各国各地区关于数据跨境流动的规定并不一致，数据保护标准也并不统一，对于我国企业"走出去"带来了一定的法律风险。此外，由于我国关于数据跨境流动的法律法规并不完善，且数据市场仍需规制，因此外国企业进入国内市场也缺少相应的数据管理规制，违法收集和不当使用个人信息，不仅对外国企业自身而言存在合规风险，对本土企业也存在恶意竞争抢占市场等风险。

具体而言，数据跨境流动对企业带来的风险主要表现在三个方面：一是数据跨境流动可能会导致用户信息泄露、不当使用；二是企业违反了向境外机构提供数据的安全评估义务、事前批准义务、企业作为关键信息基础设施运营者的特殊义务以及告知及同意义务等；三是数据跨境流动所采用的介质平台容易受到攻击，为企业带来技术、资产、组织管理等风险。

4. 数据泄露风险

数据传输、存储以及管理过程中都可能发生数据泄露的问题，数据泄露的原因既可能是企业内部原因，也可能是外部原因，在主动风险这一语境下，企业发生数据泄露的原因主要有二：一是企业自身的数据安全系统存在漏洞，未采取法定安全管理措施，未建立数据安全保护制度等，让数据处于危险状态下。二是企业内部人员故意或过失泄露企业数据。三是在发生数据泄露或其他数据违规风险后未及时采取补救措施减少损失，对于企业而言，不仅可能会对企业自身造成损失，更可能导致企业受到加重处罚。

在"净网2021"专项行动中，河南郑州新密市警方查获某公司员工李某利用工作之便从公司内部系统导出用户信息6万余条，出售给新密某装修公司员工，将李某抓捕到案后，根据"一案双查"机制，对其所在公司开展网络安全检查，发现该公司未采取确保其收集的公民个人信息不被泄露、篡改、毁损的技术措施。后根据《网络安全法》的相关规定，对该公司给予 15 万元罚款，对直接负责的主管人员给予 2 万元罚款。

（二）被动风险

1. 数据泄露风险

上述所提及企业关于数据泄露的风险，既可能是企业内部原因导致，也可能是外部原因导致，在被动风险的语境下，企业造成数据泄露风险的原因则为外来攻击。实践中，企业外部力量可能会利用木马、病毒、爬虫等计算机网络技术对目标企业的数据系统发起攻击，窃取用户数据或企业其他数据，如商丘市睢阳区两名犯罪分子在淘宝爬取并盗走大量数据，通过采取到的个人信息，共创建了 1100 个微信群，每天利用机器人在群里发优惠券来获得返利佣金，经过检方核实，被盗取的淘宝用户数据高达近 12 亿条。

2. 第三方关联风险

企业常面临的数据风险常不仅源于自身，更源于上游的数据提供方、中游的数据代理商、下游的数据接受方等第三方。特别是对于金融企业，需要持续地与外界资源进行互换，接入大量第三方外部数据。一旦第三方实施了违法行为，而企业采取了接受、纵容态度，没有制止或纠正数据滥用行为，没有及时填补管理漏洞、消除制度隐患，则有可能构成侵犯个人信息或其他犯罪行为的共犯。

在快播案中，尽管快播方并没有直接实施传播淫秽物品的行为，但快播方提供平台并提供缓存服务，放任淫秽物品在平台上传播，最终构成传播淫秽物品牟利罪并受到处罚。

二、单位风险和个人风险

以风险的承担主体为区分标准,可以将企业在网络安全与数据合规领域常见的风险划分为单位风险与个人风险。

(一) 单位风险

企业作为法律拟制的人格,其意志的实现与自然人有所不同,需要通过企业内部的自然人的行为形成独立的意志并作出企业行为,在企业意志形成后,根据企业意志所作出的行为应当归责于企业而非行为的具体实施者(自然人)。由于企业意志的形成与实施都需要依赖企业内部自然人的意志贯彻实施,因此对于单位意志与单位内部自然人意志的区分就成为责任归属的重要划分标准。

一般来讲,通过企业内部决策机关作出行为的法律后果应当由企业承担并无异议;根据企业法定代表人、股东、董事、高级管理人员等具有一定决策权的内部人员的意志所作出的行为法律后果的归属,由于以上人员对于企业事务具有一定的决策权,根据其意志所作出的违法违规行为后果仍然应当归属于单位承担;而企业内部无特殊职权的员工所作出的违法行为,其行为应当区别于企业行为,后果由自然人承担。由于企业与其内部人员存在管理与被管理的关系,因此即便是企业一般职员所作出的违法违规行为,若企业存在管理上的过错、未尽到注意与回避义务或存在其他过错,仍然应当承担法律责任。换而言之,企业的责任承担与其内部自然人的责任承担是相互独立的,而良好的合规体系能够证明企业尽到了合理的注意与回避义务,成为企业承担法律责任的抗辩理由。

（二）个人风险

企业所面临的合规风险，在个人责任的承担上，主要针对企业合规事件中直接责任人的责任风险。如《数据安全法》第 47 条规定："从事数据交易中介服务的机构未履行本法第 33 条规定的义务的，由有关主管部门责令改正，没收违法所得，处违法所得 1 倍以上 10 倍以下罚款，没有违法所得或者违法所得不足 10 万元的，处 10 万元以上 100 万元以下罚款，并可以责令暂停相关业务、停业整顿、吊销相关业务许可证或者吊销营业执照；对直接负责的主管人员和其他直接责任人员处 1 万元以上 10 万元以下罚款。"亦即在企业违反有关网络安全与数据合规的规定时，直接负责的主管人员和其他责任人员也存在一定的法律风险，特别是法定代表人、股东、董事、经理等具备一定决策权的管理人员，以及直接执行单位决策的其他责任人员等。

三、法律责任及商业风险

以风险的属性为区分标准，可以将企业在网络安全与数据合规领域的风险划分为法律风险与商业风险两个类别。

（一）法律风险

网络安全法律风险是指企业违反网络与数据安全领域的《网络安全法》《数据安全法》《个人信息保护法》《证券公司和证券投资基金管理公司合规管理办法》等法律法规的规定，以及民事、刑事法律法规中有关网络与数据安全的规定，所应当承担的法律责任。具体而言可以分为以下三个方面的法律责任。

1. 行政责任风险

网络安全行政责任风险主要指企业违反行政法规的规定，构成行政违法违规行为所应当受到的行政处罚，这也是企业最常见的法律责任承担方式,主要包括:由有关主管部门责令改正,给予警告;对单位处以罚款;对直接负责的主管人员或其他直接责任人员处以罚款;没收违法所得;责令暂停相关业务;停业整顿;关闭网站;吊销相关业务许可证或吊销营业执照;对直接负责的主管人员和其他直接责任人员依法给予处分等。

2. 民事责任风险

网络安全民事责任风险主要指企业违反有关规定侵犯其他民事主体的合法权益所应当承担的民事责任,其主要表现形式为:企业违反有关规定给其他民事主体造成损害的应当承担赔偿、弥补损失、赔礼道歉民事责任等。

3. 刑事责任风险

网络安全刑事责任风险主要指企业行为触犯《刑法》中有关网络与数据安全的规定,构成犯罪所应当承担的刑事责任。主要包括危害网络安全、侵犯公民个人信息两个方面,刑事责任的承担方式主要为:对单位判处罚金,对直接负责的主管人员和其他直接责任人员判处有期徒刑或者拘役等。

(二)商业风险

企业违背网络安全与数据合规领域的有关法律、行政法规、规章以及行业规定等,不只会受到法律的制裁,更会对企业产生不利的商业风险。法律风险本身就是一种商业风险,无论企业违规是否受到法律的制裁,都会引发一定的商业后果,包括严重损害企业形象,降低客户、合作方、投资者以及社会公众等主体对企业的信任,对企业的商业信誉造成不利影响,降低企业的竞争优势等。

第四节　企业网络运行安全合规体系

《网络安全法》确立了企业在网络安全合规义务中的基本框架，企业在网络安全领域的合规可以分为网络运行安全合规与网络信息安全合规两个大类，在网络信息安全合规领域，数据安全体系是其中的重点内容与主要部分，在实践中网络信息安全与数据安全常以"你中有我，我中有你"的形式出现，往往不可分割，此处就《网络安全法》中的网络安全合规体系进行体系化的归纳整理。

一、《网络安全法》中的网络运行安全义务

总体而言，在网络运行安全领域，《网络安全法》对企业的义务约束可以分为以下三个方面：一是企业作为网络运营者所应当承担的网络安全保护义务；二是企业作为网络产品和服务提供者的网络安全保护义务；三是作为关键信息基础设施运行者的网络安全保护义务。

（一）企业在网络运行安全领域的具体合规义务

1. 企业作为网络运营者需要履行以下几方面的义务

（1）建立和实施企业内部的网络安全管理制度和操作规程，确定网络安全负责人，落实网络安全保护责任；

（2）采取必要、合适的技术措施，以防止黑客攻击、计算机病毒，以及监控网络运行；

（3）妥善保管网络运行记录和日志至少 6 个月；

（4）建立数据分类、重要数据备份和加密等措施；

(5) 建立和实施网络安全事件的应急预案；

(6) 定期检视网络安全状况，发现安全缺陷、系统漏洞等风险时，及时采取补救措施；

(7) 发生网络安全事件时，及时向受影响的相关个人和有关主管部门报告；

(8) 为公安机关、国家安全机关依法维护国家安全和侦查犯罪活动提供技术支持和协助；

(9) 法律法规规定的其他义务等。

2. 企业作为网络产品、服务提供者，需要履行以下几方面的义务

(1) 所提供的产品、服务应当符合相关国家标准的强制性要求；

(2) 不得恶意设置程序，对于产品、服务的安全缺陷、漏洞等应当及时采取补救措施，并及时向用户主体及有关主管部门报告；

(3) 为其产品、服务持续提供安全维护的义务；

(4) 在提供产品、服务过程中应当合理收集、使用用户信息，取得用户的同意并遵守关于个人信息保护的有关规定。

3. 企业作为关键信息基础设施运营者，需要遵守以下几方面的义务

(1) 对关键信息基础设施的安全管理负责人和运营关键信息基础设施的其他核心人员实施安全背景审查；

(2) 关键信息技术设施的运营者采购网络产品和服务，可能影响国家安全的，应当由国家有关部门进行安全审查，并与产品和服务提供商签署保密协议；

(3) 关键信息基础设施运营者，在中国境内运营中收集和产

生的个人信息和其他重要数据,必须在中国境内储存,如果需要向境外转移的,必须通过国家有关部门的安全评估审查。

(二)网络安全领域的执法机关

根据《网络安全法》第 8 条的规定,国家网信部门负责统筹协调网络安全工作和监督管理工作,国务院电信主管部门、公安部门和其他有关机关依照本法和有关法律、行政法规的规定,在各自职责范围内负责网络安全保护和监督管理工作。县级以上地方人民政府有关部门的网络安全保护和监督管理职责,按照国家有关规定确定。据此可知,《网络安全法》的执法主体主要有国家网信部门、通信管理部门、公安部门三个主体,由网信部门负责统筹协调。在这里国家网信部门指的是中央网络安全和信息化委员会办公室。

(三)适用范围

网络安全本身内涵较为广泛,国际标准化组织(ISO)对网络安全的定义是:为数据处理系统建立和采用的技术和管理的安全保护,保障计算机系统的硬件、软件及系统数据的安全,使其不受偶然性或恶意的外力作用而被破坏、更改、泄露或无法正常运行。

从广义上来说,一切涉及网络信息保密性、完整性、可用性、真实性和可控性的相关技术和理论,都属于网络运行安全的范围。具体而言,网络运行安全可以分为网络硬件设施的安全以及网络系统运行安全两个方面,网络硬件设施的安全具体又可分为网络硬件设施物理环境的安全与物理设备的安全;而网络系统运行安全主要体现为保证网络系统中硬件、软件及数据资源的完整、准确、连续运行,服务不受来自第三方的干扰破坏和非授权使用的影响等方面。

二、网络运行安全体系

结合有关法律法规制度规章等的有关规定，网络运行安全体系以"等级保护2.0"制度为框架，并以等级保护中关键信息基础设施保护体系、网络用户身份管理制度以及网络安全应急处理制度等内容为重点制度，搭建起网络运行安全体系。

（一）网络安全等级保护

1. 概述

（1）"网络安全等级保护"制度的内涵。从广义上讲，"网络安全等级保护"制度就是按照与网络安全有关的信息、系统、产品和标准进行等级保护，开展网络安全防护工作。国家制定统一的信息安全等级保护管理规范和技术标准，组织公民、法人和其他组织对信息系统分等级进行保护。随着《网络安全法》的施行，我国进入了"网络安全等级保护2.0"时代（以下简称等保2.0），即从信息安全等级保护进入网络安全等级保护，以《信息安全技术：网络安全等级保护基本要求》（GB/T 22239—2019）为代表，以《信息安全技术：网络安全等级保护安全设计技术要求》（GB/T 25070—2019）、《信息安全技术：网络安全等级保护测评要求》（GB/T 28448—2019）、《信息安全技术：网络安全等级保护实施指南》（GB/T 25058—2019）、《信息安全技术：网络安全等级保护测评过程指南》（GB/T 28449—2018）、《信息安全技术：网络安全等级保护测试评估技术指南》（GB/T 36627—2018）、《信息安全技术：网络安全等级保护测评机构能力要求和评估规范》（GB/T 36959—2018）、《信息安全技术：网络安全等级保护定级指南》（GB/T 22240—2020）为配套标准的网络安全等级保护国家核心标准正式确立。

(2)"网络安全等级保护"制度的范围。根据《信息安全技术 网络安全等级保护基本要求》的定义,网络安全等级保护工作的对象,通常是指由计算机或者其他信息终端及相关设备组成的按照一定的规则和程序对信息进行收集、存储、传输、交换、处理的系统,主要包括基础信息网络、云计算平台/系统、大数据应用/平台/资源、物联网(IoT)、工业控制系统和采用移动互联技术的系统等。

(3)网络安全等级保护制度的特征。首先,相较于"网络安全等级保护1.0"时代(以下简称等保1.0),等保2.0的依据源自《网络安全法》第21条"网络安全等级保护制度"的规定,并且《网络安全法》第59条明确规定了企业不履行网络安全按等级保护义务会受到相关主管部门处罚的法律后果,这使得"网络安全等级保护"制度的法律位阶有所提升,对于企业的指引性也更强。

其次,等保2.0体系将云计算、移动互联、物联网、工业控制系统和大数据等应用纳入防护体系中,最大限度地满足人们日常生活以及工作需求。

最后,等保2.0体系在安全要求方面的多样性有所提升,在安全通用要求的基础上拟制了拓展要求,更加注重主动防御,并且加强了对事前、事中、事后的全流程动态防护,以便相关企业能够最大限度地制定等保合规策略。

2. 等保2.0体系基本要求

(1)保护级别。等保2.0延续了等保1.0体系的五个级别划分,以网络在国家安全、经济建设、社会生活中的重要程度,以及一旦遭到破坏、丧失功能或者数据被篡改、泄露、丢失、损毁后,对国家安全、社会秩序、公共利益以及相关公民、法人或其他组织合法权益的危害程度等因素为标准,将安全保护等级对象划分为五个级别,关键信息基础设施的保护标准与三级相对应,具体如表4所示。

表4　网络安全保护等级对象分为五个级别

级别	说明
一级	等保对象被破坏后,不会对公共利益、社会秩序和国家安全造成损坏,仅会损坏法人、公民和其他组织的合法权益
二级	等保对象被破坏后,不会对国家安全造成损坏,但会损坏法人、公民和其他组织的合法权益,对公共利益和社会秩序也会造成损坏
三级	等保对象被破坏后,会对国家安全造成损害,或对法人、公民和其他组织的合法权益产生特别严重损害,或对公共利益和社会秩序造成严重损害
四级	等保对象被破坏后,会对国家安全造成严重损害,或对公共利益和社会秩序造成特别严重损害
五级	等保对象被破坏后,会对国家安全造成特别严重的损害

(2)等级保护要求。每一级等级保护要求又可分为安全通用要求与安全扩展要求,安全通用要求是针对共性化的保护需求提出的,安全扩展要求则是针对云计算、移动互联、物联网、工业控制系统四个领域的保护对象个性化的保护需求提出。

在安全通用要求方面,等保2.0规定了技术和管理两个维度的要求。在技术要求上,分为安全物理环境、安全通信网络、安全区域边界、安全计算环境、安全管理中心。等保2.0明确将安全管理中心作为五大技术领域之一,建立起"一个中心和三重防护"的结构体系。

第一,安全物理环境。主要针对网络机房制定的安全技术指标。是面向机房环境、物理设备和设施等,主要内容包括设备安装位置、设备控制、防盗装置、防水、防雷击设备、防静电设施、温湿度监测、电力供应系统和电磁防护等。

第二，安全通信网络。是针对通信网络制定的安全控制指标。主要对象是局域网、城域网和广域网等，主要内容包括通信传输安全、网络架构和身份验证等。

第三，安全区域边界。针对网络边界制定的安全控制指标。主要包括区域边界及系统边界。主要内容涵盖边界防护策略、访问控制策略、入侵检测规则、恶意代码审计、安全审计和身份验证等。

第四，安全计算环境。针对安全边界的内部而设定的安全指标。对象是边界内部的所有软硬件设备，包括网络互联设备、安全设备、服务器、终端、操作系统、应用软件、数据和其他设备等；主要内容包括身份验证、安全审计、访问控制、入侵检测、防范恶意代码、数据完整性和保密性、数据备份与恢复和个人信息保护等。

第五，安全管理中心。是针对整个系统制定的安全管理方面的技术指标，主要安全控制中心包括审计管理模块、系统管理模块、集中管控系统和安全管理制度等。

在管理要求上，分为安全管理制度、安全管理机构、安全管理人员、安全建设管理、安全运维管理，建立明确清晰的要求。

第一，安全管理制度。是针对管理制度体系制定的安全控制指标，主要内容包括管理制度、安全策略的制定和发布、管理制度的评审和修订等。

第二，安全管理机构。是针对管理组织架构制定的安全控制指标，主要内容包括岗位设置、技术人员配备、授权及审批、团队沟通和合作等。

第三，安全管理人员。是针对人员管理制定的安全规章制度，涉及的内容包括技术人员录用、职员离岗（离职）、安全意识教育与培训以及外来人员访问管理等。

第四，安全建设管理。是针对安全建设过程制定的规则和要求，主要内容包括安全定级和备案、系统安全方案设计、安全设备采购和使用、软件开发、工程实施、系统测试与验收、系统交付、系统等级测评及服务供应商管理等。

第五，安全运维管理。是针对安全运维过程制定的规章和规则，主要内容包括资产管理、设备管理、介质管理、备份与恢复管理、漏洞与风险管理、变更管理、设备配置管理、系统安全管理、安全事件处置、恶意代码防范管理、密码管理、应急预案管理等。

（3）等级保护工作流程。从工作流程来讲，等级保护工作包括定级、备案、建设整改、等级测评、监督检查五个阶段，并在此基础上进一步扩充了应急处理、数据防护、安全监测、案事件调查、通报预警、灾难备份等内容，具体如表5所示。

表5　等级保护工作流程

定级	主要指确定定级对象，包括初步确认定级对象、专家评审、主管部门审核、公安机关备案审查
备案	是指持定级报告和备案表到当地公安机关网监部门进行备案
建设整改	建设整改是指参照信息系统当前等级要求和标准，对信息系统进行整改加固。 根据等级保护建设要求，对不满足要求的定级对象进行技术、管理层面的建设整改
等级测评	是指委托具备测评资质的测评机构对信息系统进行等级测评，形成正式的测评报告
监督检查	是指向当地公安机关网监部门提交测评报告，配合完成对信息安全等级保护实施情况的检查

其中，等级测评是网络安全等级保护的核心工作环节。等级测评要求分为安全测评通用要求与安全测评扩展要求两个方面；测评方法包括访谈、核查与测试；测评框架调整为单项测评与整体测评，单项测评从技术与管理两个维度十个方面分别展开，整体测评则从安全控制点测评、安全控制点间测评和区域间测评等方面进行综合安全分析得出测评结论；测评结论分为优、良、中、差四个等级，被测对象存在严重安全问题并可带来高安全风险，或被测对象综合得分低于70分，其测评结论为"差"，这对网络运营者提出了更高要求。

3. 企业的网络安全运行体系构建

首先，坚持等级保护原则，根据结合企业自身实际情况对网络安全保护对象进行定级。在设计网络安全防护体系时，要严格遵守公安部门信息系统安全等级确定方法，严格按照和应用系统对应的防护能力进行构建，使网络安全防护体系更科学、更规范。

其次，进行安全区域划分。在保障网络安全前提下，根据现有网络安全管理模式，合理划分网络安全区域，完善网络安全管理体系。

最后，坚持技术管理并重原则。将技术体系和管理体系相结合，形成双重安全防护措施，不断完善技术体系和管理体系，增强网络安全防护能力，同时还需要结合运行管理机制、专业技术培训、网络安全制度以及安全观念的引导，提高网络安全防护能力。

（1）技术层面。具体如表6所示。

表6 企业的网络安全运行技术层面

物理环境安全	包括机房位置选择、门禁控制、配电及UPS、防雷接地、设备监控、防火及火灾报警、防水和防潮、防静电、温湿度控制、新风系统、电磁泄漏防护等内容

续表

网络通信安全	根据总体网络规划,设置相应的安全访问控制策略;部署日志审计系统,对网络设备、安全设备、服务器进行安全审计;在网络安全域的边界部署防火墙及入侵防御系统,禁止越权访问及各类非法攻击的行为,对网络中的异常流量进行监测,并定期对入侵防御系统的特征库进行升级,及时发现网络中存在的异常行为等内容
区域边界安全	包括区域边界访问控制、区域边界包过滤、区域边界安全审计、区域边界完整性保护和可信验证等内容
计算环境安全	包括用户身份鉴别、自主访问控制、系统安全审计、用户数据完整性保护、用户数据保密性保护、数据备份恢复、客体安全重用、可信验证、配置可信检查、入侵检测和恶意代码防范等方面内容

(2)管理层面。安全管理中心是等级保护技术要求的核心内容,通过系统管理、安全管理、审计管理和集中管控实现统一集中管理,具体如表7表示。

表7 企业的网络安全运行管理层面

系统管理	主要指系统的日常运行维护工作,保障网络和数据不受来自外部和内部用户的入侵和破坏,切断终端计算机对网络和服务器资源的直接访问,通常采用运维审计系统实现
安全管理	主要指实现运维人员的统一身份管理、统一授权管理,配置相应的安全策略,对运维操作的集中管理和分析,实现对运维操作的安全监控与审计
审计管理	主要指对系统的审计数据进行查询、统计、分析,实现对所有行为的监控和异常行为的告警,采取必要的应对措施,并对安全问题进行溯源

续表

集中管控	主要指对系统管理、安全管理、审计管理三项要求的统一管理，是安全管理中心的核心；划分特定管理区域，对全网的安全设备或安全组件进行管控；建立安全信息传输通道，对全网的安全设备或安全组件进行管理；对安全策略、恶意代码、补丁升级等安全事项进行集中管理；对网络中发生的安全事件进行识别、分析和告警

（二）关键信息基础设施 CII 保护制度

关键信息基础设施保护制度也是我国网络安全保护制度的一项重要制度。随着《关键信息基础设施保护条例》的施行，企业在关键信息基础设施保护上的识别、防护、评估、监测预警、事件处置等方面的工作要求也更加明确。

1. 识别认定

根据《关键信息基础设施保护条例》（以下简称《条例》），对关键信息基础设施的认定，目前采取的是"范围列举+授权认定"的办法。

在范围列举方面，《条例》将关键信息基础设施定性为重要网络设施、信息系统，列举了公共通信和信息服务、能源、交通、水利、金融、公共服务、电子政务、国防科技工业8个行业，并以"一旦遭到破坏、丧失功能或者数据泄露，可能严重危害国家安全、国计民生、公共利益"为界定标准。

在授权认定方面，《条例》第二章明确关键信息基础设施的授权认定要点。首先，认定及主管部门为重要行业领域的主管、监管部门。其次，认定因素应当综合考虑网络设施、信息系统等对于本行业、本领域关键核心业务的重要程度；网络设施、信息系统等一旦遭到破坏、丧失功能或者数据泄露可能带来的危害程度；

对其他行业和领域的关联性影响。最后,对关键信息基础设施认定的流程、报备主体、变更认定等规则作出相应规定。

2. 运营者的责任义务

相比于《网络安全法》,《条例》明确了企业作为关键信息基础设施运营者的责任。

(1)在运维管理层面,安全保护措施应当与关键信息基础设施同步规划、同步建设、同步使用,每年至少进行一次网络安全检测和风险评估,及时报告重大网络安全事件和网络安全威胁。

(2)在制度规范和组织架构层面,应当建立健全网络安全保护制度,保障人力、财力、物力投入;设置专门的安全管理机构,并对其负责人和关键岗位人员进行安全背景审查。

(3)在安全保护层面,建立健全网络安全管理、评价考核制度,制订关键信息基础设施安全保护计划;组织推动网络安全防护能力建设,开展网络安全监测、检测和风险评估;制订应急预案,定期开展应急演练,处置网络安全事件;认定网络安全关键岗位,组织开展网络安全工作考核;组织网络安全教育、培训;建立健全个人信息和数据安全保护制度,履行个人信息和数据安全保护责任。

(4)在网络产品和服务提供者层面,运营者应当优先采购安全可信的网络产品和服务,明确网络产品和服务提供者的技术支持和安全保密义务与责任,并对履行情况进行监督。

(5)关键信息基础设施发生重大网络安全事件或者发现重大网络安全威胁时,按规定向保护工作部门、公安机关报告。

(三)网络用户身份管理制度

用户身份管理是对用户身份信息的整个生命周期的管理,包括用户身份生成、存储、传递、使用、删除、审计等。主要为利用各种方式标识，验证不同的人的身份以便控制对特定资源或信息的访问。对于企业而言，用户认证与授权管理是用户身份管理的两个重点。

1. 用户认证

（1）统一用户管理。建立权威的、适合各系统使用的统一账户数据库，以企业人资数据为权威数据源，为企业内各级应用统一提供用户、账户等身份管理，保证企业范围内信息化身份数据来源的权威性、表述的一致性、管理的统一性，供系统管理人员及其他内部管理员使用，分级维护管理组织单位和人员信息通过体系化统一用户管理平台的建设，使企业内信息化用户达到"属地化管理、全网漫游"的效果。

（2）统一身份认证。根据不同的认证需要选择不同的认证方式，常见的认证方式有：Windows 域集成认证、表单用户口令认证、数字证书认证。其中，数字证书认证是较为安全的一种认证方式，基于数字证书，实现用户访问信息系统的统一可靠身份认证，避免口令认证的潜在风险，可以提升企业信息系统认证层面的安全强度，同时基于证书的可靠认证的实现，也为基于统一可信认证的集中授权、集中审计做好了铺垫。

2. 授权管理

建立统一用户授权管理系统，将所有系统的权限控制都建在统一用户管理系统之中，由管理员通过统一系统对用户在不同系统的权限进行配置，在登录时调用相关的统一认证与授权接口，获取用户的权限信息，并在各系统中创建用户，将相关的权限信息赋予用户类，就可以在应用系统中进行权限认证。

（四）网络安全应急处置机制

《网络安全法》在第五章检测预警与应急处置中对企业作为网

络运营者的义务作了规定，第55条规定了发生网络安全事件时，应当立即启动网络安全事件应急预案，对网络安全事件进行调查和评估，要求网络运营者采取技术措施和其他必要措施，消除安全隐患，防止危害扩大，并及时向社会发布与公众有关的警示信息。根据《信息安全技术　信息安全应急响应计划规范》（GB/T 24364—2009）的有关规定，网络安全应急处理可以大致分为以下几个阶段。

1. 防护准备

在安全事件真正发生之前应该为应急响应作好防护准备，这一阶段十分重要。准备阶段的主要工作包括建立合理的防御控制措施、建立适当的策略和程序、获得必要的资源和组建响应队伍等。如配置防火墙、入侵检测系统、网络管理系统、流量监控管理系统等。

2. 事件检测

对于通过监测发现的异常情况和用户的报警，要第一时间进行检测判断，识别是否属于信息网络安全事件，排除由于其他原因导致的异常情况。要对事件作出初步的响应，根据获得的初步材料和分析结果，估计事件的范围，制定进一步的响应策略，并且保留证据，报告有关领导和相关部门。

3. 控制与隔离

通过采取关闭相关系统、从网络上断开相关系统、修改防火墙和路由器的过滤规则、封锁或删除被攻破的登录账号、关闭服务等措施，控制和隔离问题区域，使系统和网络所遭受的破坏最小化，对用户的影响最小化。

4. 事件根除

通过对有关恶意代码或行为的分析，找出事件根源并彻底清除。采取技术手段尽快恢复服务器或网络系统的正常运转，使用户能够尽快正常使用网络资源。对于单机上的事件，主要可以根据各种操作系统平台的具体的检查和根除程序进行操作即可；对于大规模爆发的带有蠕虫性质的恶意程序，提醒用户真正关注他们的主机是否已经遭受入侵，防止感染蠕虫的主机在网络中不断地搜索和攻击别的目标。

5. 系统恢复

恢复阶段的目标是把所有被攻破的系统和网络设备彻底还原到它们正常的任务状态。恢复复杂系统时，恢复进程应反映系统允许的中断时间，避免对相关系统及业务造成重大影响。

6. 制作分析报告

整理事件发生、处理时的各种相关信息，记录和保留有关的原始数据资料，为下一阶段的分析和处理提供准确可信的资料。针对突发事件，分析和总结事件发生的原因、现象、损失程度、应急处置记录、效果和效率等，作出准确的分析报告。

第五节　企业网络信息安全合规体系

综上所述，网络信息安全合规体系是网络安全合规体系的另一部分，其规范体系以《网络安全法》与《个人信息保护法》的规定为依托，但《网络安全法》与《个人信息保护法》中对于网络信息安全的保护规定也具有高度重合，在多部法律都作出规定的情形下，选择其一即可。对于企业而言，以规定更为明确细化的《个人信息保护法》的规定为基础构建网络信息安全合规体系的主体更为恰当，因此，接下来以《个人信息保护法》的规定为基础，结合网络信息安全应急处理机制构建起网络信息安全体系的框架。

一、个人信息的内涵与分类

（一）内涵

根据《个人信息保护法》第 4 条的规定，个人信息是指以电子或者其他方式记录的与已识别或者可识别的自然人有关的各种信息，不包括匿名化处理后的信息。综上所述，企业的数据包括个人数据与非个人数据两个类别，个人数据是企业数据的重要内容，个人信息以电子形式呈现出来即为个人数据。此处针对个人信息保护的合规问题进行探讨。

（二）类型划分

（1）以个人信息的法益关联性为标准，可分为一般个人信息和敏感个人信息。

这是目前对于个人信息的法定分类方式。敏感个人信息直接关联公民的人身或财产法益，其重要性显著高于一般个人信息。

《个人信息保护法》第一次提出了敏感个人信息的概念，采用"列举＋概括"的方式对敏感个人信息作出定义，敏感个人信息的内涵是与自然人的人格尊严或者人身、财产安全具有密切联系的个人信息，其判断标准为"一旦泄露或者非法使用容易导致自然人的人格尊严受到侵害或者人身财产安全受到危害"，并具体列举出敏感个人信息的类别，包括生物识别、宗教信仰、特定身份、医疗健康、金融账户、行踪轨迹等信息，以及不满 14 周岁未成年人的个人信息。

（2）学术界依据不同的标准对个人信息有其他分类方式。

以个人信息能否直接识别特定个体为分类标准，可分为直接个人信息和间接个人信息。

以个人信息的可获取性为分类标准，可分为公开个人信息和非公开个人信息。

以个人信息的内容为分类标准，可分为隐私信息、公开信息、能够识别特定个体的身份信息以及日志信息。

二、企业处理个人信息的原则与规则

（一）个人信息收集与使用的基本原则

《个人信息保护法》第5条规定："处理个人信息应当遵循合法、正当、必要和诚信原则，不得通过误导、欺诈、胁迫等方式处理个人信息。"

1. 合法性原则

收集和处理个人信息，首先应当遵循合法性原则，企业作为个人信息处理者，收集和使用个人信息的目的、方式、种类、范围、机制等应当符合有关个人信息保护的法律法规的规定，包括《个人信息保护法》《网络安全法》《数据安全法》《民法典》《刑法》等。合法性原则是处理个人信息众多原则的统领与前提。具体而言包括以下两个方面的内涵。

（1）企业处理个人信息不得违反有关个人信息的法律法规的规定。

（2）企业处理个人信息时必须履行法律所设定的个人信息处理者的义务。

2. 正当性原则

正当性原则包括目的正当和手段正当两个方面。企业处理个人信息的目的和手段均应符合正向价值判断。

（1）目的正当要求企业处理个人信息所欲实现的目的应当是

增进个人利益或者社会公共利益等正当目的，而非损害他人权益、破坏公共秩序等不正当目的。

（2）手段正当要求企业处理个人信息所采用的方式方法应当符合社会公众的一般期待以及公序良俗的要求。

3. 必要性原则

必要性原则指企业作为个人信息处理者处理个人信息不应当超过可以实现处理目的的最低限度，其处理的个人信息应当限于满足处理目的的最小范围之内。

4. 诚信原则

诚信是法治的基本原则，也是《民法典》的基本原则之一，集中体现了企业作为个人信息处理者处理个人信息应当遵循的价值要求。诚信原则要求企业对个人保有基本的善意，尊重个人的合理信赖，在价值取向上优先保护个人信息权益，恪守个人信息处理活动的规范化。

（二）企业处理个人信息的规则

1. 个人信息处理的一般规则——告知—同意规则

《个人信息保护法》确立了以"告知—同意"为核心的个人信息处理规则，并且根据个人信息处理不同环节和不同信息种类，对个人信息的共同处理、委托处理、向第三方提供、公开、用于自动化决策、处理已公开个人信息等提出专门要求。

（1）告知事项。根据《个人信息保护法》第17条规定，个人信息处理者在处理个人信息前，应当将以下四种事项告知个人信息提供者，在个人信息提供者知情同意的范围内合理使用其个人信息：个人信息处理者的名称和联系方式；处理个人信息的目的、方式，以及个人信息的种类和保存期限；行使《个人信息保护法》规定权利的方式和程序；其他应当告知的事项。

(2) 告知形式。《个人信息保护法》对告知形式规定的是采用"显著方式、清晰易懂的语言真实、准确、完整"地告知。

(3) 免除告知义务的情形。根据《个人信息保护法》规定，对于一般个人信息处理者来说，有法律、行政法规规定应当保密或者不需要告知情形的可以不告知，包括有法律、行政法规规定不需要告知情形的可以不告知，以及主客观判断情形下的不需要告知两种情况。

对于合理使用个人信息，《民法典》中列举了以下三种情形：第一，依据《民法典》第999条的规定，为公共利益实施新闻报道、舆论监督等行为的，可以合理使用民事主体的个人信息；第二，依据《民法典》第1036条第2项的规定，合理处理该自然人自行公开的或者其他已经合法公开的信息，但是该自然人明确拒绝或者处理该信息侵害其重大利益的除外；第三，依据《民法典》第1036条第3项的规定，为维护公共利益或者该自然人合法权益，合理实施的其他行为。

2. 企业处理个人信息的义务

(1) 设立个人信息处理的内部制度、技术和流程措施。

第一，制定内部关于个人信息保护的管理制度和操作规程；第二，对个人信息实行分类管理；第三，对所处理的个人信息采取相应的加密、去标识化等安全技术措施；第四，合理确定个人信息处理的操作权限；第五，定期对从业人员进行安全教育和培训等。

(2) 设立个人信息保护负责人和境内代表的组织措施。

第一，当处理的个人信息达到国家网信部门规定的数量时，企业需要制定个人信息保护负责人，并公开个人信息保护负责人的联系方式，并报送监管部门；第二，对于在境外的个人信息处理者则有义务在境内设立专门的机构或指定代表，负责处理个人信息保护相关事务，并将该机构的名称或者代表的姓名联系方式等报送相关监管部门；第三，个人信息处理者应当定期对处理个人信息时遵守法律、行政法规的情况进行合规审计。

（3）个人信息泄露事件报告义务。

第一，企业发生或者认为可能发生个人信息泄露、篡改、丢失的，个人信息处理者应当立即采取补救措施，从而限制和控制危害后果的继续发生或扩大；

第二，通知对象为履行个人信息保护职责的部门，个人信息泄露事件所涉及或可能涉及的个人；

第三，通知的内容为发生或者可能发生个人信息泄露、篡改、丢失的信息种类、原因和可能造成的危害；个人信息处理者采取的补救措施和个人可以采取的减轻危害的措施；个人信息处理者的联系方式。

（三）企业在个人信息处理中的特殊义务

1. 《个人信息保护法》第 58 条对提供基础性互联网平台服务、用户数量巨大以及业务类型复杂的个人信息处理者规定了特殊的义务

（1）建立合规制度体系，成立由外部成员组成的独立机构进行监督；

（2）遵循公开、公平、公正的原则，制定平台规则，明确个人保护义务；

（3）对严重违反法律、行政法规处理个人信息的平台内提供者，停止提供服务；

（4）定期发布个人信息保护社会责任报告，接受社会监督。

2. 特定场景下企业作为个人信息处理者的增强义务

《个人信息保护法》对一些高风险、处理活动复杂、涉及重大

权益处理的特定场景的个人信息处理者规定了增强义务。

（1）获取信息主体单独同意的场景。

第一，处理个人敏感信息；第二，向境外提供个人信息；第三，向他人提供个人信息；第四，公开个人信息；第五，公开或向他人提供公共场所收集的个人图像、身份特征等信息。

（2）敏感个人信息处理。

《个人信息保护法》在处理个人信息的一般规则基础上，建立了处理敏感个人信息的"特定目的+单独同意"规则。

①特定目的。根据《个人信息保护法》第 28 条第 2 款的规定，只有在具有特定的目的和充分的必要性，并采取严格保护措施的情形下，个人信息处理者方可处理敏感个人信息。对于特定目的的判断可以从以下四个方面来理解。

首先，特定目的同样应当符合《个人信息保护法》第 6 条所规定的明确、合理的目的，并应当是特定化的、具体的、明确的，而非概括性的目的。

其次，特定目的可以是立法机关和执法机关明确指定的目的，基于立法机关指定的目的，信息处理者可以依法处理个人的敏感个人信息。

再次，特定目的的判断应当与充分的必要性相结合，充分的必要性是指实现特定目的的必要性与不可或缺性。

最后，特定目的的判断不能片面化，在判断特定目的时，需要具体考虑信息处理者的职业性质以及处理敏感个人信息是不是应对突发事件的必要，是否出于公共利益的考虑等因素。

②单独同意。根据《个人信息保护法》第 29 条的规定，处理敏感个人信息应当取得个人的单独同意；法律、行政法规规定处理敏感个人信息应当取得书面同意的，从其规定。这意味着信息

处理者需要单独向个人告知处理敏感个人信息的必要性以及对个人权益的影响，并取得个人明确的同意。单独同意的具体内涵如下。

首先，单独同意规则意味着禁止"一揽子"式的授权模式，对于敏感个人信息的处理需要逐项取得信息主体的授权。

其次，单独同意规则要求处理者负有明确告知义务。由于单独授权中敏感个人信息以逐项授权的方式进行，因此信息主体可以单独就某项信息的处理要求信息处理者应当如实告知被处理信息的范围、用途等，如此才能确保信息主体的知情同意的落实。

最后，单独授权同意规则应当贯彻拒绝服务的限制规则，这在《个人信息保护法》第16条中也有所体现，亦即信息处理者不得以拒绝服务为条件强制获取个人敏感信息。

3. 应当事先进行个人信息影响保护评估的五种情形

应当事先进行个人信息影响保护评估的五种情形。

第一，处理敏感个人信息；

第二，利用个人信息进行自动化决策；

第三，委托处理个人信息、向其他个人信息处理者提供个人信息、公开个人信息；

第四，向境外提供个人信息；

第五，其他对个人权益有重大影响的个人信息处理活动。

4. 自动化决策

自动化决策的规则如下。

第一，自动化决策应当保证决策的透明度和结果公正、公平，不得对个人在交易价格等交易条件上实行不合理的差别待遇，自动化决策的过程要符合对外公示的要求，企业要告知数据主体对其个人信息进行处理，并保证所处理的结果公平、公正，不会对信息主体造成歧视。

第二，利用个人信息进行自动化决策而进行信息推送、商业营销的，应同时提供不针对个人特征的选项，或者提供拒绝的方式。但是，仅为通知性地推送不属于该条规制的范围。

5. 数据跨境运输

在不涉及数据本土化的情况下，数据跨境运输的具体规则如下。

第一，向境外提供个人信息的，应当向个人告知并取得个人的单独同意。

第二，确实需要向境外提供个人信息的需要符合下列条件之一：企业通过国家网信部门组织的安全评估；或者接受专业机构进行的个人信息保护认证；或者与境外接收方签订根据国家网信部门制定的标准合同，约定双方的权利义务；或者提供符合法律规定的兜底条件以待日后补充。

第三，个人信息处理者应当采取必要措施，保障境外接收方处理个人信息的活动达到《个人信息保护法》规定的个人信息保护标准。

第四，在某些特殊情况下，企业可能被考虑列入个人信息一定限度自由流通的范畴。如《个人信息保护法》第 38 条规定："中华人民共和国缔结或者参加的国际条约、协定对向中华人民共和国境外提供个人信息的条件等有规定的，可以按照其规定执行。个人信息处理者应当采取必要措施，保障境外接收方处理个人信息的活动达到本法规定的个人信息保护标准。"

第五，境外接收方处理中华人民共和国公民个人信息时，不得危害国家安全、公共利益。

三、企业网络信息安全应急处置

企业应根据自身业务及组织架构制定可执行的个人信息安全事件应急响应流程和预案，与网络安全事件应急响应流程相似，信息安全事件应急响应流程同样可分为以下几个阶段。

（一）识别阶段

企业应确定上报的渠道，可通过投诉、员工报告、供应商报告等渠道获得个人信息安全事件的报告。同时，还应通过相关的技术检测、舆情监测及时发现个人信息安全事件或疑似事件。

（二）处理阶段

各业务部门隐私保护负责人在确认事件级别及开展影响性分析后，应上报个人信息相关主管人员。在确认事件后，应组织协调各业务部门、IT部门开展事件的处理。

（三）通报阶段

确认事件等级后，相关主管人员应根据各地监管要求，进行外部监管机构及受影响用户的通报。目前部分行业监管已有明确要求，如《中国人民银行金融消费者权益保护实施办法》中明确了信息泄露、毁损、丢失时的上报时效、上报对象和上报内容。

（四）分析报告阶段

整理事件发生、处理的各种相关信息，记录和保留有关的原始数据资料，为下一阶段的分析和处理提供准确可信的资料。针对突发事件，分析和总结事件发生的原因、现象、损失程度、应急处置记录、效果和效率等，作出准确的分析报告，避免个人信息安全事件的再次发生。

第六节　企业网络安全与数据合规风险的应对

网络安全与数据合规工作涉及的法律法规较多，风控也十分复杂，在未来企业可以从以下几个重点方面来把握合规工作。

一、网络安全等级保护制度

（一）坚持等级保护原则

根据教育部门及公安部门信息系统安全等级确定方法对基础信息网络和信息系统以及网络应用进行等级分类，严格按照和应用系统对应的防护能力构建网络安全防护体系，使网络安全防护体系更科学、更规范，如表8所示。

表8　网络安全保护等级划分

安全保护等级		客体受侵害程度		
^^	^^	一般	严重	特别严重
受侵害客体	公民、法人和其他组织合法权益	1	2	2
^^	社会秩序、公共利益	2	3	4
^^	国家安全	3	4	5

（二）安全通信网络

对区域边界防火墙、核心交换机、入侵防御系统（IPS）、网站应用级防护系统（WAF）等各区域核心节点均采用硬件冗余设计，保障高可用性。将年代久远、性能不足的设备，替换成高性能、支持高带宽的设备。对于虚拟专用网络（VPN）设备在部署上可以进行优化，将 VPN 加密机旁路部署在边界接入区的防火墙，并在防火墙后端串联部署 IPS，确保 VPN 流量经过解密后，由 IPS 进行攻击流量检测。

（三）安全区域边界

1. 入侵检测与入侵防御

除在上述边界接入区部署 IPS 用来抵御来自互联网的网络攻击外，还分别在内网和外网服务器的边界部署 IPS，用来抵御来自内部的网络攻击。同时，在外网终端接入区的无线网络边界部署 IPS 作为安全防护网关，使无线网络的流量与有线网络的流量区分开，以抵御无线网络攻击。

2. 网络流量审计

分别在外网的核心交换区、服务器区、终端接入区和内网的核心交换区、服务器区部署网络流量分析器（也称流量探针），对已知和未知威胁进行检测和分析，为态势感知平台和威胁分析平台提供数据来源。

3. 应用边界防护

在边界接入区部署软件定义边界（SDP）系统，为园区外的员工提供远程访问应用系统服务。强化边界监管，细化边界防护系统的访问控制粒度来强化边界防护，坚决不允许不符合安全策略的流量通过。

4. 终端准入控制

在内外网的安全管理区部署网络准入控制系统，严控终端安全，通过严格防护终端设备的安全，保障终端设备合规入网，以减少网络攻击的渗透点。

(四) 安全计算环境

1. 身份鉴别

在外网部署动态口令（OTP）认证引擎，为每个用户分配不同的身份种子（或者密匙种子），实现服务器端与客户端在同一时刻计算出用于验证的动态口令。并建设统一认证与授权系统，实现各信息系统的认证与双因子认证的集成，并对用户访问信息系统的授权进行统一管理。

2. 应用安全

在内外网的服务器区部署 WAF，通过对应用层的攻击进行拦截，实现信息系统的防护。同时，在外网的安全管理区部署网页防篡改系统，实现网页的完整性检测与自动恢复；部署安全基线核查系统，对操作系统、网络设备、数据库、中间件等多类设备及系统的不合理或不安全配置进行核查并汇总报告与加固建议；并在内外网的安全管理区部署漏洞扫描系统，定期对服务器进行漏洞扫描，使漏洞得到及时检测、跟踪、修复。

3. 数据库审计

在内外网的服务器区旁路部署数据库审计系统，对数据库的操作行为进行审计与分析，防止内部人员违规访问数据库。

(五) 管理层面

（1）制定网络安全防护工作机制，建立网络信息安全领导小组和安全管理小组，明确网络安全责任人。要制定网络安全事件应急处置方案及上报制度，落实专人负责，明确责任，提高突发事件应急处置能力。

（2）引进高水平人才或培训现有技术人员，打造高水平专业技术团队，并开展网络信息安全科普培训，普及信息泄露的途径和危害性，提升全员的网络信息安全综合能力和技术水平。

二、建立数据分类分级保护制度

（一）数据分类分级规则

1. 数据类型划分

数据可划分为重要数据、个人信息、公共开放数据、其他数据 4 种基本类型。

（1）重要数据。即相关组织或个人在我国境内产生、处理的不涉及国家秘密，但与国家安全、经济发展以及公共利益密切相关的，如果泄露、窃取、篡改、毁损、丢失和非法使用可能危害国家安全、国计民生、公共利益的未公开数据。

（2）个人信息。即以电子或者其他方式记录的与已识别或者可识别的自然人有关的各种信息，不包括匿名化处理后的信息。

（3）公共开放数据。即公共数据中有条件或无条件开放的数据。其中，公共数据是指各级行政机关以及具有公共管理和服务职能的企事业单位，在依法履行职责、提供公共服务过程中产生或处理的各类数据。一般来讲，政府数据以开放为原则，不开放为例外，只有属于重要数据、个人信息等不宜开放的，政府等机构才将之认定为不予公开的数据。

（4）其他数据。重要数据、个人信息和公共开放数据以外的，且不属于国家秘密的数据。

2. 数据分级方法

数据级别确定主要取决于数据发生泄露、篡改、丢失或滥用后的影响对象、影响广度、影响深度等因素。根据《金融数据安全数据安全分级指南》的规定，将影响对象分为国家安全、公共权益、个人隐私和企业合法权益四类，将影响程度分为严重损害、一般损害、轻微损害和无损害四类。具体分级规则如表9和表10所示。

表9　数据具体分级

数据等级		损害程度			
		无损害	轻微	一般	严重
影响对象	企业合法权益	1	2	3	4
	个人隐私	1	2	3	4
	公共权益	1、2	3	4	5
	国家安全	1、2、3、4	5	5	5

表10　数据分类分级参考依据

数据分类分级参考依据	JR/T 0197—2020《金融数据安全　数据安全分级指南》
	JR/T 0158—2018《证券期货业数据分类分级指引》
个人信息分类分级参考依据	GB/T 35273—2020《信息安全技术　个人信息安全规范》
	JR/T 0171—2020《个人金融信息保护技术规范》

（二）具体措施

（1）识别数据范围。通过调研分析厘清家底，明确数据分类分级的数据项范围。

（2）形成数据初始台账。根据业务应用情况，汇总梳理各数据项名称、数据量大小、数据安全属性等基本要素。

（3）划分数据的基本类型、子类。根据是否属于国家或行业、地区重要数据目录中的数据类别，是否属于个人信息，以及是否应予开放等条件将数据划分为4个基本类型，再根据各类型特点继续划分为若干子类。

（4）补充完善数据台账。根据数据类型、子类划分情况，形成数据分类台账，补充完善数据台账，使各数据项和数据类型一一对应。

（5）初步判定数据级别。将子类中的每个数据项逐一进行级别判定。首先判定影响对象，其次判定影响广度，最后判定影响深度，形成数据项级别清单。数据级别中各影响因素的判定方法包括专家研判、内部评审、以往案例参考等。

（6）确定数据项最终级别。根据弃低取高的原则，某个数据项的最终级别为所有判定结果中数值最高的那个级别。

（7）形成数据分类分级台账。根据最终的数据项级别，补充完善数据台账，使各数据项的类型和级别相对应。

三、建立数据安全保护制度体系

（一）数据存储安全

数据存储安全是数据安全的首要环节，主要通过技术措施进行保障。

1. 数据存储中心安全标准

《云计算数据中心基本要求》中对云计算数据中心存储资源池的要求为：①存储资源池包括基于对象的云存储和基于键值的云存储。②应能够通过对多台异构物理存储设备的识别和管理实现资源池化。③应能够实现数据的分层存储及数据的生命周期管理。④应兼容多种的存储方式，满足计算、网络等资源池的访问要求。⑤应支持多种数据类型的数据存取。⑥应具备冗余的数据存储能力，并能够实现存储资源的动态调整、数据高可用性、数据迁移、自动精简配置。⑦宜支持多种存储系统的统一管理。⑧应支持存储多路径技术。⑨应提供完整性保障机制。⑩应提供本地数据备份能力，宜提供异地数据灾备能力。

2. 技术性保障措施

技术性保障措施如下。

（1）建立数据备份与恢复制度减少事故中心发生事故后的损失，保证用户数据及企业内部数据的完整性。

（2）通过防火墙、漏洞扫描、入侵检测系统、态势感知、数据加密解密等技术防止外来攻击，还可以通过引入虚拟可信平台模块，为运行在虚拟机上的操作系统和应用程序提供可信平台模块的加密和安全存储功能。

（3）通过用户身份认证及权限管理防止非法访问。

（4）通过身份认证、进程监控、日志分析等技术措施对数据存储访问情况进行监管记录。

（二）防止非法访问

主要通过技术措施对用户身份识别进行管理，进而对访问权限进行控制。《网络安全等级保护基本要求》对身份鉴别以及访问权限作了一定规定。

1. 身份鉴别

身份鉴别措施如下。

（1）应对登录的用户进行身份标识和鉴别，身份标识具有唯一性，身份鉴别信息具有复杂度要求并定期更换。

（2）有自动退出等相关措施。

（3）当进行远程管理时，应采取必要措施防止鉴别信息在网络传输过程中被窃听。

2. 访问权限控制

访问权限控制措施如下。

（1）应对登录的用户分配账户和权限；

（2）应重命名或删除默认账户，修改默认账户的默认口令；

（3）应及时删除或停用多余的、过期的账户，避免共享账户的存在；

（4）应授予管理用户所需的最小权限，实现管理用户的权限分离。

（三）数据跨境传输

1. 数据出境安全评估

《网络安全法》第37条规定，关键信息基础设施运营者在我国境内收集和产生的个人信息和重要数据应当在境内储存，确需向境外提供的，应当进行安全评估。此外《个人信息和重要数据出境安全评估办法（征求意见稿）》第2条第1款也规定，网络运营商将个人信息传输出境前要进行安全评估，可能影响国家安全、损害公共利益或者难以有效保障个人信息安全的，不得出境。因此，数据出境的安全评估制度是数据跨境传输的重要制度。

（1）根据相关规定，金融机构应先进行自评估，再报请行业主管或监管部门进行安全评估审查。

（2）评估情形。含有或累计含有50万人以上的个人信息；数据量超过1000GB；包含核设施、化学生物、国防军工、人口健康等领域数据，大型工程活动、海洋环境以及敏感地理信息数据等；包含关键信息基础设施的系统漏洞、安全防护等网络安全信息；关键信息基础设施运营者向境外提供个人信息和重要数据；其他可能影响国家安全和社会公共利益，行业主管或监管部门认为应该评估。行业主管或监管部门不明确的，由国家网信部门组织评估。

（3）评估内容。数据出境的必要性；涉及个人信息情况，包括个人信息的数量、范围、类型、敏感程度，以及个人信息主体是否同意其个人信息出境等；涉及重要数据情况，包括重要数据的数量、范围、类型及其敏感程度等；数据接收方的安全保护措施、能力和水平，以及所在国家和地区的网络安全环境等；数据出境及再转移后被泄露、毁损、篡改、滥用等风险；数据出境及出境数据汇聚可能对国家安全、社会公共利益、个人合法利益带来的风险；其他需要评估的重要事项。

（4）评估周期。网络运营者应根据业务发展和网络运营情况，每年对数据出境至少进行一次安全评估，及时将评估情况报行业主管或监管部门。当数据接收方出现变更，数据出境目的、范围、数量、类型等发生较大变化，数据接收方或出境数据发生重大安全事件时，应及时重新进行安全评估。

2. 个人信息出境规则

（1）记录保存义务。网络运营者应当建立个人信息出境记录并且至少保存 5 年，记录包括向境外提供个人信息的日期时间；接收者的身份，包括但不限于接收者的名称、地址、联系方式等；向境外提供的个人信息的类型及数量、敏感程度；国家网信部门规定的其他内容。

（2）报告义务。网络运营者应当每年 12 月 31 日前将本年度个人信息出境情况、合同履行情况等报所在地省级网信部门。发生较大数据安全事件时，应及时报所在地省级网信部门。

（3）与个人信息接收者签订合同的义务。网络运营者应当与个人信息接收者签订合同或者其他有法律效力的文件（统称"合同"），并应当明确：个人信息出境的目的、类型、保存时限；个人信息主体是合同中涉及个人信息主体权益的条款的受益人；个人信息主体合法权益受到损害时，可以自行或者委托代理人向网络运营者或者接收者或者双方索赔，网络运营者或者接收者应当予以赔偿，除非证明没有责任；接收者所在国家法律环境发生变化导致合同难以履行时，应当终止合同，或者重新进行安全评估；合同的终止不能免除合同中涉及个人信息主体合法权益有关条款规定的网络运营者和接收者的责任和义务，除非接收者已经销毁了接收到的个人信息或作了匿名化处理；双方约定的其他内容。此外，合同中还应当明确网络运营者及个人信息接收者应当承担的相关责任及义务。

（4）制作有关安全风险及安全保障措施的义务。网络运营者关于个人信息出境安全风险及安全保障措施分析报告应当包括：网络运营者和接收者的背景、规模、业务、财务、信誉、网络安全能力等；个人信息出境计划，包括持续时间、涉及的个人信息主体数量、向境外提供的个人信息规模、个人信息出境后是否会再向第三方传输等；个人信息出境风险分析和保障个人信息安全和个人信息主体合法权益的措施。

（四）注重重点领域的数据合规

1. 数据来源合规

综上所述，企业收集用户数据主要有三种来源：直接面向用户收集；通过技术手段从公开或半公开平台收集；从第三方间接收集。

（1）直接面向用户收集。根据现有的法律法规体系，企业仍然应当以"告知—同意"原则为个人信息处理的核心规则。

第一，公司应当基于前述法律法规重新审查和评估公司现有的隐私政策和用户告知授权文本的合规性，对隐私政策及用户告知授权文本进行针对性完善。

第二，根据监管要求，公司应当在隐私政策和其他授权文本中，逐一列出收集和使用个人信息的目的、方式、范围，否则有可能被认为是"未明示收集使用个人信息的目的、方式和范围"。

第三，对于以前收集的已经开始但未进行充分的告知也未获得相应授权的用户个人信息，应当通过隐私政策推送等途径，取得用户的补充授权。

第四，如果无法取得补充授权，公司应当对存在的用户数据进行清洗与分类、并对高风险的数据进行数据隔离或删除，避免因为授权和告知的不充分造成不必要的合规风险。

（2）通过技术手段从公开网络平台或半公开平台收集。部分企业会自行或委托第三方通过爬虫技术从公开网络平台或半公开网络平台抓取数据。爬虫技术是互联网公司普遍运用的网络信息收集技术，为数据收集者提供了极大的便利。但爬虫技术不仅会受到公安机关的查处，在未取得充分授权的前提下，通过爬虫技术从第三方网络平台不当采集数据，还有可能构成不正当竞争的行为。

因此，企业应避免从违法违规的供应商那里采购数据，或者采用可能破坏目标网络平台信息系统的技术进行数据采集。网络平台之间共享用户数据应当坚持"三重授权原则"，即"用户授权平台方＋平台方/第三方授权＋用户授权第三方"。

（3）从第三方间接收集数据。从外部第三方特别是合作方收集数据也是企业常用的数据收集方式，但企业应当核实数据供应商所提供数据的合法性。

第一，核实引入第三方数据源的必要性和可行性。

第二，要求第三方数据源就用户授权提供有效、充足的承诺与证明。

第三，确保第三方数据的用户授权范围足够覆盖企业处理数据的业务需求。

2. 数据使用的合规

数据使用的合规具体如下。

（1）数据处理过程的合规。第一，在数据使用的过程中，公司应当确保不超出相关个人对信息主体的授权范围。考虑到在超出初始授权范围后获得二次授权较为麻烦，公司应当注意在初始授权范围中保留一定的弹性空间。第二，公司应当梳理数据处理涉及的个人信息与行业监管数据，以便识别合规风险，确认在数据处理中可能面临的合规要求。

（2）数据对外共享的合规。企业在对外转让、披露和共享收集的个人信息时应当承担严格的注意义务。第一，企业应当在对外共享收集的个人信息前，充分告知共享、转让个人信息的目的、数据接收方类型和可能的后果。第二，通过合同等方式规定个人信息接收方的责任和义务，在发现接收方违反法律法规或约定处理个人信息时立刻要求停止该行为与采取补救措施。第三，企业在向他人提供个人信息前，应当评估可能带来的安全风险，但特殊情况除外，如从合法公开渠道收集且不明显违背个人信息主体意愿，个人信息主体主动公开，经过匿名化处理等。第四，留存与第三方交互、共享个人信息的日志记录、合同文本，作为企业自证合规的材料文本。

（3）数据资产管理的合规。在企业的业务经营过程中，数据资产化是企业发展的必经之路。在企业累积数据资产的同时，应当注重数据资产的合规性。

第一，企业需要在数据分类分级制度及数据确权的基础上完善数据融合，为形成数据资产提供必要的基础。第二，通过数据资产模型规划和数据资产分级与分类，将数据集合进行"资产化"，为后续的管理和使用提供便利。第三，结合企业实际建立一套常态化、体系化、标准化的管理制度，针对重要数据资产拟定相应的管控措施与流程，实现数据资产的可持续运营。

（五）建立风险评估及合规尽职调查制度

1. 合规风险评估制度

《网络安全法》《信息安全技术 个人信息安全规范》等规定中均有：对企业数据风险评估的详细要求；对外披露风险评估报告的内容也可以使用户充分了解企业的数据保护程度；企业开展数据评估采取相应措施后，即使后期出现了相应法律风险，也可提供报告证明已采取规避风险的措施降低自身法律责任。因此，数据合规风险评估是数据合规管理体系建设过程中最重要的工作之一。

数据保护合规风险评估制度又称数据保护或个人信息保护影响评估，企业对数据处理活动存在的风险点进行定期评估，并保存评估报告和处理情况的记录，以便发现处理敏感个人信息、利用个人信息进行自动化决策、委托处理个人信息、向第三方提供个人信息、向境外提供个人信息等过程中的合规风险点。企业可参照《信息安全技术 个人信息安全规范》的有关规定建立数据保护合规风险评估制度，也可委托外部机构进行评估。

（1）评估内容。个人信息安全影响评估应主要评估处理活动遵循个人信息安全基本原则的情况，以及个人信息处理活动对个人信息主体合法权益的影响，内容包括但不限于以下方面。

第一，个人信息收集环节是否遵循目的明确、选择同意、最小必要等原则。

第二，个人信息处理是否可能对个人信息主体合法权益造成不利影响，包括是否会危害人身和财产安全、损害个人名誉和身心健康、导致差别性待遇等。

第三，个人信息安全措施的有效性。

第四，匿名化或去标识化处理后的数据集重新识别出个人信息主体或与其他数据集汇聚后重新识别出个人信息主体的风险。

第五，共享、转让、公开披露个人信息对个人信息主体合法权益可能产生的不利影响。

第六，发生安全事件时，对个人信息主体合法权益可能产生的不利影响。

（2）评估情形如下。

第一，在产品或服务发布前，或业务功能发生重大变化时，应进行个人信息安全影响评估。

第二，在法律法规有新的要求时，或在业务模式、信息系统、运行环境发生重大变更时，或发生重大个人信息安全事件时，应进行个人信息安全影响评估。

（3）评估报告。企业应当形成个人信息安全影响评估报告，并以此采取保护个人信息主体的措施，使风险降低到可接受的水平；并妥善留存个人信息安全影响评估报告，确保可供相关方查阅，并以适宜的形式对外公开。

2. 合规尽职调查

尽职调查是指企业在进行投资、开展并购、发展客户以及寻求第三方合作伙伴等经营行为时，为全面了解客户、被投资并购方以及合作伙伴的背景、经营情况、业务性质、企业规模、违法违规经历、接受处罚等情况，规避或减少可能发生的法律风险及商业风险，所进行的专门调查活动，通常委托外部机构进行。合规尽职调查具有三大目的：发现合规风险、诊断商业模式和经营模式、让被调查方接受合规管理并建立退出机制。

（1）未委托外部机构进行尽职调查的，企业可运用公开信息检索、调查问卷、背景调查、文件审阅、管理层访谈、现场调查等方式对被调查方展开合规风险评估。

（2）如果风险在承受范围之内，则需要建立分级管理机制，针对轻微风险等级的第三方只需进行日常合规培训；针对高风险等级的第三方则需要责令限期整改、提交整改方案和报告。

（3）建立退出机制。一旦被调查方存在违法违规历史或合规隐患，并不按照要求进行合规整改的，企业可责令退出、解除合同或结束合作。企业在合同中应设立合规条款或者单独签署合规协议书，常见的方式为与第三方单独签署一份融入合规条款的数据处理协议，在协议中记载授权范围等事项的同时，注明本公司的合规政策、合规管控措施和退出机制。

CHAPTER 11 >> 第十一章

税务合规

随着国际国内税收环境的不断变化，企业的涉税事项逐渐引起管理层的重视：合理进行税务筹划，减轻企业税负，避免行政、刑事责任成为各个企业亟须解决的问题。在税收环境不断收紧的情形下，对企业合规管理的重点领域——税务合规进行完善，构建适合企业自身发展需要的税务合规管理体系至关重要。

第一节 概述

近年来，我国的数字经济、人工智能与大数据等迅速发展，税收政策也与时俱进，税务机关的征管方式也更加便捷，企业所面临的税务环境发生了翻天覆地的变化。市场对企业的税务合规尤其是风险管理的客观需求十分迫切，在这样的背景下，如何加强企业的合规管理，如何构建企业的税务合规管理体系，成为企业当下亟待完善的重要事项。

一、企业税务合规内涵

当前，企业所面临的税务环境相较以往更为严峻，企业的税务问题属于合规管理中的重点领域，因此，企业更应当重视有关税务合规的管理，在企业内部形成一个完整的税务合规管理体系，减轻企业税负，降低税务成本。

企业在经营的过程中，不可避免地会面临税务风险。税务风险是指由于企业及其员工的涉税行为不能有效遵守税务方面的法律法规、行业准则、企业制度以及国际条约等规则，导致企业有受到行政、刑事处罚的可能性，致使企业的财产有所减损、声誉受到负面影响。由概念可知，企业的税务风险主要包含两层含义：其一，企业的经营行为违反了与税收相关的法律法规等规定，而导致补税、罚款、加收滞纳金、承担刑事责任等后果；其二，没有正确理解相关法律法规和税收政策，导致企业承担了不必要的税收负担，遭受了经济损失。

为了合法地避免税务风险的发生，税务合规管理逐渐被更多的企业纳入合规体系之中。企业税务合规，是指一个企业及其全体员工的经营管理行为符合税法等税务方面相关法律法规、行业准则、企业制度以及国际条约等规则的要求。税务合规管理是为了规避税务合规风险而建立起的一系列预防、控制措施，其中包括风险识别、风险应对、监督与管理等内容。

二、企业税务合规管理的必要性

（一）严峻的国际国内形势对企业合规管理提出了要求

1. 国际形势：国际贸易需要

进入21世纪以来，随着经济全球化的不断发展，各种资本在世界各国流动,投资逐渐呈现出全球化的趋势,成为各国合作的一种重要形式。为了追求更加长远的利益,多数资本输出国的企业将其生产经营活动遍布全球,以期花费最小成本来获得最大利润;而资本输入国也不再是被动地接受发达国家的资本,多根据自身的需求主动引进外资,以此来促进本国的经济发展。

随着资本在国际上不断流动,一些交易隐患也逐渐浮出水面。近些年,部分跨国企业出现了恶意避税的行为,严重妨碍了交易相对国的税务机关对于税收的征管,损害了其利益。美国作为国际上最大的资本输出国之一,就常常为该种税务方面问题所困扰,因此,美国 FATCA 法案中规定了严格的海外账户税收合规制度,将企业的税务问题纳入合规管理之中。企业的税务合规管理逐渐为各国所重视,我国也不例外。

国际形势风云变幻,境外投资环境复杂敏感,作为"一带一路"的倡导者,我国在沿线国家的投资规模在不断扩大,但沿线国家众多,经济发展和治理水平各异,受国际发展失衡等因素的影响,部分国家有治理赤字,这就使我国"一带一路"的投资安全风险因此而生。为了防范和化解这种投资风险,推进"一带一路"的可持续发展,就需要我国企业建立起良好的风险防范机制,企业的合规管理的重要性也就不言而喻了,其中,跨国税收征管是一个不可避免的问题,只有我国企业在对外投资中做好了税务合规管理的准备,才能降低损失,减少风险的发生。

越来越多的国家开始重视跨国交易中的税务征管问题,这就对我国企业在国际贸易中提出了新的要求。若想要在国际贸易中占据一席之地,势必要做好企业合规工作,在跨国交易中税务合规管理又是极其重要的一部分,不仅要了解本国的税务相关法律法规、规章制度,还应当关注国际条约、交易相对国的税务相关法律法规、规章制度。

2. 国内形势：税务管理日益严格

税务是企业财务管理中最为重要的内容之一，近些年，社会经济快速发展，国家加深了税收制度改革，企业的发展与国家税收之间的关系越来越密切。随着企业体制改革、国税地税征管体制改革，我国税务管理的环境已经发生了巨大的变化，国家在对企业的税收方面的管控也更为严格，这就导致企业在生产经营的过程中面临相较之前更为复杂的税务风险。在此种情况下，企业势必要作出改变，以适应现在的市场，提升自身的竞争力。

我国税收管理信息系统工程自1994年开始建设，至今已经建成了金税四期。金税四期在之前三期的基础上进行了升级，不仅能够监控税务业务，还能够监控企业的日常业务，这就要求企业不仅要依法纳税，其日常生产和经营也要合法合规。金税四期能够运用互联网的大数据、人工智能等技术对企业实现全方位的监管。简单而言，金税四期是一个巨大的数据库，把与税收有关的所有公开信息全都汇总在一起进行稽核对比，因为有了不同来源的信息流，税务机关能够高效判定交易当中是否存在异常。财务管理制度不完善的企业在大数据时代更容易受到监管，如果其税务方面存在不合规的行为，则很容易被行政机关注意到。

综上所述，企业的市场竞争力已经不仅仅体现在企业的服务和产品的质量上，还体现在企业是否能够建立起合规管理制度有效防范风险，是否能够合理利用税务合规管理体系预防税务风险。如果企业不能合理地规划自身的税务缴纳，存在偷税漏税行为，那么必然会受到行政机关的调查，致使企业遭受严重损失，这对于企业的进一步发展是十分不利的。目前，多数企业的风险防控措施已经不再局限于经济和民商领域,而是逐步扩展到了刑事领域。在刑事领域的风险防控中,企业的税务缴纳方面更是重中之重。因此,为了更有效地发挥企业合规管理的优势,必须将税务合规管理纳入企业的合规管理体系中。企业税务合规管理的施行,能够为企业的发展提供更为严格、细致的税务合规风险防范机制,提升企业的经济效益和社会效益,让企业实现良性循环发展。

（二）税务合规管理能有效减少企业受到的制裁

我国在2017年与其他66个国家和地区的政府代表共同签署了《BEPS多边公约》,该公约是第一个在全球范围内就跨境所得税收政策进行多边协调的法律文件,签署该公约意味着我国企业在进行境外投资时,将会受到较为严格的国际反避税监管。如果我国企业在境外投资的过程中,没有进行合理的税务筹划,出现了税务合规风险的情形,那么很可能会引起相对国的反避税调查,查证属实则会面临着高额的罚金,这不仅会对企业的商誉造成影响,还会使得该企业在之后的投资活动中受到相对国的重点监管,更有甚者会给我国的国家形象带来负面影响。

同时,由于我国内部的税务环境也发生了较大的变化,税收制度的改革不断加快,税收相关的法律法规也在不断收紧。《中华人民共和国企业所得税法》（以下简称《企业所得税法》）在通过之后近十年没有发生过变动,但在2017年和2018年经历了两次修改,依据该法颁布的实施条例也于2019年进行了部分修改,近些年,还颁布了一系列与企业所得税相关的规范性文件。其他的税收相关的法律法规在近些年也经历了或多或少的修改,这些都反映了我国近些年税收环境的变化。经济市场的快速发展改变了税务环境,为了适应改变后的税收征收制度,企业需要加强对自身涉税事项的管理。税务合规管理能够为企业预见生产、经营过程中可能遇到的税务风险，并提前做好预案来减少因不合规行为带来的负面影响，以使企业能够避免被税务机关追责。

随着我国对于企业合规管理的不断重视，合规不起诉制度也逐渐进入企业管理者的视野。所谓合规不起诉，是指检察机关对于那些涉嫌实施犯罪并做出认罪认罚的企业，在其承诺实施有效合规管理体系的前提下，对其作出不起诉决定的制度。对于企业而言，在管理的重点领域——税务领域建立合规制度，并且将税务合规制度落到实处，除了能够在事前帮助企业减轻税负之外，还能够在事后有效减少企业被起诉的风险。

无论是国际形势还是国内形势，现在的税务环境都对企业提出了新的要求，对于企业而言，主动进行税务合规管理，建立适合企业自身的税务合规管理体系是明智之举。只有做好企业的税务合规管理，才能让企业的运行在法律允许的界限之内，不触碰法律的红线，在合法合规的前提下将企业的税务成本降到最低。

第二节　企业税务合规管理的法律框架

企业在进行税务合规管理的过程中，一定要明确需要符合的"规"究竟有哪些，触犯哪些规定容易导致税务风险的发生，在构建税务合规管理体系的过程中就需要对这些规定予以重视。

一、企业税务合规管理法律汇总

企业税务合规管理所应遵循的法律法规，如表11所示。

表 11 企业税务合规管理所应遵循的法律法规汇总

综合	法律	《中华人民共和国税收征收管理法》（以下简称《税收征收管理法》）、《刑法》 《全国人民代表大会常务委员会关于外商投资企业和外国企业适用增值税、消费税、营业税等税收暂行条例的决定》
	行政法规及文件	《税收征收管理法实施细则》 《发票管理办法》
	部门规章及文件	《税务登记管理办法》《发票管理办法实施细则》《网络发票管理办法》《国家税务总局关于发布〈纳税信用管理办法（试行）〉的公告》《出口退（免）税企业分类管理办法》《国家税务总局关于出口退（免）税申报有关问题的公告》《高新技术企业认定管理办法》《税收票证管理办法》《纳税担保试行办法》《税收违法行为检举管理办法》《检举纳税人税收违法行为奖励暂行办法》《重大税收违法失信主体信息公布管理办法》
企业所得税	法律	《企业所得税法》
	行政法规及文件	《企业所得税法实施条例》
	部门规章及文件	《国家税务总局关于实施小型微利企业普惠性所得税减免政策有关问题的公告》《一般反避税管理办法（试行）》《企业所得税核定征收办法（试行）》《跨地区经营汇总纳税企业所得税征收管理办法》《房地产开发经营业务企业所得税处理办法》《企业政策性搬迁所得税管理办法》《跨省市总分机构企业所得税分配及预算管理办法》《企业重组业务企业所得税管理办法》《国家税务总局关于企业重组业务企业所得税征收管理若干问题的公告》《企业所得税汇算清缴管理办法》《国家税务总局关于发布修订后的〈企业所得税优惠政策事项办理办法〉的公告》《非居民企业所得税核定征收管理办法》《非居民企业所得税汇算清缴管理办法》

续表

企业所得税	税收政策（2022年新增）	《财政部 税务总局关于企业投入基础研究税收优惠政策的公告》《财政部 税务总局 科技部关于加大支持科技创新税前扣除力度的公告》《国家税务总局关于企业预缴申报享受研发费用加计扣除优惠政策有关事项的公告》《国家税务总局关于小型微利企业所得税优惠政策征管问题的公告》《财政部 税务总局 科技部关于进一步提高科技型中小企业研发费用税前加计扣除比例的公告》《财政部 税务总局关于进一步实施小微企业所得税优惠政策的公告》《财政部 税务总局关于中小微企业设备器具所得税税前扣除有关政策的公告》《财政部 税务总局关于基础设施领域不动产投资信托基金（REITs）试点税收政策的公告》
增值税	行政法规及文件	《增值税暂行条例》 《国务院关于印发全面推开营改增试点后调整中央与地方增值税收入划分过渡方案的通知》
	部门规章及文件	《增值税暂行条例实施细则》 《财务部 税务总局 海关总署关于深化增值税改革有关政策的公告》《国家税务总局关于增值税一般纳税人登记管理若干事项的公告》《增值税一般纳税人登记管理办法》《增值税一般纳税人纳税申报办法》
消费税	行政法规	《消费税暂行条例》
	部门规章及文件	《消费税暂行条例实施细则》 《财政部国家税务总局关于〈中华人民共和国消费税暂行条例实施细则〉有关条款解释的通知》
多边税收条约		《多边税收征管互助公约》 《金融账户涉税信息自动交换多边主管当局间协议》 《实施税收协定相关措施以防止税基侵蚀和利润转移的多边公约》 《〈实施税收协定相关措施以防止税基侵蚀和利润转移的多边公约〉的解释性声明》

二、重点法律规范及解读

(一)《企业所得税法》及其实施条例

1. 《企业所得税法》

《企业所得税法》于2007年3月16日通过,分别于2017年2月24日和2018年12月29日进行了两次修正。该法由总则、应纳税所得额、应纳税额、税收优惠、源泉扣缴、特别纳税调整、征收管理、附则共八章构成,对企业所得税的缴纳做了基础性的规定,为缴纳企业所得税提供了法律依据。

企业所得税是国家对企业或公司在一定时期内的生产经营收入减去必要的成本费用后的余额,即纯收入征收的一种直接税,是国家参与企业利润分配、调节企业收益水平、正确处理国家与企业分配关系的一个重要税种。在缴纳企业所得税的过程中,如果企业没有依照法律的规定进行计算,可能会给企业带来税务上的风险,导致企业的税务成本增加。

《企业所得税法》第1条规定了我国的个人独资企业、合伙企业不适用本法,其原因在于新《企业所得税法》规定的纳税人是法人,而个人独资企业、合伙企业不具有法人资格。我国将纳税人分为居民企业和非居民企业,这两种企业的征税对象(第3条)和税率(第4条)有所不同。

应纳税所得额是企业所得税的计税依据,是企业每一个纳税年度的收入总额减除不征税收入、免税收入、各个扣除项目金额以及允许弥补的以前年度亏损后的余额。《企业所得税法》第6条至第19条对应纳税所得额的具体计算做了相应规定。

企业所得税的税收优惠政策项目繁多、形式各样,规定在《企业所得税法》第25条至第34条。了解法律规定的税收政策,充分利用法律所给予的优惠，根据企业的实际经营状况对税务进行合理的筹划，是企业的税务管理部门或者财务部门的职责所在，是税务合规管理的基础。

2.《企业所得税法实施条例》

《企业所得税法实施条例》于 2007 年 11 月 28 日通过，并于 2019 年 4 月 23 日进行了部分修改。其第 1 条明确表示该实施条例制定的依据是《企业所得税法》，规定的具体内容是对《企业所得税法》的细化与补充说明，用于解决实践中缴纳企业所得税所遇到的问题。

《企业所得税法实施条例》于第 9 条明确了除另有规定之外，企业应纳税所得额的计算是以权责发生制为原则，该原则是导致税务与会计准则产生差异的重要原因之一，因此在处理时应当予以注意。同时，该条例第 12 条至第 26 条对收入进行了详细解释，以防止实务中出现认识的分歧。第 56 条至第 75 条对资产的税务处理做了规定，企业在处理自身资产的时候，一定要充分掌握该部分条款的内容，以防税务处理出现差错。第 82 条至第 102 条对税收优惠进行了细化。为了减轻企业税负，充分利用该部分进行税务筹划是十分有必要的。

《企业所得税法》和《企业所得税法实施条例》是企业在缴纳所得税时必须遵守的大前提，企业相关税务管理部门一定要具备专业知识，深刻把握法律法规中的约束与优惠，在税务筹划的过程中避免不合规现象，为企业税务合规管理奠定坚实的基础。

(二)《税收征收管理法》

《税收征收管理法》是规范征纳程序、征纳双方权利义务关系的一部税收程序法，对税收征收管理工作具有重要的指导意义，《税收征收管理法实施细则》是根据《税收征收管理法》制定的，更为详细地规定了税收征收相关要求。

《税收征收管理法》及其实施细则详细规定了税务管理（包括税务登记，账簿、凭证管理，纳税申报）、税款征收、税务检查、法律责任等内容，既为税务机关、税务人员依法行政提供了标准和规范，也为纳税人缴纳税款提供了标准和规范。税务机关、税务人员必须依照规定进行税收征收，其一切行为都要依法进行，违者要承担法律责任；纳税人也是如此，只有按照规定的程序和办法缴纳税款，才能更好地保障自身权益。对于企业而言，按照税收征管法及其实施细则缴纳税费是税务合规管理的一部分，但是在实务中，常常会因为侥幸心理、操作失误等因素导致企业在实际缴纳过程中出现了不符合规定的行为，给企业带来了风险。

在国家税务总局的官网"纳税服务"一栏查询"重大税收违法失信主体"，在选择"主体违法性质查询"后，可以看到实务中企业存在的税收违法行为。通过对比发现企业容易触犯的法条比较集中，因此，有必要对这部分法条予以分析，企业的税务管理部门或者财务部门在处理相关事项的过程中，应当更加谨慎。

接下来，针对《税收征收管理法》的重点内容进行分析。

《税收征收管理法》第 8 条对纳税人的权利进行了规定，纳税人享有了解税收法律、法规及纳税程序有关情况的权利，请求保密权，申请减、免税及退税权，享有陈述权、申辩权、申请行政复议、提起行政诉讼、请求国家赔偿权以及控告权和检举权。企业作为纳税人，应当明确自身所享有的权利，并且充分利用这些权利维护自身利益。

《税收征收管理法》第二章规定了税务管理的具体内容，包括税务登记，账簿、凭证管理，纳税申报三项内容。企业在实施涉税行为的时候，一定要注意自身行为是否符合相关规定。其中，

第 15 条至第 18 条对企业的税务登记事项作了规定，分别明确了税务登记的范围和办法、变更税务登记与注销税务登记事项、税务登记证件等内容；第 19 条至第 24 条对纳税人、扣缴义务人的账簿设置，纳税人财务会计制度、财务会计处理办法和会计核算软件的要求，发票的管理，发票的印制管理等内容进行了规定，该部分是实务中企业最容易出现税务风险的部分，尤其是在税收处理和发票管理的过程中，应当予以重视。第 25 条至第 27 条规定了纳税申报制度，纳税申报制度是规定纳税人在发生法定的纳税义务后，必须依照法律规定在规定的期限内向主管税务机关提交有关纳税的书面报告的法律制度。

第五章从第 60 条至第 88 条，对违反本法的法律责任做出了规定。对于企业而言，一定要熟悉该部分条文的具体内容，在日常的经营过程中权衡好不合规行为可能会给企业带来的损失与企业承受能力之间的关系。

首先，规定了违反税务登记规定的处罚，企业如有以下行为将面临行政处罚：未按照规定的期限申报办理税务登记、变更或者注销登记的；未按照规定设置、保管账簿或者保管记账凭证和有关资料的；未按照规定将财务、会计制度或者财务、会计处理办法和会计核算软件报送税务机关备查的；未按照规定将其全部银行账号向税务机关报告的；未按照规定安装、使用税控装置，或者损毁或者擅自改动税控装置的。同时，企业如果不办理税务登记，在税务机关责令改正之后仍逾期不改的，经税务机关提请，由工商行政管理机关吊销其营业执照。企业作为纳税人未按照规定使用税务登记证件，或者转借、涂改、损毁、买卖、伪造税务登记证件的也会面临行政罚款的风险。

其次，规定了违反账簿、凭证、发票管理规定的处罚："扣缴义务人未按照规定设置、保管代扣代缴、代收代缴税款账簿或者保管代扣代缴、代收代缴税款记账凭证及有关资料的，由税务机关责令限期改正，可以处 2000 元以下的罚款；情节严重的，处 2000 元以上 5000 元以下的罚款。"

再次，规定了偷税的法律责任。偷税就是纳税人有意违反税收法律，以不法的手段逃避应纳税款的行为。对于偷税行为的惩处分为两个层次，对尚不构成犯罪的偷税行为作出行政处罚；对于构成犯罪的，依照刑法进行处罚。

最后，规定了骗税、抗税的法律责任。骗税是一种未缴纳税款而以假报出口或者其他欺骗手段骗取国家出口退税的行为。对于骗取出口退税，该法第 66 条所作的规定是，以假报出口或者其他欺骗手段，骗取国家出口退税款的，由税务机关追缴其骗取的退税款，并处骗取税款 1 倍以上 5 倍以下的罚款；构成犯罪的，依法追究刑事责任；对骗取国家出口退税款的，税务机关可以在规定期间内停止为其办理出口退税。在这些规定中，对骗取出口退税的行为采取四项措施，即一是追缴骗取的退税款；二是给予行政处罚；三是追究刑事责任；四是实行限制性措施。抗税是指纳税人违反税收法律的规定，公然采取对抗手段，拒绝履行纳税义务的行为。对于抗税，该法第 67 条的规定为，以暴力、威胁方法拒不缴纳税款的，是抗税，除由税务机关追缴其拒缴的税款、滞纳金外，依法追究刑事责任。情节轻微，未构成犯罪的，由税务机关追缴其拒缴的税款、滞纳金，并处拒缴税款 1 倍以上 5 倍以下的罚款。这项规定的表述是先重后轻，就是先规定依法追究刑事责任，然后是对情节轻微的给予行政处罚。

（三）《刑法》

《刑法》在分则第三章第六节规定了危害税收征管罪，对那些严重的涉税违法行为给予了刑事惩罚。《刑法》第 211 条规定："单位犯本节第 201 条、第 203 条、第 204 条、第 207 条、第 208 条、第 209 条规定之罪的，对单位判处罚金，并对其直接负责的主管人员和其他直接责任人员，依照各该条的规定处罚。"一旦企业受到刑事处罚，不仅会造成企业经济上的损失，还会给企业的声誉带来负面的影响，因此，对这些法律规定一定要予以重视，在税务筹划的过程中，一定要避免触犯《刑法》的规定。

1. 逃税罪

《刑法》第 201 条规定："纳税人采取欺骗、隐瞒手段进行虚假纳税申报或者不申报，逃避缴纳税款数额较大并且占应纳税额 10% 以上的，处 3 年以下有期徒刑或者拘役，并处罚金；数额巨大并且占应纳税额 30% 以上的，处 3 年以上 7 年以下有期徒刑，并处罚金。扣缴义务人采取前款所列手段，不缴或者少缴已扣、已收税款，数额较大的，依照前款的规定处罚。对多次实施前两款行为，未经处理的，按照累计数额计算。有第 1 款行为，经税务机关依法下达追缴通知后，补缴应纳税款，缴纳滞纳金，已受行政处罚的，不予追究刑事责任；但是，5 年内因逃避缴纳税款受过刑事处罚或者被税务机关给予 2 次以上行政处罚的除外。"

其他规定有《最高人民检察院、公安部关于公安机关管辖的刑事案件立案追诉标准的规定（二）》第 52 条。

2. 逃避追缴欠税罪

《刑法》第 203 条规定："纳税人欠缴应纳税款，采取转移或者隐匿财产的手段，致使税务机关无法追缴欠缴的税款，数额在 1 万元以上不满 10 万元的，处 3 年以下有期徒刑或者拘役，并处或者单处欠缴税款 1 倍以上 5 倍以下罚金；数额在 10 万元以上的，处 3 年以上 7 年以下有期徒刑，并处欠缴税款 1 倍以上

5倍以下罚金。"

其他规定有《最高人民检察院、公安部关于公安机关管辖的刑事案件立案追诉标准的规定（二）》第54条。

3. 骗取出口退税罪

《刑法》第204条规定："以假报出口或者其他欺骗手段，骗取国家出口退税款，数额较大的，处5年以下有期徒刑或者拘役，并处骗取税款1倍以上5倍以下罚金；数额巨大或者有其他严重情节的，处5年以上10年以下有期徒刑，并处骗取税款1倍以上5倍以下罚金；数额特别巨大或者有其他特别严重情节的，处10年以上有期徒刑或者无期徒刑，并处骗取税款1倍以上5倍以下罚金或者没收财产。纳税人缴纳税款后，采取前款规定的欺骗方法，骗取所缴纳的税款的，依照该法第201条的规定定罪处罚；骗取税款超过所缴纳的税款部分，依照前款的规定处罚。"

其他规定有《最高人民法院关于审理骗取出口退税刑事案件具体应用法律若干问题的解释》第1条、第2条、第3条、第4条、第5条、第6条、第7条、第8条、第9条。

4. 虚开增值税专用发票、用于骗取出口退税、抵扣税款发票罪

《刑法》第205条规定："虚开增值税专用发票或者虚开用于骗取出口退税、抵扣税款的其他发票的，处3年以下有期徒刑或者拘役，并处2万元以上20万元以下罚金；虚开的税款数额较大或者有其他严重情节的，处3年以上10年以下有期徒刑，并处5万元以上50万元以下罚金；虚开的税款数额巨大或者有其他特别严重情节的，处10年以上有期徒刑或者无期徒刑，并处5万元以上50万元以下罚金或者没收财产。单位犯本条规定之罪的，对单位判处罚金，并对其直接负责的主管人员和其他直接责任人员，处

3年以下有期徒刑或者拘役；虚开的税款数额较大或者有其他严重情节的，处3年以上10年以下有期徒刑；虚开的税款数额巨大或者有其他特别严重情节的，处10年以上有期徒刑或者无期徒刑。虚开增值税专用发票或者虚开用于骗取出口退税、抵扣税款的其他发票，是指有为他人虚开、为自己虚开、让他人为自己虚开、介绍他人虚开行为之一的。"

其他规定有《全国人民代表大会常务委员会关于〈中华人民共和国刑法〉有关出口退税、抵扣税款的其他发票规定的解释》《最高人民法院关于虚开增值税专用发票定罪量刑标准有关问题的通知》《最高人民法院关于适用〈全国人民代表大会常务委员会关于惩治虚开、伪造和非法出售增值税专用发票犯罪的决定〉的若干问题的解释》。

5. 虚开发票罪

《刑法》第205条之一规定："虚开本法第205条规定以外的其他发票，情节严重的，处2年以下有期徒刑、拘役或者管制，并处罚金；情节特别严重的，处2年以上7年以下有期徒刑，并处罚金。单位犯前款罪的，对单位判处罚金，并对其直接负责的主管人员和其他直接责任人员，依照前款的规定处罚。"

其他规定有《发票管理办法》第22条、第24条、第37条。

6. 伪造、出售伪造的增值税专用发票罪

《刑法》第206条规定："伪造或者出售伪造的增值税专用发票的，处3年以下有期徒刑、拘役或者管制，并处2万元以上20万元以下罚金；数量较大或者有其他严重情节的，处3年以上10年以下有期徒刑，并处5万元以上50万元以下罚金；数量巨大或者有其他特别严重情节的，处10年以上有期徒刑或者无期徒刑，并处5万元以上50万元以下罚金或者没收财产。单位犯本条规定之罪的，对单位判处罚金，并对其直接负责的主管人员和其他直接责任人员，处3年以下有期徒刑、拘役或者管制；数量较大或者有其他严重情节的，处3年以上10年以下有期徒刑；数量巨大或者有其他特别严重情节的，处10年以上有期徒刑或者无期徒刑。"

其他规定有《发票管理办法》第7条、第10条、第24条、第38条、第39条。

7. 非法出售增值税专用发票

《刑法》第207条规定："非法出售增值税专用发票的，处3年以下有期徒刑、拘役或者管制，并处2万元以上20万元以下罚金；数量较大的，处3年以上10年以下有期徒刑，并处5万元以上50万元以下罚金；数量巨大的，处10年以上有期徒刑或者无期徒刑，并处5万元以上50万元以下罚金或者没收财产。"

其他规定有《最高人民检察院、公安部关于公安机关管辖的刑事案件立案追诉标准的规定（二）》第59条。

8. 非法购买增值税专用发票、购买伪造的增值税专用发票罪

《刑法》第208条规定："非法购买增值税专用发票或者购买伪造的增值税专用发票的，处5年以下有期徒刑或者拘役，并处或者单处2万元以上20万元以下罚金。非法购买增值税专用发票或者购买伪造的增值税专用发票又虚开或者出售的，分别依照本法第205条、第206条、第207条的规定定罪处罚。"

其他规定有《最高人民检察院、公安部关于公安机关管辖的刑事案件立案追诉标准的规定（二）》第60条。

9. 非法制造、出售非法制造的用于骗取出口退税、抵扣税款发票罪；非法制造、出售非法制造的发票罪；非法出售用于骗取出口退税、抵扣税款发票罪；非法出售发票罪

《刑法》第209条第1款至第4款分别规定了非法制造、出售

非法制造的用于骗取出口退税、抵扣税款发票罪，非法制造、出售非法制造的发票罪，非法出售用于骗取出口退税、抵扣税款发票罪，非法出售发票罪这四项罪名。

其他规定有《最高人民检察院、公安部关于公安机关管辖的刑事案件立案追诉标准的规定（二）》第 61 条、第 62 条、第 63 条、第 64 条。

10. 持有伪造的发票罪

《刑法》第 210 条之一规定："明知是伪造的发票而持有，数量较大的，处 2 年以下有期徒刑、拘役或者管制，并处罚金；数量巨大的，处 2 年以上 7 年以下有期徒刑，并处罚金。单位犯前款罪的，对单位判处罚金，并对其直接负责的主管人员和其他直接责任人员，依照前款的规定处罚。"

其他规定有《最高人民检察院、公安部关于公安机关管辖的刑事案件立案追诉标准的规定（二）》第 65 条。

（四）《重大税收违法失信主体信息公布管理办法》

《重大税收违法失信主体信息公布管理办法》于 2021 年 12 月 27 日国家税务总局 2021 年度第 3 次局务会议审议通过，自 2022 年 2 月 1 日起施行。该办法由总则、失信主体的确定、信息公布、提前停止公布、附则共五章构成，进一步明确了对失信主体的信息公布事项。

《重大税收违法失信主体信息公布管理办法》第 6 条规定："本办法所称'重大税收违法失信主体'（以下简称失信主体）是指有下列情形之一的纳税人、扣缴义务人或者其他涉税当事人（以下简称当事人）：（一）伪造、变造、隐匿、擅自销毁账簿、记账凭证，或者在账簿上多列支出或者不列、少列收入，或者经税务机关通知申报而拒不申报或者进行虚假的纳税申报，不缴或者少缴应纳税款 100 万元以上，且任一年度不缴或者少缴应纳税款占当年各税种应纳税总额 10% 以上的，或者采取前述手段，不缴或者少缴已扣、已收税款，数额在 100 万元以上的；（二）欠缴应纳税款，采取转移或者隐匿财产的手段，妨碍税务机关追缴欠缴的税款，欠缴税款金额 100 万元以上的；（三）骗取国家出口退税款的；（四）以暴力、威胁方法拒不缴纳税款的；（五）虚开增值税专用发票或者虚开用于骗取出口退税、抵扣税款的其他发票的；（六）虚开增值税普通发票 100 份以上或者金额 400 万元以上的；（七）私自印制、伪造、变造发票，非法制造发票防伪专用品，伪造发票监制章的；（八）具有偷税、逃避追缴欠税、骗取出口退税、抗税、虚开发票等行为，在稽查案件执行完毕前，不履行税收义务并脱离税务机关监管，经税务机关检查确认走逃（失联）的；（九）为纳税人、扣缴义务人非法提供银行账户、发票、证明或者其他方便，导致未缴、少缴税款 100 万元以上或者骗取国家出口退税款的；（十）税务代理人违反税收法律、行政法规造成纳税人未缴或者少缴税款 100 万元以上的；（十一）其他性质恶劣、情节严重、社会危害性较大的税收违法行为。"

对于企业而言，如果没有做好税务合规管理，被认定为失信主体，这对于企业的发展和声誉而言都是极为不利的。在市场竞争压力越来越大的现在，稍有不慎便会满盘皆输，企业在进行投资、交易的过程中，都会将交易相对方的商誉纳入考量。因此，在处理税务问题的时候应当具有先见性，预见到行为可能带来的后果，避免那些不能承受的后果。

第三节　企业税务合规风险及其成因分析

一、企业税务风险的表现形式

（一）在企业的投资、筹资过程中产生的风险

从企业的投资来看，其管理层在决策时往往忽视了税务问题，更多的是关注预期收益、市场前景等内容，这样很容易导致税务风险。企业在投资层面的税务风险主要表现在以下几个方面：其一，企业没有制定或者严格执行《投资管理办法》，在项目投资决策前没有和税务人员进行沟通，在投资过程中没能很好地利用税收优惠政策为企业谋利；其二，企业在进行资本性投资时没有取得增值税专用发票抵扣进项税；其三，代持股和债转股税金计算错误；其四，增资方式确认股本错误；其五，资本公积、留存收益转股个人所得税计算错误；其六，转让、重组等过程中税收计算错误。实践中，中小企业自身抵抗风险的能力较弱，如果出现了税务风险，很可能带来巨大的损失。如部分企业选择并购方式进军房地产行业，但在作出并购决定时，很少会考虑相关的税务问题，只会关注被并购的企业持有的土地资产、地理位置等因素，这种忽视可能导致并购过程产生大量的税收。

针对企业的筹资过程来看，也存在一定的税务风险，股东的原始资金投入和从债权人借款投入所产生的税负是有所不同的。股东的原始资金投入作为企业的资本金管理，股东只能分配税后利润；而从债权人处借入资金，其借款产生的利息是可以计入成本费用的，在税前就予以扣除，这样可以相对地少缴纳企业所得

税。实际上，多数企业往往忽视了筹资过程中这一部分的决策也会对企业的税负产生重要影响，忽略了其中的税务合规风险。在筹资过程中的税务风险主要表现在：其一，在筹资中税务筹划所带来的风险，如财务人员筹资过程中由于对资本市场的运转和理论等知识的缺乏，过度负债虽然会获得更多税务筹划上的收益，但是随着筹资额不断加大，财务风险也会加大，所带来的损失超过企业利用债务筹资所增加的收益；其二，由于市场资金供求状况、银行利率、央行准备金率的不断变化，企业在筹资时面临的税务风险也会加大；其三，企业向职工借款所付的利息未代扣代缴个人所得税等。

（二）在企业的生产经营中产生的风险

在企业的生产经营过程中，常常会出现一些税务合规风险，究其根源是因为在企业之中负责生产、经营的部门在做决策时，通常并不会将税务合规风险纳入考虑之中。绝大部分企业并没有树立起税务合规管理的意识，常常会片面地认为企业的税务合规风险是财务部门的问题。但是仔细梳理整个过程，就会发现企业的纳税义务隐含在各项生产、经营的管理活动之中，财务部门在该过程中仅仅是进行核算，而一个项目的采购、生产、经营销售等各个过程之中，企业不同的决策都会对其税务缴纳产生影响，而税务合规风险就暗含其中，在不同的阶段表现形式不同。

首先，在企业的采购层面，因为缺乏相关的税务管理意识，在这一环节出现了诸多的税务风险，主要表现形式为：其一，计划的制订没有和财务部门尤其是税务专管人员沟通；其二，没有按照规定取得增值税专用发票；其三，所取得的发票与采购入库的材料及金额不相符；其四，实际收款方和发货方不相符；其五，税务人员没有按时抵扣进项税；其六，税务人员对于增值税新规理解不当没有进行正确的税务处理；其七，仓库保管过程中出现的非正常损失没有进行增值税进项税转出处理；其八，没有按照规定取得运输发票或者运输发票不合法等。

其次，在企业生产过程中，也很少会特意去制定详细的税务合规风险管理措施，从而控制各个环节的税务合规风险。一部分企业在生产这一过程中，将更多的关注点集中在如何降低产品的成本之上，忽略了其中隐藏的税务合规风险，最终反加重了企业的税收成本，得不偿失。如一些企业接收了虚开的增值税专用发票，结果导致进项税无法抵扣，如果还不能同时提供合法的凭证，就会使得在计算缴纳企业所得税相关成本时无法进行税前扣除，进而造成企业需要缴纳更多的增值税和企业所得税等，更为严重的可能还会使企业遭受行政处罚。由此可见，在企业的各个生产环节之中，相关部门的人员一定要有税务合规意识，对发票进行全面审核，最大限度减少因此而造成的损失。

最后，在企业的经营销售过程中，税务合规风险就表现在不同的销售策略中。一般来讲，企业的经营和销售对企业的发展起着至关重要的作用，与企业的成败密切相关。专业、优秀的营销策略不仅会为公司带来经济上的增益，还会在一定限度上减少税务合规风险出现的可能性。实践中部分营销人员更关注自身的业绩，并不具备大局意识，在营销过程中没有考虑选择的营销模式是否会加重企业的税务负担。

企业的税务合规风险贯穿生产、经营的各个环节，如果想要最大限度减少税务成本，需要注意各个环节中所表现出来的税务合规风险，做好税务合规管理措施，减少该部分损失。

（三）在财务会计处理过程中产生风险

随着社会经济的不断发展，我国企业的会计准则建设在不断完善，与此同时，税法也在不断地制定和修改。由于会计准则与税法的制定目的、作用和意义不同，在实务中出现了税会差异，如果不对该种差异进行及时的调整和处理，就会形成财务会计处理过程中的税务风险。

税会差异，是指应税收益与会计收益之间的差异。会计收益，又称为会计利润，是指企业在一定会计期间的经营成果，可以从财务报表的利润表中获得。应税收益，又被称为应纳税所得额，是税法上的概念，是按照所得税法的规定计算出来的，是企业所得税的计税依据。造成税会差异主要有以下三个方面的原因：其一，是税务与会计的处理依据不同，税务处理依据税法相关规定，会计处理依据会计准则。其二，是税法和会计准则的制定目的不同，税收具有强制性，是为了有效地实现税收政策，税法肩负着保证国家财政需要、促进资源合理配置、促进经济稳定增长等的作用，而会计的目标始终围绕"提供会计主体的经济活动信息"展开，一般是为了解释资源利用情况，或者是为信息使用者提供参考以便于其做出更为精准的决策。其三，是两者的服务对象不同，税法在整个宏观经济环境中是以全社会为服务对象的，而会计的服务对象则是会计主体和一些利益相关者，针对同一经济活动，税法相较于会计而言，更侧重于客观事实。

就范围上而言，税会差异主要体现在企业的收入确认、成本费用确认、资产确认三个方面，不同方面的税会差异所表现出来的税务风险也有所不同，接下来就从这三个方面进行一个分析。

1. 收入确认

在企业的收入确认方面，会计准则与税法存在差异，这种差异如果不进行及时的调整处理，就会造成税务风险。在会计准则中，是将主营业务的收入和其他业务的收入计入利润表中营业收入的，而税法上，收入包含的范围较之于会计准则更加广泛，主要包括以下三个方面。

其一，税法为了保证流转税征收链条的完整，会将一些会计准则规定不确认为收入的行为视为销售货物，计入收入。如企业将自己生产的货物以样品形式在市场中进行推广或者企业将自己生产的货物捐赠给他人，就会计准则上而言，此种情况下是不需要将这一部分确认为收入；而在税法上，此种情况是需要缴纳企业所得税，因此要视为销售货物，纳入收入之中。像这种情况就会形成税会差异。

其二，在是否按照权责发生制来确认收入这一方面也存在税会差异。会计准则处理过程中是遵循权责发生制的，而税法处理则是收付实现制和权责发生制的结合。如企业在销售自己的货品时采用了分期收款方式的收入，在会计准则进行处理的过程中，是在销售行为发生时一次性进行确认；而在税法处理的过程中，按照约定的收款日期分别确认该期收入，因此就会导致在销售行为发生的那一期产生了税会差异，需要进行纳税调整。

其三，在收入确认方面的税会差异还体现在减计收入上。《企业所得税法》中规定国家对重点扶持和鼓励发展的产业和项目，给予企业所得税优惠。因此，当企业生产了符合国家产业政策要求的产品时，在纳税申报的过程中，需要在会计准则确认的利润基础上，对符合要求的部分进行调整，否则就会产生税会差异。

在收入确认方面，存在税会差异的形式主要表现为以上三个方面，在企业进行财务会计处理和纳税处理的过程中，如果没有及时地进行纳税调整，就会带来一定的税务风险。

2. 成本费用确认

会计准则和税法差异还体现在成本费用的确认上。成本费用包含企业的营业成本、销售费用、管理费用等多个方面。总之，在成本费用上产生的税会差异主要是由于会计准则和税法计算方式不同，税法要求必须已经实际支付，而会计准则没有对此严格要求。

其一，针对营业成本而言，会计准则和税法的差异主要体现在成本是否实际支付。会计准则对于成本费用的限制较少，并不强调实际支付，而税法则强调实际支付。如企业的职工薪酬，会计准则不要求必须实际发放给职工，而税法则要求企业按照制定的工资薪金制度实际发放给员工的工资薪金进行据实扣除，如果企业只是计提了工资，而未实际发放，则需要将其作为纳税调整项目，在实际支付的年度再进行纳税调减。

其二，针对销售费用而言，会计准则和税法的差异主要体现在广告费用和业务宣传费用、产品质量保证计提的预计负债等方面。在根据会计准则计算广告费用和业务宣传费用时，可以按照实际支出列在成本费用里面；而税法则对此有所限制，除国务院财政、税务主管部门另有规定之外，在税法规定的扣除标准以内的可据实扣除，超过标准的则不能进行扣除。在产品质量保证计提的预计负债的处理过程中，根据会计准则是要将承诺的售后服务计提产品质量保证费用，计入当期损益的；而税法仍然是要按照实际发生的支出在应纳税所得额中进行扣除。如果没有按照税法的实际发生、确定性、真实性的原则对预计负债进行调整，那么很有可能会引发税务风险。

其三，针对管理费用，会计准则和税法的差异主要体现在计入管理费用的职工福利费、工会经费和职工教育经费，业务招待费，研究开发费用等方面，是否实际支付仍然是差异产生的重要原因。根据税法的规定，必须以实际支付为纳税基础，而会计准则则不要求实际支付。

3. 资产确认

会计准则和税法的差异在企业的资产确认上也有所体现。针对资产计税基础的确认，税法上的确认通常要比会计上的确认更为严格。因此，就会产生税法上确认的资产的初始计税基础小于会计上确认的初始会计成本的现象，导致产生一定的税会差异。如果相关人员没有及时调整，就会面临税务风险，主要表现在以下几种情形。

其一，资产折旧、摊销费用。税法上对于固定资产的折旧通常只认可直线法，只有符合特殊条件才能使用加速折旧法，而会计准则对此并没有这么严格的要求，允许企业根据自身实际情况进行调整和选择。

其二，资产减值损失。对于企业资产出现了减值现象，会计准则规定将其损失计入当期损益，并计提资产减值准备；而税法规定，未经核定的准备金支出不得在税前扣除，从而产生了税会差异。

其三，投资收益。基于自身发展的需要，企业在生产经营的过程中通常会进行投资活动，对于对外投资所取得的收益或者所产生的损失，会计准则和税法规定不同，也会产生税会差异，主要是表现在国债利息收入、符合条件的权益性投资收益、按权益法进行会计处理的长期股权投资持有期间的投资损益三个方面。如企业购买了国债，所取得的利息收入，会计准则将其计入投资收益，而税法规定，国债利息收入免征企业所得税。因此，在处理这一部分时需要做纳税调整。

其四，资产处置收益。资产处置收益，是指企业出售划分为持有待售的非流动资产（金融工具、长期股权投资和投资性房地产除外）或处置组时确认的处置利得或损失，以及处置未划分为持有待售的固定资产、在建工程、生产性生物资产及无形资产而产生的处置利得或损失。根据会计准则规定，企业初始计量或在资产负债表中重新计量持有待售的非流动资产或处置组时，其账面价值高于公允价值减去出售费用后的净额的，应当将账面价值减记至公允价值减去出售费用后的净额，减记的金额确认为资产减值损失，计入当期损益，同时计提持有待售资产减值准备；而税法规定除规定确认的损益外，企业持有各项资产期间资产减值的，不得调整该资产的计税基础。

综上所述，在收入确认、成本费用确认、资产确认的过程中需要进行纳税调整的项目冗杂，在进行财务会计处理的过程中一定要对以上内容予以重视，避免因这些财会差异所带来的税务风险，给企业造成损失。

（四）在税务筹划过程中产生风险

无论是自然人还是法人，税收都是不可避免的现实。"谁也不喜欢纳税，然而如果谁也不纳税，政府就无法运转"。如何做好依法纳税，但是又不多缴、早缴，减轻纳税负担呢？那就要对自己的经济行为合理规划、精心安排，税务筹划应运而生。

1. 税务筹划的内涵

税务筹划，也称为税收筹划、纳税筹划，是指纳税人依据所涉及的税境，在遵守税法、尊重税法的前提下，规避涉税风险，控制或减轻税负，以有利于实现企业财务目标的谋划、对策与安排。税务筹划有狭义与广义之分，狭义的税务筹划仅指节税，广义的税务筹划既包括节税又包括避税和税负转嫁。

税务筹划是一项复杂且专业的工作，通常需要熟悉会计、税法、其他法律等方面的专业人士来共同计划、安排，通过合作来调整企业的经营模式和流程等内容，以期达到既合法合规又减轻税负的效果。但是在实际操作中，很多企业管理者并没有采取合适的方法、利用专业的人员，只一心想要缴最少的税，忽视了税务筹划过程中的税务风险，不仅达不到税务筹划的理想效果，还增加了企业可能面临的税务风险。

2. 税务筹划的方式

要避免税务筹划过程中产生的税务风险，首先要了解税务筹划的方式，如前述税务筹划的概念里所提及的，包括节税、避税、税负转嫁三种。

节税，是指在税法规定的范围内，当存在多种税收政策、计税方法可供选择时，纳税人以税负最低为目的，对企业经营、投资、筹资等经济活动作出的涉税选择行为，节税具有合法性、符合政府政策导向、普遍性、多样性等特点。

避税，是指纳税人在熟知相关税境和税收法规的基础上，在不触犯税法的前提下，利用税法等有关法律法规的疏漏、模糊之处，通过对筹资活动、投资活动、经营活动等涉税事项的精心安排，以达到规避或减轻税负的目的的行为。

税负转嫁，是指纳税人在缴纳税款之后，通过各种途径将自己的税收负担转移给他人的过程，即最初缴纳税款的法定纳税人不一定就是该项税收的最终承担者，他可以把所纳税款部分或全部转移给其他人。

3. 税务筹划风险及表现形式

通过节税、避税、税负转嫁三种方式进行税务筹划，可以帮助企业最大限度地减轻在税收上的负担，但是，如果在税务筹划的过程中出现了差错，也会产生税务筹划风险。依据不同的分类方式，可以将税务筹划风险划分为多种类型。

其一，根据税务筹划风险产生的环境进行区分，可以将税务筹划风险分为内部环境中的风险和外部环境中的风险。

内部环境中的风险，是指企业在税务筹划的过程中，基于自身的原因所造成的风险，这种风险的特点之一是企业具有可选择性，其主要表现在：企业可以选择不同的注册地点、组织形式、营销方式等内容，由于这些不同会影响到企业的税务筹划效果，从而带来风险。外部环境中的风险，是指因为企业之外的市场环境的因素所导致的风险，这种外部环境通常包括税收政策在内的国家经济政策改变、企业所在行业的国内外市场环境发生变化等多重因素。

其二，根据税务筹划风险形成的原因进行区分，可以将税务筹划风险区分为政策风险、操作风险、经营风险、执法风险四类。

政策风险主要表现为进行税务筹划的人员对政策理解不够透彻、认识产生了偏差，从而导致其采取的行为实际上不符合国家的法律法规，产生了风险。操作风险主要表现为税务筹划人员对有关税收优惠政策运用和执行不到位、对税收政策的整体性把握不够，形成税务筹划的综合运用风险。经营风险主要表现为在企业的生产经营过程中，没有根据市场的变化变动企业的经营活动，影响了税务筹划方案的实施，产生了税务筹划风险。执法风险的主要表现是税务筹划方案与税务行政执法存在偏差，导致方案在实务中无法运行，导致税务筹划失败，产生了税务筹划风险。

综上所述，纳税是每个公民、企业应尽的义务，但趋利避害的本性使得每个企业都期望在合法合规的基础上，减少自己的税负，因此才会进行税务筹划。税务筹划这项工作专业且复杂，需要专业人士的辅助来完成，但由于企业所处的环境也在不断发展变化，税务筹划的过程中难免出现漏洞，带来税务筹划风险，给企业造成损失。正视这些税务筹划风险,并建立恰当的税务合规体系,有利于企业及时有效地预测问题、处理问题、解决问题,进而减少税务上的损失。

二、企业税务风险的成因分析

企业税务风险是由于企业在纳税的过程中未能正确遵守税收方面的法律法规而导致企业利益可能受损,其特点表现为特殊性、主观性、必然性。特殊性是指企业税务风险不同于一般意义上的商业风险,对于企业而言,面临税务风险就意味着可能遭受损失,并不会产生收益。主观性是指纳税人与税务机关针对同一个涉税业务可能存在不同的理解,在处理的过程中会受到主观因素的影响。必然性是指企业作为经济人,追求税务成本最小化、税后利润最大化是其永恒的目标,而税收是一种强制分配方式,税收执法者具有解释权和自由裁量权,从而容易造成企业和政府之间的信息不对称,产生税务风险难以完全避免。

基于税务风险的特性,有必要对税务风险的成因进行分析,帮助企业更好地理解税务风险、化解税务风险。

(一) 税务风险产生的内部因素

1. 企业管理者未形成防范意识

目前,一些企业管理者在日常管理的过程中,只重视财务管理,并未形成税务风险的防范意识,没有恰当的税务管理理念,尤其是一些中小企业,因其本身规模较小,在税务风险方面的防范意识更为薄弱。然而事实上,如果一个企业的税务管理基础较差,那么这个企业的财务管理水平也不会很高。一些企业的领导人并不重视税务管理人才的培养和职务设置,存在通过不合法、不合规的行为来使企业的税负降到最低的动机。

随着我国税收体系的不断完善、征管制度的不断健全、管理力度的不断加大，企业的税务不合法、不合规现象更容易被发现，一旦被发现将可能面临行政处罚和刑事处罚。因此，企业管理者应当树立税务风险防范意识，不再是仅重视财务管理，还应当建立健全税务管理，将税务管理纳入企业的合规体系，最大限度防范税务风险的发生。

2. 企业缺乏专业人员进行管理

税务合规是减少税务风险所带来的负面影响最为有效的方式，但就实践而言，企业在进行税务合规管理的过程中，严重缺乏专业人员对企业进行管理。企业税务管理人员的专业水平会直接影响企业的税务风险，进而影响企业合规管理。

目前，一些企业的会计人员（甚至是高学历、高职称的会计人员）不能正确界定财务会计和税务会计的界限，造成本该按照会计准则处理的涉税事项，最终却依据税收法规进行了处理；而本该按照税收法规处理的事项，最终却按照会计准则处理，即在财务会计处理的过程中，未正确对待税会差异，导致税务风险的产生，其主要的表现形式在上文中已经予以说明。这样做既降低了财务报告信息的质量，也不符合税收法规的规定，本没有违法意图，却因其事实行为已然违反法律、法规，从而给企业带来损失。究其原因，是企业缺乏专业人员进行管理或者管理人员未熟练掌握会计准则、税收法规和财务管理的专业知识和技能。生活中比较常见的情况是，相关管理人员未真正了解纳税人的权利，不知道如何恰当地维护纳税人的权益，盲目相信税务机关、税务征管人员，纵容其不规范的甚至是违规的执法行为，不能有效利用法律、法规保护企业自身的合法权益，导致企业利益遭受损失。

另外，针对某些企业，尤其是一些中小型企业的税务核算和管理人员，由于不能及时、准确地掌握税收法律、法规、政策等内容的要求和变动，致使企业不能正确地计算应纳税额而盲目进行纳税。企业盲目纳税行为包括多缴应纳税款和少缴应纳税款两种情形，企业少缴应纳税款必然会承担因此造成的法律责任，会受到行政机关、司法机关的处罚，还会对企业的信誉造成严重的影响；企业多缴应纳税款虽然不必承担法律责任，但是其自身利益受到了损害，导致企业遭受经济和非经济上的损失。

3. 企业内部约束不够严格

任何一项制度没有了监管措施，都难免会出现各种问题。如果企业没有建立健全监管制度，税务管理基础又不够完善，就不能从根本上控制和防范税务风险。企业应该建立健全管理制度、内部控制制度、内部审计制度、税务合规管理制度等，并基于这一系列的组织构架、业务流程、经营模式等来做好税务合规管理制度的设计、执行和监督，强化企业的税务部门的职能作用，配置所需要的专业人员参与管理。

（二）税务风险产生的外部因素

1. 税收法律法规、政策不够明晰且多变

目前，我国有关税收的法律、法规层次较多，除了全国人民代表大会及其常务委员会制定的税收法律和国务院制定的税收法规以外，还存在大量由税收主管部门制定的税收行政规章，这些行政规章往往数量繁多，有的税收行政规章之间甚至存在前后矛盾的情况，但是由于其内容通常涉及实务操作问题，在这种情况下，企业根据税收行政规章开展纳税活动，就很有可能因为对这些规章所体现出的税法精神理解错误而导致运作失败和纳税成本上升。

同时，为了适应经济发展的需求，我国税制不断改革，在此种背景条件下，税收政策频繁变化也成为一种新的趋势，从国家税务总局网站的"税收政策"板块可以看到近些年来出台的相关税收政策数量庞大且内容复杂。由于相关税收政策频繁变动，给企业，尤其是中小企业带来了很多潜在的税务风险，这种多变会让纳税人无所适从，一不小心便陷入税务风险的泥沼里。

2. 各地税收征管存在差异

我国地大物博，但是地区间的发展水平和速度不尽相同，各地区之间的税收执行力度也会存在一定的差异。许多地区为了发展经济，加大招商力度，会出台一系列优惠政策，其中税收优惠便是其中的一种，还有一些自贸区对贸易、特点产业的大力扶持。企业是否能抓住本地区的税收优惠，能够正确识别有利的优惠政策，也是减轻企业税负的重要一环。

目前，我国代表国家征税的主体包括国家税务局、地方税务局、海关等多个机关和组织，各个机构的税务行政执法职能可能会存在一定的重叠，因此可能会造成各个机构的执法存在一定差异，致使企业对一些涉税行为正确与否、可行与否产生错误认识，从而引发税务风险。

第四节　企业税务合规风险的应对举措

一、提高企业的税务合规意识

为了有效地规避税务风险，有必要切实提高税务管理质量，这就要求企业及其整体员工对涉及税务相关事项的日常工作给予敏锐的意识、谨慎的态度，才能最大限度减轻企业税负，促使企业良性发展。培养企业的税务合规意识，首先要在企业内部形成一种良好的合规文化，良好的合规文化是企业文化的重要组成部分。在管理层及其他员工的共同努力下，将这种合规文化融入企业日常涉税事务之中，从而使思想层面的合规知识能够落实到实际的工作之中，为企业的高效、快速发展提供强有力的帮助。

（一）企业内部形成良好的合规文化

企业文化作为一种思想上的驱动力，它通过塑造具有共同信念、明确价值、高尚道德的企业员工群体，从而达到提高企业整体素质、提升企业管理水平和核心竞争力的目的。在市场大环境对于企业有所要求的前提下，在企业内部形成良好的合规文化，提高全体员工的合规意识，有利于提升企业的竞争力，让企业脱颖而出。合规文化是推动企业合规建设的内源性因素，在税务合规制度的构建上也发挥了不可或缺的作用。

合规文化作为企业文化的重要组成部分，具有重要意义。首先，合规文化建设有利于推动企业合法经营，保障企业的健康发展。企业的发展离不开健全的规章制度的约束，企业规章制度随着相关法律的完善也在不断地完善，开展企业合规文化建设，设立风险防范机制，可以促使企业认识到其规章制度的落后与不足，对其建立科学、健全的规章制度有着一定的促进作用。其次，合规文化建设有利于推动企业提升形象，更好地履行社会责任。企业作为商事活动的重要主体，虽然营利性是其主要特征，但是其同时还肩负着一定的社会责任，这主要表现在社会福利、可持续发展等多个方面。合规文化建设能够帮助企业减少唯利是图的价值观念，树立起一个诚实守信、敢于承担社会责任的形象，进而提升企业声誉，让企业在贸易活动中具有更强的竞争力。

企业内部形成良好的合规文化对于企业的发展无疑是有利的，

同时也能够促进企业的全体员工在涉税事项上形成合规意识，但是合规文化是一种思想层面的建设，如何将其落实，怎样培养企业员工也是一项需要思考的问题，在制定相关合规制度的过程中也应当予以考量。

（二）将合规文化落实到税务工作之中

企业合规文化的构建能够有效地提高企业整体员工的合规意识，那么在处理有关税务方面的问题时，相关工作人员也能够以更加谨慎的态度去对待问题，从而间接地在全体员工之间形成一种税务合规意识，让更多员工意识到税务风险就在自己身边，要从自我做起，从小事做起，以减少税务风险。

税务风险隐藏在企业生产经营的每个阶段，因此，在合规文化中应当打破部门间条块分割、各管一块的规则，制定操作性更强的规章制度和流程，让各个部门通力合作，培养企业全体员工的良好合规习惯，处理好税务方面的各种潜在风险。对于企业而言，合规文化建设首先要依赖其组成的高效、廉洁的领导团队，再通过管理层形成一种强势的核心意识，自上而下，形成一种整体参与、互相监督、共同进步的良好合规理念和氛围。与此同时，要加强各部门的沟通，充分发挥每一位员工的智慧，在培养合规意识的基础上，引导他们提出改善业务操作、防范风险的合理化建议，这样不仅有利于企业的良好运转，还有利于促进员工自觉去增强合规意识、执行符合要求的制度规章和操作流程。

将合规文化落实到具体工作中对每一位员工都提出了新的要求，具体表现在以下几个方面。

首先，管理层应当对税务风险给予高度重视，做好税务合规和风险防范的准备工作，秉承着事前遵从合理的税务筹划减轻企业税负的理念，整体规划并组织企业的各项税务合规管理工作。

管理层要率先垂范、带动全体员工，在税务合规管理文化建设中起到引领作用。

其次，企业的财税管理部门要重视税务风险的防范，运用自身的专业知识和技能处理各项税务工作，梳理和实施税务风险防范举措，并对其他员工进行一定的专业知识普及，在税务合规管理的过程中发挥承上启下的作用。

最后，针对企业的其他员工，要转变以往的错误认识，意识到税务风险与企业每个员工的工作息息相关，积极参与企业组织的相关培训，拓展自身的知识面，主动将税务合规管理的相关合规文化融入自己的日常工作中。

只有企业内部形成良好的合规氛围，全体员工上下一心、通力合作，共同为减少税务风险作出努力，才能让企业的税务合规体系顺利展开。

二、完善企业的税务合规管理体系

（一）明确企业的税务合规管理原则

导致企业税务风险的原因多种多样，但是究其根本，均与企业的涉税行为存在不合规现象相关。因此，在构建税务合规管理体系的过程中，同时还应当明确税务合规管理的基本原则。遵守税法等相关法律，秉持着税务合规管理的基本原则去处理涉税事务，能够最大限度减少企业税务风险。

1. 全面性原则

税务风险贯穿于企业生产经营的整个过程之中，稍有不慎，就会给企业带来损失。对于企业而言，涉税业务是普遍存在的、不可避免的，税务的合规管理必将涉及企业的各个部门和岗位，因此，税务合规管理的首要原则即为全面性原则。具体而言，全面性原则体现在以下两个方面：其一，企业的全体成员，也就是说企业的税务合规管理事关全部员工，并非只是某一个人或者某一个部门的事情，企业的任何人，无论是管理层还是普通员工，都被涵盖在税务合规管理体系之中，都要受到税务合规管理体系的监督和制约；其二，企业生产经营的全过程，综上所述，在企业的生产经营的过程中会产生不同表现形式的税务风险，这些风险都会导致企业的利益遭受损失，因此企业的税务合规管理体系应涵盖生产经营的整个过程。

2. 可操作性原则

税务合规管理体系应当适应企业自身的特性，在构建管理框架时，并不必然遵循固有的模式，可以从自身的实际情况出发，构建更具有可操作性的税务合规管理体系。

由于企业的涉税业务与其各个部门的工作息息相关，因此，企业构建税务合规管理体系应力求简洁明了，设计税务合规管理框架应力求通俗易懂，设计管理程序时应力求简便易行，使各个部门之间的配合更加轻松且默契。

3. 成本效益原则

企业选择建立税务合规管理体系的目的就是减轻企业税负，节约成本。在企业的生产经营过程中，会面临各式各样的决策选择，不同的选择隐藏着不同的税务风险，因此企业在作决策的时候一定要特别重视成本效益原则，选择投入产出比更高的处理决策，争取用最小的控制成本，来换取最大的控制效果。在税务合规管理体系中，成本主要集中在管理方案设计、实施过程中耗费的人力、物力、财力等方面，效益主要集中在降低税务风险损失、获取节税收益、社会信誉良好等方面。

(二) 健全企业的税务合规风险评估机制

对于企业的税务风险评估，要建立事前、事中、事后的管控制度，在每一个环节中都要保证纳税的合理和科学。税务合规风险评估是根据对税务风险进行分析后，确定可容许风险的过程。对税务合规风险进行评估，对于企业的发展是十分有帮助的。健全企业的税务合规风险评估机制是税务合规体系的重要部分。税务合规风险评估机制的作用主要表现在：能够帮助企业认识风险及其对发展的潜在影响；为相关的决策者提供准确的信息；能够增进对风险的理解，以利于风险应对策略的正确选择；能够识别导致风险的主要因素以及体系中的薄弱环节；能够帮助确定风险是否可以接受；能够满足监管的要求。

《合规管理体系要求及使用指南》对确定合规风险评估有所要求："组织应以合规风险评估为基础，识别、分析和评价其合规风险。组织应将其合规义务与其活动、产品、服务、运行的相关方面联系起来，以识别合规风险。组织应评估与外包和第三方过程相关的合规风险。应定期评估合规风险，并在客观环境或组织环境发生重大变化时进行评估。组织应保留有关合规风险评估和应对其合规风险的措施的文件化信息。"企业可以根据该指南的要求，结合自身状况，合理设计税务合规风险的识别、评价及应对。

1. 税务风险规划

税务风险评估的第一步是进行风险规划，确定企业的纳税方向，明确企业税务合规管理的主要目标、主要原则，确立风险管理的主要内容。

在这个阶段，企业需要根据自身的实际发展状况进行环境分析，确定未来即将开展的业务，明确各级部门可能会出现的涉税问题，提前进行规划。如果项目较为重大，税务管理部门人员或财务部门人员应当进行全程跟踪,明确税务问题,确认重点风险。

2. 加强对企业税务合规风险的识别

完成风险规划之后,需要进行风险识别。税务合规风险识别是发现、收集、确认、描述、分类、整理税务合规风险,对其产生原因、影响范围、潜在后果等进行分析归纳,最终生成企业税务合规风险清单,为下一步税务合规风险的分析和评价明确对象和范围。

税务风险识别工作是整个税务合规过程中最重要的部分。正所谓"知己知彼,百战不殆",要想在税务合规管理的过程中取得成效,必须加强对税务风险的识别工作,发现潜在的或者已经存在的税务风险。一般来说,对于日常经营中常见的一些税务风险,相关工作人员是可以凭借其自身的知识和经验识别出来的,但是企业的活动不是一成不变的,内外部环境的变化对风险的识别带来了不确定性,因此要想识别新的或者隐藏比较深的税务风险,企业还需要通过列明清单来予以警示,即采用风险清单法将风险予以释明。

企业可以根据自身的实际管理状况,将已经识别出的或者常见的风险,按照生产经营的各个环节或者其他方式进行分类,设计出一套适合自己企业的税务清单,并在税务合规管理的过程中,不断识别新的风险点,对清单予以及时的补充和调整。根据上述税务风险的表现形式,简单制作一份税务风险清单,如表 12 所示。

表 12　税务风险清单（样表）

生产经营各环节	税务风险
决策环节	作出重大决策时没有专业人员（如税务顾问等）的参与
	作出重大决策时没有进行税务筹划或税务筹划出现差错
	管理层不重视税务风险,企业未形成风险意识

续表

生产经营各环节	税务风险
投资环节	企业在进行长期股权投资时,初始投资成本没有按照税法规定进行调整,对持有期间的收益、损失的处理以及股权投资的收回与转让等没有考虑税会差异
	企业用非货币资产对外投资,对外投资的资产未按照规定视同销售确认收入及计提税金
	向其他非金融机构借款利息高于金融机构借款利息,借款合同相关利率未明确说明
采购环节	签订合同时未明确说明付款条件和方式,没有考虑到税收的影响
	没有按照规定获得发票、审核发票
	入库的货物的名称、金额与发票不符
	非正常损失没有按照规定做税务调整
生产环节	将与生产经营无关的支出作为税前扣除
	自产的产品用于员工福利没有确认收入
	对外销售生产环节产生的废品不入账
销售环节	销售收入的确认没有考虑税会差异
	没有对企业的视同销售行为确认收入导致税会差异
	分期销售商品没有签订合同或收款期限不明确
	选择不同营销方式后没有及时调整税会差异
	销售时没有按照规定开具发票
	混淆了混合销售和兼营行为的涉税处理
财务处理环节	没有及时调整税会差异
	没有按照规定进行纳税申报和税款缴纳
	没有按照规定进行账簿凭证管理、发票管理、完税凭证等其他涉税资料的管理

3. 完善税务合规风险的评价

在风险识别的基础上,企业需要根据概率论和数理统计等方法,确定风险评估系数。企业应当尽可能量化风险等级并对其进行排序。

风险评估是纳税风险评估管控的事中阶段。根据本企业的实际情况,对上述税务风险进行评价,判断其发生的可能性的高低、对于日常经营影响的强弱,对于不同可能性、不同强度的风险采用不同的应对方式。

4. 税务风险的应对

在对税务风险进行评价之后,接下来就是针对不同的风险采取不同的应对措施。从企业的日常经营管理来看,最具有可操作性的应对措施主要有以下四种。

一是采取规避的方法。对于企业而言,如果某项税务风险的发生可能性比较高且影响程度比较强,那么这种税务风险的最佳应对方式就是规避。具体而言,规避策略就是一旦企业发现某项税务风险超出自身的风险承受度,就应该选择放弃或者停止进行与该项风险相关的业务活动,从而减轻或者避免损失的发生,使得企业达到合规的要求。

二是采用分散的方式。对于那些发生可能性不太高但是一旦发生其危害程度比较强的税务风险,最适宜的方式即为分散。选择这种策略通常针对的是尚未发生的税务风险,对于已经发生的税务风险则无法采用这种形式。企业在作出决策之时,基于合规的需要,应当预想到某项税务风险会对经济决策的实施产生重大的影响,但可能企业自身业务能力有限,无法进行有效的税务筹划,此时可以选择与第三方专业的涉税服务机构进行合作,合理地进行税务筹划,避免因税务风险给企业带来经济上或者是信誉上的重大不利影响。

三是采用控制的方法。对于发生的可能性比较高但影响程度比较低的税务风险，可以选择控制策略。税务风险可能会发生在企业生产经营的各个流程之中，控制税务风险就是在可能产生风险的各个活动中做好合规体系的安排，让风险处于一种可控状态，降低其发生的概率，即便发生，也能够通过合规体系得到及时、有效的控制，将损失降到最低。

四是采取接受的方式。企业的生产经营常常处于变动之中，一些税务风险也并非一成不变，对于那些发生的可能性和影响程度都比较低的税务风险，可以选择接受的方式。适量的风险在一定限度上也有利于推动企业的发展，并且对已经形成的风险，企业需要以接受的态度，积极配合税务机关的调查，并进行修正，主动应对能够降低对企业声誉的影响，防止税务成本进一步扩大。

同时，应当注意到，企业的税务风险评估体系处于一个动态的环境之中，因此，企业的税务风险评价体系也在根据情况加以改变。如当企业发展新的业务、提供新的服务或者企业的组织结构发生重大变化时，税务风险也会发生相应改变，税务风险清单便需要及时更新，这都会对举措的选择造成影响。在日常经营过程中，要不定期对税务风险评估体系进行再评估，以适应环境的变化。

（三）税务风险控制管理流程

税务风险控制是对发现的税务风险点进行评估之后，对相关业务流程进行管理，防止税务风险事故的发生。对于企业而言，税务风险控制主要集中在日常经营、涉税事项处理以及发票管理的过程中，因此有必要针对这三部分设置好控制流程，以充分发挥企业税务合规管理的实效。

1. 日常经营管理控制

综上所述，企业日常经营的各个环节都隐藏着各式各样的税务风险，要想控制这些税务风险，就必须在经营管理的涉税环节采取一些必要的管理措施。如针对采购业务，企业应当建立职责明确的采购流程，对办理采购业务的工作人员进行定期轮岗，对供应商的合法合规提前进行审核，严格审核采购合同、相关凭证单据等，加强采购合同付款的管理。针对企业的销售业务，首先要确定一个合适的销售策略，对销售、发货、收款这些重点环节的职责和审批权限进行明确规定，进一步加强对销售合同的管理；同时，还要充分关注客户的信用情况、结算方式等内容，进一步完善应收账款等管理制度。

2. 涉税事项处理控制

对于大多数企业来说，面临最多的就是直接涉税事项处理带来的税务风险。企业，尤其是中小企业，处理最多的涉税事项便体现在税款的核算、申报、缴纳方面，在这些事项中制定严格的控制流程，是防控税务风险的最后防线。从税款的核算来看，企业要加强对整个税务核算的管理，明晰职责分工，严格按照规定设置账簿，根据合法有效凭证记账核算，及时进行税会差异的调整，用好用足各项可利用的税收政策，保障税务会计处理的准确性。从企业的税务申报缴纳来看，企业要主动适应国家税收管理的变化，主动按时报税，主动按照规定进行纳税申报缴款，主动履行代扣代缴等纳税义务。在企业的管理制度中，对于税务管理部门或者财务部门要明确直接责任，并督促落实。

3. 发票管理控制

发票在企业的税务管理中起着举足轻重的作用。企业对于发票的管理控制，主要体现在发票的取得、开具和保管上。在对发票管理的控制中，要注意不相容岗位的设置，如负责发票领购和保管的岗位、开具的岗位、审核的岗位。对于中小企业而言，基于各种限制，也至少需要设置两个岗位来对发票进行控制；对于有条件的企业，可以设置三个岗位，来实现互相监督与制衡。

在对发票的管理过程中，有一些风险是需要予以特别注意的。如在发票取得的控制上，企业可以事先明确发票的审核流程，加强对发票的审核力度，定期组织企业工作人员开展发票报账的培训；在发票开具的控制上，企业可以事先明确程序，设置发票复核等岗位，以确保发票的内容真实准确；在发票保管的控制上，企业可以事先确定专门人员负责发票的保管工作，可以设计专用的登记表，对信息进行准确记录，以强化对发票的保管工作。

（四）建立税务信息沟通机制

在企业的税务合规管理体系中，有一个贯穿始终的部分就是税务信息的收集、传递与沟通。很多企业的税务风险不能得到有效控制的一个重要原因就是企业内部的税务信息沟通不畅。因此，企业应当高度重视税务信息沟通机制的建立，将其与绩效考核等结合起来，确保各部门之间能够及时、迅速地进行沟通，减少因信息差带来的风险，为企业的税务合规管理体系提供有力的支撑。

1. 税务信息的收集

税务信息沟通机制的首要任务是收集相关税务信息。企业应当结合自身实际状况，对相关业务的税务信息进行全面收集，主要集中在内部信息和外部信息两个方面。对于企业内部的税务信息，相关工作人员应当关注决策信息、生产信息、经营信息、财务信息、资产信息等多个方面，对于容易产生税务风险的相关信息更应该着重关注；对于企业外部的税务信息，需要关注与企业相关的税收法律法规、税收政策变化、税收征收管理、行业的发展动态等内容。基于后续传递和沟通的需要，可以在内部建立起一个税务信息库，将相关的信息分门别类地进行整理，能够更直观、更简便地检索到所需要的信息，并及时对数据库进行更新。电子信息的整理较传统的纸质模式而言，更为快捷和便利，建立电子税务信息数据库对于企业内部获取相关税务信息是更为方便的选择，能够更有效率地完成税务信息的传递和沟通。

2. 税务信息的传递

在收集完税务信息之后，如何有效地在企业内部进行传递也是一个值得思考的问题，是企业税务合规管理体系中税务信息沟通机制建立的关键部分。传递的方式可以依据企业自身的体量、规模、管理特点来选择，并非千篇一律。如企业可以编制《税务信息反馈表》，在明确各部门对于税务信息的收集传递职责之后，以企业的税务管理人员作为枢纽，及时进行沟通，发挥上传下达的作用，确保税务信息能够全面地为企业各个部门的人员所知悉。同时，在税务管理人员发现一些可能会影响决策的重大税务信息时，一定要及时反馈给管理层，以便于管理层考量是否需要改变决策，降低税务风险。

3. 税务信息的沟通与反馈

税务信息在顺利传递之后，还要注意其他部门的沟通与反馈。一些中小企业可能没有设立专门的税务管理部门，是由财务部门来履行相关职责的，那么就要加强财务部门与其他部门的沟通，如果发现问题，一定要及时上报并解决；对于设立了税务管理部门的企业而言，税务管理部门一定要注意与其他部门之间的沟通，同时更应当注重与管理层之间进行信息交互，一些新出的税收政策可能会给企业带来不小的影响，因此，税务管理部门一定要及时迅速地上传下达。除此之外，企业的财务部门或者税务管理部门还应当注重与税务机关进行沟通。在经济发展快速的今天，相关税收政策和征管方式都在随之变化，税务机关在管理的过程中享有一定的自主裁量权，如果没有及时与税务机关进行沟通，可能会因为一些错误认识导致不合规行为，从而产生税务风险。因此，要十分注意和税务机关之间的沟通，准确地把握税收政策和征管方式的变化，尤其是对于一些存在税务疑惑或税法不明确的地方，要积极主动地与税务机关进行交流。

（五）企业税务合规的考核与监督机制

1. 考核机制

建立税务合规管理考核机制是保障税务合规管理进程的重要举措之一。企业可以根据自身的实际情况，设置一套合适的考核机制。根据考核对象的不同，设置不同的考核评价。

（1）对高级管理人员。对于高级管理人员的考核，可以设置的考核评价内容有：执行董事会关于税务合规管理决定的情况；税务合规管理的有效性；经营管理和执法行为的合规性；税务合规管理流程与业务流程融合程度；重大税务风险应对整改情况等。

（2）对税务管理部门（财务部门）。对于税务管理部门（财务部门）人员的考核，可以设置的考核内容有：本企业税务合规管理体系的运行状况；税务管理部门（财务部门）的履职情况；相关人员的税务合规意识及合规能力情况；"上传下达"的沟通情况；不合规事件及其整改情况等内容。

（3）对其他相关员工。对于企业的其他税务相关部门的人员，可以设置的考核评价内容有：员工的税务合规意识；参与税务合规培训情况；遵守和履行税务合规管理制度的情况；配合违规调查的情况等内容。

2. 监督机制

企业建立税务合规管理体系，避免不了一些设计、运行上的误差、缺陷，在实际实施过程中，由于相关工作人员的失误也可能会产生一些漏洞，因此，设立一个监督机制十分有必要。通过一系列的监管活动，能够更加全面地审视税务合规管理体系的各个部分，并对该体系进行理性的评估，及时发现体系中的问题和缺陷，对症下药，精准解决漏洞，建立一个管理的闭环，确保税务合规管理体系的有效实施。在实际运行过程中，可以通过内部和外部两种形式来对体系进行监督。

（1）内部监督。对于企业而言，内部监督的常见形式通常是税务管理部门或者财务部门进行监督。税务管理部门或财务部门通过对企业的日常经营、管理活动进行常规的、持续的税务监督检查，对各个环节的税务合规措施进行评估，发现问题后及时提出改进措施并向管理层进行报告。对于有条件的企业，在发生重大调整或者改变的情况之下，如改变企业发展战略、经营活动、业务等，可以通过成立内部审计小组对企业的税务合规管理进行有针对性专项监督检查，对审计中发现的重大缺陷或问题，要进行责任追究。

在实践的过程中，企业可以参考国家税务总局公布的纳税信用评价指标和评价方式，来判断自身税务合规管理体系的有效性。除此之外，税务管理部门或者财政部门要注意定期收集其他部门对税务合规管理体系的意见、建议，对体系不断进行优化、改进。

同时，有关企业合规管理的国际标准、指引以及我国国家标准、指引和办法等都鼓励员工坦诚地举报违规，要求企业必须建立违规举报制度。在企业内部完善监督举报制度是十分有必要的，对举报者提供保护，并给予适当鼓励，能够使内部监督更为有效的运行。

（2）外部监督。对于企业而言，因其内部专业人员可能存在缺失的现状，只采取内部监督是远远不够的，还可以通过引入专业的第三方服务机构来进行外部监督。

第三方服务机构从其专业的角度对企业的税务合规管理体系的全面性、有效性进行评价，发现其中可能存在的漏洞及不足之处，并向管理层提供改进的建议。涉税第三方服务机构在税务领域通常更专业、更独立，更加能够从全局的角度审视企业的税务合规管理体系，依靠这种监督的方式，能够更容易发现企业容易忽视的税务风险和一些管理上的漏洞，更有利于提高企业整体的税务合规管理能力。

参考文献

一、专著

[1] 郭华,周游,李伟等.中央企业合规管理办法理解与适用指南[M].北京:中国法制出版社,2022.

[2] 法盟.企业合规实务指引[M].北京:中国法制出版社,2023.

[3] 周万里.企业合规讲义[M].北京:中国法制出版社,2022.

[4] 曹志龙.企业合规管理:操作指引与案例解析[M].北京:中国法制出版社,2021.

[5] 陈俊海.企业合规要求与法律风险防范[M].北京:中国政法大学出版社,2023.

[6] 王欣.民营企业合规风险防范典型案例解析[M].北京:中国法制出版社,2023.

[7] 梁枫.大合规时代:企业合规建设指引与案例解析[M].北京:中国法制出版社,2023.

[8] 孙大勇.企业知识产权合规实务与指引[M].北京:法律出版社,2023.

［9］郭凌晨，丁继华，王志乐．合规：企业合规管理体系有效性评估［M］．北京：企业管理出版社，2021．

［10］洪桂彬．HR全流程法律指南：企业劳动用工合规管理指引［M］．北京：中国法制出版社，2023．

［11］乔远．企业合规风险管理［M］．北京：法律出版社，2023．

［12］陈瑞华．企业合规基本理论（第三版）［M］．北京：法律出版社，2022．

［13］曹丽．企业合规操作指引［M］．北京：人民法院出版社，2022．

［14］白如银．国有企业招标投标法律合规实务与监督管理指南［M］．北京：中国法制出版社，2022．

［15］周万里．合规管理体系手册：原理、要素及实务指引［M］．北京：法律出版社，2023．

［16］冯宇．企业法律风险防控与合规指南［M］．北京：法律出版社，2022．

［17］罗振辉．网络安全与数据合规法律实务［M］．北京：中国法制出版社，2023．

［18］盈科律师事务所．数据合规：实务、技术与法律解码［M］．北京：法律出版社，2022．

［19］最高人民检察院涉案企业合规研究指导组．涉案企业合规办案手册［M］．北京：中国检察出版社，2022．

［20］大成劳动与人力资源专业委员会．劳动法疑难案例与企业合规指引［M］．北京：中国法制出版社，2023．

［21］王雨辰，李琦．企业合规指南与风险［M］．北京：中国法制出版社，2022．

［22］程阳．人力资源合规管理全书［M］．北京：中国法制出版社，2022．

［23］孙大勇，赵龙，王海凤等．企业知识产权合规实务与指引［M］．北京：法律出版社，2023．

［24］李怀胜．数据安全合规实务［M］．北京：中国法制出版社，2023．

［25］蔡昌．企业财税合规［M］．北京：中国经济出版社，2023．

［26］李勇．企业合规司法人员手册［M］．北京：法律出版社，2023．

［27］郭青红．企业合规关系体系实务指南（第2版）［M］．北京：人民法院出版社，2020．

［28］陈瑞华．有效合规的中国经验［M］．北京：北京大学出版社，2023．

［29］吴卫明．数据合规法律实务［M］．北京：法律出版社，2022．

［30］张志华，王灿林．企业合规建设全指引［M］．北京：中国检察出版社，2021．

［31］李旻．中国企业数据合规应用及交易指引［M］．北京：法律出版社，2023．

［32］储育明，朱庆．企业合规管理理论与实践［M］．北京：法律出版社，2022．

［33］江秋杰．企业合规法律实务［M］．上海：学林出版社，2023．

［34］李素鹏，龙戎．合规管理体系标准解读及建设指南［M］．北京：人民邮电出版社，2023．

［35］郭桂峰，刘桂芝．企业知识产权合规与管理［M］．北京：中国法制出版社，2022．

［36］张文新．地方金融监管中的典当合规指引［M］．北京：中国法制出版社，2021．

［37］华东师范大学企业合规研究中心．企业合规论丛［M］．北京：中国法制出版社，2021．

［38］刘新宇．数据保护：合规指引与规则解析［M］．北京：中国法制出版社，2021．

［39］高慧．注册制之企业上市合规阶梯［M］．北京：中国法制出版社，2020．

［40］李奋飞．企业合规律师手册［M］．北京：法律出版社，2023．

［41］刘瑛，李晓华．数据合规实务：尽职调查及解决方案［M］．北京：法律出版社，2022．

［42］全开明．消费与零售行业合规指引［M］．北京：法律出版社，2023．

［43］陈瑞华，李玉华．企业合规改革的理论与实践［M］．北京：法律出版社，2022．

［44］陈瑞华，李玉华．企业合规与社会治理［M］．北京：法律出版社，2021．

［45］盖地．中国税制（第二版）［M］．北京：中国人民大学出版社，2015．

二、论文

［1］陈洪磊．公司董事合规义务的制度建构［J］．财经法学，2023（6）：33－47．

［2］彭雨晨．董事ESG监督义务的法理逻辑与规范构造［J］．财经法学，2023（6）：48-63．

［3］王莹莹．国有企业合规管理与内部控制体系建设整合策略研究［J］．全国流通经济，2023（21）：84-87．

［4］谢登科．公开个人信息处理中的企业合规［J］．甘肃社会科学，2023（5）：135-144．

［5］自正法，张鹏飞．论企业合规监管人勤勉尽责义务［J］．甘肃社会科学，2023（5）：145-154．

［6］赵宇昕，杨繁荣．中小微企业简式合规的困境与出路［J］．天水行政学院学报，2023（5）：114-119．

［7］孟雁北．我国反垄断合规制度的演进与展望［J］．中国市场监管研究，2023（10）：57-61．

［8］胡允银．企业知识产权合规管理与负责任创新协同推进［J］．山东工商学院学报，2023（5）：59-66．

［9］冷竹星．跨国企业数据合规治理难题与实现路径［J］．时代经贸，2023（9）：82-85．

［10］孙国祥．当前企业合规改革中几个重要问题［J］．中国应用法学，2023（5）：107-115．

［11］程雷．涉案企业合规改革现状及批判性反思［J］．上海政法学院学报，2023（5）：33-48．

［12］胡裕岭．企业合规在税收征管改革中的导入［J］．税务与经济，2023（5）：39-43．

［13］鲁如意，成双嫒，张赞．企业知识产权合规体系构建［J］．产业创新研究，2023（17）：153-155．

［14］刘霜，张潇月．生成式人工智能数据风险的法律保护与规制研究——以ChatGPT潜在数据风险为例［J］．贵州大学学报

（社会科学版），2023（5）：87-97.

［15］方正．优化企业竞争合规激励机制的路径研究［J］．中国市场监管研究，2023（9）：41-45.

［16］王由海．论证券监管和解合规制度［J］．财经法学，2023（5）：84-99.

［17］车金梦，金晶．以"涉企合规"提升营商环境高质量发展——贯彻"民营经济31条"的实践探索［J］．中国律师，2023（9）：73-75.

［18］孙南申．企业境外投资的责任风险及其管控机制［J］．国际商务研究，2023（5）：60-74.

［19］李本灿．法院参与合规案件的路径［J］．法学论坛，2023（5）：50-63.

［20］黎宏，陈容华．企业合规改革入刑刍议［J］．法治研究，2023（5）：71-85.

［21］郭伟登．司法数据要素的价值及安全合规管理的思考［J］．网络安全和信息化，2023（9）：18-21.

［22］姜晓婧．移动应用中个人信息处理的企业合规机制构建［J］．广西政法管理干部学院学报，2023（4）：76-85.

［23］张文妍，沈世娟．企业知识产权合规及实现路径［J］．常州工学院学报（社会科学版），2023（4）：110-117.

［24］王先林．论常态化监管下平台经济领域反垄断的定位和举措［J］．江淮论坛，2023（4）：100-108.

［25］杨成广．企业合规的规制治理［J］．重庆开放大学学报，2023（4）：56-63.

［26］霍俊阁．ChatGPT的数据安全风险及其合规管理［J］．西南政法大学学报，2023（4）：98-108.

［27］符志民．中央企业合规内控风控——三大体系强化与优化建设时不我待［J］．董事会，2023（8）：60-66．

［28］刘非凡．企业合规风险评估及构建合规管理体系的路径［J］．企业改革与管理，2023（15）：28-30．

［29］杨峥．检察主导下的企业合规监管：模式、困境与优化进路［J］．社科纵横，2023（4）：80-86．

［30］李玉华，冯泳琦．反性骚扰强制合规制度研究［J］．沈阳大学学报（社会科学版），2023（4）：11-19，70．

［31］阮浩文．互联网小微企业数据合规的困境及纾解［J］．科技与金融，2023（8）：67-75．

［32］史笑晓；陈诚，涉案企业合规计划有效性的体系化建构［J］．人民检察，2023（14）：61-64．

［33］张杨．公司合规管理与董事监督义务的逻辑展开［J］．北京航空航天大学学报（社会科学版），2023（4）：46-53．

［34］陶陶，余飞扬．合规视角下企业处理个人信息的风险检视及制度因应［J］．浙江万里学院学报，2023（4）：48-54．

［35］梁枫，何勇．大数据时代企业合规如何进行信息化建设［J］．中国律师，2023（7）：80-82．

［36］时延安．涉案企业合规改革的政策目标及其实现［J］．国家检察官学院学报，2023（4）：15-31．

［37］黄珺珺，孙国祥．数字金融风险防控视角下企业合规机制的数字化转型［J］．贵州社会科学，2023（6）：127-134．

［38］方慧婷．论金融科技企业数据合规治理中的技术规则［J］．浙江金融，2023（6）：61-73．

［39］王鹏．数据平台个人信息保护的合规义务与路径实施［J］．江苏社会科学，2023（3）：140-147．

[40] 田湘波, 何静怡. 企业反腐败合规管理及其体系构建 [J]. 廉政文化研究, 2023 (3): 21-30.

[41] 王燕玲. 民营企业腐败风险防范的"全生命周期"合规机制构建研究 [J]. 贵州大学学报（社会科学版）, 2023 (3): 44-59.

[42] 龚浩川. 论国有企业的人民性目标及其治理机制 [J]. 当代法学, 2023 (3): 117-128.

[43] 孙杰, 司郑巍, 冯佳磊. 企业数据安全刑事合规问题研究 [J]. 辽宁大学学报（哲学社会科学版）, 2023 (3): 88-99.

[44] 王道发, 李佳璐. 数据安全合规标准的建立与发展 [J]. 人民检察, 2023 (7): 19-22.

[45] 李鹏, 吴舒敏. 数据安全视角下企业刑事合规的检视与治理 [J]. 人民检察, 2023 (7): 23-26.

[46] 张凌燕. 企业数据合规的构建与落地 [J]. 人民检察, 2023 (7): 27-29.

[47] 李菲菲, 肖启贤. 知识产权领域企业合规改革路径探析 [J]. 中国检察官, 2023 (7): 14-17.

[48] 杨淦. 合规机制对公司治理的挑战及公司法回应 [J]. 现代法学, 2023 (2): 125-138.

[49] 陈瑞华. 合规关联性理论——对企业责任人员合规从宽处理的正当性问题 [J]. 法学论坛, 2023 (2): 5-15.

[50] 陈婉怡, 杨不, 岑诗韵. 企业个人数据保护困境与路径选择——基于调查数据的分析 [J]. 山东财经大学学报, 2022 (6): 98-109.

[51] 何航. 企业数据安全合规治理的关键问题与纾解 [J]. 贵州社会科学, 2022 (10): 126-133.

[52] 奚玮．企业合规视角下合同相对方选择的自由与限制[J]．湖北大学学报（哲学社会科学版），2022（5）：113–123．

[53] 解志勇，那扬．有效企业合规计划之构建研究[J]．法学评论，2022（5）：161–173．

[54] 梅傲，李梓鸿．总体国家安全观下的企业数据安全研究[J]．中国刑警学院学报，2022（4）：110–117．

[55] 李华晨．论我国企业合规独立监管人制度的完善——以无效监管的避免为视角[J]．湖北经济学院学报（人文社会科学版），2022（7）：70–73．

[56] 刘科．侵犯商业秘密犯罪出罪问题探析[J]．人民检察，2022（13）：55–58．

[57] 韩轶．网络数据安全领域的企业刑事合规体系建构[J]．江西社会科学，2023（1）：53–61．

[58] 卞传山．合规视角下的国有公司治理能力现代化[J]．董事会，2022（5）：64–67．

[59] 胡建伟．法治化营商环境视阈下律师参与企业合规管理的价值及功能分析[J]．中国司法，2022（3）：95–98．

[60] 李晓明．合规概念的泛化及新范畴的确立：组织合规[J]．法治研究，2022（2）：136–147．

[61] 周振杰，合规计划有效性评估的制度构成[J]．环球法律评论，2022（1）：116–130．

[62] 徐宏，孟潞潞．"风险为本"视野下的民营企业反洗钱刑事合规路径建构[J]．河南警察学院学报，2021（6）：17–24．

[63] 涂龙科，刘东．美国企业合规计划的要素与启示[J]．中国检察官，2021（16）：74–79．

[64] 张小宁．论合规负责人的保证人义务——以证券犯罪为

示例［J］．东方法学，2021（5）：135-149．

［65］李本灿．我国企业合规研究的阶段性梳理与反思［J］．华东政法大学学报，2021（4）：121-137．

［66］汪青松，宋朗．合规义务进入董事义务体系的公司法路径［J］．北方法学，2021（4）：77-89．

［67］赵万一，王鹏．论我国公司合规行为综合协同调整的法律实现路径［J］．河北法学，2021（7）：58-75．

［68］范文仲．数据交易的未来方向［J］．清华金融评论，2021（5）：18-19．

［69］王炯．以经营层履职尽责推进中小商业银行公司治理［J］．清华金融评论，2021（2）：72-74．

［70］陈瑞华．"企业合规与社会治理研究"专题［J］．浙江工商大学学报，2021（1）：45．

［71］孙一杰．公司合规治理体系的域外启示［J］．董事会，2020（12）：60-62．

［72］李维安，李元祯．中国公司治理改革迈向新阶段［J］．董事会，2020（10）：23-35．

［73］刘雅婷，周凌轲．美国《海外腐败防止法》会计条款下的企业合规管理［J］．企业科技与发展，2020（10）：227-229．

［74］孙昌军．合规制度建设须要真正重视［J］．董事会，2020（7）：65．

［75］尹云霞，李晓霞．中国企业合规的动力及实现路径［J］．中国法律评论，2020（3）：159-166．

［76］赵万一．合规制度的公司法设计及其实现路径［J］．中国法学，2020（2）：69-88．

［77］陈瑞华．论企业合规的中国化问题［J］．法律科学（西

北政法大学学报），2020（3）：34-48.

[78] 袁利平. 公司社会责任信息披露的软法构建研究 [J]. 政法论丛，2020（2）：149-160.

[79] 都琦. 我国腐败犯罪举报人保护体系完善研究——以企业刑事合规计划改革为切入点 [J]. 开封文化艺术职业学院学报，2020（3）：209-211.

[80] 李晓媛. 企业环境合规指数的构建与发展 [J]. 环境与发展，2020（2）：253-254.

[81] 邓峰. 公司合规的源流及中国的制度局限 [J]. 比较法研究，2020（1）：34-45.

[82] 陈瑞华，黄卫. 多措并举助力税法品质优化 [J]. 人民论坛，2019（29）：106-107.

[83] 陈瑞华. 大数据公司的合规管理问题 [J]. 中国律师，2020（1）：86-88.

[84] 李腾，钟明. 利益相关者视角下我国保险公司独立董事制度有效性研究 [J]. 保险研究，2019（9）：60-73.

[85] 刘娜. 内部控制信息披露不合规行为动因分析——基于沪深 A 股上市公司高管视角的实证检验 [J]. 哈尔滨商业大学学报（社会科学版）. 2019（5）：56-67，80.

[86] 吕彬彬. "一带一路"海外投资反腐制度建设，中共青岛市委党校 [J]. 青岛行政学院学报，2019（4）：117-122.

[87] 陈瑞华. 国有企业的合规管理问题 [J]. 中国律师，2019（7）：79-81.

[88] 陈瑞华. 企业合规制度的三个维度——比较法视野下的分析 [J]. 比较法研究，2019（3）：61-77.

[89] 赵军. 权力依赖型企业生存模式与腐败犯罪治理——

以民营企业行贿犯罪为中心［J］．江西社会科学，2019（5）：184－192．

［90］赵宏瑞，刘伟．论企业反商业贿赂中的公私协同衔接治理路径［J］．现代管理科学，2019（4）：64－66．

［91］王甲国．企业法律合规制度的理论渊源——政府监管的崛起［J］．现代管理科学，2019（3）：118－120．

［92］张远煌，龚红卫．合作预防模式下民营企业腐败犯罪的自我预防［J］．政法论丛，2019（1）：113－125．

［93］印波，高远．英国企业预防行贿失职罪的充分程序抗辩——兼谈对我国治理商业贿赂的启示［J］．河北经贸大学学报，2015（6）：132－136．

［94］廖凡．美国海外金融账户及资产报告规则的演进与发展［J］．环球法律评论，2015（5）：136－148．

［95］喻玲．企业反垄断合规制度的建立路径［J］．社会科学，2015（5）：81－89．

［96］丁茂中．英国竞争合规指引机制的考察与思考［J］．价格理论与实践，2014（9）：24－27．

［97］徐先明．中小企业如何防范法律风险［J］．人民论坛，2011（5）：72－73．